U0486155

本报告整理出版

获山西省重点文物保护专项补助资金资助

（晋文物函［2013］365号）

太原北齐陶俑墓

山西省考古研究院 太原市文物保护研究院 编著

山西出版传媒集团
三晋出版社

图书在版编目（CIP）数据

太原北齐陶俑墓 / 山西省考古研究院，太原市文物保护研究院编著 . —太原：三晋出版社，2023.11
ISBN 978-7-5457-2851-4

I. ①太… II. ①山… ②太… III. ①陵墓—陶俑—研究—太原—北齐 IV. ①K878.94

中国国家版本馆 CIP 数据核字（2023）第 225105 号

太原北齐陶俑墓

编　　著：	山西省考古研究院　太原市文物保护研究院
责任编辑：	张丹华　孙科科
责任印制：	李佳音
装帧设计：	段宇杰

出 版 者：	山西出版传媒集团·三晋出版社
地　　址：	太原市建设南路 21 号
电　　话：	0351-4956036（总编室）
	0351-4922203（印制部）
网　　址：	http://www.sjcbs.cn

经 销 者：	新华书店
承 印 者：	山西印美文化科技有限公司

开　　本：	889mm×1194mm　1/16
印　　张：	20.5　彩页 44
字　　数：	530 千字
版　　次：	2024 年 2 月　第 1 版
印　　次：	2024 年 2 月　第 1 次印刷
书　　号：	ISBN 978-7-5457-2851-4
定　　价：	298.00 元

如有印装质量问题，请与本社发行部联系　电话：0351-4922268

目 录

太原北齐陶俑综述..001
太原北齐陶俑服饰综述..077
贺拔昌墓 天保四年（553）..111
侯莫陈阿仁伏墓 天保六年（555）....................................125
乔花墓 天保七年（556）..135
窦兴洛墓 天保十年（559）..145
张肃俗墓 天保十年（559）..153
贺娄悦墓 皇建元年（560）..161
库狄迴洛墓 河清元年（562）..171
刘贵墓 河清二年（563）..185
狄湛墓 河清三年（564）..195
赵信墓 河清三年（564）..203
张海翼墓 天统元年（565）..217
韩裔墓 天统三年（567）..227
库狄业墓 天统三年（567）..239
韩祖念墓 天统四年（568）..249
娄睿墓 武平元年（570）..265
徐显秀墓 武平二年（571）..291
和公墓 武平四年（573）..305
太原南郊北齐壁画墓 北齐晚期......................................313

图版..323
后记..365

图版目录

贺拔昌墓 325

侯莫陈阿仁伏墓 327

乔花墓 328

窦兴洛墓 330

贺娄悦墓 331

库狄迴洛墓 333

刘贵墓 334

狄湛墓 336

赵信墓 338

张海翼墓 340

韩裔墓 342

库狄业墓 343

韩祖念墓 345

娄睿墓 352

徐显秀墓 356

和公墓 364

太原北齐陶俑
综述

太原北齐陶俑综述

太原古称晋阳，是中国北方著名的古都，故城址位于今山西省太原市晋源区的古城营村、东城角村、南城角村、南瓦窑村、北瓦窑村、罗城村及附近区域。北魏时，高欢于此置大丞相府，时称"霸府"，高洋代魏建齐后称"别都""下都"。北齐一朝，晋阳成为国都邺城之外的另一个政治中心，与邺城共同构成北齐的"邺—晋阳"双都制，故晋阳一带冠盖云集，辐辏遍地，经济发达，文化繁荣。北齐贵族及高级官吏死后葬于晋阳者不在少数，这些高等级墓葬多随葬精美的陶俑，这些陶俑携带丰富的历史信息，是今人研究北齐一朝物质文化的重要资料。

一、晋阳的地理区位

清人顾祖禹的《读史方舆纪要》称山西："其东则太行为之屏障，其西则大河为之襟带，于北则大漠、阴山为之外蔽，而勾注、雁门为之内险，于南则首阳、底柱、析城、王屋诸山滨河而错峙，又南则孟津、潼关皆吾门户也……是故天下之形势必有取于山西也。"[1]又称太原："控带山、河，踞天下之肩背，为河东之根本，诚古今必争之地也。"[2]

至于"晋阳"之称，最早见诸《春秋》："〔鲁定公十三年（前497）〕秋，晋赵鞅入于晋阳以叛。"[3]《左传》曰："秋七月，范氏、中行氏伐赵氏之宫，赵鞅奔晋阳，晋人围之。"[4]赵襄子固守晋阳，联合韩、魏灭智，春秋末期，"赵襄子以晋阳之城霸"[5]。《史记·秦本纪》记载："〔庄襄王二年（前248）〕，使蒙骜攻赵，定太原……四年……初置太原郡。"[6]其后秦始皇置三十六郡，仍为太原郡。又"（汉）文帝元年（前179），立皇子参为太原王，都晋阳"[7]，故此晋阳又名太原。汉武帝元封五年（前106）置十三州，太原、上党、云中、雁门等十郡皆属并州。东汉时，并州始治晋阳，建安十八年（213）并入冀州，三国魏黄初元年（220）复置，领太原、上党等七郡，仍治晋阳。

---

[1]〔清〕顾祖禹.读史方舆纪要：卷三十九.北京：中华书局，2005：1774.
[2]〔清〕顾祖禹.读史方舆纪要：卷三十九.北京：中华书局，2005：1806.
[3] 杨伯峻.春秋左传注.北京：中华书局，1981：1588.
[4] 杨伯峻.春秋左传注.北京：中华书局，1981：1590.
[5] 张双棣.淮南子校释：卷十三.北京：北京大学出版社，1997：1391.
[6]〔汉〕司马迁.史记：卷五.北京：中华书局，1959：219.
[7]〔唐〕李吉甫.元和郡县图志.北京：中华书局，1983：360.

故后世常以晋阳、太原、并州为一地之名。

晋阳不仅是"河东之根本",也是四、五世纪农耕文化与游牧文化交融、冲突、斗争之处,北靠云中、雁门,南俯平阳、上党,处在民族融合和多元文化交融的荟萃之地,兼采礼仪诗书之文化底蕴与弓马骑射之精悍骁勇,形成了具有多元性的地域文化。境内各类地形发育充分,低山、丘陵、川谷、盆地纵横交错,关隘林立,易守难攻。从地缘政治的角度上讲,这种独特的地理区位与文化内涵,使其成为魏晋北朝这一历史时期的焦点。

东汉初年,匈奴内附,居于晋北,与汉族杂居。东汉末年,曹操分匈奴为五部,使之散居晋阳、祁县、忻州等地,"五部之众,户至数万,人口之盛,过于西戎"[1],以晋阳为中心的山西成为胡汉交融的大舞台。魏晋以降,匈奴、鲜卑、羯、氐、羌等北方少数民族入主中原,纷纷割据建国,黄河流域的社会、经济、文化处在急剧的动荡和变革之中,晋阳以其独特的地理位置成为各政权争夺的中心,也成为各族枭雄争雄称霸的据点,刘渊、石勒、尔朱荣、高欢等皆据有晋阳而虎视中原,成就霸业。

既为民族之熔炉,必生民族之矛盾。统一北方的北魏政权"起于北荒,奄有恒、代,规取河北,蚕食河南,既又克统万,平辽东,收姑臧,纵横四出,无有当其锋者",可谓盛极一时;但其迁洛之后,"六镇跳梁于前,尔朱凭陵于后,高欢篡窃于终"[2]。北魏政权走向衰落、高氏和宇文氏政权兴起的一大因素便是鲜卑族旧俗与汉化集团新政的矛盾,六镇兵民依旧奉行鲜卑旧有生产方式、语言、服饰、习俗等,与迁洛汉化的政策格格不入,导致六镇与北魏朝廷之间的矛盾逐渐深化,其后的高氏及宇文氏即是趁此崛起。陈寅恪先生曾有论:"北魏晚年六镇之乱,乃塞上鲜卑族对于魏孝文帝所代表拓跋氏历代汉化政策之一大反动……高欢、宇文泰俱承此反对汉化保存鲜卑文化之大潮流而兴起之枭杰也。"[3]

六镇起义的爆发与柔然人的入侵,使北魏的北部边防被迫南移,六镇军民大量流入晋阳一带,其中不乏鲜卑贵族,晋阳的军事战略地位日益凸显。据有晋阳的军阀尔朱荣在镇压六镇起义的过程中迅速崛起,因功封太原王,进而挟功自重,"寻还晋阳,遥制朝廷,亲戚腹心,皆补要职,百僚朝廷动静,莫不以申。至于除授,皆须荣许,然后得用"[4],"或有侥幸求官者,皆诣荣承候,得其启请,无不遂之。"[5]晋阳一度成为北魏真正的权力中心,皇权反被架空。尔朱荣一度有迁都晋阳之意,终未能成行,北魏孝庄帝"外迫于荣,恒怏怏不悦,兼惩荣河阴之事,恐终难保"[6],终奋起一击,将尔朱荣刺杀于明光殿。

尔朱荣死后,其侄尔朱兆兵伐洛阳,擒孝庄帝于晋阳杀之,后又被尔朱荣旧部高欢所破。

---

[1] 〔宋〕司马光.资治通鉴:卷八十三.北京:中华书局,1956:2627.

[2] 〔清〕顾祖禹.读史方舆纪要:卷二十九.北京:中华书局,2005:1776.

[3] 陈寅恪.隋唐制度渊源略论稿:唐代政治史论述稿.北京:生活·读书·新知三联书店,2001:140.

[4] 〔唐〕李延寿.北史:卷四十八.北京:中华书局,1974:1757.

[5] 〔北齐〕魏收.魏书:卷七十四.北京:中华书局,1974:1654.

[6] 〔北齐〕魏收.魏书:卷七十四.北京:中华书局,1974:1654.

高欢于永熙元年（532）拥兵占据晋阳，"以晋阳四塞，乃建大丞相府而定居焉"[1]，时人称晋阳高氏幕府为"霸朝"。永熙三年（534），高欢在洛阳立元善见为帝，史称东魏，不久迁都邺城，但"高祖以晋阳戎马之地，霸图攸属，治兵训旅，遥制朝权，京台机务，委寄深远。"[2]坐镇晋阳的高欢与其子高澄成为东魏的实际控制者，后高洋废孝静帝，即帝位，国号齐，史称北齐，定都邺城，以晋阳为别都，亦有称"下都"者。谷川道雄先生认为："邺—晋阳"两都制表现了保持传统权威的旧王朝与新兴的军阀势力并存的状态，而且邺城位于山东贵族盘踞的河北平原之一角，晋阳为北方胡族聚居的山西台地之一都邑，权威与权力的尖锐对立，胡汉两族的复杂结合——两都制便构筑于这种情形之上。

其后北齐之灭，仍在于遽失晋阳。北周君臣制定灭齐战略时，即以首攻晋阳为策——"及宇文侵齐，议者皆以晋阳为高欢创业之地，宜从河北直指太原，倾其巢穴，便可一举而定。周主用其策而高齐果覆。"[3]可见晋阳一城确为北齐之命脉所在，据晋阳则北齐存，失晋阳则北齐亡。

二、北齐诸帝对晋阳的营建

东魏北齐时期，晋阳不仅是北方军事重镇，而且是霸府和别都所在地，在北朝后期的历史发展中起到极其重要的作用，文宣帝高洋称其"霸业所在，王命是基"。北齐各帝对晋阳大力营建，且常年来往于晋阳与邺城之间，北齐六帝，即位于晋阳者四人，崩逝于晋阳者两人，时称"晋阳，国之下都，每年临幸，征诏差科，责成州郡。"[4]北齐在晋阳另设有并州尚书省，时称"并省"，与邺城中央尚书省分庭抗礼，并省尚书皆为要臣担任，且常与中央官职调动，如"以并省尚书右仆射崔暹为右仆射"[5]，"以太尉、长广王湛为大司马、并省录尚书事"[6]，"三月丁酉，以司空徐显秀为太尉，并省尚书令娄定远为司空"[7]，"任城王湝，神武第十子也……自孝昭、武成时，车驾还邺，常令湝镇晋阳，总并省事，历司徒、太尉、并省录尚书事"[8]……

此外，晋阳在经济发展上也受到优待，如高洋即位之初"君子有作，贵不忘本，思申恩洽，蠲复田租。齐郡、渤海可并复一年，长乐复二年，太原复三年。"[9]作为丝绸之路上的重要节点，晋阳对西域诸国的贸易也很频繁。从出土曹怡、龙润、翟突婆等墓志可知，晋阳设

---

[1]〔唐〕李百药. 北齐书：卷一. 北京：中华书局，1972：9.
[2]〔唐〕李百药. 北齐书：卷十八. 北京：中华书局，1972：242.
[3]〔清〕顾祖禹. 读史方舆纪要：卷三十九. 北京：中华书局，2005：1806.
[4]〔唐〕李百药. 北齐书：卷四十. 北京：中华书局，1972：533.
[5]〔唐〕李延寿. 北史：卷七. 北京：中华书局，1974：254.
[6]〔唐〕李百药. 北齐书：卷五. 北京：中华书局，1972：75.
[7]〔唐〕李百药. 北齐书：卷八. 北京：中华书局，1972：102.
[8]〔唐〕李百药. 北齐书：卷十. 北京：中华书局，1972：137.
[9]〔唐〕李百药. 北齐书：卷四. 北京：中华书局，1972：51-52.

有管理人华粟特人的萨宝府；韩祖念墓、徐显秀墓等出土的来自西域的玻璃器、金银器和贺拔昌墓、张肃俗墓、娄睿墓等出土的骆驼俑及娄睿墓壁画胡商图等，都是晋阳与西域贸易的明证。

除政治、经济上的扶持与发展外，北齐诸帝在城池、宫苑、寺观、石窟等的建设上也不遗余力，"〔武定三年（545）春正月〕丁未，神武请于并州置晋阳宫，以处配口。"[1] "世祖在晋阳，既居旧殿，少帝未有别所，诏子琮监造大明宫。"[2] 北齐后主"增益宫苑，造偃武修文台，其嫔嫱诸宫中起镜殿、宝殿、玳瑁殿，丹青雕刻，妙极当时。又于晋阳起十二院，壮丽逾于邺下……凿晋阳西山为大佛像，一夜燃油万盆，光照宫内。又为胡昭仪起大慈寺，未成，改为穆皇后大宝林寺，穷极工巧，运石填泉，劳费亿计，人牛死者不可胜纪。"[3]

由于北齐各帝对晋阳的大力营建，北齐贵族与高级官吏或"从驾往晋阳"，或"为晋阳留守"，或致仕后归居晋阳者为数甚多，这些高级贵族及官吏的墓葬，将繁荣一时的北齐文化深埋地下，以待后人发现、解读。

三、北齐晋阳陶俑墓的发现

自中华人民共和国成立以来，在太原及周边县、市发现多座北齐高级墓葬（图一）。

1955年，太原胜利器材厂在太原市西南蒙山之麓的圹坡取土时发现张肃俗墓，山西省文物管理委员会对墓葬进行清理，山西省博物馆编《太原圹坡北齐张肃墓文物图录》，于1958年由中国古典艺术出版社出版，资料初刊时将墓主张肃俗误断为张肃。

1973年春，山西省文物工作委员会在祁县白圭镇发掘一座大型砖室墓，通过墓志判断为天统三年（567）骠骑大将军、青州刺史韩裔墓，发掘报告发表于《文物》1975年第4期。

1973年4—8月，山西省文物工作委员会在寿阳县贾家庄西徐公坪发掘了一座大型砖室墓，通过3合墓志判断为河清元年（562）顺阳王库狄迴洛及夫人斛律氏、尉氏合葬墓，发掘报告发表于《考古学报》1979年第3期。

1979年4月—1981年8月，山西省考古研究所、太原市文物管理委员会在太原市南郊晋祠公社（现晋源区）王郭村西南发掘一座大型砖室墓，为武平元年（570）东安王娄睿墓，发掘简报发表于《文物》1983年第10期，发掘报告《北齐东安王娄睿墓》于2006年由文物出版社出版。

1982年8—12月，太原市文物管理委员会在今万柏林区大井峪村南发掘清理了焦化厂建设施工时发现的古墓葬数十座，其中最为重要的是北齐武功王韩祖念墓，考古发掘报告《太原北齐韩祖念墓》于2020年由科学出版社出版。

---

[1]〔唐〕李百药.北齐书：卷二.北京：中华书局，1972：22.

[2]〔唐〕李百药.北齐书：卷四十.北京：中华书局，1972：528.

[3]〔唐〕李百药.北齐书：卷八.北京：中华书局，1972：113.

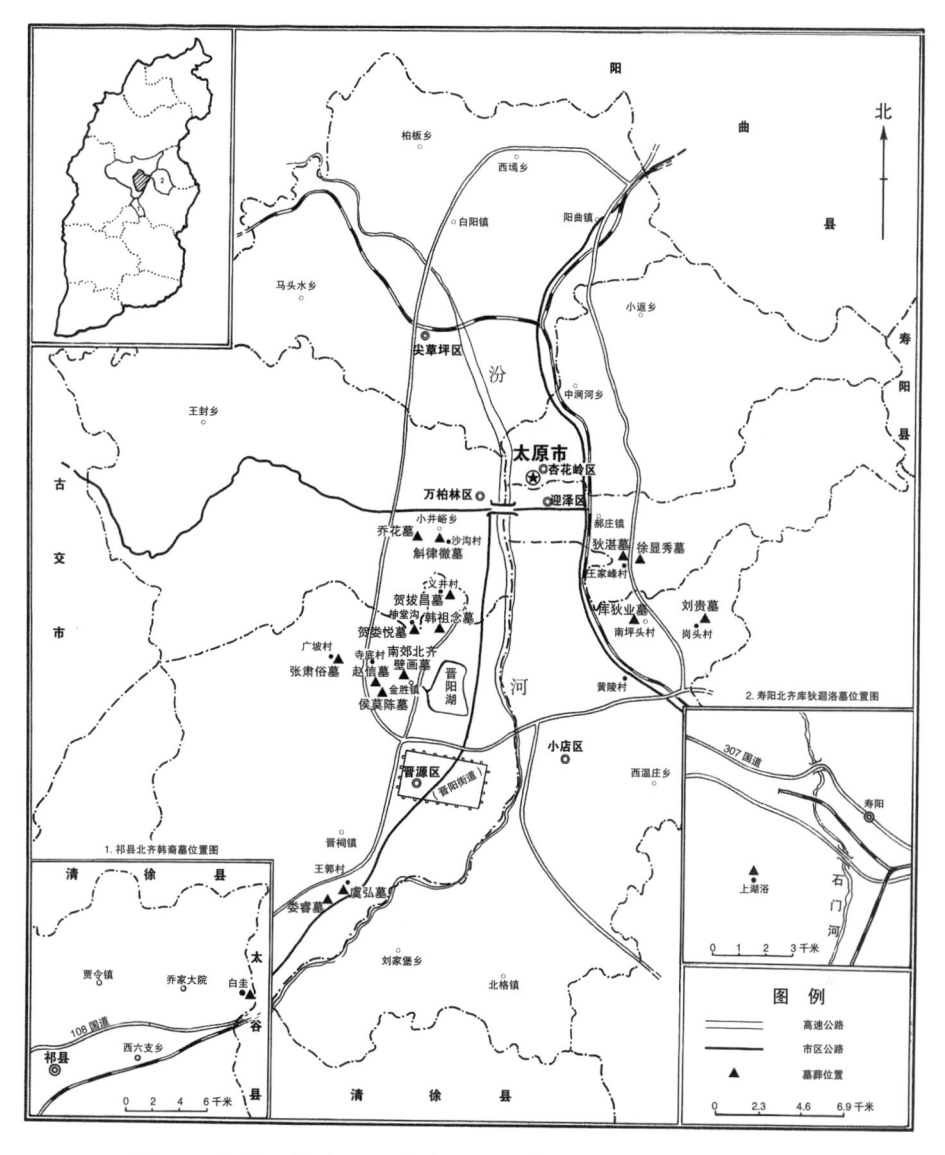

图一　太原及周边县、市发现的北齐高级墓葬分布图

1984年3月，山西省地方煤炭管理学校在基建施工过程中发现一批古代墓葬，太原市文物管理委员会发掘清理了北齐至宋金时期的墓葬十余座，其中最为重要的发现当属北齐天统三年（567）库狄业墓，发掘简报发表于《文物》2003年第3期。

1986年9月，太原市南郊区义井乡神堂沟砖厂在爆破取土时发现一座古墓，太原市文物管理委员会工作人员赶赴现场，共收集到残存的随葬品33件，根据墓志判断此为皇建元年（560）贺娄悦墓，清理简报发表于《文物季刊》1992年第3期。

1987年8月，山西太原市南郊区金胜村附近的太原第一热电厂在扩建工程中发现一座北齐壁画墓，太原市文物管理委员会随即进行了清理，山西省考古研究所参加了壁画临摹和后期整理工作，发掘简报发表于《文物》1990年第12期。

1991年1月，太原市晋源区罗城街道办事处寺底村发现一座土洞墓，文物遭村民哄抢，太原市晋源区文物旅游局从村民手中收回部分文物，并对墓葬进行了清理，通过墓志判断为天统元年（565）张海翼墓，简报发表于《文物》2003年第10期。

1999年5月，太原和平南路改造施工中发现一座砖室墓，太原市文物考古研究所于同年6—7月对墓葬进行发掘清理，该墓葬为天保四年（553）贺拔昌墓，简报发表于《文物》2003年第3期，是目前晋阳地区发现最早的北齐纪年陶俑墓。

2000年7月，太原迎泽区王家峰砖厂在生产取土中发现一座古墓，太原市文物考古研究所工作人员在村委会配合下收回陶俑、墓志等文物，该墓葬为河清三年（564）狄湛墓，简报发表于《文物》2003年第3期。

2000年12月，迎泽区王家峰村村民发现村东古墓被盗掘，山西省考古研究所、太原市文物考古研究所组成王家峰北朝壁画墓考古队，于2000年12月—2002年10月对墓葬进行抢救性发掘，该墓葬为武平二年（571）徐显秀墓，简报发表于《文物》2003年第10期。

2002年1月下旬—2003年3月上旬，为配合太原市西北外环过境高速公路建设，山西省考古研究所、太原市文物考古研究所及太原市晋源区文物旅游局对太原市晋源区罗城镇开化村以北的山前坡地进行考古发掘，发掘北齐洞室墓若干座，其中天保十年（559）窦兴洛墓的发掘简报发表于《考古与文物》2006年第2期。

2002年11月，为配合城市外环公路建设，山西省考古研究所在晋源区罗城镇开化村以北的山前坡地发掘了一批古代墓葬，其中TM62为天保六年（555）侯莫陈阿仁伏墓，墓葬保存尚好，随葬器物组合完整，简报发表于《文物》2004年第6期。

2003年4月，太原岗头村村民在村西取土施工中毁坏一座古墓葬，继而发生了哄抢文物事件，当地公安机关协助岗头村村委会收缴部分文物，太原市文物考古研究所派人勘察现场，发现被破坏墓葬已经没有任何痕迹。通过收缴文物及墓志判断，此墓葬为河清二年（563）刘贵墓，简报发表于《华夏考古》2019年第6期。

2012年8月—2013年6月，为配合太原市基本建设，山西省考古研究所联合山西大学历史文化学院、太原市文物考古研究所及太原市晋源区文物旅游局对开化墓群进行了重点发掘，清理墓葬69座，其中河清三年（564）赵信墓、武平四年（573）和公墓、M26为北齐陶俑墓，开化墓群发掘简报发表于《文物》2015年第12期，和公墓发掘简报发表于《中原文物》2020年第6期。

此外，天保三年（552）夏侯念墓、天保七年（556）□子辉墓虽无陶俑出土，但亦属北齐纪年墓，其墓志对于研究北齐社会历史具有重要价值。

由墓葬结构保存尚好的各处墓葬可知，太原北齐陶俑墓形制可分砖室墓与土洞墓两类，除韩祖念墓有前后两室外，其余皆为单室墓。

太原北齐墓葬的发现，从一个侧面昭示出晋阳古城的历史文化、历史价值、历史意义，晋阳当时处在两种文化、多个民族不断碰撞、交融的最前沿，其兴衰具有独特的价值。北齐一朝，存在仅二十八年，却给后人留下了极为丰富的文化遗存，其"累世北边，原习其俗，遂同鲜卑"的风俗习惯及"长帽短靴，合袴袄子，朱紫玄黄，各任所好"的服饰风格，对后世各朝的社会风俗和物质文化产生了深远的影响。北齐墓葬文化具有鲜明的时代特征，尤以豪奢的随葬品最为引人注目，陪都晋阳及京畿地区贵族墓葬中的随葬陶俑数量巨大、类别多样、制作精良，其造型丰壮、比例匀称，面容塑造特征鲜明，融合北魏平城、洛阳造型风格，兼有鲜卑、汉族文化面貌，蕴含丰富的历史信息，具有极强的艺术表现力。

四、太原北齐陶俑分类综述

太原北齐墓葬中的随葬陶塑明器类型多样，以人物俑为大宗，兼有陶塑动物和模型明器，依其功能不同可分为镇墓俑、卤簿仪仗俑（含仪仗动物陶塑）、家居俑（含模型明器）三类。为了便于欣赏与研究，可根据陶俑的动作、服饰将其分为不同型与亚型，各型下继续细分时，依据的是造型的不同式样，无前后继承变化关系，故不称式而称型。

（一）镇墓俑

镇墓俑是北齐陶俑中制作最精良的，制作工艺有模制、雕塑、贴塑、彩绘、涂金等，体量巨大，具有极强的艺术表现力，一般包括两件镇墓武士俑和两件镇墓兽，多置于墓室内靠墓门处或墓门外，用以镇守墓穴、驱除邪祟。

1.镇墓武士俑

镇墓武士俑多头戴兜鍪，身穿明光铠，腰束革带或鞢䩞带，下穿大口袴，身形魁伟，阔面高鼻，浓眉大眼，神态或威武庄严、或狰狞凶悍，极富艺术感染力及视觉冲击力。可依其姿态、动作分为二型。

A型：按盾武士俑。武士左手按盾，右手空握，作执武器状，出土时武器皆已朽坏不存。此型为太原北齐墓出土的镇墓武士俑中最常见的造型，可据武士右手动作不同分两个亚型。

Aa型：肩扛武器武士俑。仅见于天保四年（553）贺拔昌墓。武士皆头戴冲角兜鍪，左手按盾，右手空握并举至肩部，作执武器扛搭于肩上状。贺拔昌墓为目前太原地区发现最早的一座北齐陶俑墓，此型镇墓武士俑不见于之后的北齐墓葬中（图二，1）。

Ab型：垂臂持物武士俑。武士皆穿明光铠，左手按盾，右手空握并自然下垂，贴于身侧，作持武器状。可根据其所戴兜鍪样式继续细分为四型。

Ab-Ⅰ型：冲角兜鍪俑。见于天保七年（556）乔花墓、天保十年（559）窦兴洛墓、皇建元年（560）贺娄悦墓。武士头戴冲角兜鍪，兜鍪中央起脊，前有上昂前冲的短角，两侧有护耳，后有垂披于肩部的顿项。冲角兜鍪俑多见于邺城地区的东魏北齐墓中，晋阳地区出土相对较少，集中出现于北齐早期，皇建元年贺娄悦墓所出俑的兜鍪额前冲角已变得非常短小，中晚期皆不见此型镇墓武士俑（图二，2）。

Ab-Ⅱ型：圆顶兜鍪俑。圆顶兜鍪是晋阳地区北齐墓葬出土武士俑最常戴的兜鍪，北齐早

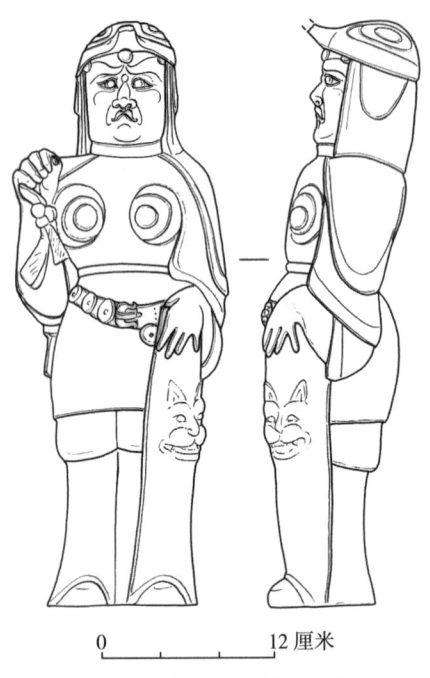

1. Aa型镇墓武士俑：贺拔昌墓标本T99HQH9    2. Ab-Ⅰ型镇墓武士俑：乔花墓标本BK01808

3. Ab-Ⅱ型镇墓武士俑：
娄睿墓标本529

4. Ab-Ⅲ型镇墓武士俑：
库狄迴洛墓标本32

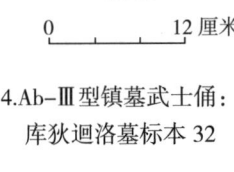

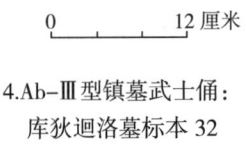

5. Ab-Ⅳ型镇墓武士俑：
库狄业墓标本T84QS2

图二　A型镇墓武士俑

期至晚期墓葬皆有发现，其顶部有圆饼状凸起，两侧有护耳，顿项及肩，有时环至额下为护颈。此型镇墓武士俑见于天保六年（555）侯莫陈阿仁伏墓、河清元年（562）库狄迴洛墓、河清三年（564）赵信墓、天统三年（567）韩祖念墓、武平元年（570）娄睿墓、武平二年（571）徐显秀墓、武平四年（573）和公墓及太原南郊北齐壁画墓（无纪年）（图二，3）。

Ab-Ⅲ型：尖顶兜鍪俑。尖顶兜鍪俑在太原北齐墓中较为少见，此型镇墓武士俑仅见于库狄迴洛墓，武士兜鍪顶端有锥状尖顶，两侧有半圆形护耳，额前有尖角状护额，顿项及肩（图二，4）。

Ab-Ⅳ型：翻沿风帽俑。风帽在仪仗俑冠帽中较为常见，但镇墓武士俑中目前仅见两例，按盾镇墓武士俑戴风帽者则仅见于天统三年（567）库狄业墓，武士所戴风帽的帽沿翻起，贴于帽顶两侧，似为表现风帽较厚硬的材质（图二，5）。

B型：执械武士俑。太原北齐墓出土镇墓武士俑以A型按盾武士俑为主，B型执械武士俑出土较少，姿态、动作及服饰不甚统一，可分为单手执械和双手执械两个亚型。

Ba型：单手执械武士俑。武士左手抚胸或握带，右手空握，垂于身侧，作执武器状，武器皆已不存。可根据服饰不同继续细分为二型。

Ba-Ⅰ型：风帽俑。仅见于河清二年（563）刘贵墓。头戴翻沿圆顶帽，上穿明光铠，内着短襦，外罩带袖披风，腰束双股细带，与领口垂下细带呈十字交叠系结，带端坠饰物，下穿及地大口袴，脚穿圆头鞋。两臂微曲，掩于披风内，双手露出，一手端带，一手空握（图三，1）。

Ba-Ⅱ型：尖顶兜鍪俑。见于武平二年（571）徐显秀墓、太原南郊北齐壁画墓（无纪年）。武士所戴兜鍪顶端有锥状尖顶，两侧有半圆形护耳，前有尖角状护额，顿项及肩，身穿明光铠，腰束鞢韝带，下穿及地大口缚袴。太原南郊北齐壁画墓标本59左手抬起，轻抚左胸前护心镜；右臂微曲下垂，贴于身侧，作持物状（图三，2）。

Bb型：双手执械武士俑。武士左手曲于胸前，右手空握，垂于身侧，皆作执武器状，武器皆已不存。可根据服饰不同继续细分为二型。

Bb-Ⅰ型：冲角兜鍪俑。见于开化墓地M26与天统元年（565）张海翼墓，皆残破不全。武士头戴冲角兜鍪，上穿明光铠，腰束革带，下着及地缚袴，脚穿圆头靴。右臂微曲下垂，贴于身侧，右手空握，作持物状；左臂曲于腰间，手腕置于带前，左手缺失，但其手腕位置甲胄革带未遮挡，模制时手应未如Ba型般贴附于身上，推测与徐显秀墓标本275一样，左手是悬置的，其应为双手执物（图三，3）。从目前考古发掘出土镇墓俑的情况来看，冲角兜鍪作为一种重要的服饰元素，在A型镇墓俑上存在的时间仅为北齐早期，在B型镇墓俑上存在的时间稍长，至北齐中期。

Bb-Ⅱ型：尖顶兜鍪俑。较完整者仅徐显秀墓标本275，武士头戴尖顶兜鍪，身穿明光铠，腰束鞢韝带，左臂曲于身侧，左手空握微前伸，作持物状；右臂微曲下垂，右手空握，贴于身侧（图三，4）。

1. Ba-Ⅰ型镇墓武士俑：刘贵墓标本LGM1∶1

2. Ba-Ⅱ型镇墓武士俑：太原南郊北齐壁画墓标本59

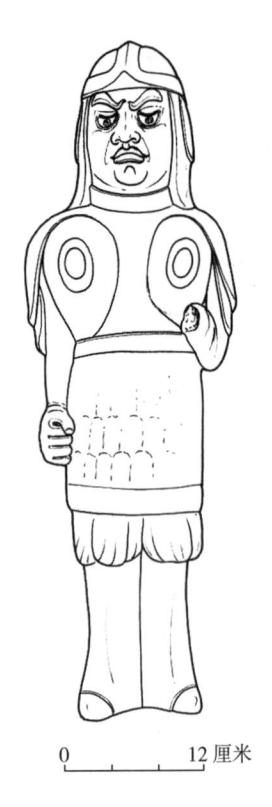

3. Bb-Ⅰ型镇墓武士俑：
开化墓地 M26∶15

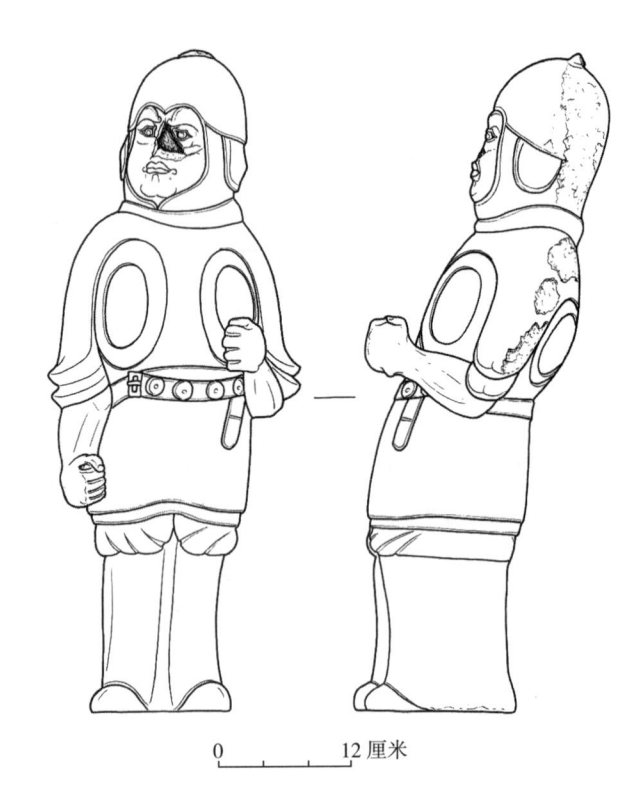

4. Bb-Ⅱ型镇墓武士俑：
徐显秀墓标本275

图三　B型镇墓武士俑

与下文所介绍的仪仗俑不同，同型镇墓武士俑的大小明显不同，大者超过60厘米，小者不足40厘米，但皆为同墓中造型最魁伟者。各墓镇墓武士俑于细节造型处有明显差异，如武士皆左手按盾，多为拇指贴于盾上缘，四指贴于盾面；侯莫陈阿仁伏墓镇墓武士俑则整只手掌横置于盾上缘；赵信墓标本73五指皆贴于盾面。镇墓武士俑多环眼大睁、圆鼻阔面、净颊无须、厚唇紧闭，面相威武端庄；赵信墓标本73则鼻梁高挺，唇上、下颏四周皆墨绘髭须；徐显秀墓标本245侧头远望，张口露齿，络腮胡须，神态狰狞，形似胡人。开化墓地M26：36双眼半闭；窦兴洛墓标本5头微左倾，整个身体重心似支撑在所按长盾上，面色凝重，身体姿势也暴露疲态，为其余各墓出土镇墓俑所未见。从服饰甲胄上看，圆顶兜鍪后多有及肩顿项，向前环至颔下为护颈，徐显秀墓标本245、太原南郊北齐壁画墓标本56等则无；徐显秀墓标本245所穿明光铠披膊绘饰虎皮纹，乔花墓BK01808所戴兜鍪于眉心处有圆形蜗卷状饰物，这些特殊装饰亦不见于其他镇墓武士俑。另外各俑眉目容貌、所系鞶鞲带、革带造型皆有差别，体现出镇墓武士俑制作精良、富于艺术创造的特点，不同于普通模制仪仗俑。

2.镇墓兽

　　太原北齐陶俑墓所出镇墓兽多为一墓两件，一件为人面镇墓兽，一件为兽面镇墓兽，部分经盗扰破坏的墓葬，随葬品流失损坏，信息不完整，有仅存一件镇墓兽者。依其面容可分两型，又依其足部造型细分亚型。镇墓兽与镇墓武士俑一样，塑造精细，造型夸张，施彩艳丽，非多人一面的仪仗俑可比。人面镇墓兽多神态肃穆、不怒自威，兽面镇墓兽则血口大张、狰狞可怖，极富艺术张力。同亚型间盔帽、面容、须髯、鬣鬃皆有差别。

　　A型：人面镇墓兽。皆为人面兽身，脸型圆阔，容貌威武，其面相塑造与镇墓武士俑相似，但多戴尖顶或圆顶的兜帽，仅贺娄悦墓、娄睿墓所出者戴胄。胸口微凸，肩部有卷曲状翅羽，以彩绘补充毛发细节，背后塑有尖状鬣鬃，多已断失，尾多上卷贴于背后，四肢细瘦挺直。

　　Aa型：蹄状足兽。足皆似马蹄，见于侯莫陈阿仁伏墓、刘贵墓、赵信墓、库狄业墓、娄睿墓、太原南郊北齐壁画墓（图四，1）。

　　Ab型：爪状足兽。皆为三趾爪状足，见于北齐早中期的乔花墓、窦兴洛墓、贺娄悦墓（图四，2）。

　　同型镇墓兽之间多有细微差别，Aa型多为奇蹄状足，仅赵信墓所出为偶蹄状足；兽尾多上卷，贴于背后，仅侯莫陈阿仁伏墓镇墓兽的兽尾盘于身侧。此外，各镇墓兽面相皆有明显不同，赵信墓所出者眼睛半睁，口微张，脖颈前伸，神情诡异；刘贵墓所出者下齿外呲，昂首远眺，容貌狰狞；娄睿墓所出者则蹙眉闭口，神态凝重。人面镇墓兽多为人耳，耳垂丰阔，贺娄悦墓、库狄业墓所出者则为外撇状兽耳。

　　B型：兽面镇墓兽。皆为猛兽头颅，大口下撇，伸舌露齿，狰狞怪异，仅韩祖念墓所出者浑圆如豹头。胸口微凸，肩部有卷曲状翅羽，背后有尖状鬣鬃，多已断失，尾多上卷贴于背

0 ―― 12 厘米

1. Aa 型镇墓兽：娄睿墓标本 628

0 ―― 12 厘米

2. Ab 型镇墓兽：乔花墓标本 BK01810

0 ―― 12 厘米

3. Ba 型镇墓兽：太原南郊北齐壁画墓标本 55

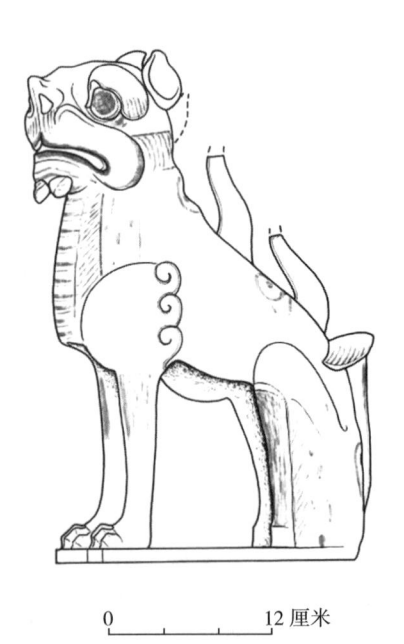

0 ―― 12 厘米

4. Bb 型镇墓兽：徐显秀墓标本 72

图四　镇墓兽

后，四肢细瘦。

Ba型：蹄状足兽。兽面镇墓兽多为爪状足，蹄状足者仅二例，见于和公墓和太原南郊北齐壁画墓（图四，3）。

Bb型：爪状足兽。见于张肃俗墓、窦兴洛墓、韩祖念墓、娄睿墓、徐显秀墓、开化墓地M26，皆为三趾爪状足，中趾较粗大（图四，4）。

此外，贺娄悦墓、韩裔墓所出兽面镇墓兽皆四足缺失。

各兽细部特征亦有不同，或大立耳外撇，或小立耳后撇。又如各墓所出者多血口大张、尖牙外露、舌上扬顶于上颚，威武凶恶；徐显秀墓、韩裔墓所出者则巨口下撇，丑陋狰狞。娄睿墓所出者鬣鬃为九组双尖状，其余则多为三组单尖状。

与镇墓武士俑一样，镇墓兽千物千面，灵活使用模制、雕塑、贴塑、彩绘等多种技法，在整体造型变化甚少的基础上，五官、毛发、鬣鬃等细节不拘一格、千变万化，体现了较强的艺术性。

（二）卤簿仪仗俑

卤簿仪仗俑是太原北齐陶俑中数量最大、类型最多、地域特征和时代特征最鲜明的俑类，分仪仗立俑、仪仗骑俑和仪仗动物陶塑三类。仪仗俑较镇墓武士俑小，高度通常为20~30厘米，多为模制，体态丰壮，五官紧凑，有的以彩绘施涂衣物、面庞或勾描五官、须发，多人一面现象普遍。大型砖室墓的仪仗俑置于墓道、甬道及墓室内，中型砖室墓及土洞墓则多置于墓室内。

仪仗俑群是由武士、文吏、侍从、伎乐、女官、骑士及驼马、牛车等组成的出行队列，是墓主生前卤簿等级的写照。

1.仪仗立俑

仪仗立俑是太原北齐陶俑墓俑群中最重要的组成部分，陶俑皆为单人站立状，数量庞大，类型多样，在各个陶俑墓中皆有出土，尤以北齐晚期各高等级墓葬所出类型最为丰富，包括武士、文吏、侍从、伎乐、女官等。

（1）武士俑

仪仗武士俑是太原北齐陶俑墓随葬仪仗俑群中的重要类型，与镇墓武士俑不同，仪仗武士俑体量小、数量大，形态统一。面相单调，多为脸型圆润、弯眉细眼、直鼻小口，神态端肃；少数为浓眉圆眼，仪态威严，不怒自威。甲胄、衣帽搭配多样，可分背盾武士俑、持盾武士俑、扈从武士俑、持剑武士俑四型。

A型：背盾武士俑。武士背负盾牌，依据服饰可分二亚型。

Aa型：铠甲兜鍪俑。武士头戴冲角兜鍪，中脊起棱，两侧有护耳，顿项及肩，身穿明光铠，肩有披膊，腰束革带，内穿短襦，下着及地缚裤，脚穿圆头鞋。依其所背盾样式不同，可

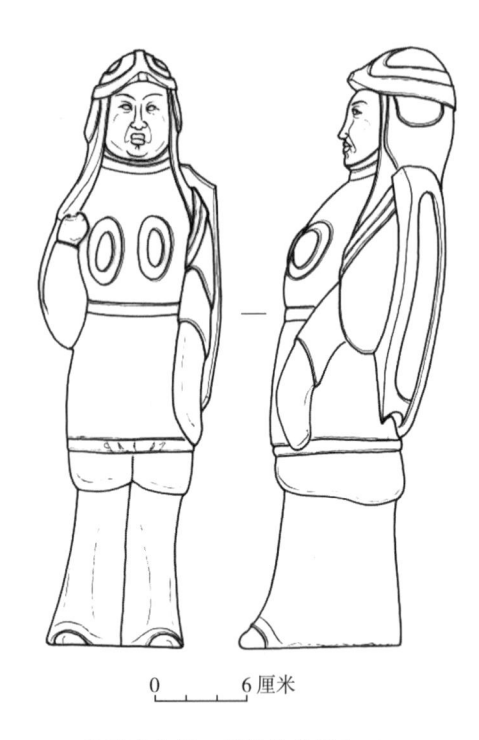

1. Aa-Ⅰ型武士俑：贺娄悦墓标本16

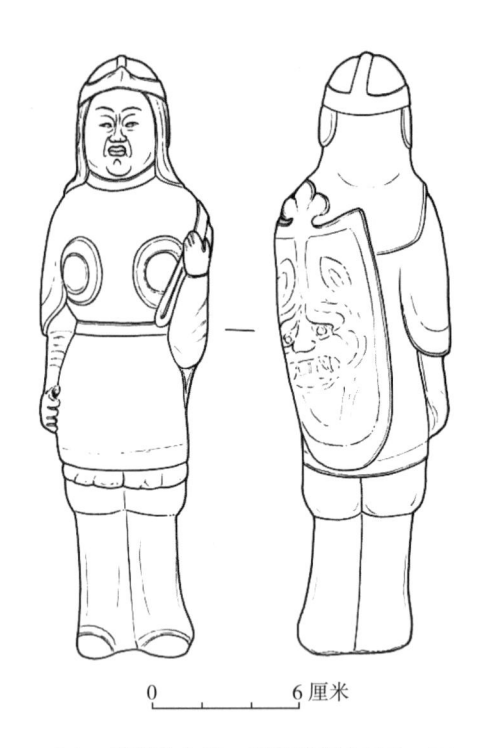

2. Aa-Ⅱ型武士俑：赵信墓标本M20：57

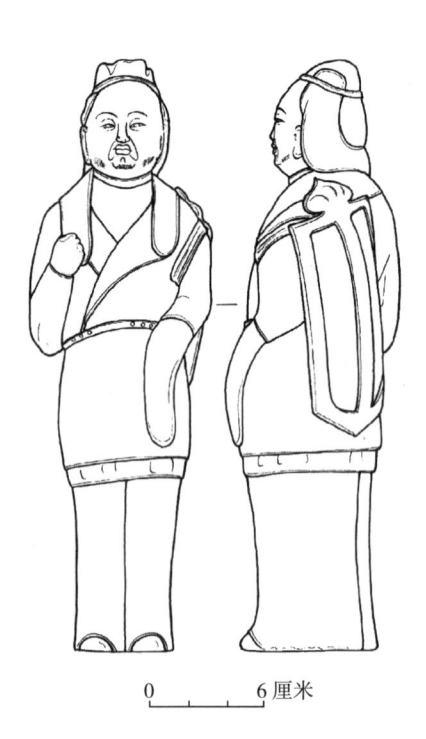

3. Ab-Ⅰ型武士俑：库狄迴洛墓标本83

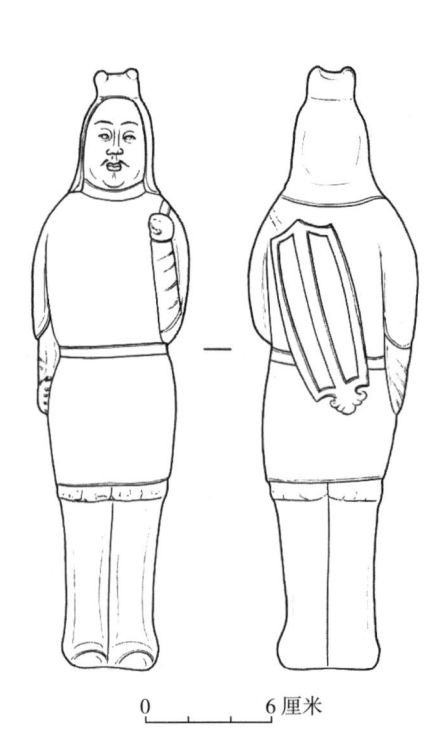

4. Ab-Ⅱ型武士俑：赵信墓标本M20：28

图五 A型武士俑

继续细分为二型。

Aa-Ⅰ型：背镶边凸棱盾，见于北齐早期贺拔昌墓、乔花墓及中期贺娄悦墓。武士左肩背盾，盾四周镶边，中有凸棱。左臂微曲，贴于腹侧，袖口下垂，手掩于袖内；右手握拳，上举于肩前，作持物状。早期贺拔昌墓与乔花墓武士左手曲于腹前、轻握带扣，中期贺娄悦墓武士左右手贴于身侧（图五，1）。

Aa-Ⅱ型：背兽面纹盾，见于北齐中期刘贵墓、赵信墓。左肩背盾，盾面为一狰狞兽面。左手举于肩前，握住盾牌系带；右手微曲，贴于胯侧，作持物状（图五，2）。

Ab型：短襦风帽俑。头戴风帽，身穿短襦，腰束革带，下着及地袴，脚穿圆头鞋。从目前发掘北齐墓葬的情况来看，此亚型背盾武士俑仅见于北齐中期河清二年至三年。依其姿态及风帽样式不同，可继续细分为二型。

Ab-Ⅰ型：翻耳扇风帽俑。仅见于库狄迴洛墓。头戴翻耳扇风帽，帽裙披于脑后，身穿翻领半袖襦。左肩背镶边凸棱盾，左臂微曲，垂于腹侧，袖口下垂，左手掩于袖内；右手握拳，上举于肩前，作持物状（图五，3）。

Ab-Ⅱ型：双棱风帽俑。见于狄湛墓及赵信墓。头戴双棱风帽，帽裙披于脑后，身穿圆领窄袖襦。左肩背镶边凸棱盾，左手上举至左肩前，作握系盾束带状；右臂微曲，贴于身侧，作持物状（图五，4）。

B型：持盾武士俑。武士一手空握，作持武器状，一手将盾牌持护于胸前。可依据服饰不同分二亚型。

Ba型：铠甲俑。武士头戴风帽，帽裙披于脑后，额前露分发，上穿明光铠，肩有披膊，腰间束带，下着及地缚袴，脚穿圆头鞋。左手于胸前或身侧斜执镶边凸棱盾，右手空握，举于肩前，作执物状。此型俑仅见于北齐中晚期的三座墓葬，依据风帽式样细分为二型。

Ba-Ⅰ型：翻耳扇风帽俑。仅见于北齐中期狄湛墓。武士头戴风帽，耳扇翻起勒束于帽顶下系带内，帽裙披于脑后，盾牌斜于胸前（图六，1）。

Ba-Ⅱ型：三棱风帽俑。见于北齐晚期库狄业墓、徐显秀墓。武士头戴三棱风帽，帽裙披于脑后，盾牌紧贴臂侧，露出胸前的明光铠护胸（图六，2）。

Bb型：短襦俑。武士皆身穿短襦，头戴风帽，腰束革带，下穿及地袴，脚穿圆头鞋。其所着短襦或为大翻领，或为交领，或袒右臂，露出内衬圆领衫。风帽式样更为多变，可据此进一步细分为五型。

Bb-Ⅰ型：圆顶风帽俑。此型俑在B型仪仗武士俑中年代最早、数量最少，仅见于北齐早期侯莫陈阿仁伏墓。武士头戴圆顶披裙风帽，外穿交领窄袖短襦。左手于腹前斜持镶边凸棱云头盾（图六，3）。

Bb-Ⅱ型：翻沿风帽俑。见于北齐中晚期天统年间的张海翼墓、韩裔墓与太原南郊北齐壁画墓。武士头戴圆顶翻沿风帽，耳扇及帽裙翻起，贴于帽四周，未见扎束，仅有帽顶用细带扎起，似为较硬厚的皮质帽。外穿翻领半袖襦，肩似有披膊。左手于腹前斜持镶边凸棱云头盾

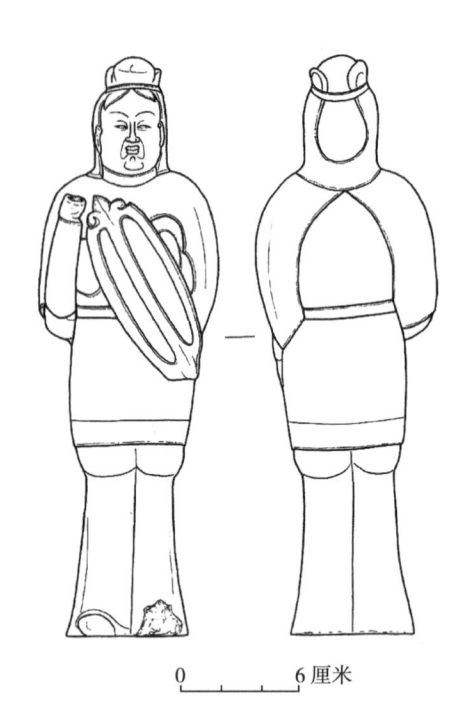

1. Ba-Ⅰ型武士俑：
狄湛墓标本T2000WD3-1

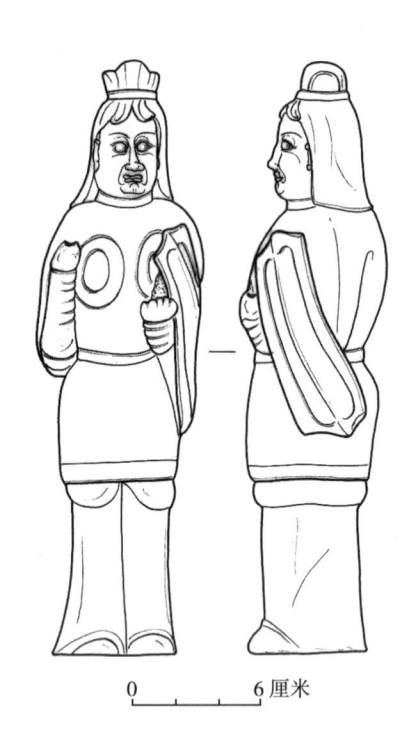

2. Ba-Ⅱ型武士俑：
库狄业墓标本T84QS45-1

3. Bb-Ⅰ型武士俑：
侯莫陈阿仁伏墓标本TM62∶15

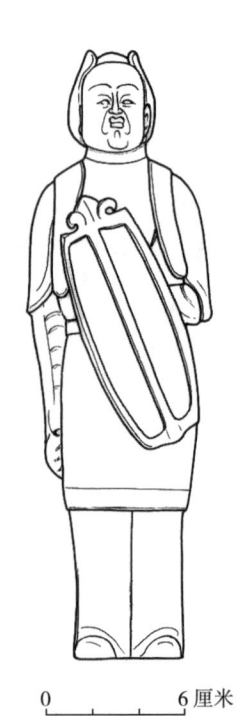

4. Bb-Ⅱ型武士俑：
张海翼墓标本15

5. Bb-Ⅲ型武士俑：
库狄业墓标本T84QS39-6

图六　B型武士俑

（图六，4）。

Bb-Ⅲ型：卷裙风帽俑。仅见于北齐晚期库狄业墓。武士头戴卷裙圆顶风帽，帽顶薄小，外层帽裙卷起至帽顶后，仍有一层帽裙披于脑后。身穿翻领襦，袒右臂，右侧衣领及右衣袖翻至身后，露出内衬圆领窄袖襦。左手垂于腹侧，执一镶边凸棱盾（图六，5）。

Bb-Ⅳ型：翻耳扇折裙风帽俑。仅见于北齐晚期韩祖念墓。武士头戴圆顶风帽，耳扇翻起于帽顶旁，脑后帽裙折起，与耳扇一起勒束于帽顶下，外穿翻领窄袖襦，翻领与帽顶皆有细密凹点。左手斜持一镶边凸棱云头盾（图七，1）。

Bb-Ⅴ型：翻耳扇披裙风帽俑。见于北齐末期天统至武平年间的韩祖念墓、娄睿墓、徐显秀墓、和公墓。武士头戴圆顶风帽，耳扇翻起系于帽顶旁，帽裙披于脑后，帽顶上有细密凹点，应为表现皮质外露。身穿翻领窄袖襦，内穿圆领襦。左手斜持一镶边凸棱云头盾。娄睿墓持盾武士袒右臂，露出内衬圆领衫，右衣袖掖入腰带，为Bb-Ⅴ-1型（图七，2）；徐显秀墓及和公墓持盾武士穿右衽大翻领襦，领口宽大，为Bb-Ⅴ-2型（图七，3）。

C型：扈从武士俑。皆为站立武士造型，或身着甲胄，或佩带武器，数量较大，造型较为单一。可依据服饰分为五型。

Ca型：披氅短襦俑。皆穿窄袖短襦（未塑造出甲叶或未见施彩勾绘甲叶，无法认定为穿铠

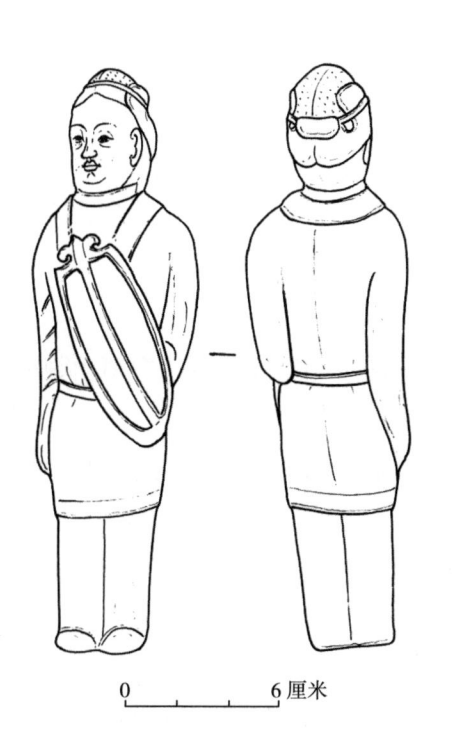

1. Bb-Ⅳ型武士俑：
韩祖念墓标本Hzn-49

2. Bb-Ⅴ-1型武士俑：
娄睿墓标本345

3. Bb-Ⅴ-2型武士俑：
徐显秀墓标本358

图七　B型武士俑

甲者，暂定为穿襦），襦较紧窄，下沿至膝部，腰间束带，外穿披风，下着及地袴，有的膝间有扎缚，脚穿圆头鞋。可根据盔帽式样细分为三型。

Ca-I型：护颈兜鍪俑。仅见于北齐早期侯莫陈阿仁伏墓。武士头戴圆顶兜鍪，兜鍪两侧有护耳，向前环至颈下为护颈，眉心有尖角状护额，左手轻握腰间革带，右手藏于袖内，垂于身侧（图八，1）。

Ca-II型：圆顶兜鍪俑。见于北齐中期皇建至河清年间的贺娄悦墓、狄湛墓、赵信墓。武士头戴圆顶兜鍪，顿项及肩，未见护颈，双手藏于袖内，微曲下垂，贴于胯前（图八，2）。

Ca-III型：三棱风帽俑。见于北齐中期河清年间至晚期至武平年间的库狄迴洛墓、库狄业墓、韩祖念墓、徐显秀墓、和公墓。武士头戴三棱风帽，帽裙披于脑后，左臂藏于袖内，微曲贴于腹前，袖口下垂于胯前或自鍪下伸出手扶腰带，右臂自然下垂于身侧，下端有孔，应为表现持有武器（图八，3）。

Cb型：披鍪铠甲俑。武士皆身穿鱼鳞铠（铠甲为模印制出，非彩绘勾勒），外罩披风，内着窄袖襦，袖紧窄而长，腰间束带，下着及地袴，脚穿圆头鞋。根据兜鍪的不同，可分为三型。

Cb-I型：尖顶兜鍪俑。见于北齐早期乔花墓。武士头戴尖顶兜鍪，两侧有护耳，顿项及肩，腰束革带，右手轻握带，左手藏于袖内，微曲垂于胯前（图八，4）。

Cb-II型：圆顶兜鍪俑。见于北齐中晚期赵信墓、张海翼墓、韩裔墓与太原南郊北齐壁画墓。武士头戴圆顶兜鍪，兜鍪两侧有半圆形护耳，顿项及肩，双手藏于袖内，微曲垂于胯前（图八，5）。唯赵信墓所出此型陶俑较具特色，圆顶兜鍪四周及中脊起棱，似兼具冲角兜鍪与圆顶兜鍪特征。

Cb-III型：护颈兜鍪俑。见于北齐晚期库狄业墓、徐显秀墓。武士头戴圆顶兜鍪，兜鍪两侧有半圆形护耳，顿项及肩，并向前环至颈下为护颈。双臂微曲，两手藏于袖内，左臂贴于腹前，右臂垂于身侧（图八，6）。

Cc型：铠甲俑。身着甲胄，未罩披风，内穿窄袖襦，腰间束带，下着及地缚袴，脚穿圆头鞋。

Cc-I型：尖顶兜鍪俑。仅见于库狄迴洛墓。武士头戴尖顶兜鍪，兜鍪两侧有半圆形护耳，顿项及肩，向前环至颈下为护颈。双臂下垂，贴于身侧（图九，1）。

Cc-II型：圆顶兜鍪俑。仅见于韩裔墓。头戴圆顶兜鍪，兜鍪两侧有护耳，前有花叶形护额，顿项及肩。左手藏于袖内，贴于胯前，袖口下垂，右手空握于腹前，作持物状（图九，2）。

Cc-III型：护颈兜鍪俑。此型数量较多，见于北齐中期河清年间至晚期武平年间的狄湛墓、库狄业墓、韩祖念墓、娄睿墓、徐显秀墓。武士头戴圆顶兜鍪，兜鍪两侧有半圆形护耳，顿项及肩，并向前环至颈下为护颈，脑后披幅连缀甲片。左手扶腰带，右手藏于袖内，贴于腹前，唯狄湛墓所出此型俑两手皆藏于袖内，微曲贴于腹前（图九，3）。

1. Ca-Ⅰ型武士俑：
侯莫陈阿仁伏墓标本TM62∶3

2. Ca-Ⅱ型武士俑：
狄湛墓标本T2000WD6-1

3. Ca-Ⅲ型武士俑：
库狄业墓标本T84QS37-5

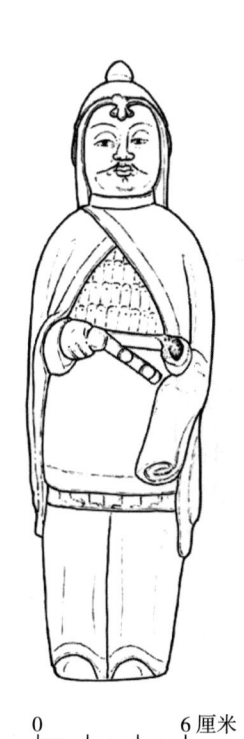

4. Cb-Ⅰ型武士俑：
乔花墓标本BK01793

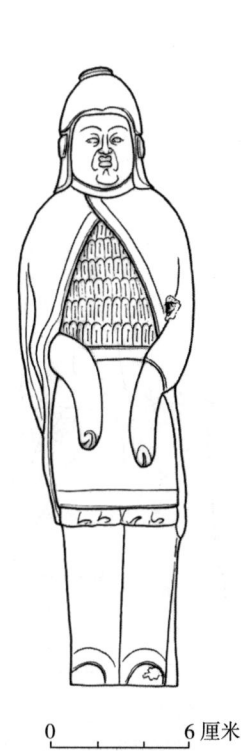

5. Cb-Ⅱ型武士俑：
张海翼墓标本19

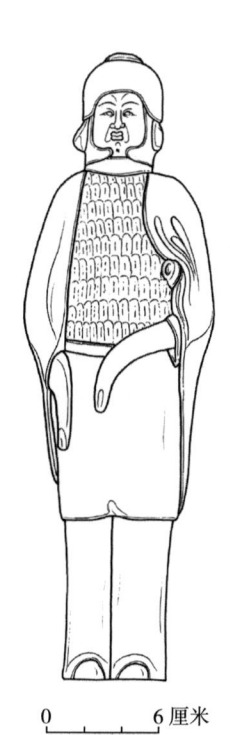

6. Cb-Ⅲ型武士俑：
徐显秀墓标本22

图八　C型武士俑

0　　　6厘米	0　　　6厘米	0　　　6厘米	0　　　6厘米
1.Cc-Ⅰ型武士俑：库狄迴洛墓标本90	2.Cc-Ⅱ型武士俑：韩裔墓标本	3.Cc-Ⅲ型武士俑：狄湛墓标本T2000WD5-1	4.Cd型武士俑：乔花墓标本BK01791

0　　　6厘米

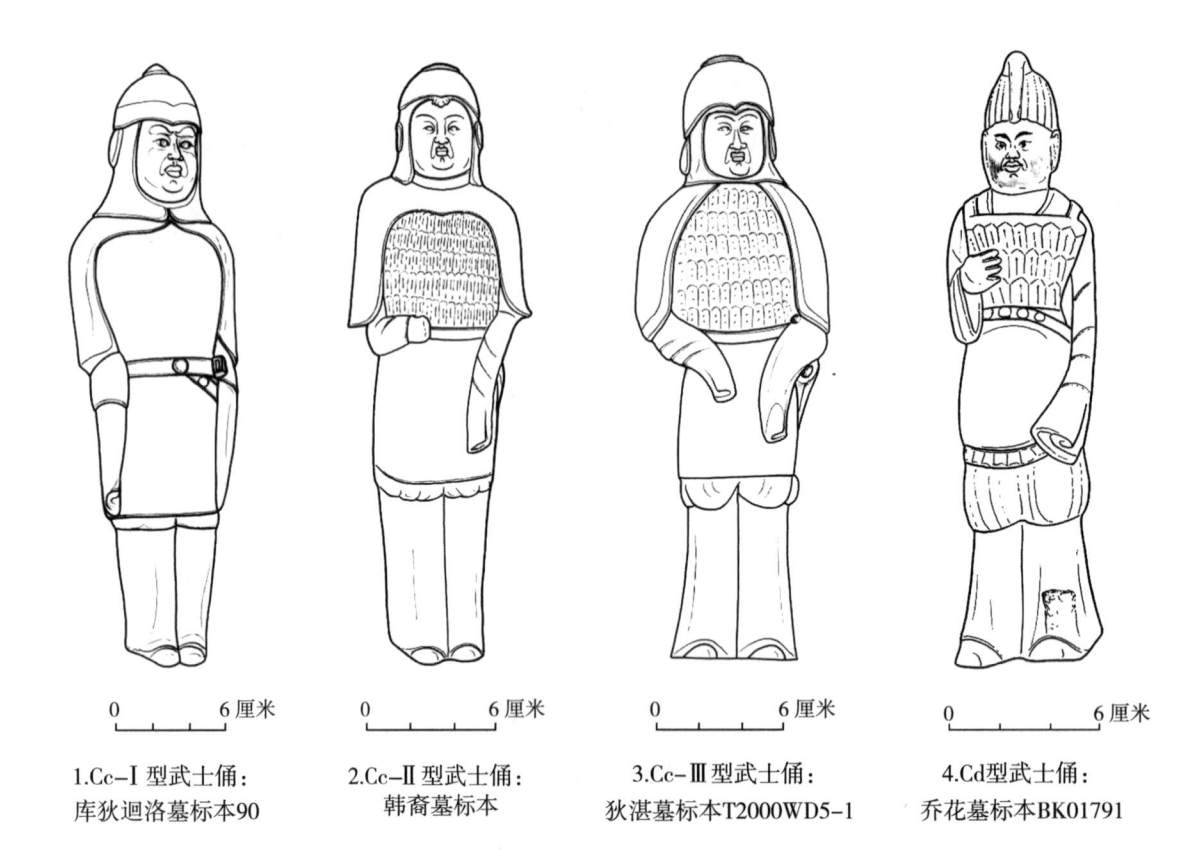

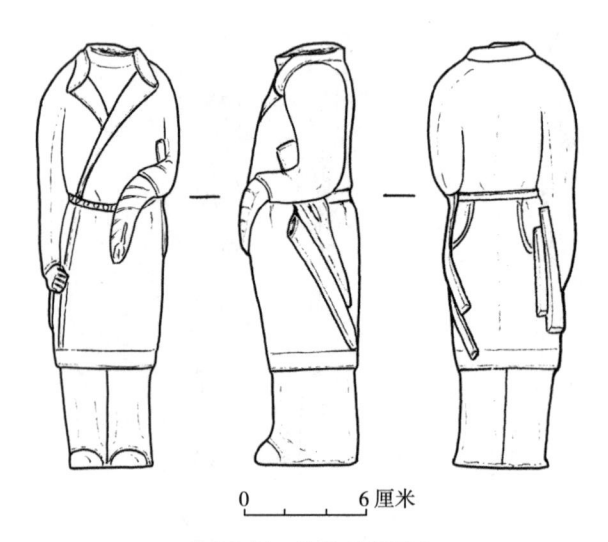

5.Ce型武士俑：徐显秀墓标本418

图九　C型武士俑

Cd型：裲裆俑。仅见于乔花墓，武士身形较清瘦，头戴额护，内有头巾扎束起提至头顶，垂至额护前。上穿宽袖褶衣，外罩裲裆铠，腰束革带，下穿及地缚袴，脚穿圆头鞋。左手藏于袖内并贴于身侧，右手曲于胸前。此型陶俑不见于晋阳地区其他北齐墓葬，但邺城地区东魏北齐墓中多见，如磁县高润墓、茹茹公主墓、湾漳大墓和安阳贾进墓等（图九，4）。

Ce型：翻领襦俑。仅见于徐显秀墓。武士头部缺失，外穿翻领窄袖襦，内着圆领襦，腰间束带，下穿及地袴，脚穿圆头鞋。左臂曲于身侧，手藏于袖内，长袖垂于腹前；右臂垂于身侧，右手空握，作持物状（图九，5）。

D型：持剑武士俑。武士身穿广袖短身的褶衣，下着及地袴，腰束带，手拄剑。可根据武士姿态不同分二亚型。

Da型：双手拄剑俑。仅见于北齐中期刘贵墓。武士头部缺失，冠帽、容貌不详，两手于胸前交叠下按，手中拄一长剑，剑置于剑鞘内，顺两腿间下撑地面（图一〇，1）。

Db型：单手拄剑俑。见于北齐晚期库狄业墓、徐显秀墓。武士左手藏于袖内，垂于身侧；右臂曲于腹前，手中拄剑，剑尖未及地（图一〇，2）。

（2）文吏俑

太原北齐墓葬出土的仪仗立俑中，文吏俑数量相对较少，服饰式样较为单一，为小冠与袴褶的搭配或笼冠与长裳的搭配，面相较清秀端庄，神态恭谨，身姿挺拔。文吏俑制作工艺与其他仪仗俑不同，身体与头部分开模制，再插接后烧制，肩部多平齐。可据服饰不同分为二型。

A型：小冠袴褶俑。文吏头戴小冠，身穿广袖褶衣，一些在褶衣外穿裲裆，可细分为二型。

1.Da型武士俑：
刘贵墓LGM1∶9

2.Db型武士俑：
徐显秀墓标本9

图一〇　D型武士俑

Aa型：裲裆俑。见于中期贺娄悦墓、张海翼墓。文吏身穿广袖褶衣，外罩裲裆铠，腰束革带，下穿及地大口缚袴，脚穿圆头鞋。左臂曲于腹侧，手握带尾，右臂自然下垂，贴于身侧，手掩于袖内，作持物状（图一一，1）。

Ab型：袴褶俑。文吏皆头戴小冠，外穿右衽广袖褶衣，内穿圆领襦，腰束革带，下穿及地大口缚袴，脚穿圆头鞋。根据姿势不同，可细分为二型。

Ab-Ⅰ型：扶带俑。见于北齐早期乔花墓及晚期天统至武平年间韩裔墓、娄睿墓、韩祖念墓、徐显秀墓、太原南郊北齐壁画墓。左臂曲于腹前，左手握带尾；右臂下垂，贴于身侧，右手空握，作持物状（图一一，2）。

Ab-Ⅱ型：袖手俑。两手交叠于胸前，右手压于左手上，作袖手侍立状，右内襦袖口自外衣袖口露出（图一一，3）。此亚型文吏俑见于徐显秀墓，体量较小，与小型侍女俑相若，同墓及库狄业墓、韩祖念墓皆出土与之服饰相似的侍女俑，五官较柔和，应是使用了相同造型的身模，而头模不同。

B型：笼冠长裳俑。皆头戴笼冠，脑后露出分发，有的冠上有珰饰。此型文吏俑出土数量相对较少，可根据姿势及上衣样式分二型。

Ba型：窄袖衣俑。仅见于北齐早期贺拔昌墓。只存上半身，上身穿交领窄袖衣，腰束带，带上饰一周戳出的圆孔，或意在表现嵌饰。两手举于胸前，右手缺失，左手握拳，作持物状。从下身残存部分看，下身较宽，其姿势可能为蹲坐或骑马（图一一，4）。

Bb型：广袖衣俑。见于北齐中期库狄迴洛墓及晚期韩祖念墓、徐显秀墓。文吏身穿右衽广袖褶衣，内穿圆领襦，腰束宽带，下着曳地裙，左手提握长裙一角，露出下穿及地袴，脚穿圆头鞋，右手藏于袖内，垂于身侧，作空握状（图一一，5）。

（3）侍从俑

在太原北齐陶俑墓仪仗立俑队列中，侍从俑占据重要位置，数量众多，姿势单调，皆垂手或曲臂；面相单一，皆为弯眉细眼或杏核眼，直鼻小口，神态端庄恭顺；服饰多为短襦、风帽。可根据人物姿势分二型。

A型：垂臂俑。侍从左臂藏于袖内，微曲下垂，贴于腹前，右臂自然下垂，贴于身侧，手掩于袖内，袖端有孔，作持物状。可根据服饰不同分为二型。

Aa型：翻领襦俑。侍从外穿半袖翻领襦，宽大领边翻至肩部，内穿圆领窄袖襦，腰束鞢韘带，下穿及地窄口袴，脚穿圆头鞋。可根据冠帽式样进一步细分为四型。

Aa-Ⅰ型：翻耳扇风帽俑。见于北齐早期乔花墓及中期库狄迴洛墓、张海翼墓。侍从头戴翻耳扇披裙风帽，耳扇翻起勒于帽顶下，帽裙披于脑后。此型陶俑面相、服饰各有细微差别，如出自库狄迴洛墓及张海翼墓者额前露出分发，乔花墓则无，库狄迴洛墓所出亦有未露发者；乔花墓所出陶俑穿右衽襦，张海翼墓、库狄迴洛墓所出者则为左衽（图一二，1）。

Aa-Ⅱ型：小圆顶风帽俑。仅见于北齐中期贺娄悦墓。侍从头戴圆顶风帽，帽后披幅较短而厚实，遮盖后脑（图一二，2）。

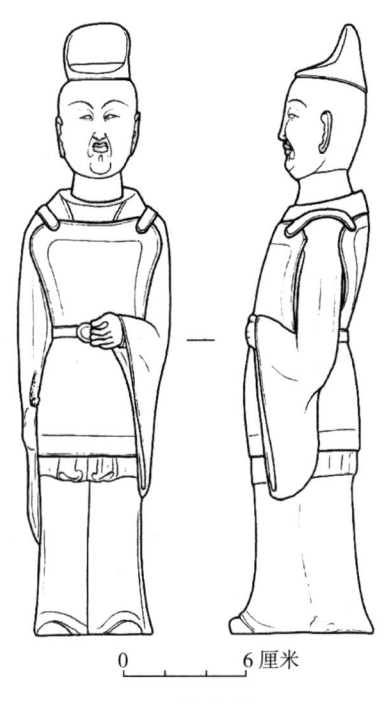

1. Aa型文吏俑：
张海翼墓标本24

2. Ab-Ⅰ型文吏俑：
娄睿墓标本244

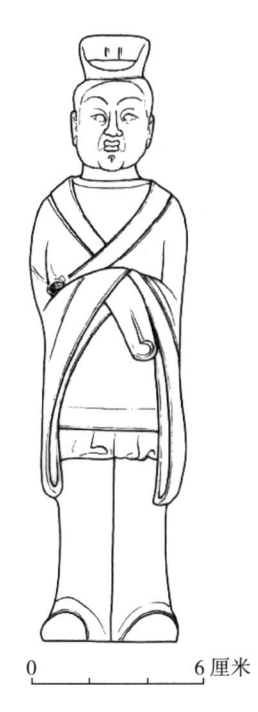

3. Ab-Ⅱ型文吏俑：
徐显秀墓标本417

4. Ba型文吏俑：
贺拔昌墓标本T99HQH20

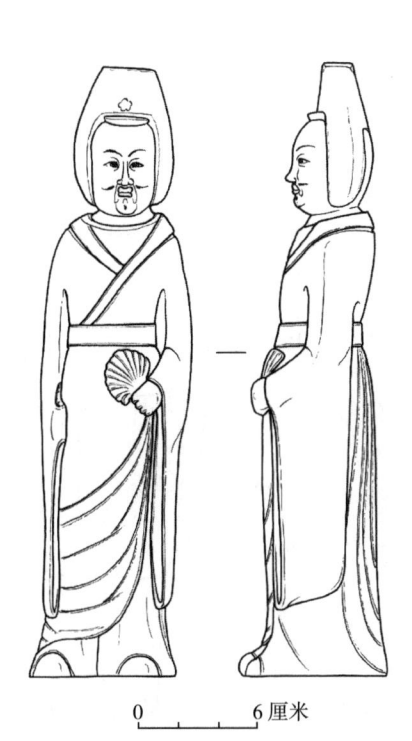

5. Bb型文吏俑：
徐显秀墓标本248

图一一 文吏俑

1. Aa-Ⅰ型侍从俑：
张海翼墓标本36

2. Aa-Ⅱ型侍从俑：
贺娄悦墓标本17

3. Aa-Ⅲ型侍从俑：
库狄迴洛墓标本85

4. Aa-Ⅳ型侍从俑：
娄睿墓标本112

5. Ab-Ⅰ型侍从俑：
侯莫陈阿仁伏墓标本TM62∶20

6. Ab-Ⅱ型侍从俑：
张海翼墓标本24

7. Ab-Ⅲ型侍从俑：
太原南郊北齐壁画墓标本36

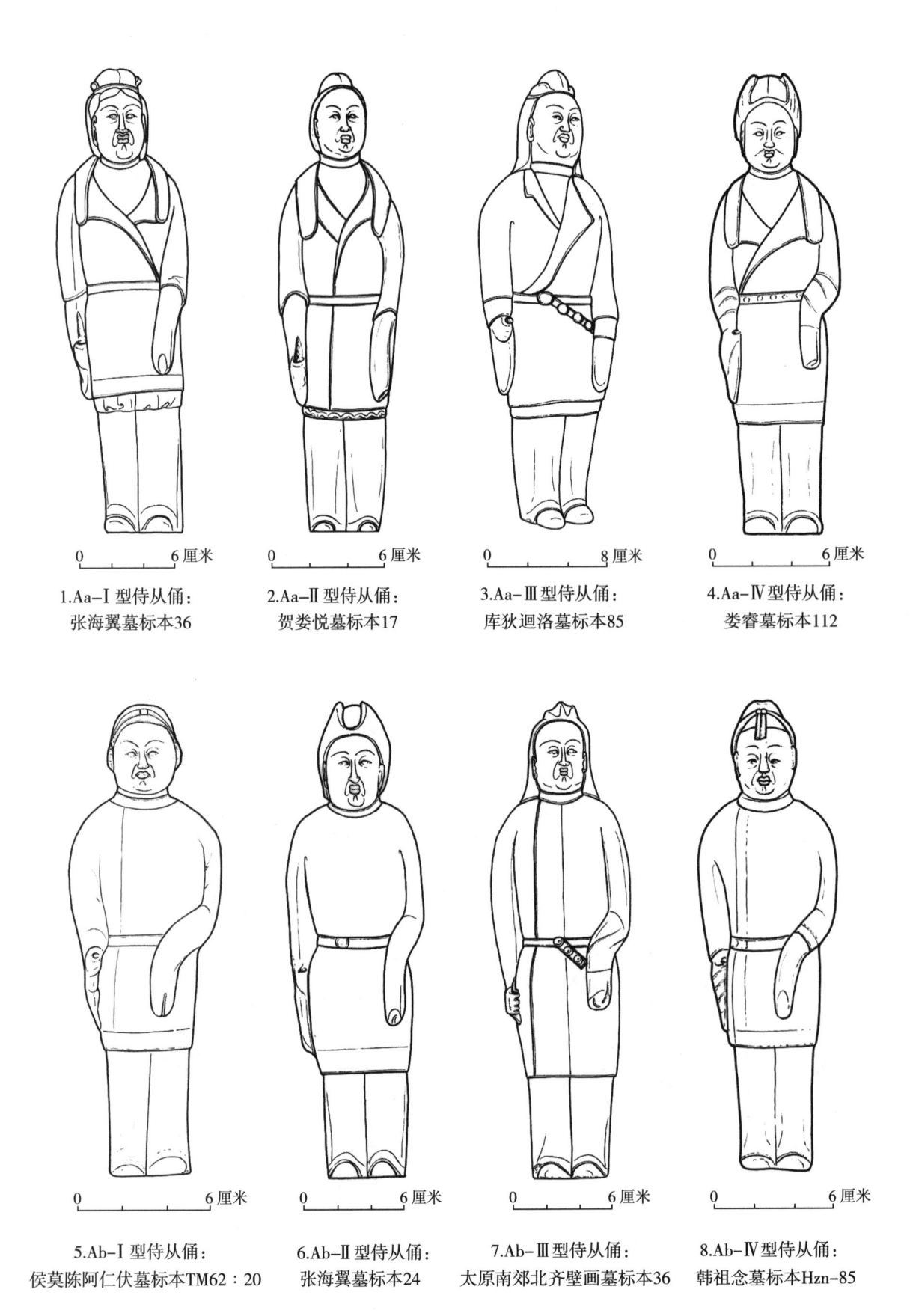

8. Ab-Ⅳ型侍从俑：
韩祖念墓标本Hzn-85

图一二　A型侍从俑

Aa-Ⅲ型：三棱风帽俑。仅见于北齐中期库狄迴洛墓。侍从头戴三棱风帽，帽顶如山形，帽裙披于脑后。此型虽穿翻领襦，但无宽大领边，似将偏直襟短襦的领翻开，腰束鞢䩞带（图一二，3）。

Aa-Ⅳ型：翻沿风帽俑，仅见于北齐晚期娄睿墓。侍从头戴圆顶翻沿风帽，耳扇及帽裙翻起，贴于帽四周，未见扎束，似为较硬厚紧致的皮质帽（图一二，4）。

Ab型：圆领襦俑。侍从上穿圆领窄袖襦或半袖襦，腰束带，下穿及地袴，脚穿圆头鞋。左臂贴于胯前，手掩于长袖内，袖口下垂；右臂垂于身侧，袖端有孔，作执物状。可根据冠帽式样进一步细分为四型。

Ab-Ⅰ型：软巾俑。仅见于北齐早期侯莫陈阿仁伏墓。头戴软巾，系带搭扣于头顶，此俑漫漶严重，系带具体扎束方式难以看清（图一二，5）。

Ab-Ⅱ型：翻沿风帽俑。仅见于北齐中晚期张海翼墓。侍从头戴圆顶翻沿风帽，耳扇及帽裙翻起贴于帽四周，未见扎束，似为较硬厚的皮质帽，与Aa-Ⅳ型帽相似（图一二，6）。

Ab-Ⅲ型：三棱风帽俑。出土数量较多，最早见于北齐早期乔花墓，多见于中期河清年间至晚期武平年间，包括赵信墓、刘贵墓、狄湛墓、张海翼墓、韩裔墓、娄睿墓、太原南郊北齐壁画墓。侍从头戴三棱风帽，帽裙披于脑后。此外贺拔昌墓、库狄业墓、徐显秀墓所出三棱风帽俑与此Ab-Ⅲ型侍从俑服饰相同，动作略有不同，皆左手曲于胸前，拳心有孔，作执物状。据人物姿态不同，可将Ab-Ⅲ型侍从俑细分为二型，右手持物者为Ab-Ⅲ-1型，左手持物者为Ab-Ⅲ-2型（图一二，7）。

Ab-Ⅳ型：幞头俑。仅见于北齐晚期韩祖念墓，头戴软脚幞头，额前、脑后各有两垂脚，同墓所出另有一批Ab-Ⅳ型侍从俑也戴幞头，但其额前两垂脚极短，贴于额顶，未垂于额前。据幞头前脚长短细分为二型，戴长垂角幞头者为Ab-Ⅳ-1型，戴短脚幞头者为Ab-Ⅳ-2型（图一二，8）。

B型：曲臂俑。侍从两手空握，左手抬于肩前，右手曲于胸前或腹前，作持物状。

Ba型：袒右臂短襦俑。外穿窄袖襦，袒右臂，露出圆领窄袖内衬，腰束带，外衣右袖于腹前系于带内，下着及地袴，脚穿圆头鞋。双手空握，贴于胸前，作持物状。可根据冠帽样式进一步细分为三型。

Ba-Ⅰ型：翻耳扇折裙风帽俑。见于侯莫陈阿仁伏墓、韩祖念墓。头戴翻耳扇圆顶风帽，耳扇翻起系于帽顶旁，帽裙折起勒束于脑后（图一三，1）。

Ba-Ⅱ型：三棱风帽俑。见于张肃俗墓、贺娄悦墓、库狄迴洛墓、狄湛墓、赵信墓、徐显秀墓。头戴三棱风帽，帽裙披于脑后（图一三，2）。

Ba-Ⅲ型：翻耳扇披裙风帽俑。见于北齐中期河清年间至晚期武平年间的刘贵墓、赵信墓、韩裔墓、娄睿墓、徐显秀墓、太原南郊北齐壁画墓。头戴翻耳扇圆顶风帽，耳扇翻起系于帽顶旁，帽裙披于脑后（图一三，3）。

Bb型：袴褶俑。仅见于库狄业墓。头戴圆顶风帽，帽裙披于脑后，身穿右衽广袖褶衣，内

0   6厘米

1. Ba-Ⅰ型侍从俑：
韩祖念墓标本Hzn-129

0   6厘米

2. Ba-Ⅱ型侍从俑：
狄湛墓标本7200WD1-1

0   6厘米

3. Ba-Ⅲ型侍从俑：
娄睿墓标本412

0   6厘米

4. Bb型侍从俑：
库狄业墓标本784QS41-6

图一三　B型侍从俑

穿圆领窄袖襦，腰束带，下穿及地袴，脚穿圆头鞋（图一三，4）。

（4）伎乐俑

与武士俑和侍从俑相比，伎乐俑出土数量相对较少，造型亦较为单一，多头戴三棱风帽、身穿短襦，仅寿阳库狄迴洛墓出土小冠袴褶俑。可将其分为奏乐俑和舞蹈俑二型。

A型：奏乐俑。乐师或持鼓槌、琵琶等乐器，或作演奏乐器姿势，其所携乐器不存。依其服饰不同分为二亚型。

Aa型：短襦风帽俑。乐师头戴三棱风帽，帽裙披于脑后，颔下系带，外穿窄袖襦，袒右臂，露出内穿的圆领窄袖襦，腰束带，外衣右袖于腰侧系于带内。下着及地袴，脚穿圆头鞋。

Aa-Ⅰ型：击鼓俑。见于乔花墓、赵信墓、太原南郊北齐壁画墓。乐手身侧挂腰鼓，双臂曲起，两手空握，举于胸前，作持鼓槌状。乔花墓所出者鼓形硕大，其余两墓所出者鼓皆较小（图一四，1）。

Aa-Ⅱ型：吹奏俑。仅见于贺娄悦墓。左手曲于胸前，作抓握衣领状，右手握拳，举于口前，似执小型乐器吹奏，乐器或为笙篥（图一四，2）。

Ab型：小冠袴褶俑。仅见于库狄迴洛墓。乐手头戴小冠，外穿交领广袖褶衣，内穿圆领襦，腰束带，内亦束带，带梢下垂自褶衣下露出，下穿及地大口袴，脚穿圆头鞋，横抱琵琶，作弹奏状。库狄迴洛墓还出土一件残俑，两臂曲起前伸，双手缺失，其造型装束与弹琵琶伎乐俑相同，且同墓中未见有其他类型俑穿类似服饰，故推测此残俑也属伎乐俑，其双臂姿势与前者不同，所弹奏乐器也应不同。据所持乐器不同将Ab型伎乐俑细分为二型，以弹琵琶俑为Ab-Ⅰ型，以残俑为Ab-Ⅱ型（图一四，3—4）。

B型：胡服舞蹈俑。见于贺拔昌墓及库狄迴洛墓。胡人容貌特异，服饰夸张，似西域人，皆手舞足蹈，形象鲜活。

Ba型：山形帽俑。仅见于贺拔昌墓。舞者头戴山形帽，卷发粗眉，圆鼻吊眼，身穿圆领窄袖衣，下穿深裆舞袴，脚蹬尖头长靴。右臂扬起，左腿侧伸，作舞蹈状（图一四，5）。

Bb型：高顶帽俑。仅见于库狄迴洛墓。舞者呈曲膝舞蹈状，深目高鼻，颧骨凸起，面有皱纹，络腮长须，咧嘴而笑，面部刻画生动鲜活、滑稽可爱。头戴船型胡帽，身穿广袖直襟束腰齐膝袍，下穿窄口袴，脚穿翘头舞鞋。双手扬起，两腿微曲，作舞蹈姿势，左手持一物柄，应为舞蹈道具或乐器（图一四，6）。

（5）女官俑

女官俑出土数量较少，部分造型、服饰与男俑相似，可根据其面相、发式判断为女俑。根据发式、冠帽分型。

A型：袴褶俑。女官身穿广袖褶衣，多右衽，下穿及地大口袴。依冠发不同分二亚型。

Aa型：双髻俑。完整者仅见于北齐早期贺拔昌墓，此外窦兴洛墓、贺娄悦墓及库狄迴洛墓皆见类似此型俑，但头部皆缺失，推测此型女官俑见于北齐早中期墓葬。头梳双髻，额前发中分，外穿广袖褶衣，右衽交领，腰束鞢䪎带，下穿及地大口缚袴，脚穿圆头鞋。右手握拳，曲

1. Aa-Ⅰ型伎乐俑：
太原南郊北齐壁画墓标本4

2. Aa-Ⅱ型伎乐俑：
贺娄悦墓标本19

3. Ab-Ⅰ型伎乐俑：
库狄迴洛墓标本115

4. Ab-Ⅱ型伎乐俑：
库狄迴洛墓标本93

5. Ba型伎乐俑：
贺拔昌墓标本T99HQH21

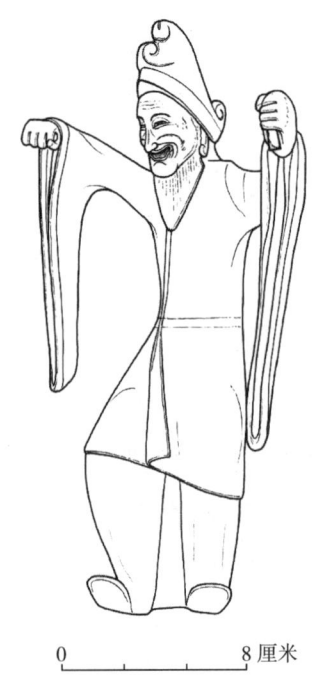

6. Bb型伎乐俑：
库狄迴洛墓标本89

图一四　伎乐俑

于腹前，作持物状；左臂微曲，下垂贴于身侧，左手藏于袖内（图一五，1）。

Ab型：小冠俑。见于北齐晚期库狄业墓。女官头戴小冠，体型较小。依动作不同细分为二型。

Ab-Ⅰ型：持剑俑。女官左手藏于袖内，下垂于身侧，右手曲于腹前挂剑，剑尖未及地（图一五，2）。

Ab-Ⅱ型：袖手俑。两手交叠于胸前，左手压于右手上，作袖手侍立状，右内襦袖口自外衣袖口露出（图一五，3）。

A型小冠女官俑的服饰、动作皆与徐显秀墓出土的持剑武士俑、文吏俑一致，颈部更为细长，面容圆润，五官纤细、柔和，脱彩严重，未见勾绘须发，整体更似女子样貌，故简报将其归入女官俑。

B型：笼冠长裙俑。头戴笼冠，身体纤瘦挺拔，外穿右衽广袖褶衣，内穿圆领衣，腰束宽带，下穿曳地长裙。依动作不同可分为二型。笼冠俑属于典型的身首分模制作后粘接烧制而成的陶俑，因此一些Bb型女官俑的身体和Bb型文吏俑完全相同，只是五官更加柔和，且未绘出胡须。

Ba型：撩裙俑。仅见于库狄迴洛墓。左手轻握腰带，右手藏于袖内，撩起长裙，露出下穿及地袴，脚穿圆头鞋（图一五，4）。同墓也出土笼冠男俑，眉目粗大，下着长袴，与此女俑明显不同。

Bb型：握裙角俑。见于北齐晚期韩裔墓、娄睿墓、太原南郊北齐壁画墓、和公墓。左手提握长裙一角，露出下穿及地大口袴，脚穿圆头鞋；右手藏于袖内，下垂贴于腹侧，袖端有孔，似作持物状（图一五，5）。

（6）驭夫俑

仅见于娄睿墓。胡人脸型圆润，深目高鼻，唇上有须。头戴圆顶毡帽，外穿左衽短襦，内穿圆领衣，领旁有一圆形饰物，腰间束带，带侧悬挂鞶囊，下穿及地大口袴，将脚完全覆盖。其一手垂于身侧，一手高举握拳，作牵马或牵骆驼状。毡帽及上衣样式与韩祖念墓出土胡人骑驼俑的骑士相同，同样装束的胡人形象也出现于太原隋代斛律彻墓中。

2.仪仗骑俑

相对于仪仗立俑，仪仗骑俑出土数量较少，且多出自大型砖室墓葬中。与镇墓俑一样，仪仗骑俑也具有较强的艺术性，非千人一面，常有一亚型陶俑仅见于一墓的情况，同亚型骑士的姿势、动作也有不同。依其装束、动作等可分武士骑俑、文吏骑俑、伎乐骑俑、执物骑俑四类。

（1）武士骑俑

在仪仗骑俑中，武士俑皆于腰侧悬挂兵刃，腰左侧佩挂一宽一窄两件兵刃套，较宽者似弓套，较窄者似剑鞘，腰右侧多挂箭囊。依其服饰、马具可分三型。

A型：具装俑。武士端坐马背，甲胄齐全，下着窄腿袴，脚穿尖头鞋，马立姿昂首，头戴

1. Aa 型女官俑：
贺拔昌墓标本 T99HQH18

2. Ab-Ⅰ型女官俑：
库狄业墓标本 T84QS42-1

3. Ab-Ⅱ型女官俑：
库狄业墓标本 T84QS43-1

4. Ba 型女官俑：
库狄迴洛墓标本 55

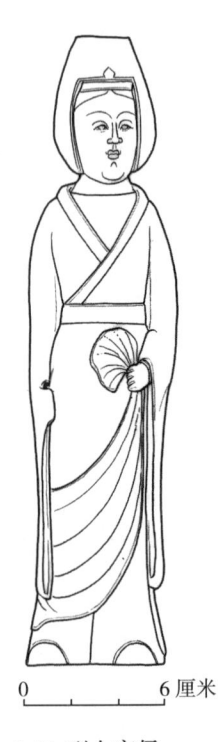

5. Db 型女官俑：
娄睿墓标本 445

图一五　女官俑

面帘，身披铠甲。依武士甲胄继续细分为二型。

Aa型：裲裆铠俑。武士身穿裲裆铠，头戴风帽或兜鍪，马匹身披铠甲，仅露出腿部。可依冠帽不同分为二型。

Aa-Ⅰ型：风帽俑。见于贺拔昌墓。武士头戴短帽裙圆顶风帽，身穿裲裆铠，内穿长袖襦，下穿鱼鳞护腿甲，内穿窄腿袴，脚穿尖头鞋，踏于马镫内。左手执马颈侧把手，右手下垂空握，作执兵器状。马身披铠甲，鞍鞯齐全，面甲顶部有云头状饰，颈后有波浪状护颈（图一六，1）。

Aa-Ⅱ型：尖顶兜鍪俑。见于张海翼墓。头戴尖顶兜鍪，兜鍪两侧有半圆形护耳，顿项及肩，身着裲裆铠，内穿窄袖襦，左手置于腿上，右手垂于身侧，作持物状。马身披铠甲，颈后露鬃，配有鞍鞯而未见马镫（图一六，2）。

另，赵信墓出土残俑，骑士头部及马四肢缺失。骑士身着裲裆铠，内穿褶衣，下着窄腿鱼鳞状甲，脚穿尖头鞋，马立姿昂首，头戴面帘，身披铠甲。

Ab型：披膊铠甲俑。武士头戴兜鍪，身着有披膊铠甲，披膊自颈下连至两肩及大臂，马匹身披铠甲，仅露出腿部。依铠甲不同可细分二型。

Ab-Ⅰ型：鱼鳞铠俑。见于北齐晚期韩裔墓、韩祖念墓、娄睿墓。武士头戴圆顶兜鍪，兜鍪两侧有半圆形护耳，顿项及肩，身着鱼鳞铠，甲叶为彩绘勾勒，肩有披膊，内穿窄袖襦。马身披铠甲，颔下悬缨，配有鞍鞯而未见马镫（图一六，3）。各墓出土此型武士骑俑于细微处各有不同，如韩祖念墓所出者马匹四肢短小粗壮，武士腿部亦着鱼鳞铠；娄睿墓所出此型陶俑39件，武士身体姿态各不相同，或端坐马背，或左顾右盼，或倾身斜视，彼此间似有互动。

Ab-Ⅱ型：虎皮铠俑。见于娄睿墓。头戴圆顶兜鍪，兜鍪两侧有半圆形护耳，顿项及肩，并向前环至颔下为护颈，脑后披幅连缀甲片，腰束带，铠甲彩绘虎皮纹饰，肩有披膊。马身披虎皮铠，鬃后有波浪状花饰，马尾穿过甲孔系结，颔下悬缨，配有鞍鞯而未见马镫（图一六，4）。

B型：缀叶饰衣俑。仅见于娄睿墓。武士端坐马背，头戴厚卷沿圆顶风帽，帽顶用细带扎束，身穿厚圆领直襟半袖襦，衣表缀杏叶形饰，内穿窄袖襦，腰束带，下着窄腿袴，脚穿尖头鞋（图一七，1）。在太原北齐陶俑墓中，此型陶俑仅于娄睿墓出土两件，其衣表所缀杏叶形饰数量、身体姿势等亦有细微差别。太原隋斛律彻墓亦出土此型俑，造型与北齐娄睿墓所出者有细微差别。马前有攀胸，后有鞦带，辔头、鞍鞯、障泥齐备。

C型：辫发俑。武士身穿短襦，头发梳成多根长辫。根据骑士姿势不同，可分二型。

Ca型：驻马呼哨俑。仅见于北齐早期贺拔昌墓。武士脸型圆胖，短颈大耳，额前无发，头顶及脑后长发分结为十三根长辫，松散披于背部，于底端以发绳扎束。右手空握，作执辔状，左手食指、拇指相扣，凑于嘴边作呼哨状。马呈站姿，辔头、鞍鞯、鞦带齐全，马鬃不显，马尾断失（图一七，3）。

Cb型：走马驭缰俑。仅见于徐显秀墓。武士头梳十二根粗辫，身穿圆领半袖襦，内着窄袖

太原北齐陶俑墓

0　　6厘米

1. Aa-Ⅰ型武士骑俑：
贺拔昌墓标本T99HQH4

0　　6厘米

2. Aa-Ⅱ型武士骑俑：
张海翼墓标本46

0　　6厘米

3. Ab-Ⅰ型武士骑俑：
韩祖念墓标本Hzn-158

0　　6厘米

4. Ab-Ⅱ型武士骑俑：
娄睿墓标本562

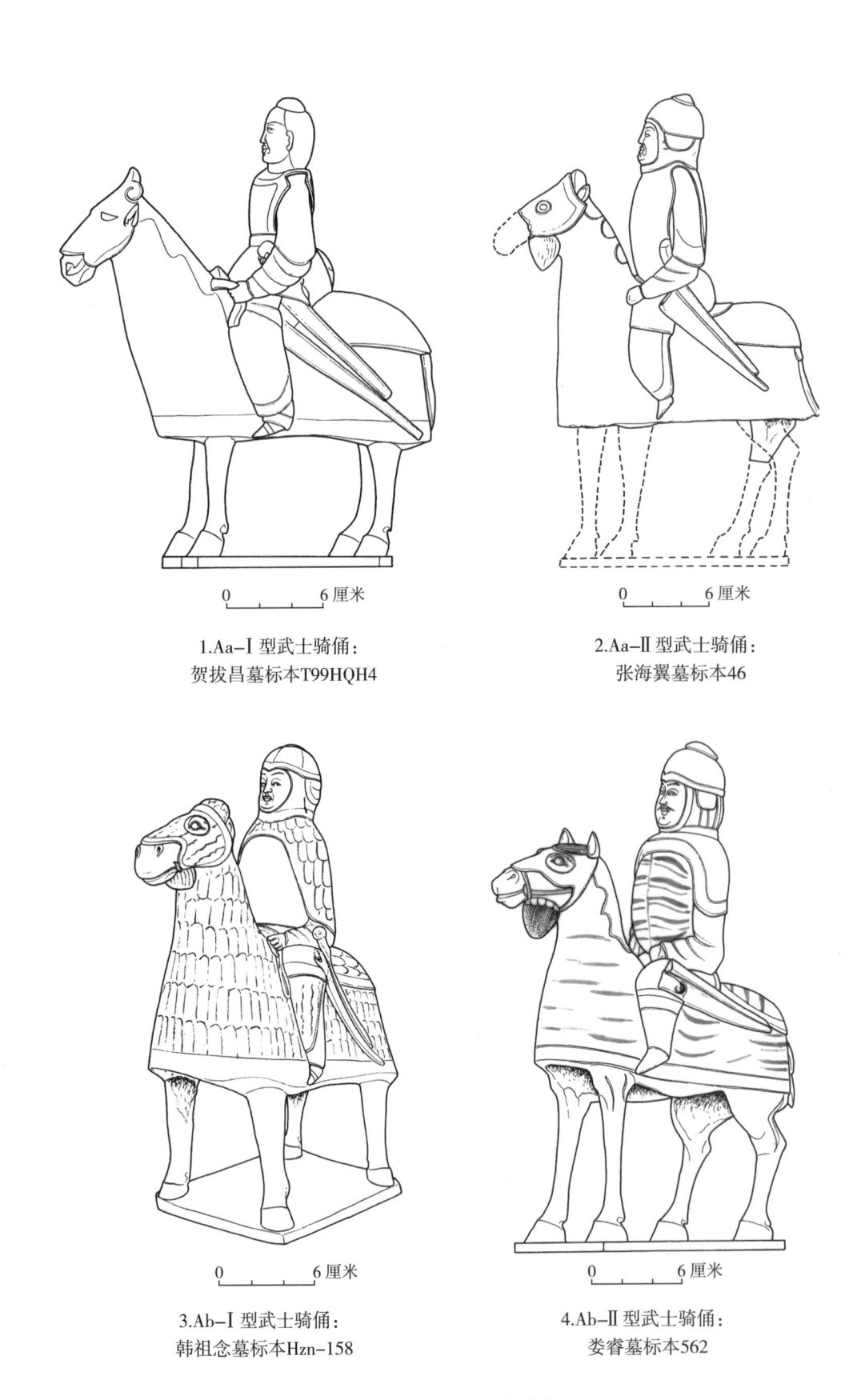

图一六　A型武士骑俑

034

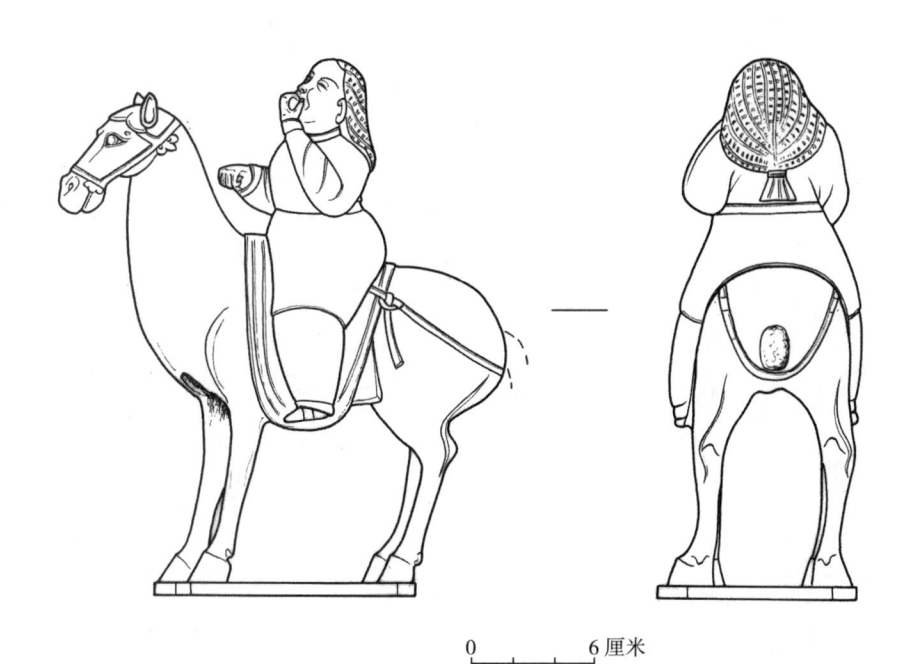

1. B型武士骑俑：
娄睿墓标本606

2. Cb型武士骑俑：
徐显秀墓标本249

3. Ca型武士骑俑：贺拔昌墓标本T99HQH1

图一七　B型、C型武士骑俑

襦，左手似于腹前持缰绳，右手拢于袖内，曲于身侧。马立耳短鬃，肌肉微隆，长尾下垂微后翘，前有辔头，后有鞦带，鞍鞯、障泥齐备。虽缺失三腿，仍可看出其右前腿前伸，左后腿后撤，作行走状（图一七，2）。

（2）文吏骑俑

文吏骑俑仅见于娄睿墓、韩祖念墓。骑士皆头戴小冠，身穿广袖褶衣，外罩裲裆，内着圆领襦，腰束革带，下穿大口袴，脚穿尖头鞋。马昂首挺立，立耳短鬃，肌肉微隆，长尾下垂微后翘，前有辔头，后有鞦带，鞍鞯、障泥齐备，未见马镫。根据骑士动作不同可分二型。

A型：执缰俑。见于韩祖念墓。骑士曲双臂，两手空握，左手贴于胸前，右手贴于腰侧，作执缰绳状（图一八，1）。

B型：抚膝俑。见于娄睿墓。骑士双臂微曲于身侧，左手四指轻握，置于左腿上，右手握拳置于右膝，意态安闲（图一八，2）。

（3）伎乐骑俑

伎乐骑俑出土数量虽少，但陶俑塑造精巧，类型众多，所含信息丰富，造型多样。骑士皆头戴翻耳扇圆顶风帽或三棱风帽，身穿圆领窄袖襦，腰束带，下穿窄腿袴，脚穿尖头鞋。马匹皆为站姿，前有辔头，后有鞦带，鞍鞯、障泥齐备。可据乐器分三型。

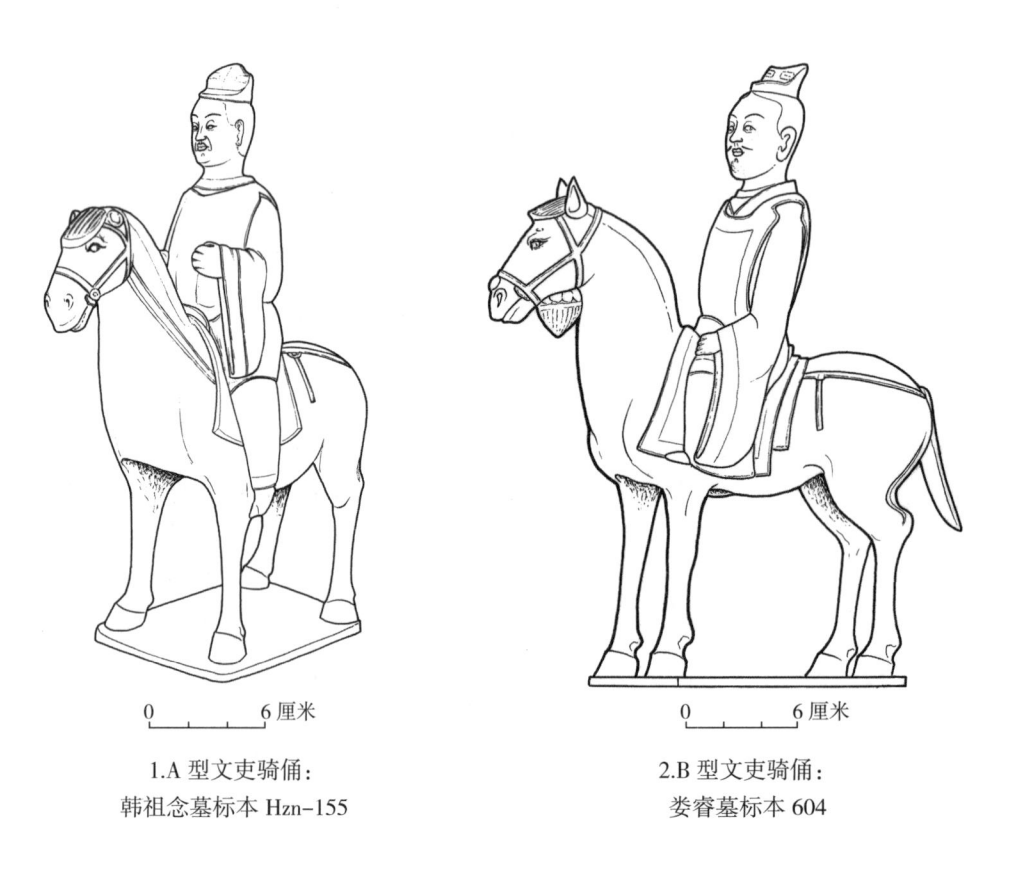

1.A型文吏骑俑：
韩祖念墓标本 Hzn-155

2.B型文吏骑俑：
娄睿墓标本 604

图一八　文吏骑俑

A型：击鼓俑。骑士皆双手空握于胸前，作持鼓槌状。据鼓式样及携带方式不同，可细分二型。

Aa型：单鼓俑。见于北齐早期贺拔昌墓及晚期韩祖念墓、徐显秀墓。骑士身挎一小鼓，多位于腰左侧，韩祖念墓有腰右侧悬鼓者。晚期韩祖念、徐显秀两墓击鼓者服饰相同，早期贺拔昌墓击鼓者人、马形态及人物服饰皆与晚期不同，可据此将二者进一步细分，以早期贺拔昌墓所出者为Aa-Ⅰ型，晚期韩祖念、徐显秀两墓所出者为Aa-Ⅱ型（图一九，1—2）。

Ab型：双鼓俑。仅见于娄睿墓。骑士腰左侧斜挎相连的大小双鼓（图一九，3）。

Ac型：建鼓俑。仅见于娄睿墓。马颈部鞍前有一孔，应为插建鼓所用，鞍前插一铁心支棍，似用于支承建鼓。骑士双手空握，贴于腹前，作击鼓状（图一九，4）。

B型：吹奏俑。吹奏俑数量较少，造型多变，骑士所奏乐器皆佚，据其姿态判断为吹奏乐器，统一归于一型，根据其吹奏动作与乐器的不同可细分为二型。吹奏俑的模式化程度不高，各型多仅见于某一座北齐晚期大墓。

Ba型：吹奏小型乐器俑。乐手单手持一乐器吹奏，从人物姿态来看，乐器可能较小。根据乐手姿势不同，可细分为三型。

Ba-Ⅰ型：竖吹俑。见于韩裔墓、娄睿墓。骑士右手曲于腹前，左手握拳举至嘴边，拳孔正对嘴唇，似执小型乐器吹奏（图二〇，1）。

Ba-Ⅱ型：斜奏俑。仅见于韩祖念墓。骑士手臂缺失，面右倾上扬，口侧有小孔，应正以右手托持一件乐器吹奏（图二〇，2）。

Ba-Ⅲ型：横吹俑。仅见于娄睿墓。骑士左臂曲于身侧，手藏于袖内，袖口下垂，右手横握乐器，紧贴嘴唇，作侧吹状（图二〇，3）。

Bb型：吹号角类乐器俑。乐手双手前后抓握或托持一乐器吹奏，从人物姿态来看，乐器可能是较长的号角。根据乐手姿势不同，可细分为三型。

Bb-Ⅰ型：竖吹号角俑。仅见于娄睿墓。骑士左右手一前一后举至面前，嘴唇紧闭，作握乐器吹奏状，整体姿态似吹短号角（图二〇，4）。

Bb-Ⅱ型：斜吹号角俑。仅见于娄睿墓。骑士左手半握于嘴侧前方，似握住号角口部，右手前伸扬起，作托举状，似托住号角前端，整体姿态似斜吹长号角（图二一，1）。

Bb-Ⅲ型：吹奏俑。仅见于徐显秀墓。骑士头部缺失，双手空握，举于胸前，作持乐器吹奏状（图二一，2）。

（4）执物骑俑

执物骑俑出土数量较少，姿态各异，皆身穿圆领窄袖襦，腰束带，下穿窄腿袴，脚穿尖头鞋，所执物皆不存，或为旗帜等卤簿。马立姿昂首，前有辔头，后有鞦带，鞍鞯、障泥齐备，未见马镫。依骑士执物动作，可分二型。

A型：单手执物俑。骑士端坐马背，单手空握，作执物状。根据骑士执物姿势不同，可分二亚型。

1.Aa-Ⅰ型伎乐骑俑：
贺拔昌墓标本T99HQH2

2.Aa-Ⅱ型伎乐骑俑：
徐显秀墓标本19

3.Ab型伎乐骑俑：
娄睿墓标本578

4.Ac型伎乐骑俑：
娄睿墓标本597

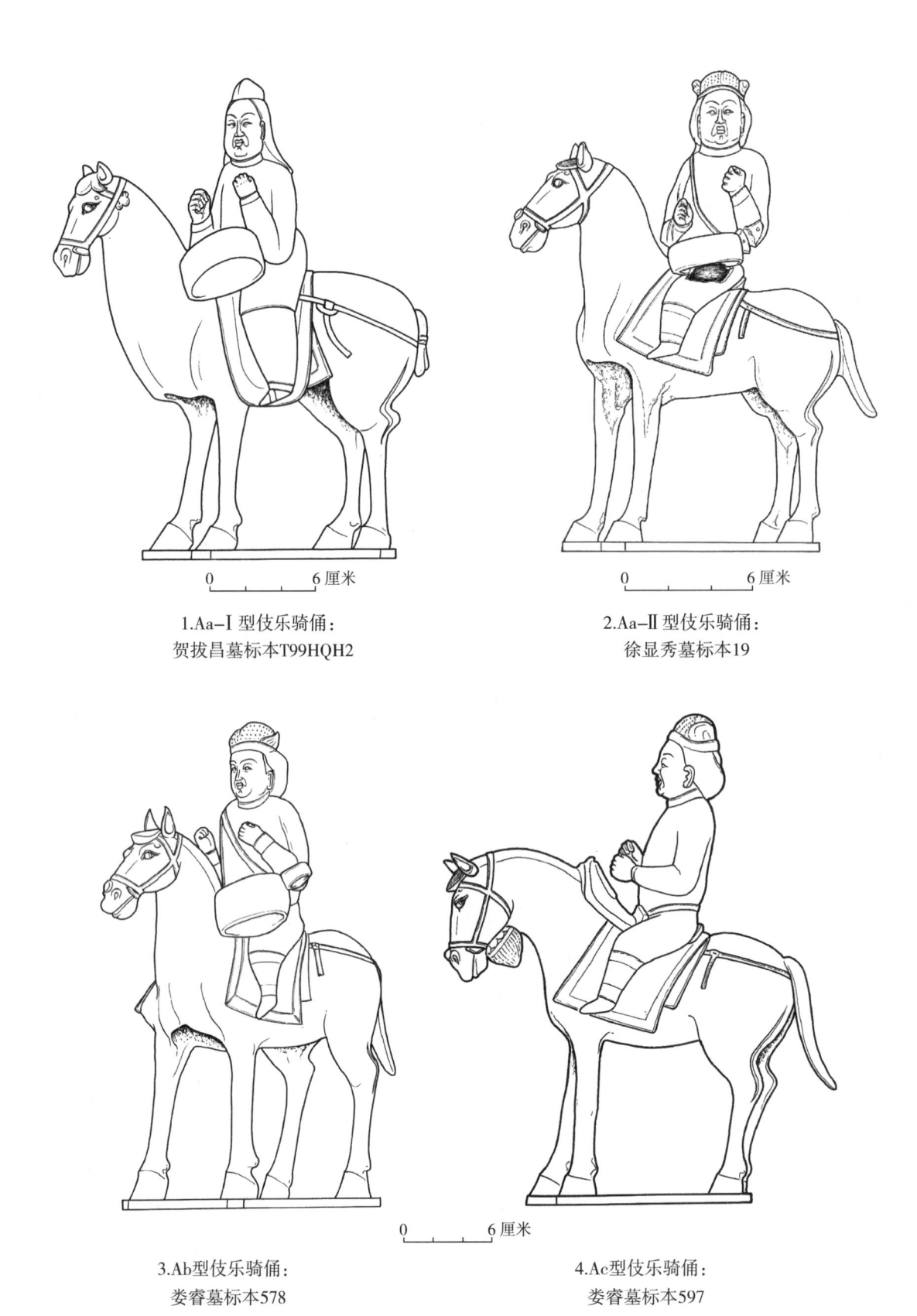

图一九 A型伎乐骑俑

0 —— 6 厘米

1.Ba-Ⅰ型伎乐骑俑：
韩裔墓标本

0 —— 6 厘米

2.Ba-Ⅱ型伎乐骑俑：
韩祖念墓标本Hzn-159

0 —— 6 厘米

3.Ba-Ⅲ型伎乐骑俑：
娄睿墓标本598

0 —— 6 厘米

4.Bb-Ⅰ型伎乐骑俑：
娄睿墓标本591

图二〇　B型伎乐骑俑

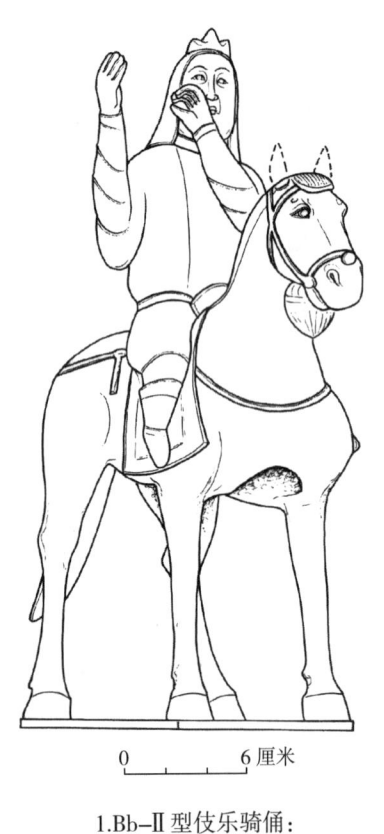

1.Bb-Ⅱ型伎乐骑俑：
娄睿墓标本601

2.Bb-Ⅲ型伎乐骑俑：
徐显秀墓标本359

图二一　B型伎乐骑俑

Aa型：腹前执物俑。骑士左臂微曲于身侧，左手藏于袖内或作执缰状，右手空握于腹前作执物状。根据骑士服饰不同，可细分为三型。

Aa-Ⅰ型：圆顶风帽俑。见于贺拔昌墓。骑士头戴圆顶风帽，帽裙披于脑后（图二二，1）。

Aa-Ⅱ型：厚卷沿风帽俑。见于天统年间韩裔墓、韩祖念墓。骑士头戴厚卷沿圆顶风帽（图二二，2）。

Aa-Ⅲ型：翻耳扇风帽俑。见于娄睿墓。骑士头戴翻耳扇圆顶风帽，耳扇翻起系于帽顶旁，帽裙披于脑后，脑后帽上有细密凹点，应为表现皮质外露。左臂微曲于身侧，右手空握，贴于腹前，作持物状（图二二，3）。

Ab型：扛物俑。骑士一臂微曲于身侧，作持缰状；一手空握，斜置于肩前，作肩扛物状。根据骑士服饰不同，可细分为二型。

Ab-Ⅰ型：折沿风帽俑。见于韩裔墓。骑士身微左倾，脸斜上扬，头戴折沿风帽，耳扇折起贴于帽顶两侧，骑士左手空握于腹前，右手空握于右肩前，作斜向扛物状（图二二，4）。

Ab-Ⅱ型：翻耳扇风帽俑。见于娄睿墓。骑士头戴翻耳扇圆顶风帽，左臂微曲，垂于身侧，右手空握，举于肩前；或为右臂微曲，垂于身侧，左手空握，举于肩前，作扛物状（图

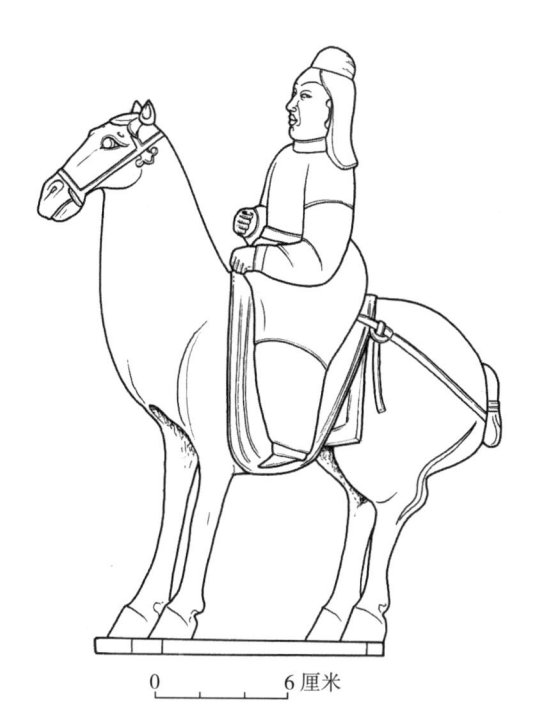

1. Aa-Ⅰ型执物骑俑：
贺拔昌墓标本T99HQH3-3

2. Aa-Ⅱ型执物骑俑：
韩祖念墓标本Hzn-162

3. Aa-Ⅲ型执物骑俑：
娄睿墓标本593

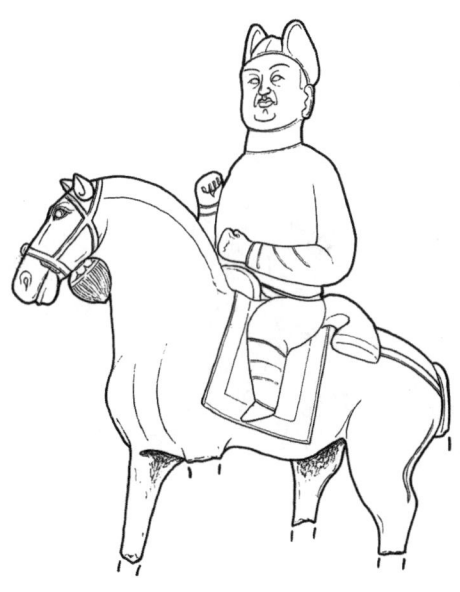

4. Ab-Ⅰ型执物骑俑：
韩裔墓标本

图二二 A型执物骑俑

1. Ab-Ⅱ型执物骑俑：
娄睿墓标本585

2. Ba型执物骑俑：
韩裔墓标本

3. Bb型执物骑俑：
韩祖念墓标本 Hzn-160

4. Bc型执物骑俑：
徐显秀墓标本324

图二三 A型、B型执物骑俑

二三，1）。

B型：双手执物俑。骑士或双手空握，举于胸前，作握缰绳或执旗帜状；或一手抵于肩部，一手位于腹前，作斜执旗帜状。所见三型姿势、服饰各不相同。

Ba型：斜执物俑。见于韩裔墓、韩祖念墓、太原南郊北齐壁画墓。骑士头戴翻耳扇圆顶风帽，两侧耳扇用一细带勒束于帽顶旁，左手贴于肩前，右手贴于腹前，作斜执物状（图二三，2）。

Bb型：执缰绳俑。见于韩祖念墓。骑士端坐马上，头戴翻耳扇圆顶风帽，身穿圆领窄袖襦，两手空握于胸前，似持握马缰（图二三，3）。

Bc型：腹前执物俑。见于徐显秀墓。骑士头戴三棱风帽，帽裙披于脑后，两手一上一下空握于腹前，作执物状（图二三，4）。

（5）胡商俑

北齐晋阳是丝绸之路的重要节点，陶俑墓中也出现大量带有中、西亚特征的随葬品，如韩祖念墓出土玻璃杯、徐显秀墓出土嵌宝石金戒指等。胡商俑仅出土于韩祖念墓、娄睿墓，一个骑骆驼，一个骑骏马，皆驮带货物，可知其为胡商形象。

A型：骑驼胡商俑。仅见于韩祖念墓。骆驼长腿长颈，背负货囊，货囊两端有兽面纹装饰，囊下似压有丝绸，囊顶或为一圆形坐垫，胡人并未坐于垫上，而是骑在驼颈与驼峰之间。胡人身体短小，深目高鼻，头戴圆顶毡帽，身着窄袖襦，下穿窄腿袴，脚穿尖头鞋，两臂撑起，目视前方。此为山西北朝考古发现的最早一例胡人骑驼俑（图二四，1）。

B型：骑马胡商俑。仅见于娄睿墓。胡商头戴厚卷沿圆顶风帽，身穿厚圆领窄袖襦，腰束细带，下着深裆窄腿袴，脚穿尖头靴，跪骑于马背上。其服饰类似于贺拔昌墓的胡人舞蹈俑，帽子式样和人物容貌却与之不同（图二四，2）。

3.仪仗动物陶塑

从娄睿墓、徐显秀墓、水泉梁壁画墓等北齐墓葬的墓主人出行图壁画可知，在仪仗队列当中不乏马匹、牛车、骆驼的身影。这些仪仗队列中的动物，与后文所提家禽、家畜陶塑中温顺、恭伏的鸡、犬、猪、羊不同，多高大壮美、装饰繁复、制作精良、塑造细致，流露出一派富丽雄健的气势。

（1）陶马

太原北齐陶俑墓所见陶马姿态较为统一，皆为立姿，腿部修长，身形匀称，多塑造有马具、佩饰、背囊或猎物等。据其装饰繁缛程度和体量大小可分二型，尤以A型仪仗马体型高大、塑造精美。

A型：仪仗马。马身姿挺拔，体量较大，塑造生动。呈站姿，颈高昂，颔微收，立耳短鬃，长尾下垂，装饰繁简程度各有不同。

Aa型：中型仪仗马

Aa-Ⅰ型：无顶缨马。见于韩裔墓、娄睿墓、开化墓地M26。马攀胸或鞯带上有较精美的装

1.A 型胡商骑俑：
韩祖念墓标本 Hzn-319

2.B 型胡商骑俑：
娄睿墓标本 611

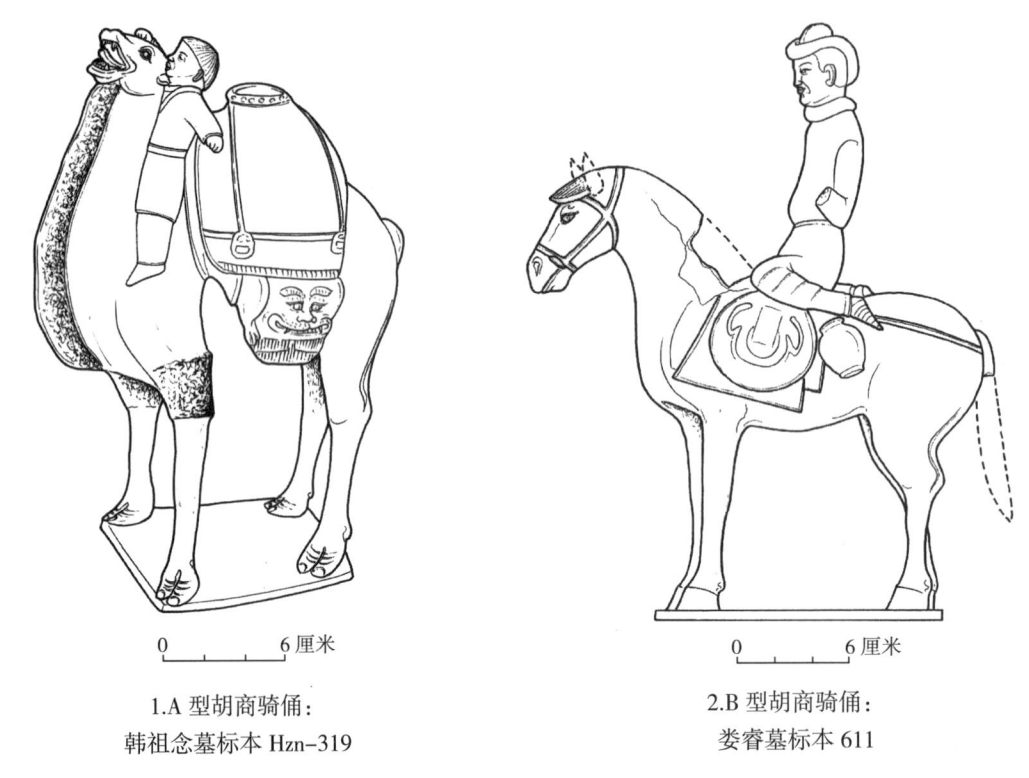

图二四　胡商俑

饰，马头不结辫（图二五，1）。

Aa-Ⅱ型：顶缨马。见于张肃俗墓、贺娄悦墓、韩裔墓、韩祖念墓、娄睿墓、太原南郊北齐壁画墓（缨辫断落）。马头顶鬃毛束扎成缨形辫，颔下佩缨，头戴辔头，前有攀胸，饰上有四瓣花的叶形饰，后有鞦带，带下悬兽面形饰或铃形饰（图二五，2）。

Ab型：大型仪仗马

此型仪仗马俑在太原地区仅见于娄睿墓，是仪仗马俑中最为华丽者。头顶鬃毛束扎成辫，颔下佩缨，头戴辔头，以金花形节约扣合，前有攀胸，后有鞦带，鞍鞯齐全，下有箕形障泥，上有鞍袱。马胸后挂有双股金花形或贝形饰串，攀胸饰有微上翘的叶形饰，鞦带下悬兽面形饰或铃形饰，臀部满饰梅瓣心乳状花饰（图二五，3—4）。与此装饰风格类似的仪仗马常见于邺城地区和山东地区的东魏、北齐大型墓葬中，如磁县湾漳大墓、茹茹公主墓〔武定八年（550）〕、元良墓〔天保四年（553）〕、高润墓〔武平七年（576）〕，安阳范粹墓〔武平六年（575）〕，济南东八里洼北朝壁画墓等。

B型：驮马。形体较小，呈站姿，头颈前伸，身形短小粗壮。前有辔头，后有鞦带，或背负鞍袱，或鞍两侧悬挂鼓胀垂囊，鞍后背负猎物。依其是否有猎物分型。

Ba型：鞍鞯马。马配置鞍鞯、鞍袱或只设鞯，无人骑乘，装饰简单朴素。依其形体大小与马具不同，可细分二型。

Ba-Ⅰ型：鞍鞯马。仅见于贺拔昌墓。马后腿微曲，前腿绷直，小头短耳，身躯肥大。鞍

0 ———— 12厘米

1. Aa-Ⅰ型陶马：
娄睿墓标本620

0 ———— 12厘米

2. Aa-Ⅱ型陶马：
娄睿墓标本617

0 ———— 12厘米

3. Ab型陶马：
娄睿墓标本615

0 ———— 12厘米

4. Ab型陶马：
娄睿墓标本616

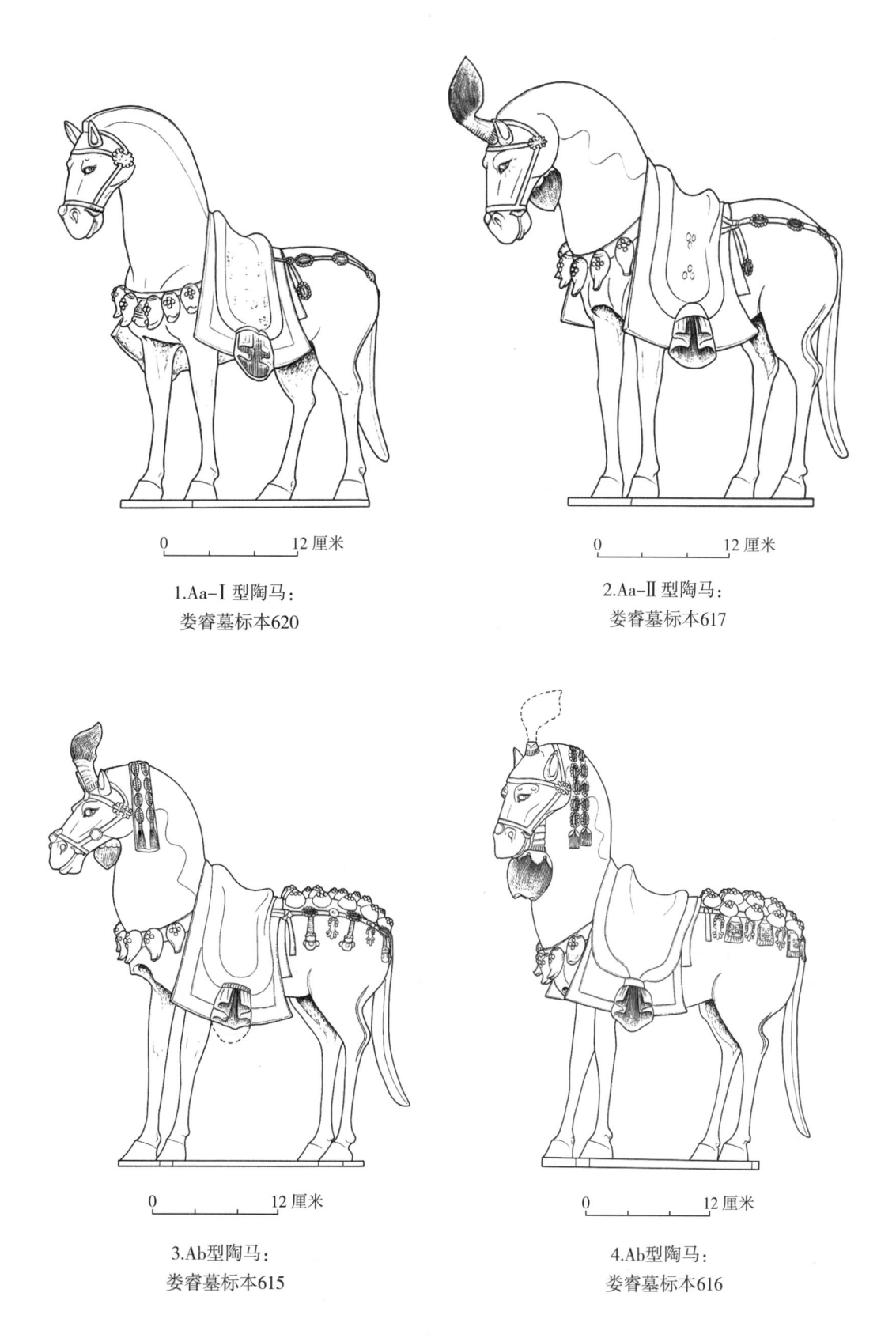

图二五　A型陶马

045

1. Ba-Ⅰ型陶马：贺拔昌墓标本T99HQH8

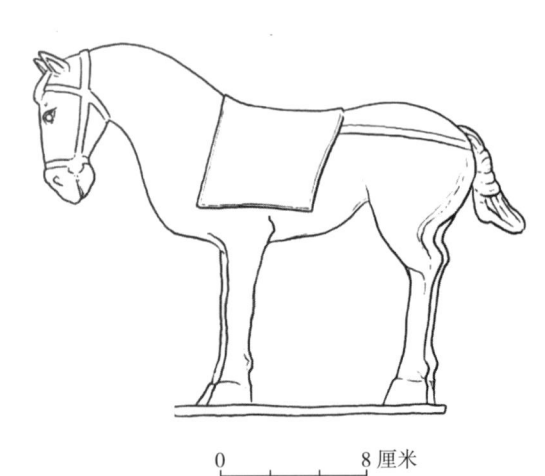

2. Ba-Ⅱ型陶马：娄睿墓标本613

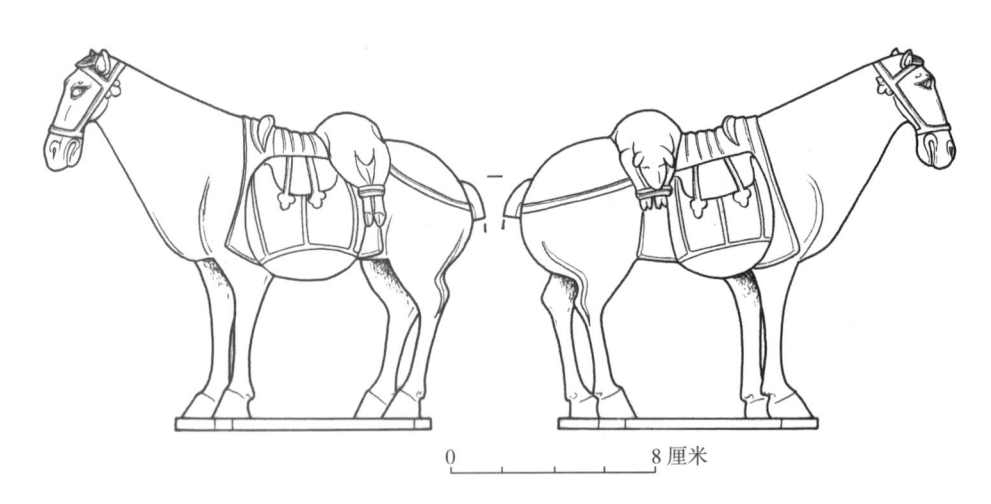

3. Bb-Ⅰ型陶马：贺拔昌墓标本T99HQH9

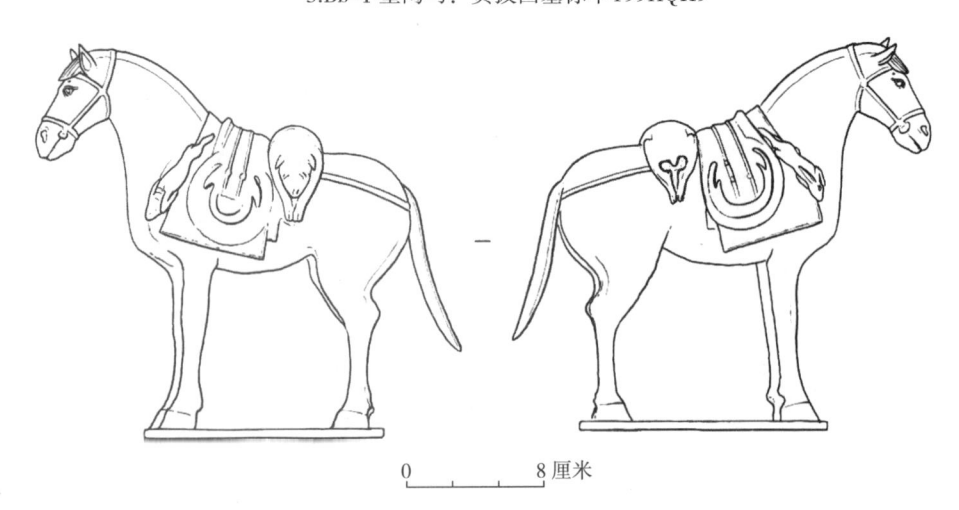

4. Bb-Ⅱ型陶马：娄睿墓标本610

图二六　B型陶马

鞯齐全，下有障泥，上有鞍袱，前有辔头，后有鞦带，周身饰件简素，仅辔头与鞦带有简单装饰。贺拔昌墓是目前发现的太原北齐陶俑墓中年代最早者，墓中出土陶马皆身躯肥壮，头部极小，与中后期陶马明显不同（图二六，1）。

Ba-Ⅱ型：马驹。仅见于娄睿墓。马呈站姿，身形短小粗壮，伸颈垂首，尾打结下垂，头戴辔头，后有鞦带，背负鞯（图二六，2）。

Bb型：负猎物马。马不设鞍，身体两侧悬挂货囊，背负动物。依背负动物的不同分二型。

Bb-Ⅰ型：驮羊羔马。见于贺拔昌墓、张肃俗墓、韩裔墓。鞯后背负一羊，垂耳、无角、短尾，四肢短小，两前蹄、两后蹄皆并拢作捆缚状（图二六，3）。

Bb-Ⅱ型：驮羊羔双兔马。仅见于娄睿墓。鞯后背负一羊羔，其状与Ba型相同，鞯前两侧各倒挂一只野兔（图二六，4）。

（2）陶骆驼

太原北齐陶俑墓所见陶骆驼皆为驮带丝绸等货物的商运骆驼，皆小耳短鬃，厚唇露齿，背负丝绸等货物，塑造精美，刻画细腻，施彩艳丽，多作昂首嘶鸣状。可分单峰驼及双峰驼二型。

A型：单峰驼。皆小耳短鬃，身形壮硕，作昂首嘶鸣状，货囊背负于单峰上，以细带捆扎固定。依姿势不同，可细分二型。

Aa型：立驼。多见于北齐早期天保年间至中期河清年间，在侯莫陈阿仁伏墓、张肃俗墓、贺娄悦墓、赵信墓均有出土，另外太原南郊北齐墓也出土一件。其姿态造型各有差异，如张肃俗墓所出者长颈短腿，身材壮硕，背负丝绸、货囊，用细绳捆扎，整体形态敦实、厚重，作站立状；赵信墓所出者长腿短颈，长嘴凸唇，呈迈小步缓慢行走状，整体形态鲜活，静中有动（图二七，1）。

Ab型：半卧驼。仅见于张海翼墓。背负鼓胀的货囊，搭于驼峰之上，以细绳捆扎，前身略下倾，两前腿微曲，作跪姿欲起状，惜四蹄皆残，难以明识（图二七，2）。

B型：双峰驼。皆小耳短鬃，短尾上翘，昂首嘶鸣，背负小货囊，搭于双峰之间，货囊下为帐构。依姿势不同，可细分为二型。

Ba型：立驼。见于贺拔昌墓、娄睿墓。贺拔昌墓所出者身体壮硕，身体两侧挂有扁壶及凤首瓶，而娄睿墓所出者四肢修长，身形较瘦小，货囊上有圆形坐垫（图二七，3）。

Bb型：卧驼。仅见于娄睿墓。跪卧于踏板之上，昂首抬颈，作鸣叫状，所背货物与同墓所出立驼俑相同（图二七，4）。

（3）陶牛车

陶牛车是北齐陶俑墓中的典型器物，在北齐早期天保年间至晚期武平年间的高等级墓葬中皆有出现，是研究北齐舆制的重要资料。陶牛车见于侯莫陈阿仁伏墓、张肃俗墓、贺娄悦墓、赵信墓、张海翼墓、娄睿墓、和公墓、太原南郊北齐壁画墓、开化墓地M26。陶牛身躯雄壮，筋肉

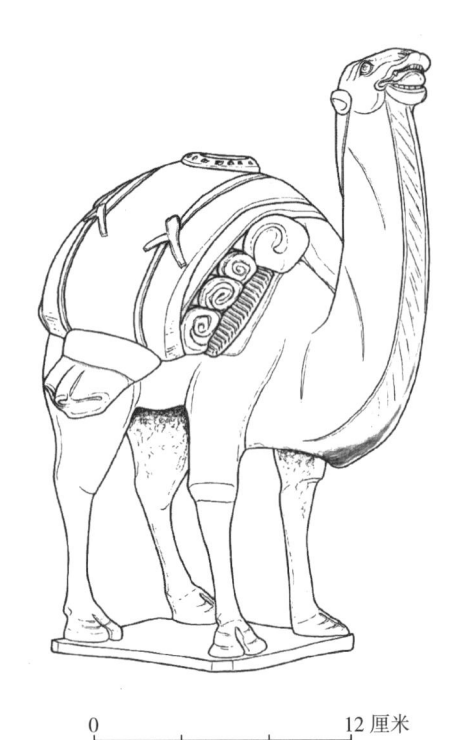

1. Aa型陶骆驼：张肃俗墓标本

2. Ab型陶骆驼：张海翼墓标本51

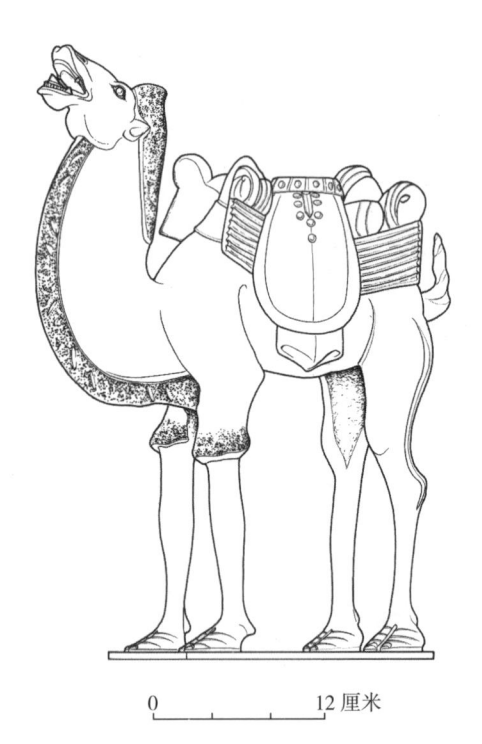

3. Ba型陶骆驼：娄睿墓标本622

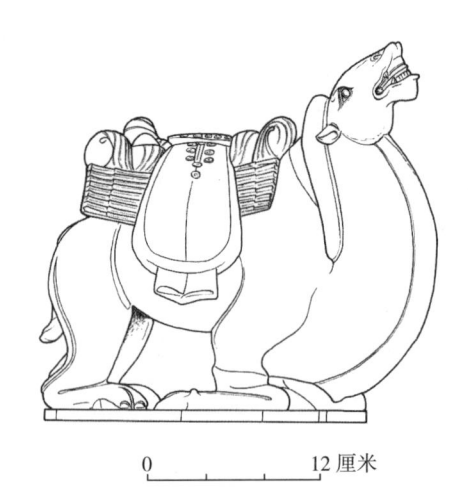

4. Bb型陶骆驼：娄睿墓标本625

图二七　陶骆驼

虬结，昂首扬鼻，犄角上竖，四蹄微外撇，立于长方形踏板之上，作负重向前状。佩戴笼头，或有圆形节约，颈肩多有车轭孔，用于承接车辕。牛后置一辆双轮卷棚顶车，车舆前壁以红白竖格象征窗窗，底座前部左右两侧各有一孔，以置车辕，后壁偏右开门。车轮为纺锤形轴头。车篷左右边框各有三个穿孔，或用于插羽葆旗帜（图二八，3）。

各牛车造型大致相同，可根据陶牛装饰繁简不同分为二型。

A型：无背饰陶牛。见于侯莫陈阿仁伏墓、张肃俗墓、贺娄悦墓、赵信墓等。陶牛皆高20~26厘米，仅头部塑有笼头，背部无华丽装饰（图二八，1）。

B型：有背饰陶牛。仅见于娄睿墓。陶牛高35厘米，两角前伸上昂，背有三条杏叶形花饰（图二八，2）。此型牛背有三组装饰者在磁县、安阳地区较多见，太原北齐徐显秀墓壁画及日本美秀美术馆藏石棺床围屏画像中拉车的牛也有相似装饰。

张海翼墓、娄睿墓中的陶车缺失，但此二墓所出陶牛戴有笼头，其造型、装饰与北齐墓葬

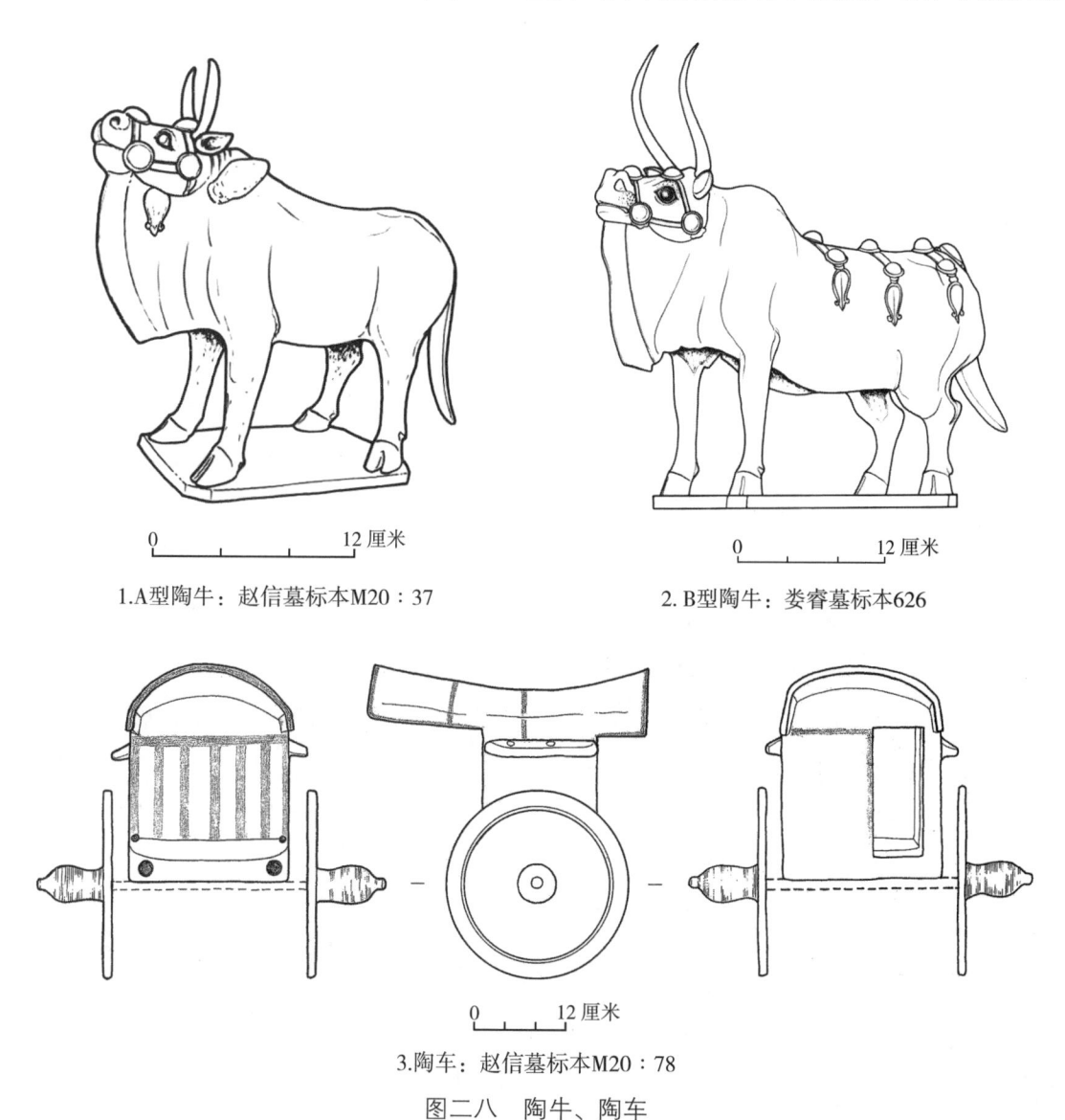

1. A型陶牛：赵信墓标本M20：37
2. B型陶牛：娄睿墓标本626
3. 陶车：赵信墓标本M20：78

图二八 陶牛、陶车

壁画及各墓所出拉车陶牛相似，墓中原应有陶车随葬；另库狄业墓、韩祖念墓皆出土一陶车轮，原应有陶牛、陶车随葬。

（三）家居俑

所谓家居俑，是指为墓主人日常起居服务的侍女和家中豢养的鸡、犬等牲畜。与人物严整、驼马雄健的仪仗俑不同，家居生活俑中的人与动物处处体现庭园生活，清秀女仆或恭顺陪侍、或俯身劳作，鸡犬猪羊或卧、或躺、或携雏带仔，流露出一派安逸舒适的生活气息。

1.女侍俑

女侍俑体量多比仪仗女官俑小，身形纤瘦修长，发式多样，各墓所出皆有不同，但皆结髻于顶，或单或双，可见北齐女性发式虽灵活多变，但总体风格较为统一。侍女有站、跪两种姿态，或穿长裙，或穿袴褶，或脸庞方阔，或面容圆润，皆弯眉细眼，直鼻小口，显得端庄柔和。

A型：立侍俑。侍女呈站姿，身穿上衫下裙或袴褶，根据服饰不同细分为三型。

Aa型：长裙俑，侍女皆上穿窄袖衫，腹部上方束带，下穿长裙，裙摆及地或在脚面以上，露出内衬裙。两手藏于袖内，曲贴于腹前或身侧。可据发式分为六型。

Aa-Ⅰ型：双高髻俑。见于张肃俗墓。侍女面容清瘦，头梳双髻，发髻高大厚实，占满头顶，身穿右衽交领窄袖短衣，腰束细带，下穿百褶及地长裙，脚穿圆头鞋。双臂微曲，垂于腰侧，作侍立状（图二九，1）。

Aa-Ⅱ型：双横月牙形髻俑。见于赵信墓。侍女头梳横向并排双髻，发髻中央有弧形凹陷，似月牙状。同墓所出袴褶侍女及跪姿侍女也梳相同发髻。身穿交领窄袖短衣，衣下摆似未束于裙内，惜陶俑模印痕及彩绘漫漶，难以断识。腰束带，带梢下垂至衣摆处（图二九，2）。

Aa-Ⅰ型、Aa-Ⅱ型女侍俑的手臂下垂于身体两侧，其后各型皆为曲一臂，贴于腹前。

Aa-Ⅲ型：斜月牙形髻俑。见于韩裔墓。侍女斜梳月牙形髻，发髻自右后至左前斜向梳于头顶，中部作弧形凹陷，从侧面看似一月牙状。上穿左衽窄袖衫，内衬圆领衣，腰束宽带，臂搭帔帛，下穿长裙，内穿衬裙，脚穿翘头鞋（图二九，3）。

Aa-Ⅳ型：双螺髻俑。见于韩裔墓。侍女双髻梳结于头顶，顶尖斜向上，似螺壳状。上身穿左衽窄袖衫，内穿圆领衣，腰束宽带，臂搭帔帛，下穿长裙，内穿衬裙，脚穿翘头鞋（图二九，4）。

Aa-Ⅴ型：横髻俑。见于韩祖念墓。侍女头梳平直宽厚的横形发髻，从头顶俯视是一月牙形，发髻上有压印痕迹，似为表现束结头发。上穿窄袖衫，外罩披肩，披肩于胸前打结，腰束宽带，带梢下垂，下穿及地长裙，脚穿圆头鞋（图二九，5）。

1. Aa-Ⅰ型：
张肃俗墓标本

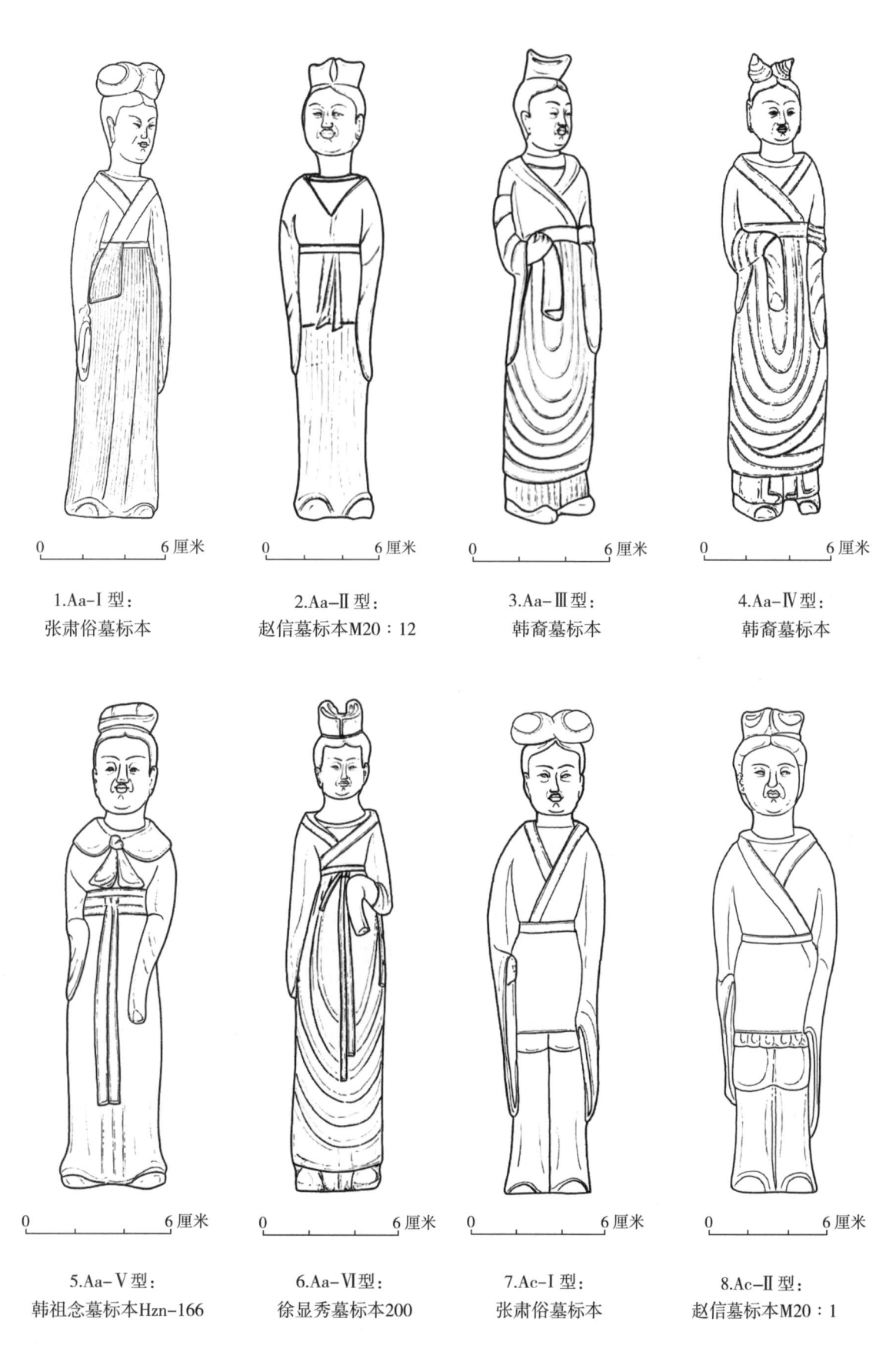

2. Aa-Ⅱ型：
赵信墓标本M20：12

3. Aa-Ⅲ型：
韩裔墓标本

4. Aa-Ⅳ型：
韩裔墓标本

5. Aa-Ⅴ型：
韩祖念墓标本Hzn-166

6. Aa-Ⅵ型：
徐显秀墓标本200

7. Ac-Ⅰ型：
张肃俗墓标本

8. Ac-Ⅱ型：
赵信墓标本M20：1

图二九 A型女侍俑

Aa-Ⅵ型：马蹄形髻俑。见于徐显秀墓。侍女头梳马蹄形髻，两发髻自前至后并排梳结于头顶，中间皆作弧形凹陷，自侧面看似月牙状。额前分发上梳，头微右偏。上穿右衽交领褶衣，内穿圆领襦，腰束带，带梢下垂，下穿长裙，脚穿厚底鞋（图二九，6）。

另外，库狄业墓也出土Aa型女侍俑，头部缺失，发型不明。

Ab型：曳地长摆裙俑。侍女皆穿曳地百褶长裙，裙摆极长，一角自身后由右脚跟向上扭转至身体左侧腰间。左手下垂于身侧，撩起或握起裙角；右手藏于袖内或露出轻握，贴于腹前，袖口下垂。Ab型女侍俑在北齐早期仅在乔花墓出土，北齐晚期则见于张海翼墓、韩裔墓、娄睿墓，乔花墓女侍俑服饰、姿态与晋阳地区北齐晚期Ab型女侍俑有所区别，却与邺城地区北齐女侍俑相似（见于安阳叔孙夫人墓、磁县元良墓等），发髻为北齐早期常见的大型高髻。可依据发式分为四型。

Ab-Ⅰ型：双高髻俑。见于乔花墓。侍女头梳大型高髻，身穿右衽宽袖衫，下穿曳地长裙，后裙摆撩起于腰间，由左臂轻轻夹持，右臂曲于身侧，右手轻握，贴于腹前（图三〇，4）。

Ab-Ⅱ型：双平髻俑。见于张海翼墓。侍女头梳双髻并结于头顶，两侧略高于中央，整体呈扁平状，额前分发，身穿右衽窄袖衫，胸口以下束带，带梢下垂（图三〇，5）。

Ab-Ⅲ型：双螺髻俑。见于韩裔墓。侍女双髻梳结于头顶，顶尖斜向上，与同墓所出Aa-Ⅳ型女俑发型相似（图三〇，6）。

Ab-Ⅳ型：月牙形髻俑。见于韩裔墓、娄睿墓，韩裔墓侍女发髻较宽大。侍女斜梳月牙形髻，发髻自右后至左前斜向梳于头顶，后高前低，中部作弧形凹陷，似一月牙状。身穿宽交领窄袖衫，交衽处束于宽带内，带梢下垂（图三〇，7）。

Ac型：袴褶俑。侍女皆头梳双髻，外穿广袖褶衣，内穿圆领窄袖襦，腰束带，下穿及地大口袴，脚穿圆头鞋。依据发式不同可分为五型。

Ac-Ⅰ型：双高髻俑。见于张肃俗墓。侍女头梳高大浑圆的双髻，两臂下垂，贴于身侧或腹前（图二九，7）。

Ac-Ⅱ型：双横月牙形髻俑。见于赵信墓。侍女发髻与Aa-Ⅱ型相同，为横向并排的双月牙形（图二九，8）。

Ac-Ⅲ型：双高并髻俑。见于张海翼墓。侍女头梳圆形高耸双髻，并结于头顶。左手曲于腹前，露出内穿窄袖衣的袖口，手藏于袖内，右臂垂于身侧，作持物状（图三〇，1）。

Ac-Ⅳ型：双矮并髻俑。见于娄睿墓。发髻似张海翼墓女侍俑而略低矮，也结于头顶。两手交叠于胸前，右手压于左手上，作拱手状，右内襦袖口自外衣袖口露出（图三〇，2）。

Ac-Ⅴ型：双纵月牙形髻俑。见于徐显秀墓。头梳双月牙形发髻，与同墓所出Aa-Ⅵ型女侍俑发型相同，动作与娄睿墓所出Ac-Ⅳ型女侍俑相同（图三〇，3）。

另贺娄悦墓出土此型女侍俑，头部缺失，衣着、动作似张肃俗墓及赵信墓所出者；库狄迴

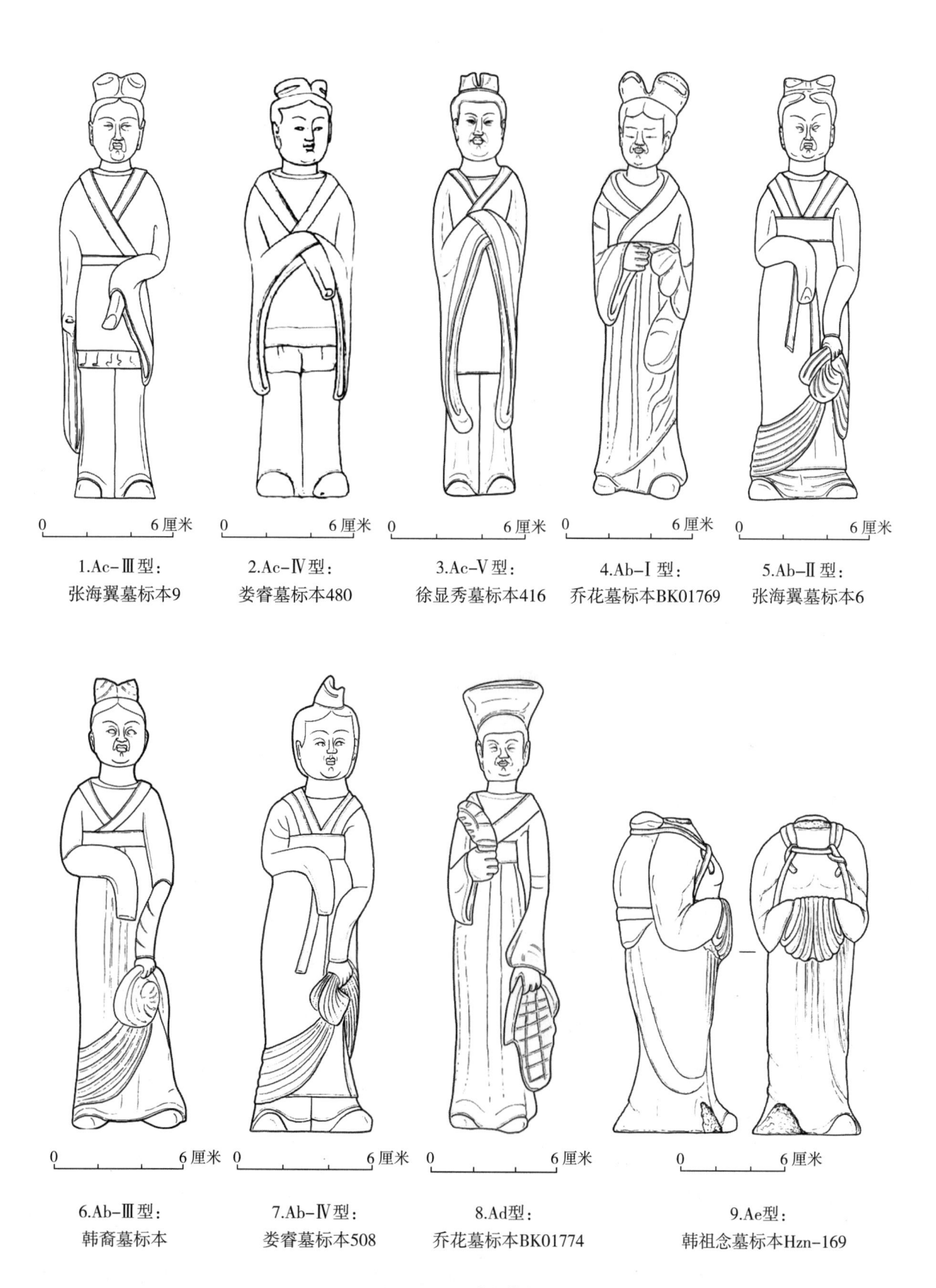

1. Ac-Ⅲ型：张海翼墓标本9
2. Ac-Ⅳ型：娄睿墓标本480
3. Ac-Ⅴ型：徐显秀墓标本416
4. Ab-Ⅰ型：乔花墓标本BK01769
5. Ab-Ⅱ型：张海翼墓标本6
6. Ab-Ⅲ型：韩裔墓标本
7. Ab-Ⅳ型：娄睿墓标本508
8. Ad型：乔花墓标本BK01774
9. Ae型：韩祖念墓标本Hzn-169

图三〇　A型女侍俑

洛墓出土此型女俑，皆缺失头部，衣着、动作与张海翼墓所出者一致。

Ad型：持物俑。仅见于乔花墓。侍女身姿清瘦挺拔，头梳扇形宽髻，身穿交领宽袖衫，下穿长裙，左手持簸箕，垂于身侧，右手持短帚，曲于肩前（图三〇，8）。

Ae型：背囊俑。仅见于韩祖念墓。侍女身形壮硕，丰乳肥臀，头部缺失。上穿宽袖衫，下穿及地长裙，脚穿圆头鞋。两手拱于腹前，袖端堆叠，背负一硕大皮囊状物，该皮囊以数条黑色宽带固定于侍女背后：两条带分别套过侍女肩颈及腰腹部，再以两条纵向缚带两端分别于肩前、腰侧绕住两条横向带，以稳固皮囊。侍女臀部高翘，托住皮囊底部，使之牢牢贴附在其背上（图三〇，9）。

B型：跪侍俑。侍女呈跪姿，身穿上衫下裙或袴褶，或端身跪侍，或持盆、箕等工具劳作。

Ba型：跪侍俑，侍女外穿窄袖衫，内穿圆领衣，下穿百褶长裙，脚穿圆头鞋。右腿曲蹲，左腿跪地，左手自然下垂，放于左膝上，右手扶于右膝上。依据发式分为五型。

Ba-Ⅰ型：双高髻俑。见于张肃俗墓。侍女头梳高耸硕大的圆形双髻，与同墓所出A型女侍俑相同（图三一：1）。

Ba-Ⅱ型：双月牙形髻俑。见于赵信墓。侍女头梳横向并排的双髻，发髻中央有弧形凹陷，似月牙状，同墓所出A型女侍俑也梳此发髻（图三一，2）。

Ba-Ⅲ型：双螺髻俑。见于韩祖念墓。侍女额前分发，头梳双螺髻（图三一，3）。

Ba-Ⅳ型：斜月牙形髻俑。见于娄睿墓。头梳后端高耸前端略低的斜状月牙形髻（图三一，4）。

Ba-Ⅴ型：双马蹄形髻俑。见于娄睿墓。头梳双髻，侧向并于头顶，呈马蹄状（图三一，5）。

Bb型：劳作俑。侍女呈蹲姿或跪姿，手持簸箕或盆，作劳动状，依人物动作可细分为二型。

Bb-Ⅰ型：执盆俑。见于乔花墓及开化墓地M26。头梳双高髻，外穿右衽交领窄袖衫，内穿圆领衣。左腿跪地，左手自然下垂，放于左膝上；右手执一折沿盆，置于膝上。乔花墓所出侍女身穿袴褶，开化墓地M26所出女侍俑身穿窄袖衫及长裙（图三一，6—7）。

Bb-Ⅱ型：执簸箕俑。见于娄睿墓、开化墓地M26。头梳月牙形髻，外穿宽袖衫，内穿圆领衣，外罩披肩于胸前打结，下穿百褶长裙，脚穿圆头鞋。头微左倾，双手持一簸箕，作簸晒粮食状（图三一，8）。

此外，贺娄悦墓出土一女侍俑，双膝跪地，头部缺失，内穿圆领衣，外穿左衽广袖衣，下穿长裙，似手持工具劳作，但无法判断所持何物。

侍女发髻样式多变，同一发式极少出现于两座及以上墓葬中，而同墓所出不同姿态的侍女往往梳同款发髻，如双高髻者仅见于张肃俗墓，双横月牙形髻者仅见于赵信墓。

1.Ba-Ⅰ型： 张肃俗墓标本	2.Ba-Ⅱ型： 赵信墓标本M20：30	3.Ba-Ⅲ型： 韩祖念墓标本Hzn-171	4.Ba-Ⅳ型： 娄睿墓标本521
5.Ba-Ⅴ型： 娄睿墓标本523	6.Bb-Ⅰ型： 乔花墓标本BK01796	7.Bb-Ⅰ型： 开化墓地M26：7	8.Bb-Ⅱ型： 娄睿墓标本524

图三一 B型女侍俑

2.家禽家畜陶塑

家禽家畜陶塑为田园生活中常见的鸡、狗、猪、羊等家禽、家畜，与仪仗队列中昂首挺立、棱角分明的牛、马、骆驼不同，这些动物皆为伏卧姿态，整体造型圆润，状态闲适。

（1）陶鸡

皆为卧姿。可分公鸡、母鸡两类。

公鸡见于张肃俗墓、韩祖念墓、娄睿墓、太原南郊北齐壁画墓。呈卧姿，高冠长颈，双翅合拢，头颈前伸，长尾弧状下垂（图三二，1）。

母鸡见于贺拔昌墓、娄睿墓。呈卧姿，高冠长颈，双翅合拢，头颈前伸，短尾上翘（图三二，2）。

（2）陶狗

陶狗出土较少，皆为长吻垂耳、身形劲健的田园犬，依其卧姿可分为伏卧狗、团卧狗二型。

A型：伏卧狗。皆昂首伏卧，有独卧狗和子母狗二亚型。

Aa型：独卧狗。见于贺拔昌墓、张肃俗墓、张海翼墓、娄睿墓。狗昂首曲肢，腹部贴地，长尾侧盘于腹旁（图三二，3）。

Ab型：子母狗。仅见于赵信墓。母狗昂首左视，大耳下垂，长尾盘回身侧。小狗身形极小，侧卧于母狗腹旁，四腿伸开，似已熟睡（图三二，4）。

B型：团卧狗。仅见于韩祖念墓。身体团缩成圆形，头搭于臀上，大眼圆睁上视。此型陶狗在邺城北齐晚期墓葬中常见，如武平元年（570）安阳元夫人墓、武平三年（572）贾进墓等（图三二，5）。

（3）陶猪

陶猪出土数量较多。可分公猪、母猪两类。

公猪见于贺拔昌墓、贺娄悦墓、刘贵墓、赵信墓。呈俯卧状，身形精壮，长鼻小眼，短耳贴伏，背部短鬃耸起（图三二，6）。

母猪见于贺拔昌墓、刘贵墓、韩裔墓、韩祖念墓、娄睿墓、太原南郊北齐壁画墓。呈侧卧状，身形肥硕，四肢粗短，腹部滚圆，腹前有三只或四只小猪拱卧吃奶（图三二，7）。

（4）陶羊

太原北齐陶俑墓所出陶羊皆为卧姿，可分独卧羊和母子羊二型。

A型：独卧羊。见于贺拔昌墓、张肃俗墓、贺娄悦墓、库狄迴洛墓、韩祖念墓、和公墓。呈卧姿，四肢压于腹下，小耳短尾，伸颈扬首，目视前方（图三二，8）。

B型：母子羊。见于张海翼墓、韩裔墓、娄睿墓、太原南郊北齐壁画墓。母羊造型姿态与A型独卧羊相同，身体左侧跪卧一只羔羊，头微扬，依于母羊后腿旁（图三二，9）。

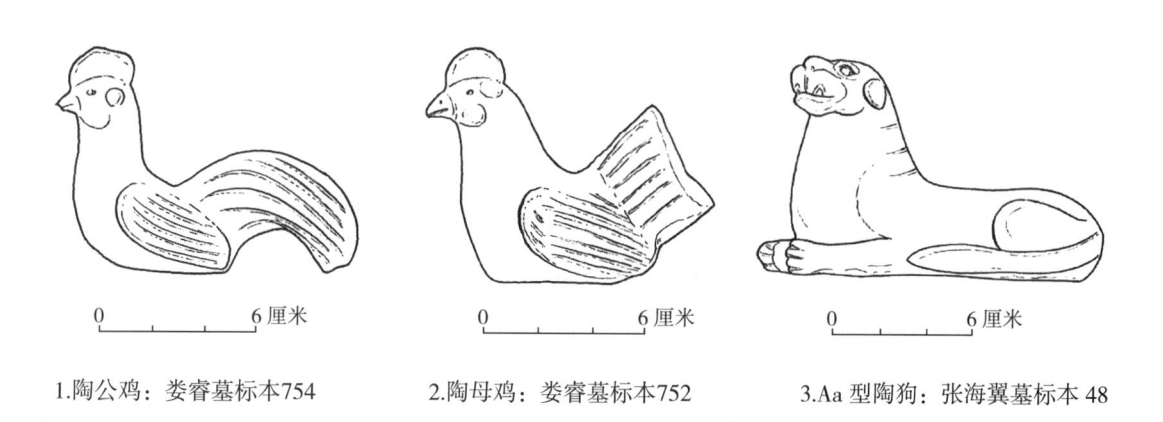

1. 陶公鸡：娄睿墓标本754　　2. 陶母鸡：娄睿墓标本752　　3. Aa型陶狗：张海翼墓标本48

4. Ab型陶狗：赵信墓标本M20：91 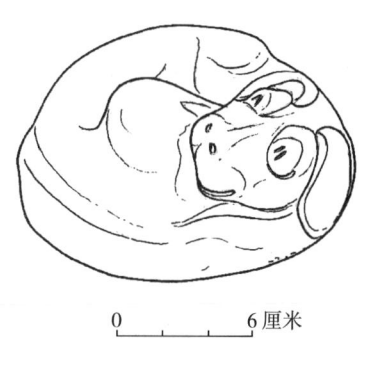　　5. B型陶狗：韩祖念墓标本Hzn-188

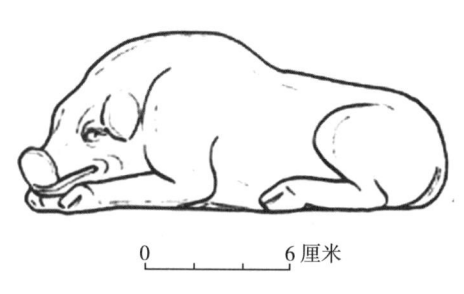

6. 陶公猪：贺娄悦墓标本13 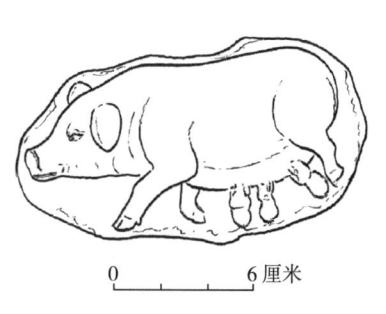　　7. 陶母猪：韩裔墓标本

8. A型陶羊：韩祖念墓标本Hzn-185 　　9. B型陶羊：太原南郊北齐壁画墓标本38

图三二　家禽家畜陶塑

（四）模型明器

太原北齐墓出土的庖厨灶作类模型明器包括陶仓、陶井、陶磨、陶碓、陶灶等一系列与烹食相关的器具。仓用以储粮，井用于汲水，磨用于磨谷，碓用于舂米，灶用于炊煮，这些都是日常炊事活动所必不可少的工具，与劳作女俑组成庖厨劳作的人与物，此外还有用于出恭的陶厕，与庖厨明器一道构成了家居生活中的"五谷轮回"环节。

1.陶仓

陶仓出土较少，式样皆不同，仅见于狄湛墓、赵信墓、娄睿墓。依其仓顶样式及仓体有无开窗分为二型。

A型：赵信墓、娄睿墓所出陶仓皆为菌状伞盖形顶，上有突纽，仓体开窗，其开窗位置及形状又各有不同。赵信墓M20：81仓顶有乳突状纽，仓体为鼓腹斜筒形，近底处开一圆形小窗（图三三，1）。娄睿墓标本767仓顶有小菌状纽，仓体为斜筒状，中有半圆形窗（图三三，2）。

B型：狄湛墓标本T2000WD9，为半圆形仓顶，上有尖状纽，柱状仓体，顶下部微凸，腹部圆鼓，仓顶饰篦划纹，似表现干草堆搭而成的屋顶（图三三，3）。

2.陶碓

陶碓出土数量较多，但样式基本相同。

A型：出土于贺拔昌墓、张肃俗墓、窦兴洛墓、赵信墓、娄睿墓中。皆有长方形底座，前有圆形碓窝，后有外撇的碓架，碓锤及碓杆已不存（图三三，4）。

B型：出土于侯莫陈阿仁伏墓。此陶碓有一内收一外撇的直立碓架，架上两固定碓杆的小圆孔位置不甚平齐，碓锤及碓杆已不存，碓架黏附于底座上，疑此件陶碓在工匠粘塑时出现失误（图三三，5）。

3.陶灶

陶灶造型亦较为单一，皆有高耸的阶梯状挡火墙，下设拱形灶门，灶台上置一圜底釜，常与灶台连为一体，挡火墙后凸起的模印纹饰种类较丰富。侯莫陈阿仁伏墓出土陶灶的挡火墙背后饰五朵垂花，灶门两侧各饰一朵七瓣花卉；窦兴洛墓出土陶灶的挡火墙背后仅沿其边缘有两周凸起的边线纹饰；张肃俗墓、库狄迴洛墓、赵信墓、韩裔墓、韩祖念墓、娄睿墓出土陶灶的挡火墙饰火焰纹，赵信墓陶灶的挡火墙四周无边线，韩裔墓、娄睿墓陶灶的挡火墙四周有数周边线（图三三，6—8）。

4.陶井

陶井是庖厨明器中样式最为多变的，有方井、圆井及多角形井，□子辉墓还出土带井亭

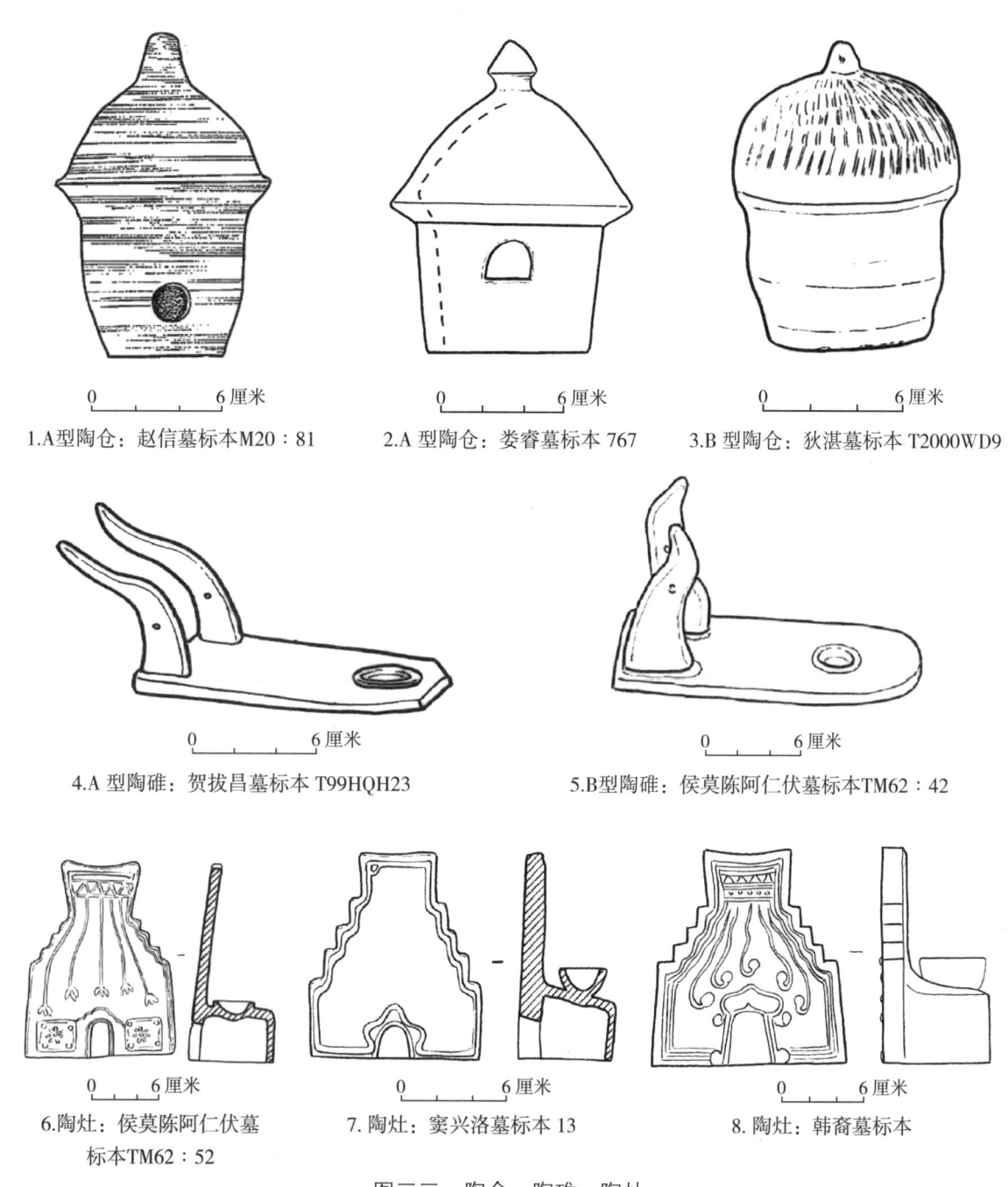

1. A型陶仓：赵信墓标本M20：81
2. A型陶仓：娄睿墓标本767
3. B型陶仓：狄湛墓标本T2000WD9
4. A型陶碓：贺拔昌墓标本T99HQH23
5. B型陶碓：侯莫陈阿仁伏墓标本TM62：42
6. 陶灶：侯莫陈阿仁伏墓标本TM62：52
7. 陶灶：窦兴洛墓标本13
8. 陶灶：韩裔墓标本

图三三　陶仓、陶碓、陶灶

陶井。

A型：方井。见于贺拔昌墓、窦兴洛墓。井呈正方形，下有底，上有搭成"井"字形的井栏（图三四，4）。

B型：圆井。见于侯莫陈阿仁伏墓、开化墓地M26。井呈圆筒形，上有宽平沿井口（图三四，5）。

C型：多角形井。井体呈圆筒形，井沿为多角形。六角形井见于赵信墓，口小底大，为内弧边六角形平沿井口；八角形井见于娄睿墓，口大底小，上有内弧边八角形平沿井口；齿轮形

1. C型陶井：
赵信墓标本M20：105

2. C型陶井：
娄睿墓标本763

3. C型陶井：
张肃俗墓标本

4. A型陶井：
窦兴洛墓标本82

5. B型陶井：
侯莫陈阿仁伏墓标本TM62：21

6. D型陶井：
□子辉墓标本

7. 陶厕：
赵信墓标本M20：87

8. 陶厕：
娄睿墓标本757

9. 陶磨：
贺拔昌墓标本T99HQH29

10. 陶磨：
娄睿墓标本769

图三四　陶井、陶磨、陶厕

井见于张肃俗墓，口小底大，井沿为齿轮形，共18齿（图三四，1—3）。

D型：带井亭陶井。□子辉墓出土一圆形井，井上有"大"字形井亭，井沿上倒置一个圜底小陶罐（图三四，6）。

5.陶磨

陶磨出土亦较少，造型基本相同，仅投料口与磨台有细微差别。北齐早期天保年间贺拔昌墓、张肃俗墓、窦兴洛墓出土的陶磨皆呈圆形，下无底，磨盘与底座连为一体，上有投料口，微上凸，磨台成平面。娄睿墓出土陶磨呈圆形，下无底，磨盘与底座连为一体，上有投料口，微下凹，磨台成斜面（图三四，9—10）。

6.陶厕

陶厕皆为近"回"字形，于外周一侧开门，坑孔位于最内侧墙后。贺拔昌墓、侯莫陈阿仁伏墓（一半残缺，疑右侧开门）、张肃俗墓、赵信墓出土陶厕皆为右侧开门；窦兴洛墓、娄睿墓出土左侧开门陶厕（图三四，7—8）。

五、北齐晋阳陶俑的分期

本篇是对北齐晋阳陶俑墓所出陶俑的分类梳理。根据以上列述，可试将已见北齐晋阳陶俑分为三期。

（一）早期：风格多元，造型繁杂

早期即文宣帝天保年间，包括天保四年（553）贺拔昌墓，天保六年（555）侯莫陈阿仁伏墓、乔花墓，天保七年（556）□子辉墓（仅模型明器），天保十年（559）张肃俗墓、窦兴洛墓。贺拔昌墓镇墓俑一手抬起，似执物扛于肩上，一手按盾，是为孤例；墓中出土马匹皆头颅瘦小，身体肥硕，此风格亦不见于其后各墓。侯莫陈阿仁伏墓陶俑挺拔健壮，身形修长挺直，甚至镇墓兽、骆驼俑也瘦高挺直。乔花墓侍从、武士、伎乐俑多肥胖短粗，阔颊短颈，双目半睁，状态慵懒，部分武士、侍女造型类似邺城地区东魏北齐陶俑风格。□子辉墓未见人物俑和陶塑动物，但墓中出土带有井亭的陶井，与汉代、北魏陶井相似，却不见于晋阳地区其他北齐墓葬中。其后的北齐晋阳陶俑，多延续了侯莫陈阿仁伏墓挺拔的风格，却在细节处加以修改，如人物眉目更为舒展端庄，骆驼、镇墓兽四肢微微外撇，使人畜整体状态更鲜活生动。

（二）中期：融汇发展，渐趋一统

中期为孝昭帝皇建元年（560）至武成帝河清年间（562—565），包括皇建元年（560）贺娄悦墓，河清元年（562）库狄迴洛墓，河清二年（563）刘贵墓，河清三年（564）赵信墓、狄湛墓。这一时期的陶俑，除库狄迴洛墓地处寿阳，兼具晋阳、邺城风格外，其余各墓陶俑型式、艺术风格已渐趋一统，晋阳陶俑饱满挺拔、圆润丰满的造型风格已基本形成，部分人物动作稍显僵硬、拘谨。

（三）晚期：风格成熟，类型丰富

晚期为齐后主天统至武平年间（565—576），包括天统元年（565）张海翼墓，天统三年（567）韩裔墓、库狄业墓，天统四年（568）武功王韩祖念墓，武平元年（570）东安王娄睿墓，武平二年（571）武安王徐显秀墓，武平四年（573）和公墓。目前所见的晋阳地区北齐晚期墓葬中，张海翼、库狄业、和公职衔稍低，墓葬为土洞墓，其余皆为高等级砖室墓葬，随葬陶俑型式多样、规格齐整、体系周全，人物造型更加圆润饱满，身体构造更加协调，姿态从容潇洒而不失威严，五官面貌也从紧凑古板向疏朗端庄转变，堪称艺术大成。小林仁谈及北齐娄睿墓陶俑时说："它强调浑圆，从而生动地表现了武士的威猛。用扩展的筒裙求得整体的均衡和安定感，在凶猛之间还洋溢着人情味，从总体上展现了卓越的造型美感。"这正是北齐晚期陶俑的真实写照。

较重要的无纪年陶俑墓有太原南郊北齐壁画墓、开化墓地M26。发掘简报根据其陶俑、壁画特征，判断太原南郊北齐壁画墓属北齐晚期墓葬，开化墓地M26陶俑风格与赵信墓、狄湛墓相似，当属北齐中期。太原南郊北齐壁画墓陶俑类于韩裔墓、娄睿墓、和公墓所出陶俑，皆为北齐晚期风格，故判断其时代亦为北齐晚期武平年间。

六、北齐晋阳陶俑的制作工艺

从制作方法来看，北齐晋阳陶俑多为模制粘接成型，以雕塑、贴塑工艺进行细节加工，彩绘、涂金作为装饰。

陶俑成型的"模制粘接法"一般有两种方式。

其一是俑的整前半身和整后半身分别模制，再粘接为一体，修整抹平身体两侧的粘接痕迹，然后入窑烧造。前、后身皆用泥片填入范内，压实出形，脱范后粘接修整，故粘合后的陶俑为空心，这一特征从陶俑残断的身躯或俑足下方皆可观察到（图三五）。粘痕是整个陶俑较为薄弱之处，有时会出现裂痕，如狄湛墓背盾武士俑前后身粘接处开裂，裂痕自头部延伸至肩部（图三六）。

其二是头身分制，即先将身躯和头部分别模制，再进行连接，修整连接痕迹后入窑烧造。头身连接方法又可分为两种，第一种方法为粘接，即头部与身体分别采用前种方法模制成型，空心的头部粘接在空心的身体上端，通过修整使其浑然一体。如徐显秀墓出土的持盾武士俑，是将武士头部与领口模制粘接成型后再粘接在身躯上端，修整后入窑烧制。采用这种方法制作的陶俑，脖颈短粗，整体显得壮硕饱满（图三七）。粘接时，可以轻微调整脸部朝向，使同型

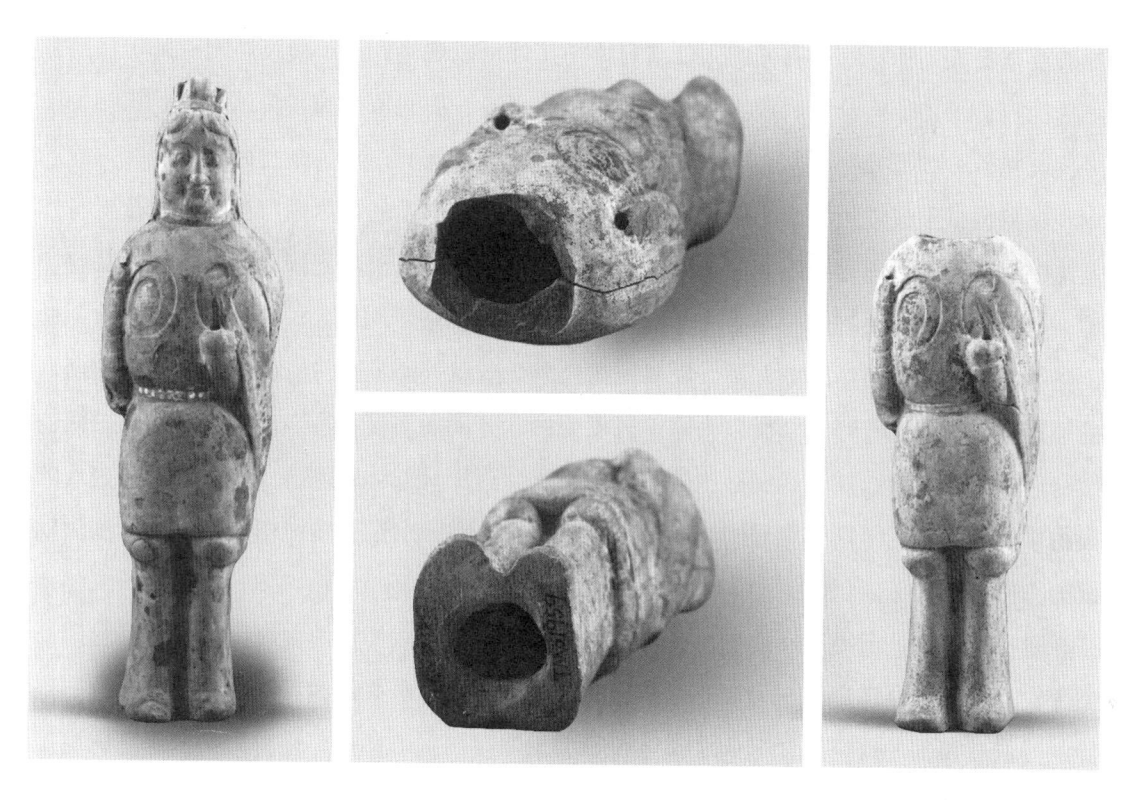

图三五　徐显秀墓标本4及标本35（头佚）持盾俑，俑体中空

图三六　狄湛墓背盾武士俑T2000WD2前、后身开裂情况

陶俑的姿态更加灵活，一些陶俑的领口与身体粘接处可以观察到细小裂痕（图三八）。第二种方法为插接，身体依然分前后两半模制粘接，肩部平齐，中间留有插接头颈的孔。头颈为前后两半模制粘合，颈部几乎为实心。一些头身插接法制作的陶俑，俑头断落后露出颈腔内泥芯，可以观察到插接痕迹或近乎实心的颈部断痕。如贺娄悦墓出土的文吏俑可见头颈插接入身体的痕迹（图三九），徐显秀墓出土的文吏俑有多件头部断落，可以看到颈部断茬为两半粘合（图四〇）。使用这种方法制作的陶俑，脖颈修长，身姿显得清瘦、挺拔。

使用模制法塑造陶俑简单方便、效率较高，但会造成千俑千面的情况。为了便于脱模，陶俑的体态动作不宜过于夸张，所以太原地区发现的北齐陶俑多显得拘谨、僵直，手臂、武器等紧贴身躯，两腿笔直，骑马俑腿部比例过小，紧紧贴附于马身体两侧，一些需要着重表现的线条显得柔软无力。为了增强陶俑的艺术表现力，工匠会在入窑前采用雕塑、贴塑等方法对模制而成的陶俑进行加工。

雕塑法针对的是不便通过模制表现出的细节，常见于工艺精湛的大型镇墓武士俑和镇墓兽头面部。如徐显秀墓镇墓武士俑眉心处眉峰的突耸、眼角与鼻梁间线条的刻画、鼻凹的凹陷和面庞的隆鼓，口部的镂空及牙缝的压印等细节加工即使用了雕塑法，使得人物面部轮廓更加丰满、立体，凸显威武凶悍之相（图四一）。

一些仪仗俑的衣帽采取刻画和戳印的方法进行细节加工，如笼冠俑的衣褶线条应是在模印之后用爪状工具划出的，裙后右边褶线弯折处可以看到先划出纵向线条、又划出斜向线条的痕迹，同型俑裙后的刻画线条有细微不同，且有断笔、补划现象（图四二、图四三），穿褶衣的文吏俑交衽处的衣领线条也通过刻画的方式来补充细节（图四四）。

此外，一些风帽顶部为表现皮质，用尖状物戳出小孔，此类现象在北齐晚期韩祖念墓、娄睿墓、徐显秀墓出土的陶俑上皆可见到（图四五）。大多数武士、文吏、侍从俑的拳心或腰侧都有孔，用于插入兵器、旗帜等物，这些附加物可能是有机材质，陶俑出土时皆已不存，这些孔不便用模制法制出，应该也是陶俑主体部分模制成型后，再用工具戳出的。

另一种细节加工方式是贴塑，多用于制作一些不便一体模制的附件，如镇墓兽的舌、须、耳、鬃鬣，伎乐俑的小鼓，人物抬起的手臂，陶牛笼头上的泡形饰及陶马攀胸、鞘带的配饰与马尾等。在完成陶俑主体部分的塑造后，将另外模制、捏塑或雕塑成的附件粘贴在相应位置。贴塑法是对模制成型俑的细节补充，可以使人物的肢体动作更加灵活多变，在一定程度上摆脱硬挺僵直的模式化造型，也可丰富细节，为镇墓兽与仪仗动物等增加装饰效果（图四六）。

在完成陶俑塑造及烧制之后，要通过施彩做进一步装饰。陶俑施彩的作用之一是为人物的面容、头发、衣裙、冠帽及动物、车辆、器具等上色。太原北齐陶俑为泥质灰陶和泥质红陶，胎色皆较深，有时施彩前会在陶俑表面敷一层白彩，在白彩上施涂各种鲜艳色彩，在一些彩绘脱落的陶俑表面可以看到此类情况（图四七）。一些需要用白色表示的位置，如人物面部、白色服饰等直接施涂白彩。

图三七　徐显秀墓标本 158 持盾俑风帽披幅下与衣领相接处的头颈粘接痕迹

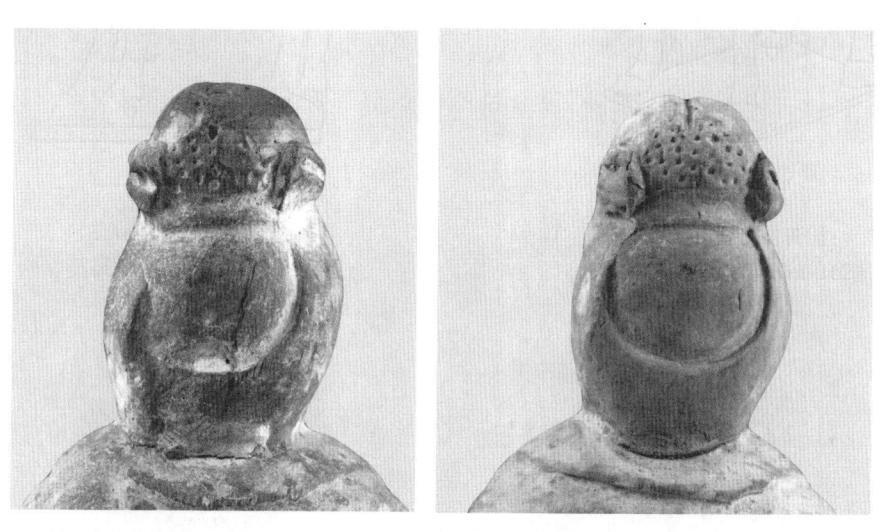

图三八　徐显秀墓标本 166、标本 141 持盾俑风帽披幅下与衣领相接处的头颈粘接痕迹

图三九　贺娄悦墓文吏俑标本 22（头断落，可见插接痕迹）

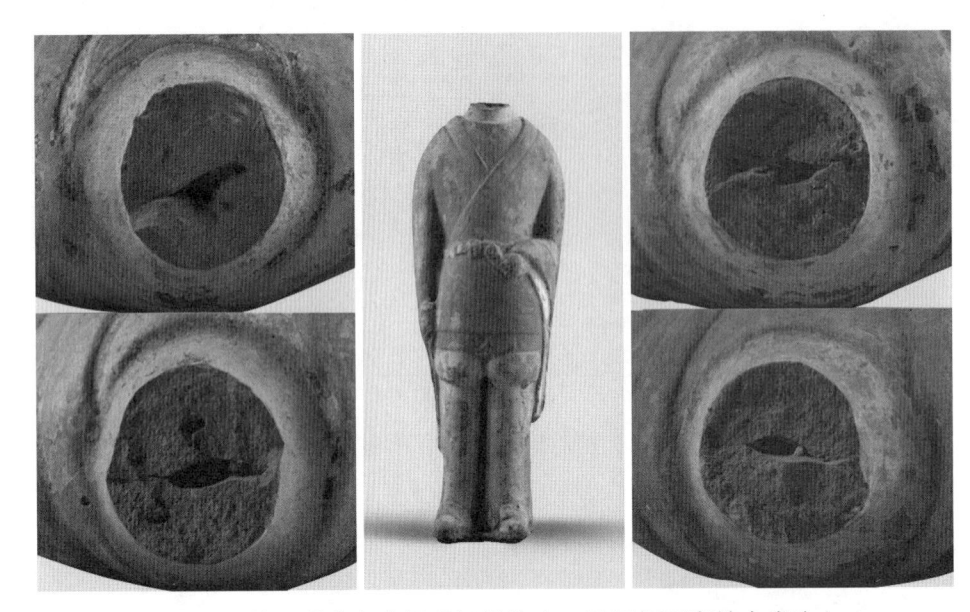

图四〇 徐显秀墓文吏俑颈部断茬（可见颈部两半粘合痕迹）

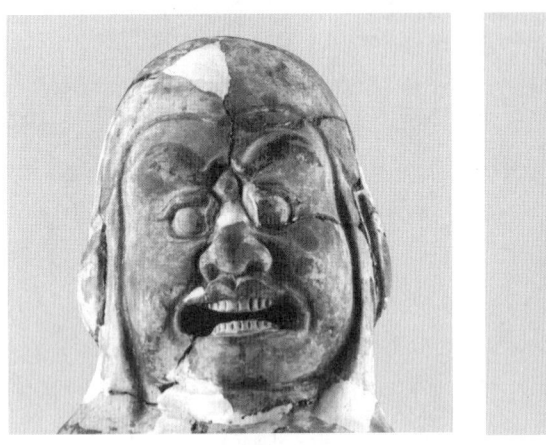

图四一 徐显秀墓标本245镇墓武士俑面部

图四二 徐显秀墓标本30笼冠俑长裙背面褶线

图四三　徐显秀墓标本 67、标本 292 笼冠俑长裙背面褶线

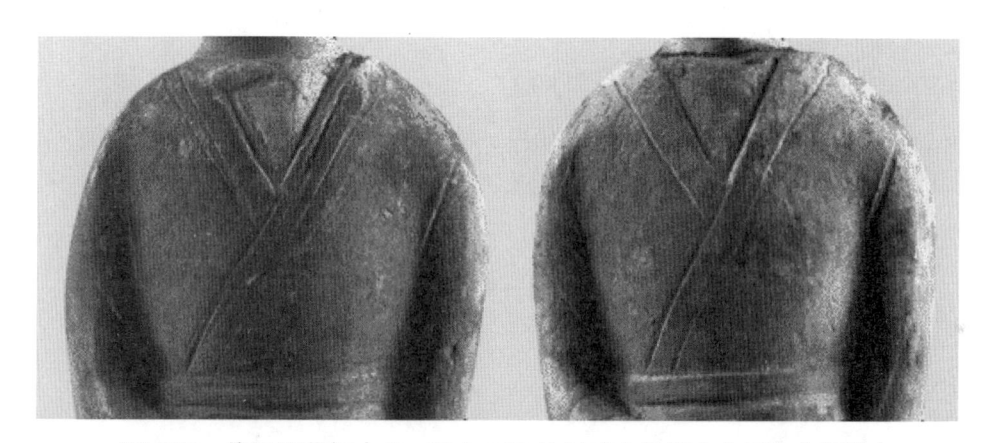

图四四　徐显秀墓标本 9、标本 103 拄剑武士俑褶衣交衽处衣领线条

图四五　韩祖念墓标本 Hzn-138、徐显秀墓标本 126、徐显秀墓标本 88 帽顶戳孔

1. 贺娄悦墓标本 7（贴塑笼头泡饰）

2. 徐显秀墓标本 359（贴塑小臂）

3. 贺娄悦墓标本 5（贴塑攀胸装饰）

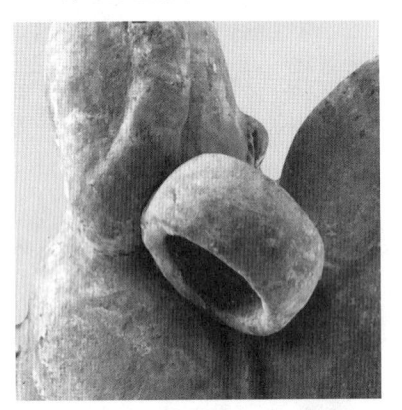

4. 韩祖念墓标本 Hzn-152（贴塑鼓）

图四六　太原北齐陶俑的贴塑工艺

1. 库狄业墓标本 T84QS35（红陶胎，服饰敷白彩后施涂红彩，面部施白彩）

2. 张海翼墓标本 24（灰陶胎，服饰敷白彩后施涂红彩，面部施白彩）

图四七　敷白彩后的施彩现象

人物面容除施白彩外，还见有施肉粉色彩者，有时会在面部加少许红晕，但眉眼须发皆施黑彩，概无例外（图四八）。服饰常见色彩有深红、浅红、白色、黄色、黑色等，其中以浅红最为普遍，陶俑的风帽和短襦色彩多变，正如文献所载的"朱紫玄黄，各任所好"。一些冠服色泽较为统一，如笼冠俑所戴笼冠皆为黑色，长裙皆为红色；文吏俑所戴小冠多为黑色，褶衣多为深红色，袴多为白色；仪仗俑的三棱风帽、幞头、鞋子等多为黑色，使用其他色彩的情况非常少见（图四九）。

除了施涂色彩外，以彩绘补充细节也是太原北齐陶俑常见的艺术加工方式，如以黑色描绘眉眼胡须，以红彩描唇，黑色革带上以白色点出带饰，头盔以红彩勾绘出边缘，白色铠甲上以黑线勾描出甲叶线条或虎皮纹饰，一些马匹的缰绳、攀胸、鞦带和镇墓兽的胡须、毛发、斑纹等也以彩绘的方式完成（图五〇）。此外，晚期娄睿墓、徐显秀墓武士俑的铠甲使用了贴金工艺，娄睿墓镇墓武士俑的明光铠护胸、徐显秀墓镇墓武士俑的兜鍪及上半身铠甲（图五一）、徐显秀墓仪仗武士俑肩部也有贴金，配合红、白、黄等颜色的彩绘，使整个陶俑显得艳丽夺目，有极强的装饰效果。

七、北齐两都陶俑之别

北齐设有掌管宫廷丧葬器用的机构——东园局，晋阳作为陪都，勋贵云集，应也有独立的明器生产机构。这些由特定的工匠群体和制造机构烧制的陶俑，自有一套独特的审美风格。

与北齐都城邺城所出的陶俑相比，晋阳地区陶俑身形高壮挺拔、雄浑圆润，就五官面相来说，无论男女五官皆较为细小紧凑，衬得面颊丰满圆胖，应是在一定程度上吸收了平城地区北魏陶俑"丰壮"的造型风格。平城为北魏旧都，考古发现多座北魏陶俑墓，出土的男女陶俑皆戴鲜卑帽，着窄袖长衣，男子着袴，女子着裙，晋阳北齐墓出土陶俑所着风帽、窄袖襦及袴装与平城陶俑有着较高的相似性。邺城地区陶俑的五官更加舒展，高额大耳，柔和俊美，似是更多向洛阳地区北魏陶俑的审美取向靠拢（图五二）。据宿白先生研究，"公元5世纪末和6世纪中叶，中国北方地区在造型艺术中有两次变化，表现在人物形象上尤为明显。这两次变化和中原北方统治集团锐意汉化，模拟南朝制度风尚有直接关系。"[1] 洛阳北魏后期墓葬出土的身形瘦削、容貌清秀的陶俑即是学习南方艺术审美风格的产物，邺城、青州、徐州地区的北齐陶俑在相当程度上继承了北魏洛阳时代的风格。

两地所出模型明器与陶塑动物亦有明显差别，如晋阳出土陶仓为圆顶或菌状顶，邺城地区则多瓦楞形顶陶仓；晋阳地区出土陶碓碓架多已腐朽，应为木质，其支撑架为外撇角状，邺城地区却是陶质碓架，保存完好，其支撑架为Y形；晋阳地区多见多角形陶井，方井较少，邺城

---

[1] 宿白. 北朝造型艺术中人物形象的变化 // 中国石窟寺研究：附录二. 北京：文物出版社，1996：349-354.

1. 徐显秀墓标本 53（面部施肉粉色彩） 　　2. 徐显秀墓标本 193（面部施肉粉色彩）

3. 库狄迴洛墓标本 90（脸颊晕染淡红色彩） 　　4. 徐显秀墓标本 30（面部施白彩）

图四八　陶俑的面部施彩

1. 徐显秀墓标本 3
（三棱风帽施黑彩）

2. 徐显秀墓标本 34
（笼冠及头发施黑彩）

3. 韩祖念墓标本
Hzn-117（幞头施黑彩）

图四九　陶俑冠帽施彩

1. 库狄业墓标本 T84QS8 　　　　　　　　2. 徐显秀墓标本 72
图五〇　镇墓兽毛发、五官的彩绘描画

1. 徐显秀墓标本 275 　　　　　　　　2. 徐显秀墓标本 244
图五一　武士俑铠甲贴金痕迹

地区则多见方井。晋阳地区所出陶羊皆为雌羊，体态圆润，或独自伏卧，或携带羊羔，而邺城地区却多见雄羊，头生盘角；邺城地区安阳一带的北齐墓多见团卧陶狗，磁县多见侧卧哺乳的陶狗，晋阳地区的北齐墓葬中未见有哺乳母狗形象，团卧陶狗仅韩祖念墓出土；晋阳地区的北齐墓葬中未见一例骡马，而邺城地区则多有发现；晋阳地区仪仗马臀部有大量花饰者仅见于娄睿墓，邺城、山东地区则屡有发现，等等（图五三、图五四）。

晋阳北齐陶俑制造业在循着自己的审美路线发展的同时，亦与邺城有所互动，最为明显的

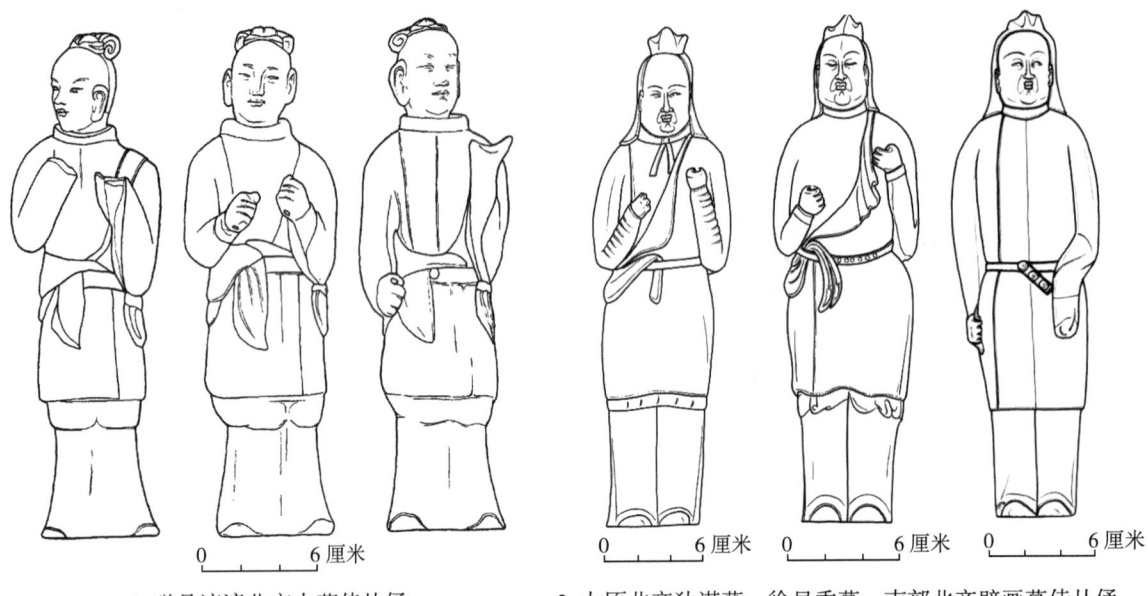

1. 磁县湾漳北齐大墓侍从俑

2. 太原北齐狄湛墓、徐显秀墓、南郊北齐壁画墓侍从俑

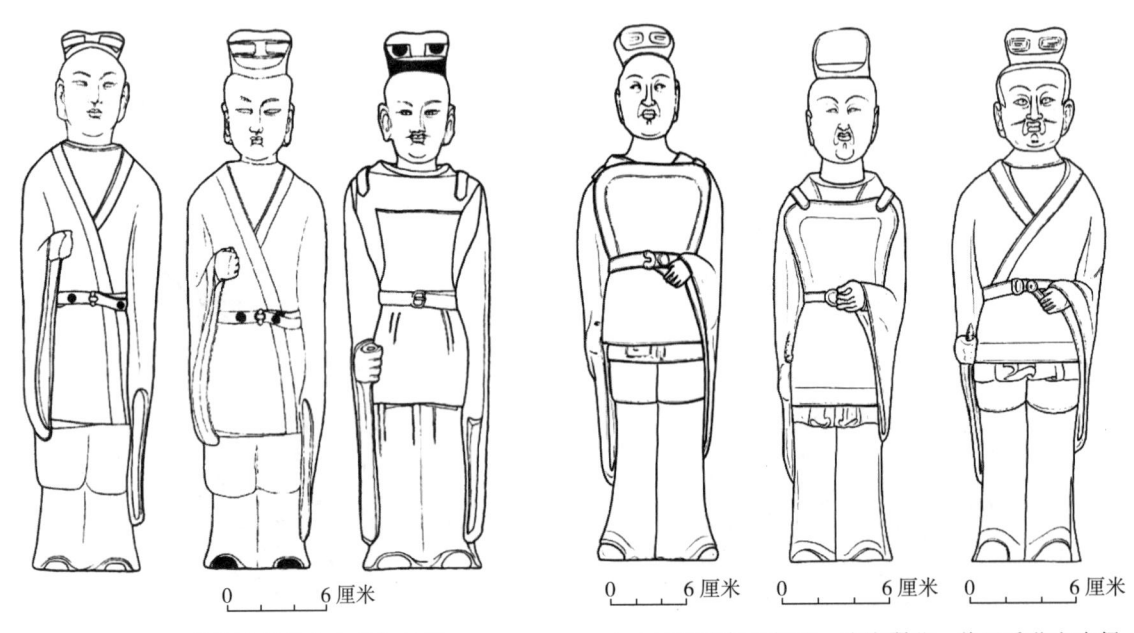

3. 磁县湾漳北齐大墓文吏俑

4. 太原北齐贺娄悦墓、张海翼墓、徐显秀墓文吏俑

图五二　邺城、晋阳北齐陶俑容相之别

便是北齐早期（天保年间）的晋阳陶俑在相当程度上学习了邺城陶俑的造型。以镇墓武士俑为例，邺城地区所出镇墓武士俑多头戴冲角兜鍪，而晋阳地区出土的镇墓武士俑则以圆顶兜鍪为多。但北齐早期晋阳地区随葬陶俑尚未形成自己独特的造型艺术时，镇墓武士俑戴冲角兜鍪者居多，容貌塑造却偏于人性化，追求威武端庄的艺术风格，远不及邺城镇墓武士俑凶恶神异，如天保四年（553）贺拔昌墓、天保六年（555）乔花墓、天保十年（559）窦兴洛墓、皇建元年（560）贺娄悦墓等。北齐中晚期以来，圆顶兜鍪方才成为晋阳陶俑的主流服饰。在此过程

中，晋阳陶俑的某些特征也潜移默化地渗透到邺城陶俑身上，如北齐晚期邺城地区和绍隆墓（568）、范粹墓（575）中都出土了与晋阳陶俑服饰、造型较相似的侍从俑。北齐晋阳陶俑式样的影响力在山西、河北等地延续到了隋代，如隋开皇十七年（597）太原斛律彻墓、大业六年（610）河北获鹿阎静迁葬墓出土的陶俑仍见有晋阳北齐陶俑的遗风（图五五）。

日本学者小林仁先生曾提出："北齐历代皇帝频繁往来于邺城和晋阳之间，表明两都当时既在文化上保持着某种程度的独立性，又有着频繁的交流。库狄迴洛墓就是这种现象存在的例证，具有重要的象征性意义。"库狄迴洛墓所出伎乐陶俑——小冠袴褶俑与舞蹈胡人俑，在山

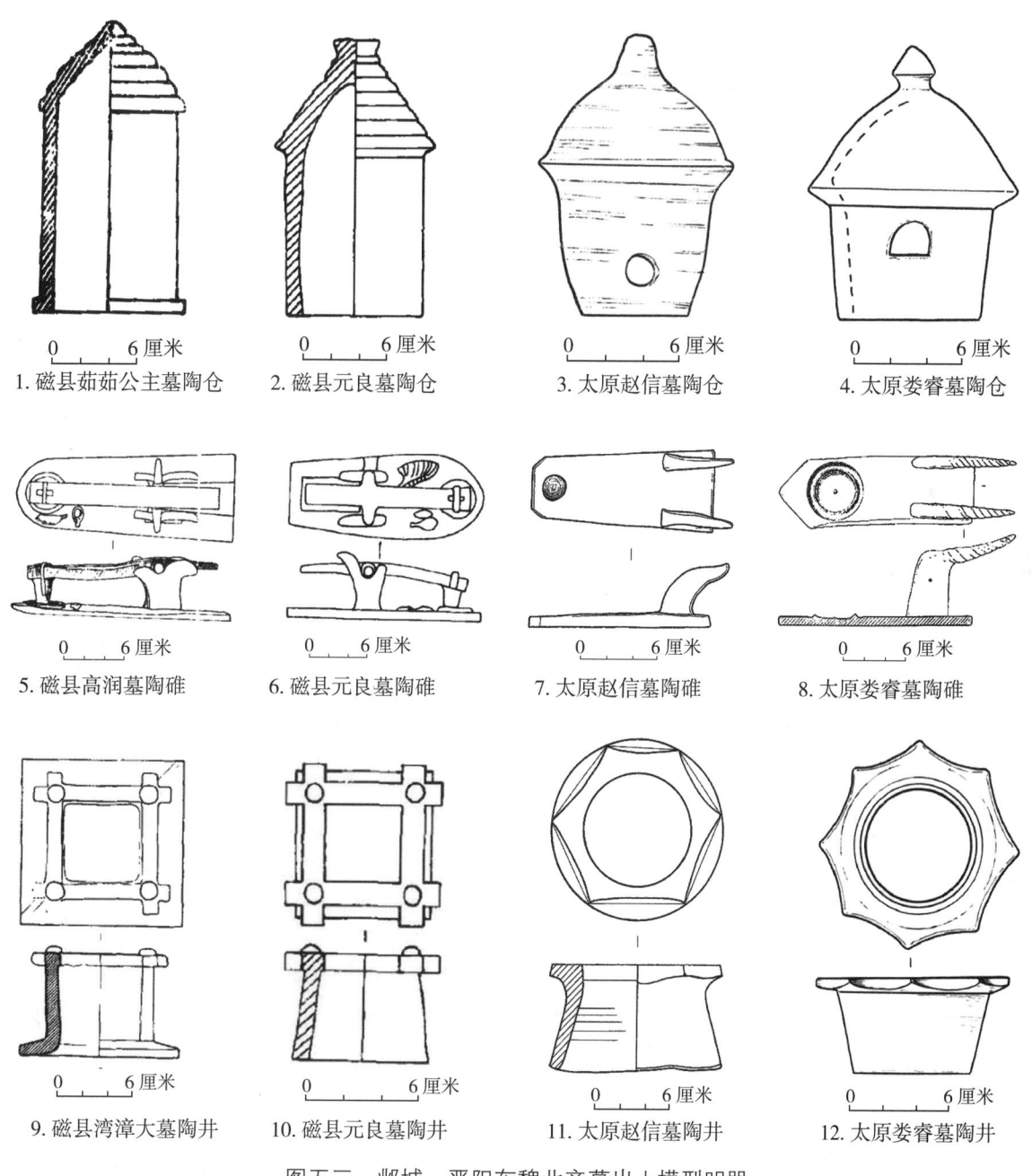

1. 磁县茹茹公主墓陶仓　　2. 磁县元良墓陶仓　　3. 太原赵信墓陶仓　　4. 太原娄睿墓陶仓

5. 磁县高润墓陶碓　　6. 磁县元良墓陶碓　　7. 太原赵信墓陶碓　　8. 太原娄睿墓陶碓

9. 磁县湾漳大墓陶井　　10. 磁县元良墓陶井　　11. 太原赵信墓陶井　　12. 太原娄睿墓陶井

图五三　邺城、晋阳东魏北齐墓出土模型明器

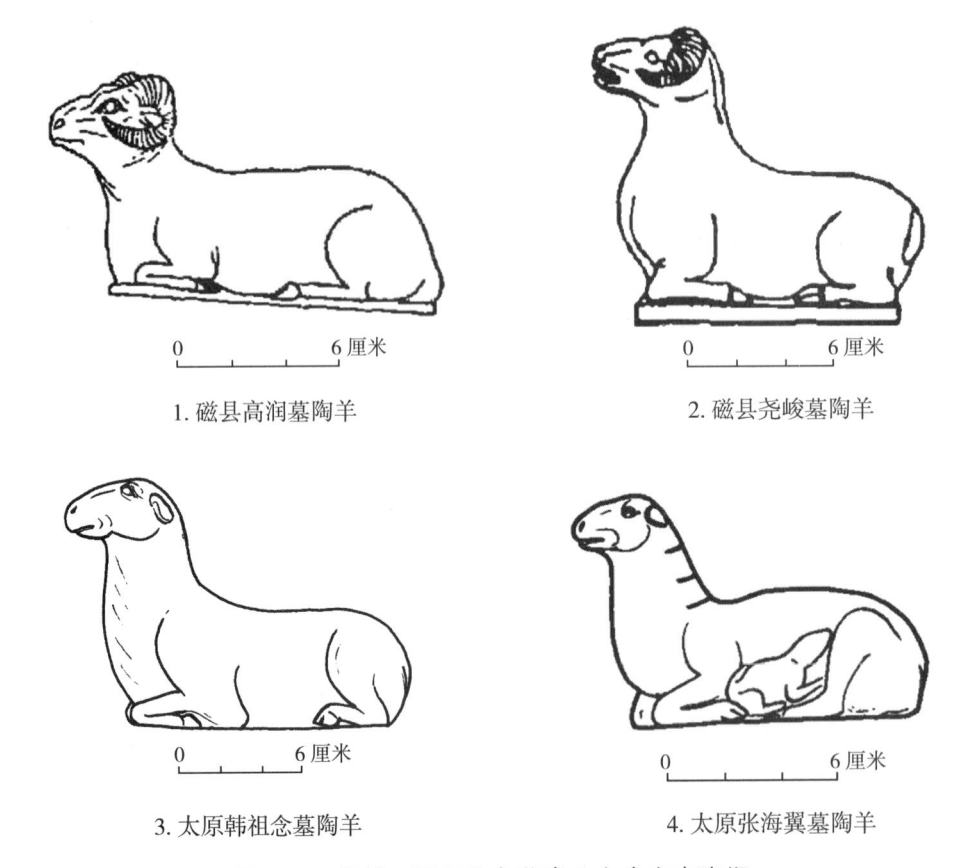

1. 磁县高润墓陶羊
2. 磁县尧峻墓陶羊
3. 太原韩祖念墓陶羊
4. 太原张海翼墓陶羊

图五四　邺城、晋阳北齐墓出土家禽家畜陶塑

西地区堪称孤品，但与其姿态、服饰相同的伎乐俑却出现在邺城地区的墓葬中，如东魏茹茹公主墓与磁县湾漳北齐大墓。据墓志所载，墓主人库狄迴洛"大宁二年二月薨于邺，窆于晋阳大法寺"，小林仁先生推测，库狄迴洛墓随葬的陶俑应该是在邺城制造的[1]。而库狄迴洛墓所出镇墓武士俑、仪仗侍从俑等皆属明显的晋阳特色陶俑，其所葬之地寿阳，也正位于往来晋阳、邺城的要道上。因此，无论墓中所出陶俑来自何方，库狄迴洛墓俑群都是北齐晋阳、邺城丧葬文化互相交流的佐证（图五六）。

《北齐书·文宣纪》称并州："胡人别种，延蔓山谷，酋渠万族，广袤千里。"晋阳作为并州锁钥、北齐陪都，是丝绸之路的重要节点，更是汉文化、鲜卑文化及西域文化错综交融之处，但其文化发展的主流是高氏集团对鲜卑文化的复兴。晋阳北齐陶俑艺术承自北魏，北魏平城时期的陶俑胡风浓郁；至洛阳时期，大量吸收汉文化与佛教文化因素，孕育出崭新的陶俑艺术形式；至东魏北齐时，文化潮流为之一改，"胡人别种"的晋阳地区放弃北魏"秀骨清相"的审美取向，恢复体格精悍雄壮、服饰紧窄劲健的鲜卑审美取向，并与部分继承北魏洛阳时期以来造型艺术的邺城地区相互交流，形成了别具特色的艺术风格。

---

[1]　小林仁，李娜（译）.中国北齐随葬陶俑两大样式的形成及其意义.文物世界，2012（1）：51.

0 ____ 12 厘米　　　0 ____ 12 厘米　　　0 ____ 12 厘米　　　0 ____ 12 厘米

1. 磁县湾漳大墓　　2. 磁县元良墓　　3. 太原贺拔昌墓　　4. 太原乔花墓

邺城、晋阳北齐墓出土戴冲角兜鍪镇墓武士俑

0 ____ 12 厘米　　　0 ____ 12 厘米　　　0 ____ 12 厘米　　　0 ____ 12 厘米

5. 太原南郊北齐墓　　6. 太原韩祖念墓　　7. 太原徐显秀墓　　8. 太原娄睿墓

晋阳北齐墓出土戴圆顶兜鍪镇墓武士俑

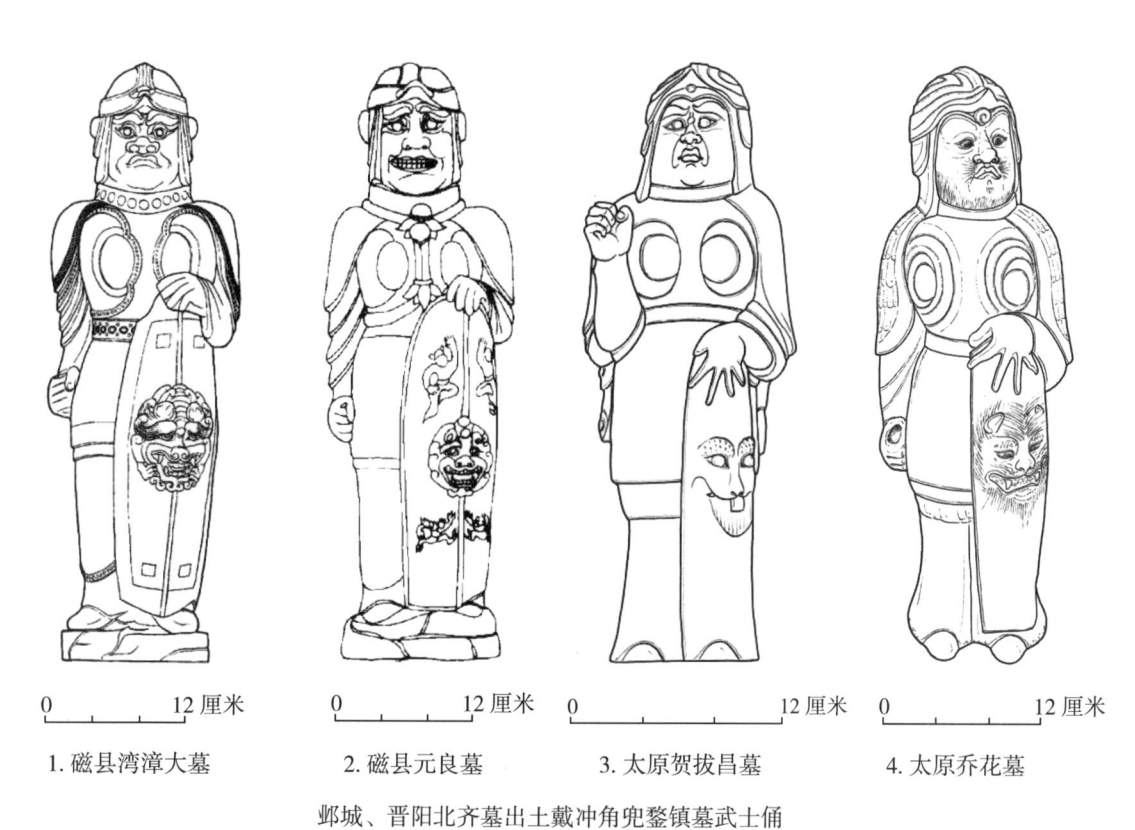

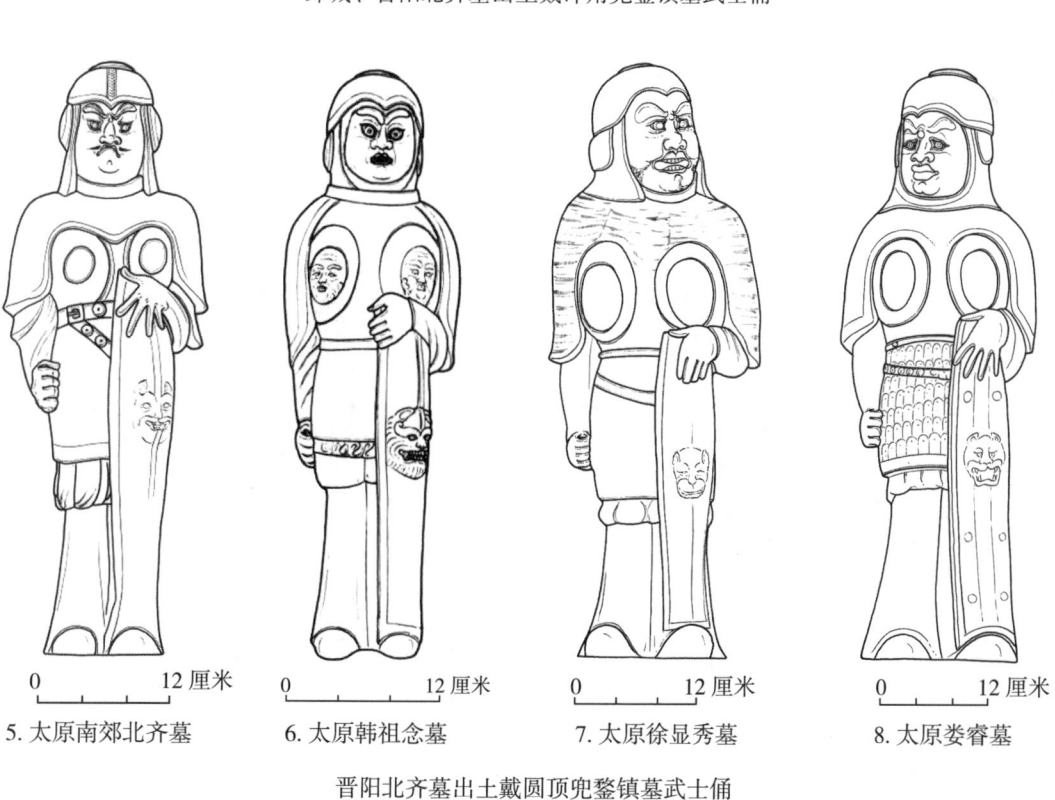

图五五　邺城、晋阳北齐墓出土镇墓武士俑

磁县湾漳大墓出土舞乐俑

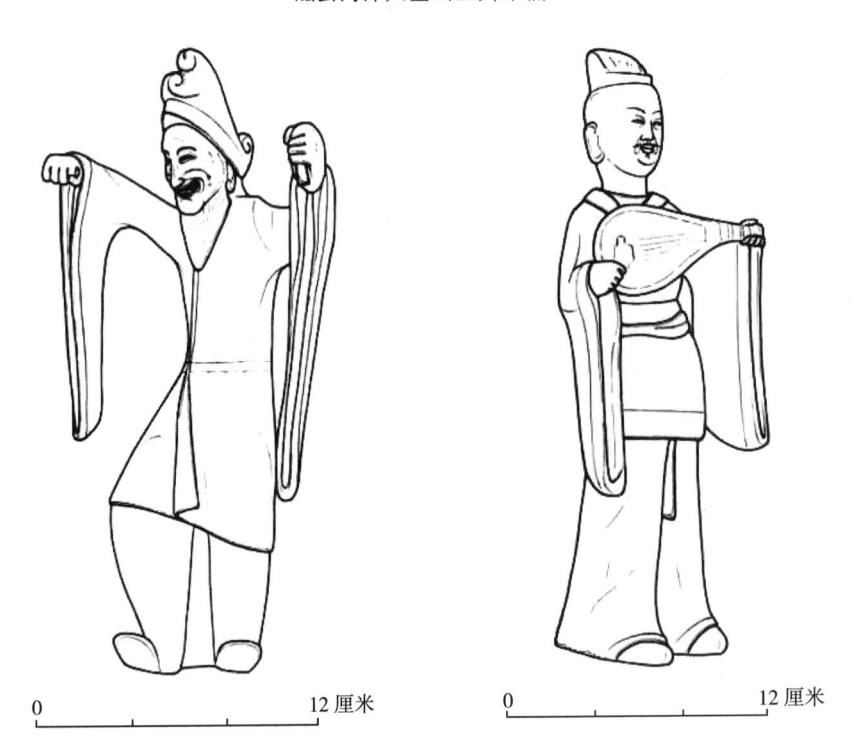

库狄迴洛墓出土舞乐俑

图五六 磁县湾漳大墓与库狄迴洛墓出土舞乐俑

太原北齐陶俑
服饰综述

太原北齐陶俑服饰综述

魏晋南北朝是中国历史上社会大动荡、民族大交融的时代。这一时期，政局崩乱、战乱频繁，汉族政权南渡偏安，以鲜卑为主的北方少数民族入主中原，游牧文化席卷北中国，使汉文化遭到前所未有的冲击。在近三个世纪的动荡中，农耕文化和游牧文化交流频繁，不仅政治、军事等方面巨变迭起，北方人民日常生活中的饮食、服饰、起居等方面也发生了显著改变。宋人顾文荐云："自五胡乱华，夷狄杂处。至元魏时，始有袍、帽，盖胡服也。唐世亦自北而南，所以袭其服制。"[1]在这场民族大交融的进程中，"由于胡服，特别是鲜卑装的强烈影响，我国常服的式样几乎被全盘改造"[2]，人们的日常穿着逐渐由"上衣下裳"向"上衣下袴"转变。在服饰风格变化的进程中，北齐一朝尤为显著。

东魏武定八年（550）五月，权臣高洋废掉东魏孝静帝，取而代之，改国号为齐，建元天保，定都邺城。北齐历经文宣帝高洋、废帝高殷、孝昭帝高演、武成帝高湛、后主高纬、幼主高恒六帝，承光元年（577）为北周所灭，国祚二十八年。北齐政权占有黄河中下游地区的河北、河南、山东、山西及苏北、皖北的广阔地区，其中以晋阳为中心的山西和以邺城为中心的冀南豫北地区为北齐的军政核心。

山西东据太行，西靠吕梁，北倚长城，南俯黄河，自古就有"表里山河"之称，境内各类地形纵横交错，关隘林立，易守难攻。其核心城市太原，古称晋阳，屯兵此处，上可北击云州、朔州，下可南窥长安、洛阳，自古就是兵家必争之地。后赵、前秦、西燕、后燕等都曾以晋阳为首要军镇，东魏更是以晋阳为霸府，高欢与其子高澄、高洋皆于晋阳遥控朝政，使其成为凌驾于邺城之上的军事政治中心。高洋代魏建齐后，以晋阳为别都，并修建晋阳宫，其后的北齐皇帝也屡次巡幸或常住晋阳。考古发现的徐显秀墓、娄睿墓、韩祖念墓、贺拔昌墓、贺娄悦墓、张海翼墓、库狄业墓、狄湛墓、赵信墓、刘贵墓、乔花墓等墓葬，反映出北齐时期的晋阳地区勋贵云集。这些墓葬中出土的材料反映了北齐时期的社会风俗、民族交流、生活情状及服饰特点，其中墓室壁画及随葬陶俑更将北齐时"有长帽短靴，合袴袄子"[3]的服饰风格展现得淋漓尽致。

---

[1]〔南宋〕顾文荐.复暄杂录//〔明〕陶宗仪.说郛：第四册.北京：中国书店.1986：36.
[2] 孙机.幞头的发展和演变//中国古舆服论丛：增订本.北京：文物出版社，2001：206.
[3]〔后晋〕刘昫.旧唐书：卷四十五.北京：中华书局，1975：1951.

一、北齐陶俑服饰分类综述

（一）首服

首服，即着戴于头部的冠、冕、巾、帽等，也包括军戎服饰中的兜鍪，这里主要论述除军戎服饰外的北齐首服。鲜卑族久居塞外，为抵御风沙，非常注重对头部与颈部的保护，因此"风帽"成为一种相当重要的首服。戴帽的主要目的在于御寒，世居气候适宜的中原地区的汉族人通常戴冠而不戴帽，《说文解字》解"帽"为"小儿、蛮夷头衣也"[1]，《隋书·礼仪志》则记载："帽，古野人之服也。"[2]《梁书·诸夷传》中提到鲜卑族"河南王者，其先出自鲜卑慕容氏……四时恒有冰雪，唯六七月雨雹甚盛。若晴则风飘沙砾，常蔽光景"[3]，为抵御这种极端天气，鲜卑族人多"著小袖袍、小口裤、大头长裙帽"，从晋阳地区墓葬出土的陶俑、壁画来看，北齐晋阳的首服以风帽为主，应是文献中的大头长裙帽，此外还有小冠、笼冠等汉式冠及西域胡帽。

1.帽

鲜卑多着帽，史载甚明。南齐王融在《上疏请给虏书》中提到鲜卑人时，称其"冠方帽则犯沙陵雪，服左衽则风骧鸟逝"[4]，可见鲜卑风帽最初的作用是抵御塞外风雪，但从晋阳地区北齐墓葬所出的陶俑看，戴风帽者多将避风防雪的耳扇翻起，垂裙的材质也较显轻薄，可见在入主中原后，鲜卑风帽的外形虽然予以保留，但其装饰性已远远大于实用性。关于帽的形制，《隋书》云："其制不定，或有卷荷，或有下裙，或有纱高屋，或有乌纱长耳。"[5]晋阳北齐墓随葬陶俑所戴的帽装主要有下列几类：

（1）三棱风帽与双棱风帽

三棱风帽帽顶较小，呈三棱山峰状，脑后披长帽裙，遮住后脑与肩颈，有时在帽顶根部以一根细带扎束，扎束处当为发髻根部，可起到固定作用。帽皆施黑彩，与壁画情况相符。北齐三棱风帽有较明确的演化趋势：北齐早期，贺拔昌墓、乔花墓陶俑所戴三棱风帽类似一屋顶形，帽顶整体较大（图一，1—3）；北齐中期以来，三棱中间开始凹陷，整个帽顶逐渐演变为"山"字形，帽顶仍较为高大，如狄湛墓、贺娄悦墓陶俑所戴者（图一，4、5）；北齐晚期，"山"字形趋势愈发明显，帽顶变得较为低矮，如徐显秀墓、娄睿墓陶俑所戴者（图一，6、

---

[1] 〔东汉〕许慎撰，〔宋〕徐铉校定. 说文解字：卷七下. 北京：中华书局，1963：156.
[2] 〔唐〕魏徵. 隋书：卷十二. 北京：中华书局，1973：266.
[3] 〔唐〕姚思廉. 梁书：卷五十四. 北京：中华书局，1973：810.
[4] 〔梁〕萧子显. 南齐书：卷四十七. 北京：中华书局，1972：819.
[5] 〔唐〕魏徵. 隋书：卷十二. 北京：中华书局，1973：266.

1.贺拔昌墓 T99HQH17-1；2.贺拔昌墓 T99HQH2-1；3.乔花墓 BK01799；
4.狄湛墓 T2000WD1-1；5.贺娄悦墓标本20；6.娄睿墓标本51；7.徐显秀墓标本339

图一 三棱风帽

1.赵信墓标本M20：28；2.狄湛墓T2000WD2-1

图二 双棱风帽

7）。北齐中期还短暂出现过一种双棱风帽，和三棱风帽一样是上有帽顶、脑后披裙的黑色风帽，帽顶两侧的棱向上凸起，中间较为平坦，仅见于河清三年赵信墓和狄湛墓的背盾武士俑上（图二）。

从帽顶棱角分明的形状推测，这种风帽顶部的制作材料似乎较为硬实，或如唐人制作硬脚幞头之法于内部添加支撑物。三棱风帽是北齐陶俑中最常见的风帽式样，戴此种风帽者有持盾牌或配挂武器的武士，有挎腰鼓或持号角的伎乐，也有恭敬肃立的侍从。

（2）翻沿风帽

这种两侧和脑后有帽沿的风帽，目前所见戴此帽的陶俑都将帽沿翻起，紧紧贴附于帽顶旁。帽沿材质应较为厚硬，遇到风沙或寒冷天气时可能会将帽沿翻下，但从一些陶俑的塑造来看，帽沿翻下后可能会遮挡视线（图三，3）。从各墓出土此类陶俑的情况看，翻沿风帽的帽沿有两种式样，其一是两侧帽沿和脑后帽沿中间有凹缺，并未完全连成一体（图三，1、2），其二是从脑后到两侧帽沿为一体，向上翻起时是整体翻起（图三，3、4）。戴翻沿风帽的陶俑在晋阳北齐墓葬随葬的陶俑中出现较少，仅见于北齐晚期的张海翼墓、娄睿墓、太原南郊北齐壁画墓等，忻州九原岗壁画墓的狩猎图中可见与此类似的风帽。

（3）翻耳扇披裙风帽

风帽圆顶高耸，帽顶前部中央有缝，后部无缝，帽裙披垂，遮挡后脑与头部两侧，略有卷边。帽顶根部则有一根系带扎束，用以固定风帽，并将翻起的耳扇勒叠于系带内（图四，1—3），有时披于脑后的帽裙也上折勒于系带内，韩祖念墓所出陶俑还以彩绘勾描出从头部两侧向下勒束于颔下的帽带（图四，4）。

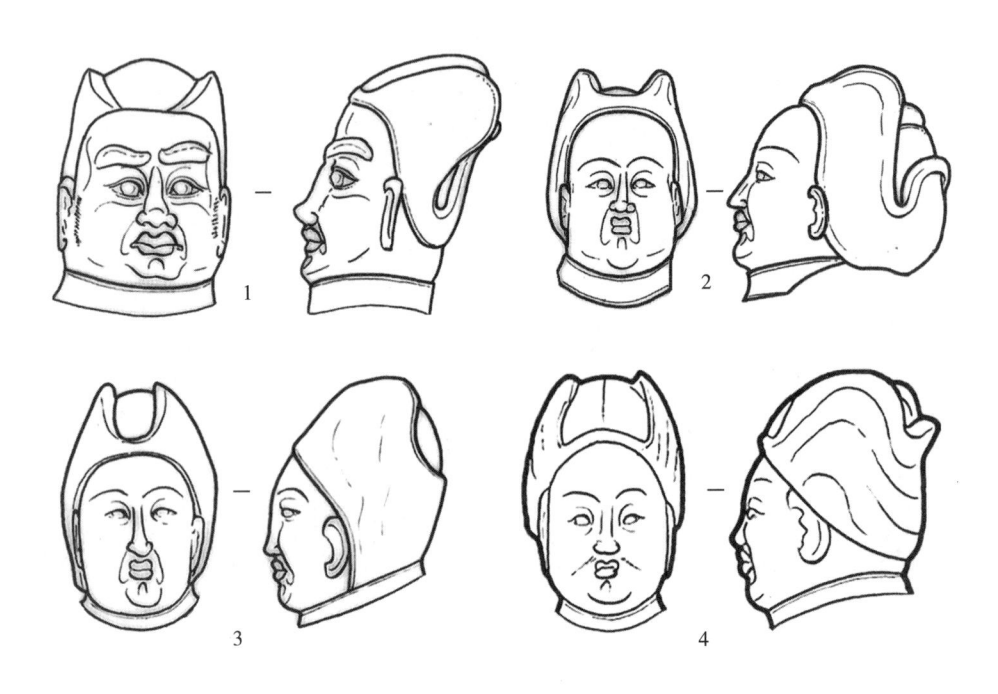

1. 库狄业墓标本 T84QS2；2. 太原南郊北齐壁画墓标本 9；3. 张海翼墓标本 24；4. 娄睿墓标本 112

图三　翻沿风帽

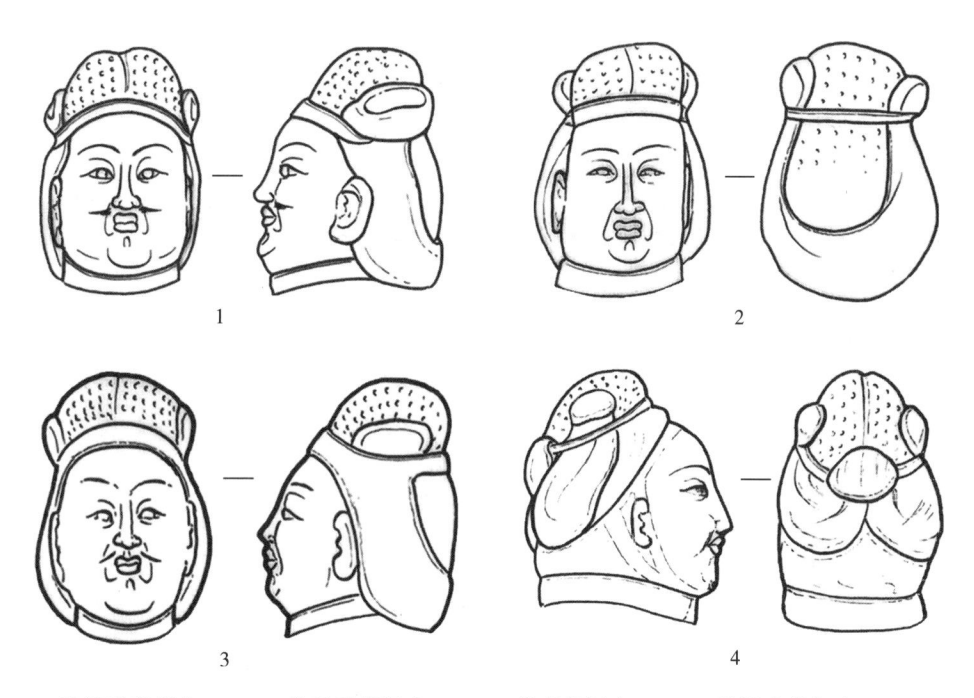

1. 徐显秀墓标本 328；2. 徐显秀墓标本 358；3. 娄睿墓标本 412；4. 韩祖念墓标本 Hzn-138
图四 翻耳扇披裙风帽

翻耳扇风帽多见于北齐晚期，以几座大型砖室墓出土陶俑所戴风帽较为典型。陶俑为红陶或灰陶模制加彩，常见深红、浅红、黄、白等色，在帽顶处还以戳出的细密圆点来表现皮革质地。从出土陶俑情况看，武士俑、伎乐俑、侍从俑等多种陶俑都戴翻耳扇披裙风帽，它与上文所述的三棱风帽皆为北齐晋阳地区最常见的帽的式样。

（4）厚卷边圆顶风帽

戴厚卷边圆顶风帽者皆为骑马俑，骑士皆穿厚圆领襦。此种风帽的边缘极为厚实，当为皮毛制成，帽顶处以一根细带扎束，扎束处当为发髻根部，很好地将帽、发髻牢牢固定，并使帽顶呈现出圆顶的效果（图五）。戴厚卷边圆顶风帽的陶俑皆出自北齐晚期的大型墓葬，如娄睿墓、韩祖念墓、韩裔墓，在朔州水泉梁北齐壁画墓的壁画中可见戴此种风帽的侍者形象。

（5）其他风帽

除以上几种常见风帽外，晋阳北齐墓葬中偶尔可见到几种特殊风帽。如侯莫陈阿仁伏墓见有大圆顶风帽，帽顶大而低矮，覆盖整个头顶，整体浑圆，有较厚实的帽边，长帽裙披于脑后（图六，1）；刘贵墓出土镇墓武士俑戴折沿风帽，帽顶两侧似有折起的帽沿（图六，2）；贺娄悦墓见有小圆顶风帽，帽顶较小，应仅套住发髻，帽裙也较小，仅盖住后脑（图六，3）；库狄业墓的陶俑中有袴褶俑，头戴圆顶风帽，帽顶宽大，帽裙宽长，盖住头部两侧及后颈（图六，4），同墓所出的持盾武士俑戴卷裙风帽，帽顶窄小低矮，薄帽裙卷起至帽顶后（图六，5），等等。这些风帽皆仅见于一到两座墓葬，未能形成一时一地之潮流。

但一些晋阳地区罕见的风帽在邺城地区却为常见，如库狄业墓武士俑所戴的卷裙风帽是邺

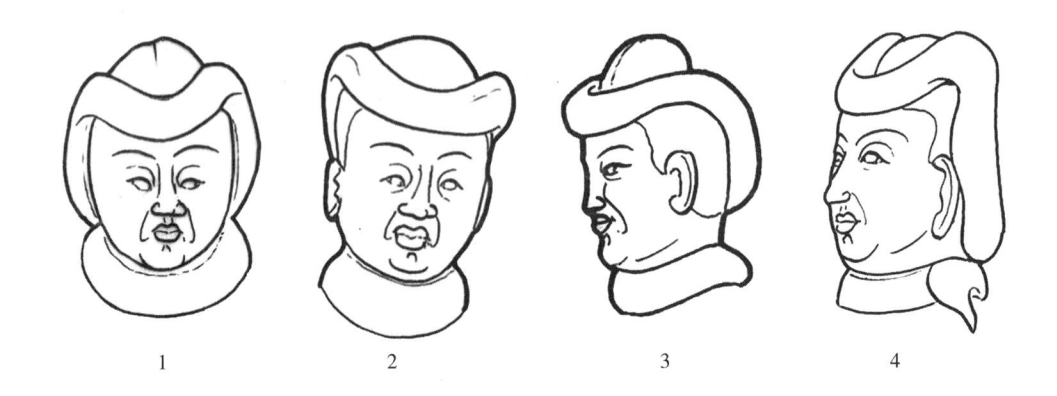

1. 韩祖念墓标本 Hzn-162；2. 韩裔墓标本；3. 娄睿墓标本 611；4. 娄睿墓标本 606

图五 厚卷边圆顶风帽

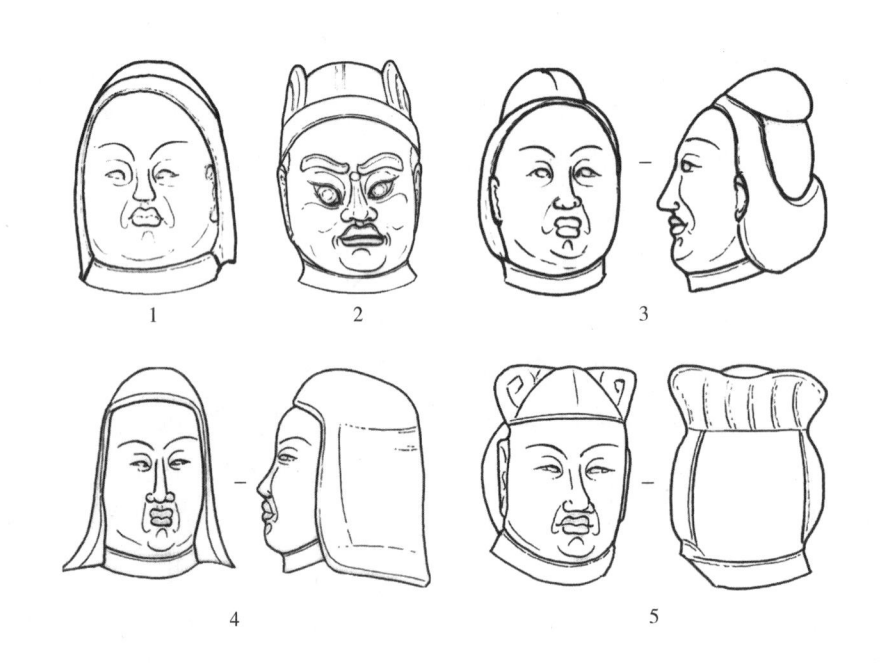

1.侯莫陈阿仁伏墓标本TM62∶15；2.刘贵墓标本LGM1∶1；3.贺娄悦墓标本17；
4.库狄业墓标本T84QS41-6；5.库狄业墓标本T84QS39-6

图六 其他式样的风帽

城地区东魏、北齐墓葬陶俑中极为常见的一种风帽,但晋阳地区仅有库狄业墓中的执盾俑戴,帽顶较邺城地区为大。邺城地区墓葬所出的陶俑中,卷裙风帽数量众多、造型精小,多为朱红色或暗红色,脑后无垂裙,一般帽屋极小,亦呈圆顶,顶部有十字线,帽裙不披垂于脑后,而是向上卷至帽顶后呈圆筒状,露出后脑和颈部,这种"卷裙"的着戴方式已使风帽失去了抵挡风雪的作用,成为一种类似巾帻的首服(图七)[1]。库狄业墓陶俑所戴圆顶风帽在邺城地区也较常见,两地风帽顶部的加工方式有所区别,以磁县湾漳大墓为例,风帽的圆顶高而大,包裹住整个头顶,扎带绕帽屋底部一周,将其牢牢固定于头上,帽顶正中部有十字线,垂裙两端各有一根带子于颈后系结,将遮住脸颊的帽裙向后翻起,帽裙披至肩部(图八,1)。这种圆顶风帽在邺城地区的墓葬中非常常见,除湾漳大墓外,在高润墓、元良墓、尧峻墓、封氏墓等几乎所有北齐大墓中皆有发现,在磁县东陈村墓等东魏墓葬中也有出土。晋阳地区的北齐墓葬中未见有此类风帽,在大同市司马金龙墓、宋绍祖墓及洛阳北魏墓中都有与其相类者,可知这种帽在北魏时期已有流行。另有一种风帽,垂裙较短,未及于肩,数量较前者为少,以磁县湾漳大墓、东魏茹茹公主墓与尧峻墓所见者较为典型(图八,2)。邺城地区陶俑中最为常见的风帽即是圆顶风帽和卷裙风帽,晋阳地区北齐墓葬出土陶俑中最常见的三棱风帽与翻耳扇风帽在邺城陶俑中见之甚少,仅以高润墓中所见较为典型[2]。

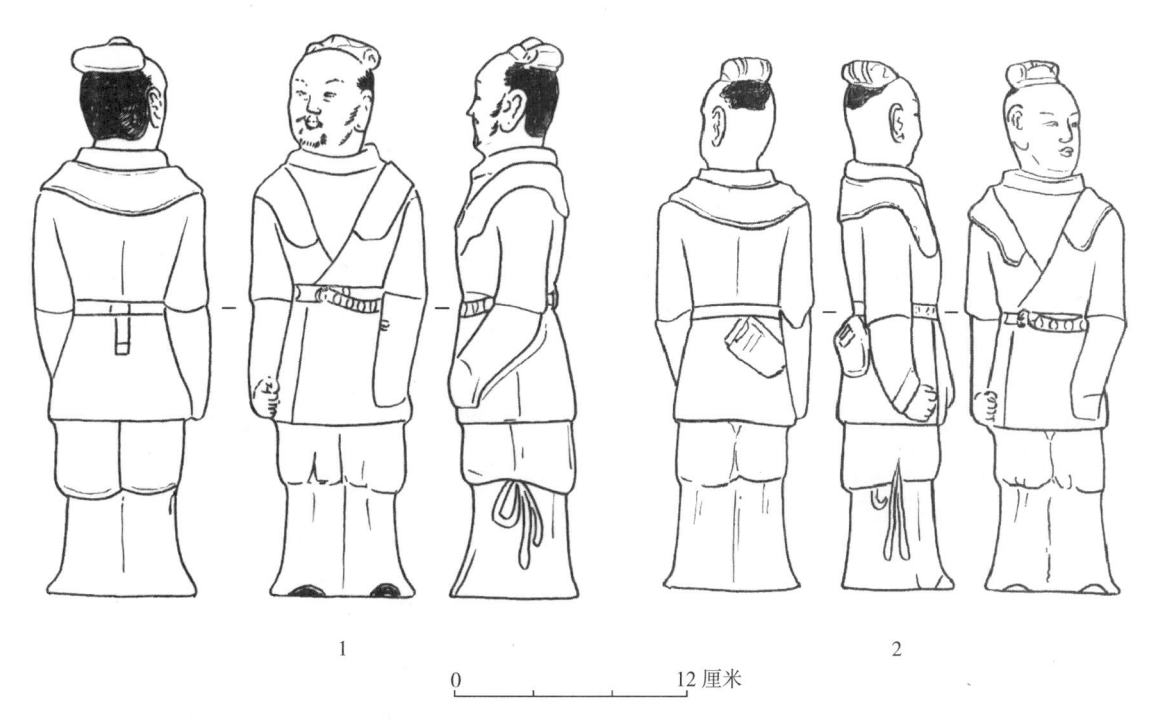

1.磁县湾漳大墓标本131;2.磁县湾漳大墓标本828[3]
图七 邺城地区北齐墓出土卷裙风帽俑

---

[1] 中国社会科学院考古研究所,河北省文物研究所.磁县湾漳北朝壁画墓.北京:科学出版社,2003:39-41.
[2] 磁县文化馆.河北磁县北齐高润墓.考古,1979(3):239.
[3] 中国社会科学院考古研究所,河北省文物研究所.磁县湾漳北朝壁画墓.北京:科学出版社,2003:41.

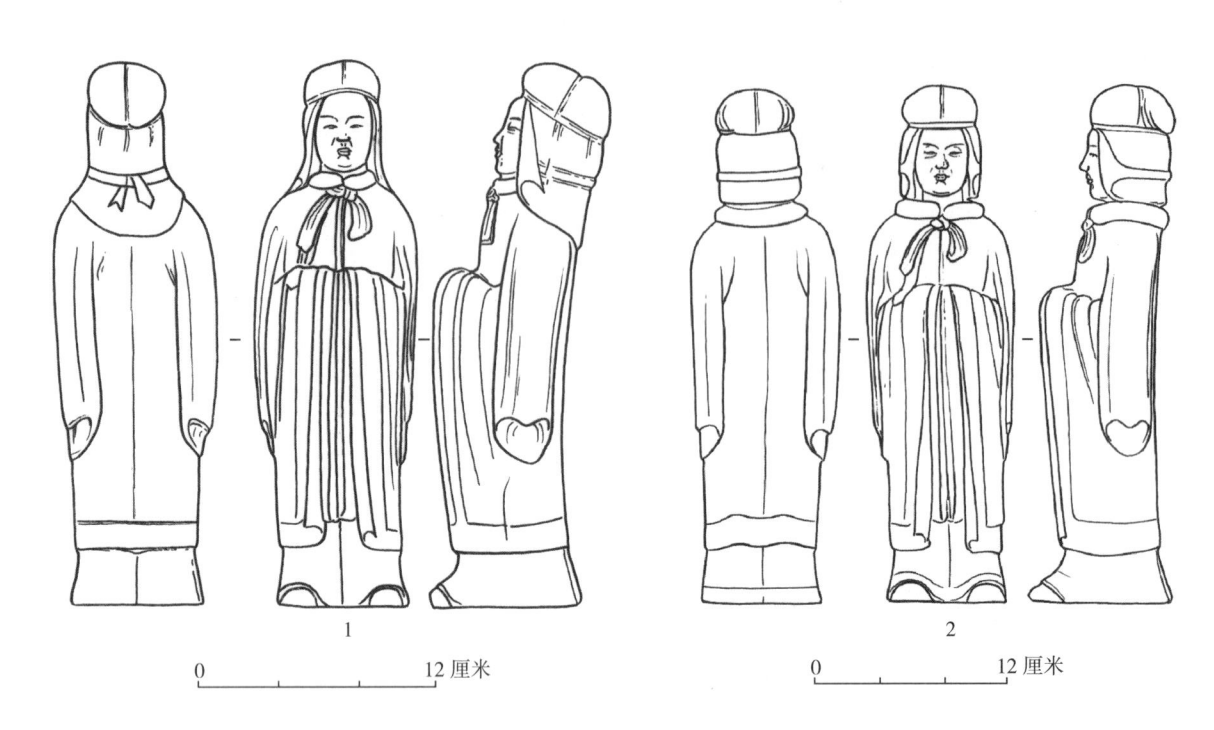

1. 磁县湾漳大墓标本 475；2. 磁县湾漳大墓标本 887

图八　邺城地区北齐墓出土圆顶风帽俑

（6）胡帽

除风帽外，晋阳地区的北齐墓葬中零星可见式样新奇、极具异域风格的胡帽，如娄睿墓中出土的三件驭夫俑及韩祖念墓出土的骑骆驼胡人俑，皆头戴圆顶毡帽。驭夫俑左手握拳，向上高举，似在牵拉骆驼马匹，其面目似西域人，形态生动逼真（图九，1）。再如贺拔昌墓出土的杂技俑，头戴大三棱帽，头发卷曲，深目高鼻，也当属西域人形象（图九，2）。再如库狄迴洛墓伎乐俑头戴尖顶帽，神情诙谐，动作滑稽（图九，3），相似容相及服饰者亦见于山西万荣北魏薛怀吉墓。这些奇装异服的胡人来往于并州与西域之间，促进了贸易的繁荣，丰富了贵族的生活，成为北齐社会中一抹新鲜的亮色。

2. 冠

冠是用于固定发髻的首服，一般由冠圈、冠梁两部分组成，为典型的传统汉族首服。《释名》中释"冠"为"贯也，所以贯韬发也"[1]。最初时，成年男子多在挽起发髻后直接戴冠，后来在戴冠时先用"縰"[2]包裹发髻，以笄贯穿固定冠和发髻后再将冠圈两旁的系带在颔下打结，进一步将冠固定。根据考古发现可知，北齐时期山西地区最为常见的冠为小冠和笼冠。

---

[1] 〔清〕王先谦. 释名疏证补：卷四. 上海：上海古籍出版社，1984：230.
[2] 《说文解字》云："縰，冠织也。"

1. 娄睿墓标本 526；2. 贺拔昌墓标本 T99HQH21；3. 库狄迴洛墓标本 89
图九　西域胡帽

（1）小冠

小冠又名平巾帻，头顶前部低平，后部呈坡面状高耸，但高度、广度皆逊于一般的冠，着戴时不能包裹整个头部，仅能束罩发髻。平巾帻与前文所述的帽不同，属于典型的汉服，《宋书·五行志》云："晋末皆冠小冠，而衣裳博大，风流相仿，舆台成俗。"[1] 可见两晋南朝也将平巾帻作为常服着戴。娄睿墓、徐显秀墓、张海翼墓、库狄迴洛墓等皆出土着小冠的文吏俑、持剑武士俑，冠皆为一梁冠。从服饰组合形式来看，着小冠者皆穿广袖褶衣、大口及地缚袴，是为袴褶（图一〇）。

（2）笼冠

笼冠是北朝时期极具特色的首服，王国维《胡服考》云："汉世谓之武弁，又谓之繁冠……晋宋以后，又谓之建冠，又谓之笼冠，盖比余冠为高大矣。"[2] 从形制上来看，笼冠内着平巾帻，外罩笼状物，冠身较高，上部为圆顶，顶面呈长椭圆形，左右两侧向下微外弧，遮住双耳，顶额上有时塑造出珰形。其内衬的平巾帻大部分被笼冠罩盖，仅于额上露出颜题，脑后露出帻耳下部。北朝笼冠应由汉代武弁演化而来，从考古发现的北魏、北齐陶俑来看，着戴笼冠者多穿传统的汉式广袖长衣，丰颐阔面，神情肃穆，仪态端庄，全无武者骁勇之态（图一一）。娄睿墓、库狄迴洛墓等多座墓葬中皆发现戴笼冠的女官俑，河北磁县湾漳大墓还出土戴笼冠的伎乐俑，可知北齐时笼冠适用范围较广。

3. 巾帼

在娄睿墓、徐显秀墓和九原岗北朝墓的壁画中，部分人物头顶梳发髻，外包裹黑巾，披裙

---

[1] 〔梁〕沈约. 宋书：卷五十四. 北京：中华书局，1974：890.
[2] 王国维. 观堂集林：卷第二十二. 石家庄：河北教育出版社，2003：528-529.

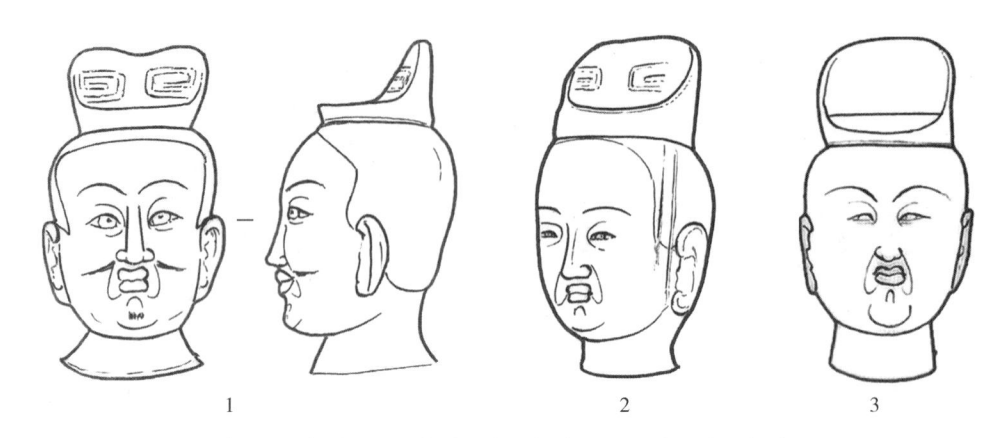

1. 徐显秀墓标本 7；2. 库狄迴洛墓标本 93；3. 张海翼墓标本 24

图一〇　小冠

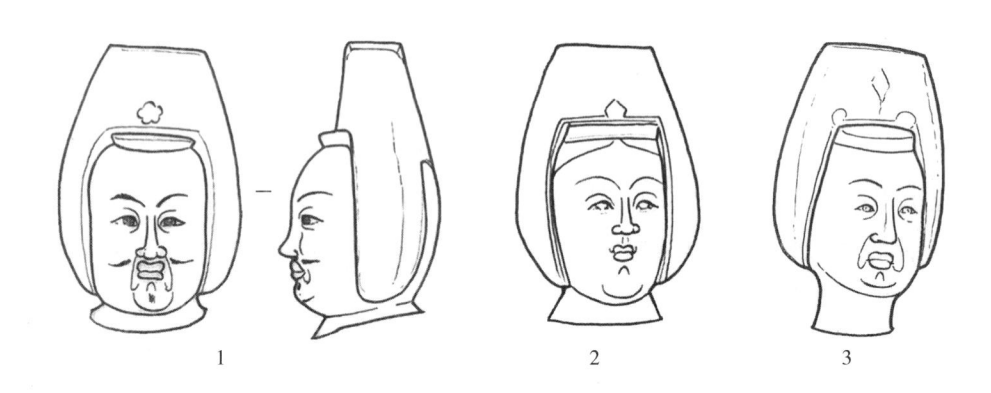

1. 徐显秀墓标本 248；2. 娄睿墓标本 445；3. 库狄迴洛墓标本 55

图一一　笼冠

下垂至肩部，可以很好地避免在骑行时受到风沙雨雪的侵袭，《隋书·礼仪志》称其"垂裙覆带，盖索发之遗象也"[1]。这种头巾形制类似于文献中提到的"长裙帽"，与三棱风帽、双棱风帽也较相似。至于此类头巾的颜色，《魏书》称"垂裙皂帽"[2]，《梁书·诸夷传》提到北方胡人"着乌皂骑突帽"[3]，《二仪实录》云："古以皂罗三尺裹头，号头巾。"[4] 以上文献记载皆可与徐显秀墓、娄睿墓壁画中所见人物着戴的黑色头巾相互印证。从娄睿墓壁画看，一些骑士所戴黑色幞头的长裙在纵马驰骋之时随风扬起，其材质当为轻薄的织物，虽然呈现出潇洒、飘逸的视觉效果，但与上文所述的各种风帽相比，巾幞垂裙抵御风雪的实用功能或有降低，装饰性却略有增强（图一二）。

---

[1]　〔唐〕魏徵. 隋书：卷十二. 北京：中华书局，1973：266.

[2]　〔北齐〕魏收. 魏书：卷四十五. 北京：中华书局，1974：1025.

[3]　〔唐〕姚思廉. 梁书：卷五十四. 北京：中华书局，1973：817.

[4]　二仪实录 //〔日〕长泽规矩也编. 和刻本类书集成（第二辑）：事物纪原 // 上海：上海古籍出版社，1990：80.

图一二　娄睿墓墓道西壁中层壁画出行图

韩祖念墓出土戴幞头的陶俑，黑色软脚幞头的额前、脑后均系燕尾形结，软脚自然下垂。沈括《梦溪笔谈》中对幞头造型作过描述："幞头一谓之四脚，乃四带也；二带系脑后垂之，二带反系头上，令曲折附顶。"[1]这与斛律彻墓出土的此类陶俑所裹戴之巾幞几乎吻合，但斛律彻墓陶俑的幞头前脚并不"曲折附顶"，而是垂于额前。这种造型与隋代以来幞头的式样非常相似，而韩祖念墓所出幞头俑年代较早，应是幞头产生初期的式样。韩祖念墓陶俑的幞头有两种，其一额前垂脚和脑后垂脚皆较长（图一三，1），其二额前系结后二脚极短，翘于额上，脑后垂脚较长，披于肩后（图一三，2）。

4. 辫发

辫发即将头发编成辫子，拖于肩背。古代文献中不乏对鲜卑族"辫"的记载，胡三省注《通鉴》魏文帝黄初二年条曰："索虏者，以北人辫发，谓之索头也。"[2]据文献记载，除鲜卑拓跋部外，鲜卑秃发部[3]皆辫发，柔然[4]、肃慎[5]亦辫发，可见辫发为魏晋时期北方少数民族常见的发式。北魏时，孝文帝大力革除鲜卑旧俗，推行汉化，索头辫发之俗也遭废除。《南齐书·魏虏传》云："宏制衣冠与之，询窃毁裂，解发为编，服左衽。"[6]这里的"编"即为辫发，元询反对孝文帝汉化改革，依旧编发左衽，以示抗议。北齐一朝大力推行鲜卑化，大量北魏迁洛后废除的旧俗生机重启，《北齐书》载"帝（后主高纬）拔（高）俨带刀

---

[1]〔宋〕沈括. 梦溪笔谈：卷一. 北京：中华书局，2009：11.
[2]〔宋〕司马光. 资治通鉴：卷六十九. 北京：中华书局，1956：2186.
[3]《晋书·郭黁传》："凉州谦光殿，后当有索头鲜卑居之。"
[4]《梁书·诸夷传》："芮芮国……辫发，衣锦。"
[5]《晋书·四夷传》："肃慎氏一名挹娄……俗皆编发。"
[6]〔梁〕萧子显. 南齐书：卷五十七. 北京：中华书局，1972：996

1. 韩祖念墓标本 Hzn-85；2. 韩祖念墓标本 Hzn-117
图一三　幞头

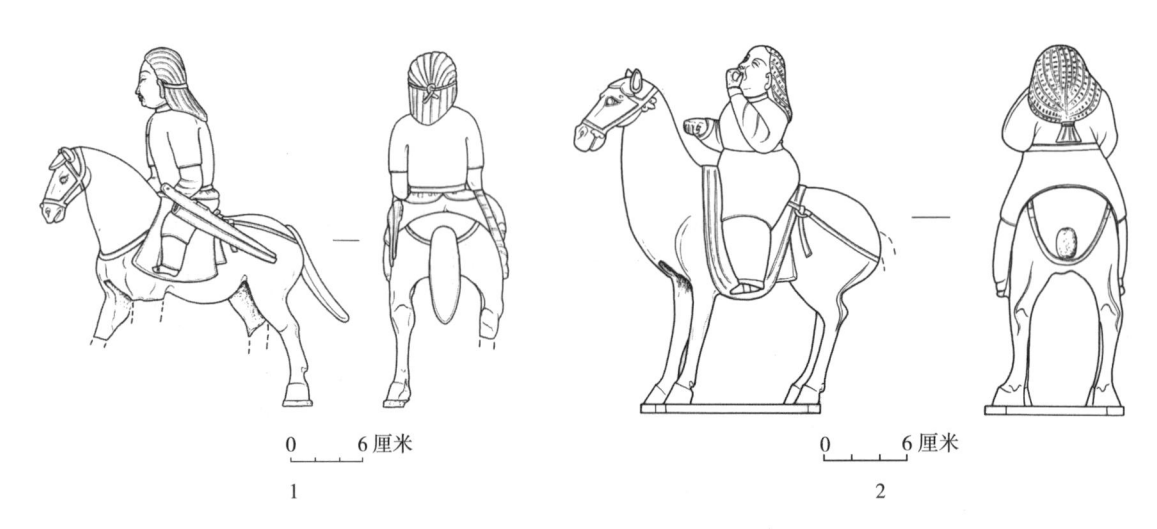

1. 徐显秀墓标本 249；2. 贺拔昌墓标本 T99HQH1
图一四　辫发骑俑

环乱筑，辫头，良久乃释之"[1]，可见其一斑。晋阳及周边地区考古发掘的辫发形象见于徐显秀墓、贺拔昌墓。徐显秀墓所出的辫发俑面颊丰润，头发分十二辫，左右两侧各分一辫系于脑后，余者披于肩背处，身着窄袖圆领袍，佩剑携箭，纵马前行，足见精悍之风（图一四，1）；贺拔昌墓所出辫发俑，面容圆胖，额前头发似被剃去一部分，余发作扇形拢于背部，长发分为十三辫，中间一辫较细小，其余十二辫皆有月牙形小印，当为表现辫上小结，辫发下端以红绳系结，垂于腰间（图一四，2）。由此可见，鲜卑人辫发有多种不同形式，且非常注重装饰性，打理得井井有条，整洁细致。

（二）衣裳

《说文》云："上曰衣，下曰裳。"[2]《释名》称"凡服，上曰衣。衣，依也。人所以依

---

[1]〔唐〕李百药. 北齐书：卷十二. 北京：中华书局，1972：163.
[2]〔东汉〕许慎撰，〔宋〕徐铉校定. 说文解字：卷十三上. 北京：中华书局，1963：170.

以庇寒暑也。下曰裳。裳，障也，所以自障蔽也。"[1]衣裳是中国古代服饰的主体部分，上衣下裳即是中国古代传统服装的基本形式。裳即是裙，裙字从衣从君，君者，夫君、君长之谓也，故裙裳是古代男子日常穿着的下衣。《诗经·小雅·斯干》云："乃生男子，载寝之床，载衣之裳，载弄之璋。"[2]又《豳风·七月》云："载玄载黄，我朱孔阳，为公子裳。"[3]除了上衣下裳制外，衣裳连属制也是中国古代流行的一种服制，即上衣和下裳连为一体的服装样式，比如深衣、长袍、长衫等。上衣下裙和衣裳连属这两种服制是魏晋之前中国服饰的主流，但随着北方少数民族的大量内迁，特别是五胡政权建立以来，紧窄便捷的上衣下袴式服装被北方居民普遍接受。在已发掘的晋阳地区北齐墓葬中，男子衣裳连属现象虽偶有发现，但已不成规模，真正流行的是上衣下袴的胡服。

1. 上衣下裳

北齐晋阳陶俑表现男子传统汉服者数量不多，较为典型的有徐显秀墓出土的笼冠俑，头戴黑色笼冠，身穿红色交领广袖曳地袍，腰束带，左手提袍一角，右手作持物状。

徐显秀墓壁画中着袍者甚多，其袍服多为交领，亦为上下连属，但其比真正的传统汉服短，露出乌皮靴的长靿，应属胡服之列。娄睿墓壁画所绘着袍服男子甚多，交领袍、圆领袍兼而有之，以墓道东壁第二层壁画鞍马引导图中着戴幞头男子为例，其身穿窄袖圆领袍，腰系鞢䩞带，形制与徐显秀墓壁画人物极其相似，但其袍服下摆及踝，仅露出袴脚及乌皮靴下部，类似于唐墓所见的男子常服，当属胡服受中原地区生活习惯、礼仪风俗和质料物产影响而产生的汉化现象。

娄睿墓墓门外东西两壁皆绘制着传统汉族官服的男子图像，着朱色大袖衫，外罩裲裆，下身着裳，下摆曳地，仅露出脚上笏头履（图一五）。过洞东西两壁亦绘有着上衣下裳的男子图像。这四幅图像绘制极其精美，大笔晕染，明暗相应。就此看来，极力推行鲜卑化的北齐王朝，在社会生活中仍保留了为数不少的传统汉族冠服。

2. 上衣下袴

"袴"通"绔"，即裤，《说文·系部》释"绔"为："绔，胫衣也。"[4]《释名·释衣服》称："袴，跨也，两股各跨别也。"[5]北齐陶俑中的仪卫人员、武士、官吏多着及地大口袴，在袴管膝盖处以细带紧紧系扎的是为缚袴，称"急装"，如不缚袴，是为"缓服"。与传统汉服相比，上衣下袴的着装形式更注重服饰的实用性。

---

[1] 〔清〕王先谦.释名疏证补：卷四.上海：上海古籍出版社，1984：248.
[2] 十三经注疏整理委员会.十三经注疏·毛诗正义.北京：北京大学出版社，2000：807.
[3] 十三经注疏整理委员会.十三经注疏·毛诗正义.北京：北京大学出版社，2000：497.
[4] 〔东汉〕许慎撰，〔宋〕徐铉校定.说文解字：卷十三上.北京：中华书局，1963：275.
[5] 〔清〕王先谦.释名疏证补：卷四.上海：上海古籍出版社，1984：251.

图一五　娄睿墓墓门外壁画《门官图》

（1）袴褶服

袴褶是一种上衣下袴的服饰，由褶衣和缚袴两部分组成，《释名·释衣服》释"褶"为："褶，袭也，覆上之言也。"[1] 袴褶在东汉即有出现，属军戎服饰，就目前考古发掘资料来看，许多袴褶俑上身所穿褶衣长袖下垂，并非"小袖"，正如颜师古注《急就篇》："褶谓重衣之最在上者也，其形若袍，短身而广袖，一曰左衽之袍也。"[2] 究其原因，当如吕思勉先生在《两晋南北朝史》一书中所述："（袴褶）盖胡人之服，疑褶之名实袭诸胡，中国易其左衽为右衽，又改其制若中国之袍，而特袭其短身。胡人之褶盖小袖，中国则易为广袖也，必广袖者，古以侈袂为贵，且中国不如胡中之寒，无取乎小袖也。"[3] 从出土的北齐陶俑看，北齐时期的袴褶服多为交领，内衬圆领衫，有时在褶衣外穿着裲裆（裲裆是一种类似背心的服饰，由前后两片组成，肩部用皮革或织物连缀，腰间以革带扎束）。《新唐书·车服志》："裲裆之制：一当胸，一当背，短袖覆髆。"[4] 裲裆衫通常由布帛制成，中间以絮棉填充，在保暖的同时又不增加衣袖的厚度，可以使手臂活动方便（图一六，1、2）。

---

[1] 〔清〕王先谦.释名疏证补：卷四.上海：上海古籍出版社，1984：252.

[2] 〔汉〕史游.急就篇：卷二.长沙：岳麓书社．1989：144.

[3] 吕思勉.两晋南北朝史.上海：上海古籍出版社，1983：1149.

[4] 〔宋〕欧阳修，宋祁.新唐书：卷二十四.北京：中华书局，1975：521.

0 6厘米
1

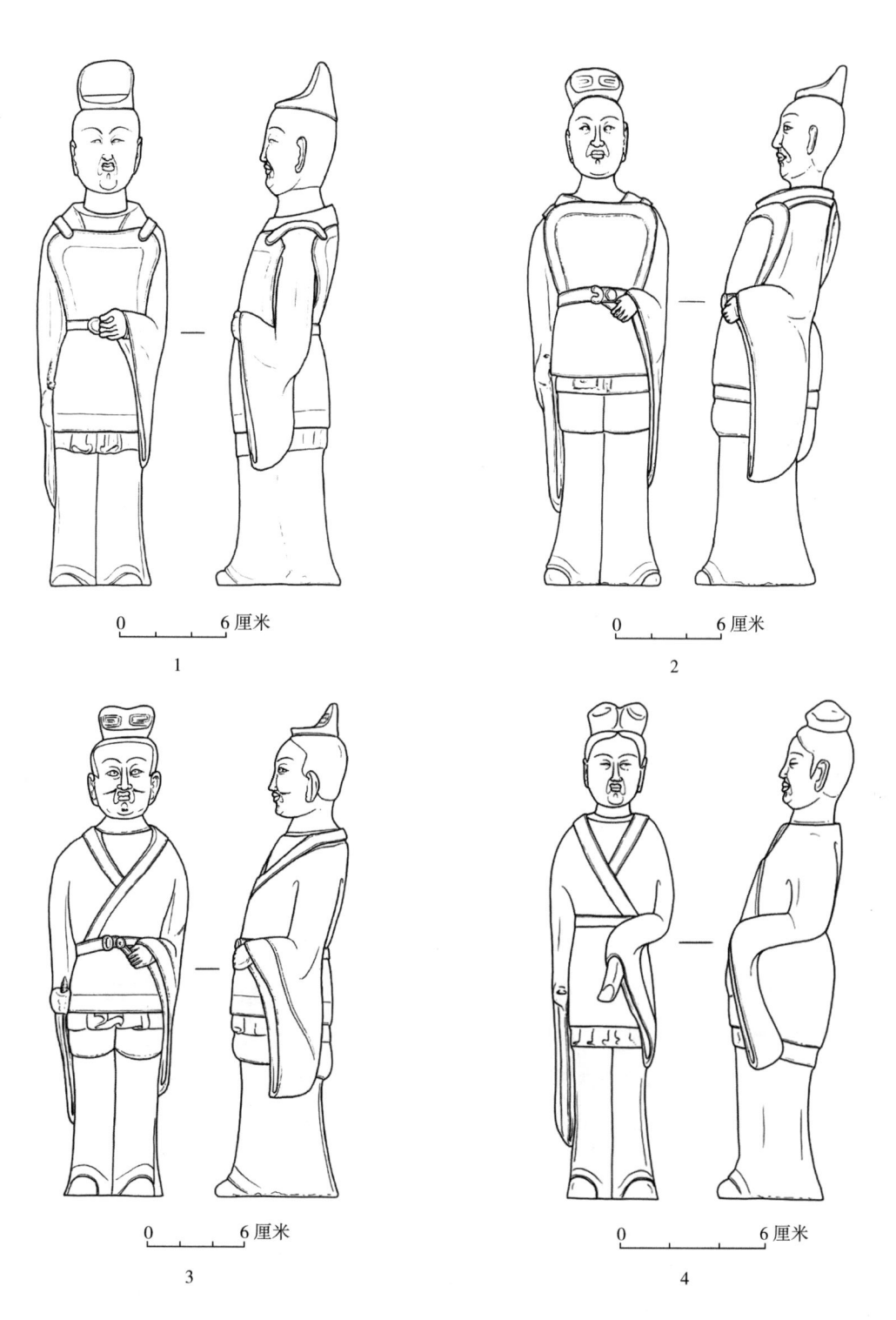

0 6厘米
2

0 6厘米
3

0 6厘米
4

1.张海翼墓标本 13；2.贺娄悦墓标本 21；3.徐显秀墓标本 368；4.张海翼墓标本 9

图一六　晋阳北齐墓出土袴褶俑

093

袴褶俑所穿的袴皆为大口袴，《晋书·五行志》载"为袴者直幅为口，无杀"[1]，"无杀"即指不将宽大的袴口缝窄，故称大口袴。《宋书·袁淑传》记载："因赐淑等袴褶，又就主衣取锦，截三尺为一段，又中破，分斌、淑及左右，使以缚袴。"[2]可见袴褶之袴可用细带束扎袴管，晋阳地区所出的北齐袴褶俑与南朝文献记载相同，皆为缚袴。女子亦有着袴褶者，与男子袴褶的区别在于其袴未见明显扎束（图一六，3、4）。磁县湾漳大墓所出袴褶俑制作细致精良，于膝下模制出明显的系带，打结垂于腿部两侧。观察邺城地区袴褶俑，可知其系带的扎系位置与晋阳地区的袴褶俑相比明显靠下，扎系处的衣服褶皱制作得格外逼真。

晋阳地区北齐墓葬中所有骑俑皆穿袴，其中袴褶骑俑所穿仍为大口袴，但穿襦骑俑在对袴脚的处理上与袴褶骑俑及各类立俑有明显区别，其袴脚皆收束紧窄，露出脚上的黑色鞋。《梁书·诸夷传》中记载："河南王者，其先出自鲜卑慕容氏……着小袖袍，小口袴，大头长裙帽。"[3]又记武兴国习俗曰："着乌皂突骑帽，长身小袖袍，小口袴。"[4]河南王是源出鲜卑的吐谷浑，武兴国在其西北，穿小口袴是为了便于骑射，太原北齐墓葬出土的仪仗骑俑、伎乐骑俑也与武士骑俑一样，皆穿窄腿袴。

（2）襦

《说文》释襦为："襦，短衣也。"[5]颜师古注《急就篇》曰："短衣曰襦，自膝以上。按襦若今袄之短者，袍若今袄之长者。观此襦为长不过膝之短衣，所以下体必着裙与袴，世每以之与袴或裙，合称袴襦或裙襦者。"[6]窄袖襦是晋阳地区北齐墓葬所出男俑最常见的穿着，武士俑、执盾俑、仪仗俑等所穿之襦皆"长不过膝"，露出下身所穿的袴。

晋阳北齐墓葬所出陶俑所穿的襦以圆领襦为主，还有少量翻领襦。无论男性、女性、武士、伎乐、侍从皆有穿圆领襦者，其形制为衣襟交叠，领呈圆形，腰间束带，下摆及膝，衣袖紧窄，袖口或紧贴手腕（图一七，1），或长出手腕甚多（图一七，2），亦有一侧衣袖长垂者（图一七，3）。着圆领窄袖襦时，常会将右侧上衣翻下至胸前，并将衣袖掖于腰带下，露出内穿的圆领小袖衫（图一七，4），邺城地区北齐墓葬的陶俑中如此穿着者更为常见，如元良墓出土击鼓俑和湾漳大墓出土侍从俑（图一八）。穿翻领襦的人物形象比穿圆领襦者少，且皆为男性，其衣袖紧窄，多为短袖，袖长过肘，衣长至膝，腰间束带。翻领应是穿衣时将袵部相交后使领部自然外翻而成，其中最为典型的是娄睿墓中侍从俑所穿小翻领襦（图一九，1）与张海翼墓仪仗俑所穿大翻领襦（图一九，2）。邺城北齐陶俑所穿翻领襦多为大翻领半袖襦，内穿广袖衣，衣袖打结以方便行动（图二〇），一些穿铠甲武士俑的内衣宽袖也会打结。

---

[1]〔唐〕房玄龄.晋书：卷二十七.北京：中华书局，1974：826.
[2]〔梁〕沈约.宋书：卷七.北京：中华书局，1974：840.
[3]〔唐〕姚思廉.梁书：卷五十四.北京：中华书局，1973：810.
[4]〔唐〕姚思廉.梁书：卷五十四.北京：中华书局，1973：817.
[5]〔东汉〕许慎撰，〔宋〕徐铉校定.说文解字.北京：中华书局，1963：172.
[6]〔汉〕史游.急就篇：卷二.长沙：岳麓书社.1989：142-143.

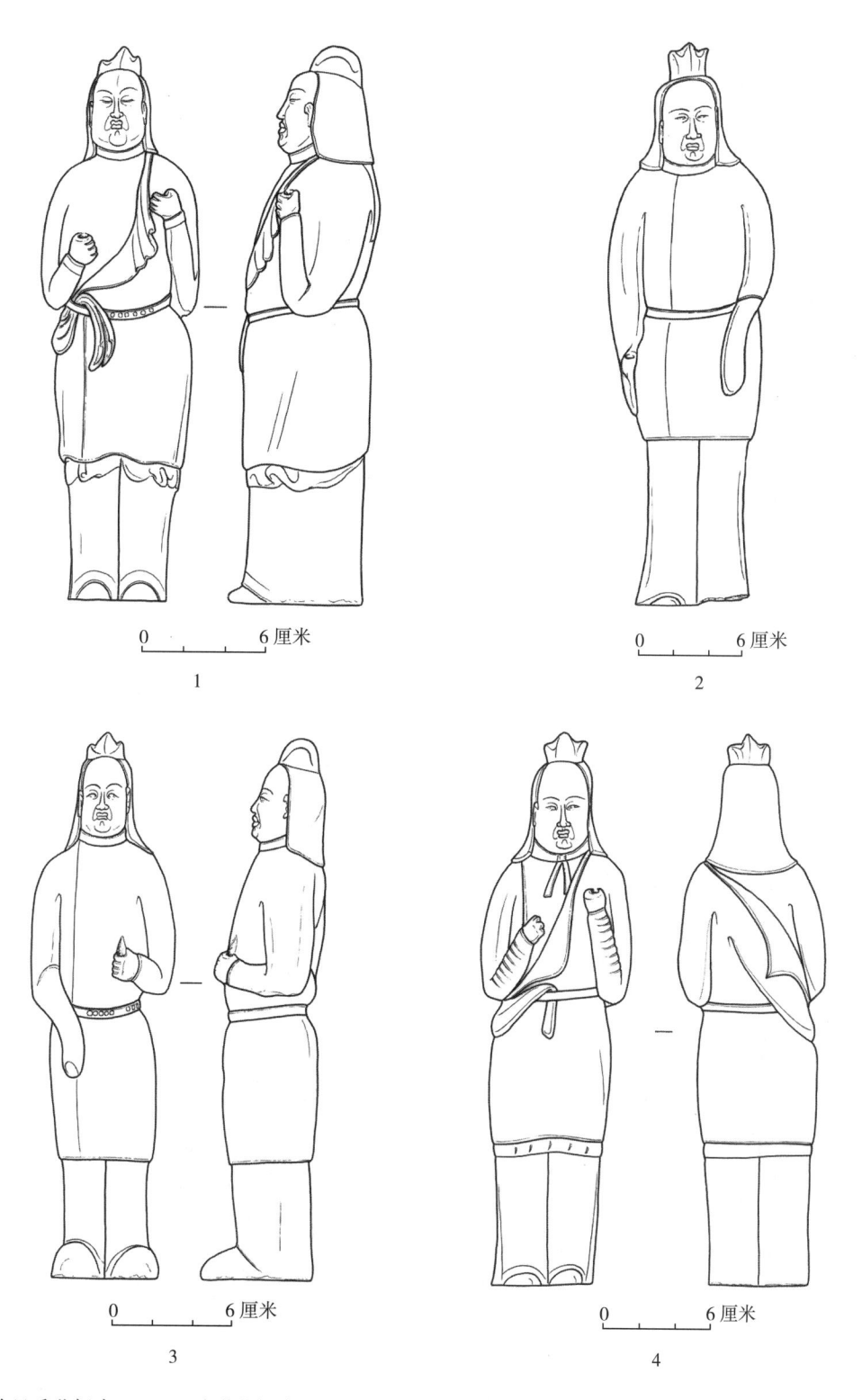

1. 徐显秀墓标本 399；2. 狄湛墓标本 T2000WD6-1；3. 徐显秀墓标本 93；4. 狄湛墓标本 T2000WD1-1

图一七　晋阳北齐墓出土圆领襦俑

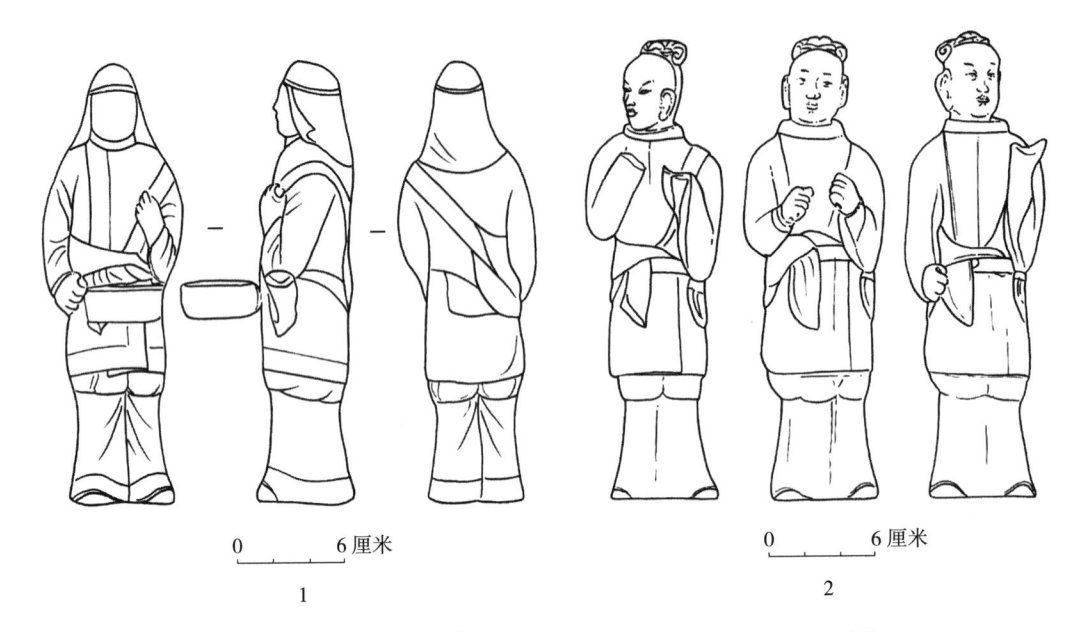

1. 元良墓标本M1:61[1]；2.磁县湾漳大墓标本344、742、783[2]

图一八　邺城地区出土袒右肩俑

1. 娄睿墓标本112；2.张海翼墓标本36

图一九　晋阳北齐墓出土翻领襦俑

[1]　磁县文物保管所.河北磁县北齐元良墓.考古，1997（3）：34.
[2]　中国社会科学院考古研究所，河北省文物研究所.磁县湾漳北朝壁画墓.北京：科学出版社，2003：66.

3. 女子衣裙

上穿襦衫、下着长裙是北齐时女子常见的服装样式。襦衫多为交领、窄袖，腰束带，下多着曳地长裙（图二一，1），有些陶俑的裙子两色相间，称间裙，如娄睿墓女侍跪俑下身即着红黑两色相间的长裙（图二一，2）。有的女俑内穿圆领襦衫，外着背带裙（即于裙腰前后相应部位缝缀两根宽带，穿着时套头而入），腰束宽带，其裙摆较长，多以一手提握（图二一，3、4）。邺城地区出土的陶俑则以交领襦衫搭配长裙为主，未见有着背带裙者，提握长裙下摆时或仅提起一角，作抬脚踏物（可能为碓）状，或卷握于腰际（图二二），未见如晋阳女俑般于腿侧大把抓握者。

晋阳地区北齐墓葬所见的女子俑着宽袖襦衫者较少，较典型的有娄睿墓及贺娄悦墓所出的跪姿女仆俑，其中娄睿墓女仆俑较为完整，其上身着宽袖襦，下身着长裙，肩披帔。《释名》释"帔"为："帔，披也，披之肩背，不及下也。"[1] 娄睿墓女仆俑所穿帔短而宽，于胸前打结，其形态与飘逸美观的盛唐仕女帔帛不同。该俑双膝跪地，双手端一簸箕，作簸筛粮食状，显然是一身份较低的仆妇，她所穿的帔应属实用性大于装饰性的服饰。其他墓葬出土劳作侍女俑未见着帔者（图二三）。

（三）靴履

《释名·释衣服》云："靴，跨也，两足各以一跨骑也，本胡服，赵武灵王服之。"[2] 靴源于北方游牧民族，传入中原后长期用于军旅，北齐胡风大盛，军民官吏着履者少而着靴者多。晋阳地区北齐墓中出土的武士俑、文吏俑、仪仗俑、伎乐俑、侍女俑等均有着靴者，但因其多着及地大口袴或长裙，将靴大部覆盖，仅露靴头。靴头呈圆头或尖头，具体形制尚难辨清，只知骑俑着靴多为尖头，立俑着靴多为圆头。忻州九原岗北朝壁画墓、太原徐显秀墓壁画中着圆领袍者，不论男女，袍服下摆均位于小腿中部，露出其所穿的长靿靴，正合沈括"短衣、长靿皆便于涉草"[3] 之语（图二四）。

靴的具体材质从陶俑、壁画中无法辨别，但《北齐书·慕容俨传》记载："城中食少，粮运阻绝，无以为计，唯煮槐楮、桑叶并纻根、水萍、葛、艾等草及靴、皮带、筋角等物食之。"[4] 城困粮绝之时将士煮靴而食，由此可推测北齐时军靴以皮革或有机材质制成。

（四）带饰

中国上古服饰罕有纽扣，只于衣襟处缝几根细带用以系结，其名曰衿。《说文》曰："衿，

---

[1]〔清〕王先谦.释名疏证补：卷四.上海：上海古籍出版社，1984：257.
[2]〔清〕王先谦.释名疏证补：卷四.上海：上海古籍出版社，1984：263.
[3]〔宋〕沈括.梦溪笔谈：卷一.北京：中华书局，2009：9.
[4]〔唐〕李百药.北齐书：卷二十.北京：中华书局，1972：281.

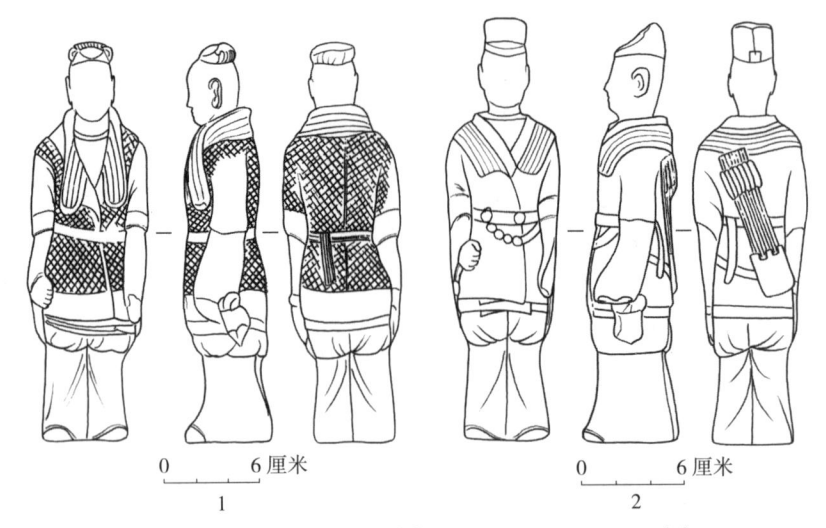

1.元良墓标本M1：2[1]；2.元良墓标本M1：11[2]

图二〇　邺城地区北齐墓出土翻领襦俑

1.徐显秀墓标本200；2.娄睿墓标本519；3.张海翼墓标本6；4.娄睿墓标本505

图二一　晋阳北齐墓出土长裙女侍俑

[1]　磁县文物保管所.河北磁县北齐元良墓.考古，1997（3）：35.
[2]　磁县文物保管所.河北磁县北齐元良墓.考古，1997（3）：34.

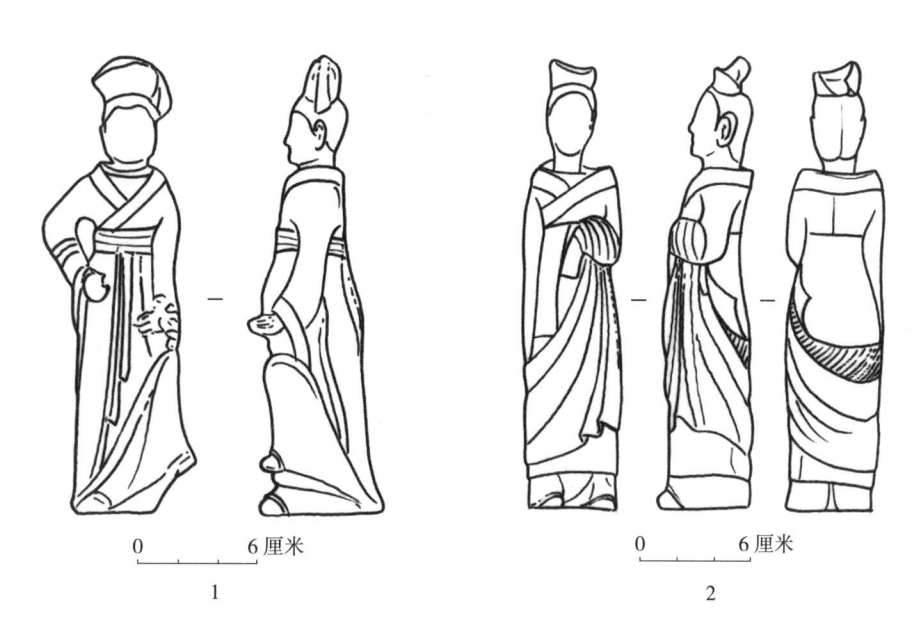

1.茹茹公主墓标本393[1]；2.元良墓标本M1∶64[2]
图二二　邺城地区北齐墓出土长裙女侍俑

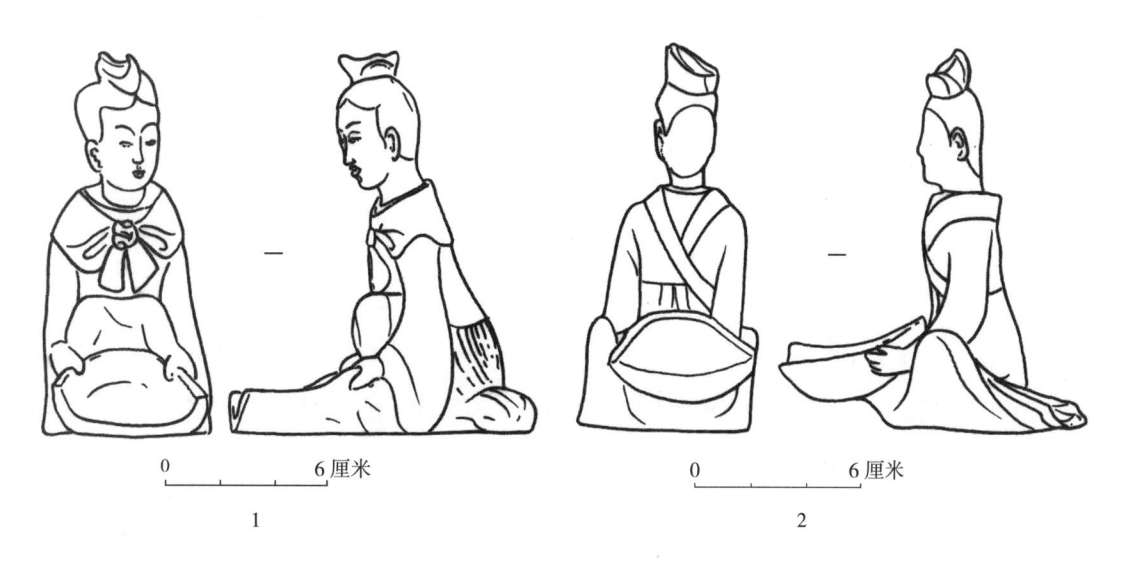

1.娄睿墓标本524；2.元良墓标本M1∶57[3]
图二三　宽袖衣女侍俑

---

[1]　磁县文化馆.河北磁县东魏茹茹公主墓发掘简报.文物，1984（4）：3.
[2]　磁县文物保管所.河北磁县北齐元良墓.考古，1997（3）：36.
[3]　磁县文物保管所.河北磁县北齐元良墓.考古，1997（3）：36.

图二四　徐显秀墓墓室壁画侍女、墓道东壁壁画武士

衣系也。"[1]为不使衣服散开，人们又在腰部系上一根大带，这种大带即为腰带。腰带不仅有扎束衣服的作用，还体现着君子善自约束的风度，同时又通过不同的带式及带饰对身份等级作出区分，因此在中国古代衣冠文化中处于相当重要的地位。也正由于视"礼"为维系天地人伦、上下尊卑的社会秩序的准则，中国古代章服品第极其严密细致，腰带的形制式样名目繁多。北齐时期的腰带大致可就其质料分为两类，一为皮革所制，称鞶带；二为丝帛所制，称丝绦。《说文》曰"男子带鞶，妇人带丝"[2]，但男子带丝者亦不在少数。《诗经·曹风·鸤鸠》："淑人君子，其带伊丝。"郑注云："其带伊丝，谓大带也，大带用素丝，有杂色饰焉。"[3]晋阳北齐女俑所系丝绦形制较为简单，系于胸部以下，余带下垂于身前。

1. 革带

王仁湘先生于《善自约束》一书中说："文明的伴生状态，有秩序，也有战争。当战争成为社会生活的常态，军士的装备也越来越规范，皮革不仅用于制作盔甲，也开始用于制作腰带。"[4]魏晋南北朝战乱频仍，北齐以强军立国，尚武之风浓厚，因此就晋阳地区北齐墓葬所出服饰资料来看，只有少数武士俑束丝绦（图二五），大多数男子形象扎束革带，与革带搭

---

[1]　〔东汉〕许慎撰，〔宋〕徐铉校定.说文解字.北京：中华书局，1963：275.
[2]　〔东汉〕许慎撰，〔宋〕徐铉校定.说文解字.北京：中华书局，1963：60.
[3]　十三经注疏整理委员会.十三经注疏：毛诗正义.北京：北京大学出版社，1999：558-476.
[4]　王仁湘.善自约束：古代带钩与带扣.上海：上海古籍出版社，2012.

配的服饰有袴褶、圆领襦、翻领襦、明光铠等。魏晋北朝以来，战国秦汉时期流行的带钩逐渐退出历史舞台，装有活动扣舌的带扣因其便于解结而成为新的约束工具。战国至两汉时，带扣流行于北方草原地区，早期多为固定的钩舌，后来发展为活舌带扣。与带钩一样，带扣式样繁多，形态各异，王仁湘先生认为："带扣是一种通称，从构造上看，它主要有环孔和舌针两部分，功用是装于带头，便于解结。带扣可以用不同材料制成，珍贵的有金、银，尤以铜、铁质的为多。"[1]就晋阳地区已发掘的北齐墓葬来看，无论是陶俑还是壁画，多于革带上以彩绘红、白诸色点缀，用于表现带扣、带銙的金、银、铜、玉等材质，或在制模时直接制作出带扣之形。从其形制来看，应为活舌带扣（图二六）。

晋阳地区北齐墓葬中所见系革带的男子形象以大型武士俑最为典型，其带銙数量多，特点鲜明，模制精美（图二六，1；图二七，1）。小型俑中着精致革带者较少，精美程度也远不及镇墓武士俑，系革带的女俑更属凤毛麟角，仅见于贺拔昌墓（图二七，3）。

2. 䩨鞢带

"䩨鞢"一词，或曰"蹀躞"，本为小步疾走之意，唐人权德舆曾有诗曰："环列从容蹀躞归，光风骀荡发红薇。"䩨鞢带本为胡制，带间有带环，用以佩挂各种随身应用的物件，"带衣所垂蹀躞，盖欲佩带弓剑、帨帉、算囊、刀砺之类。自后虽去蹀躞，而犹存其环。环所以衔蹀躞，如马之鞦根，即今之带銙也。"[2]鞦根，即马的鞦带，北朝陶马俑常见臀部有鞦带者，其于革制带上镶附金属饰物，便如䩨鞢带之銙。

䩨鞢带初兴于魏晋北朝，唐代曾一度被定为文武官员必佩之物，以悬挂算袋、刀子、砺石、契苾真、哕厥、针筒、火石袋等七件物品，称"䩨鞢七事"[3]。䩨鞢带一般由带头、带銙、带鞓、铊尾四部分组成。带銙下垂有䩨鞢，带銙最多可达十三銙，镶满整条䩨鞢带，而简单者仅有一銙。带銙的质地有金、银、铜、玉等，或以金带等级最高，《北齐书》记载高洋亲往狱中探问元文遥时"亲解所着金带及御服赐之"[4]，可见金带为皇帝所系。

晋阳地区北齐墓葬中，尚未见以陶俑形式表现䩨鞢带悬挂物品者，多是制成在带上附有泡状装饰之状。邺城磁县湾漳大墓中陶俑所系带较之晋阳所见更加精美，带銙数量明显增多。除大型武士俑外，其余如袴褶俑、仪卫俑也有系銙䩨鞢带者，带下穿挂物品或为矢箙（图二七，2）。晋阳地区北齐墓中的陶俑带式虽不及邺城陶俑的带式精美，但墓葬壁画中却详细地表现了䩨鞢带悬物的图景，如娄睿墓墓道西壁第三层壁画迎宾图中，为首两名男子头戴黑色三棱风帽，身穿圆领窄袖袍，腰束䩨鞢带，佩挂弓、弓囊、鞶囊、剑，身后戴垂裙幞头的青年男子则于䩨鞢带下悬挂矢箙（图二八、图二九）。

北齐时期，精美的带具已成为财富与地位的象征，统治者或以之彰显身份，或以之赏赐重

---

[1] 王仁湘.带扣略论.考古，1986（1）：65.
[2] 〔宋〕沈括.梦溪笔谈.卷一.北京：中华书局，2009：8.
[3] 〔后晋〕刘昫.旧唐书.卷四十五.北京：中华书局，1975：1953.
[4] 〔唐〕李百药.北齐书.卷三十八.北京：中华书局，1972：504.

库狄迴洛墓标本 33
图二五　束丝绦的武士俑

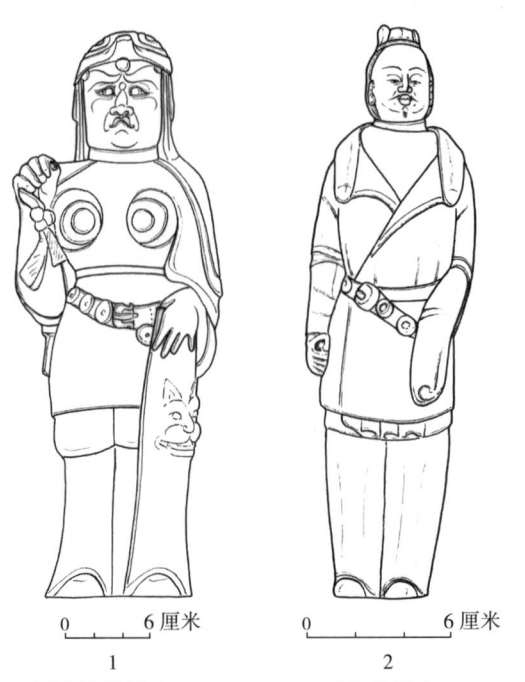

1. 贺拔昌墓标本 T99HQH9；2. 乔花墓标本 BK01799
图二六　系活舌带扣革带的武士俑、侍从俑

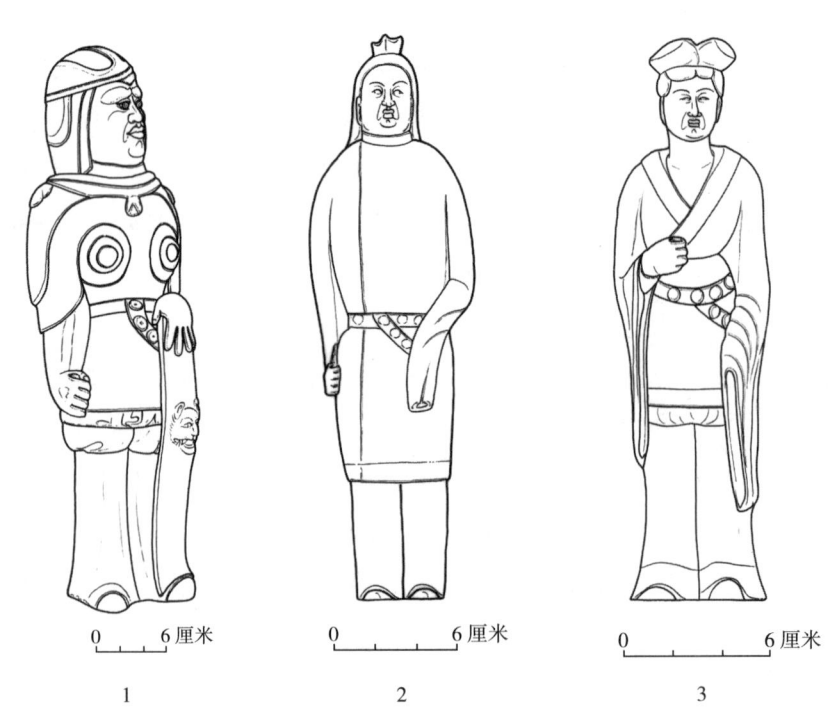

1. 贺娄悦墓标本 1；2. 韩裔墓标本；3. 贺拔昌墓标本 T99HQH18
图二七　系革带的武士俑、侍从俑、女官俑

臣，在部分保持坠挂工具实用性能的同时，逐渐成为一种内涵丰富的文化象征物，此风影响深远，隋、唐皆沿用之。

（五）军戎服饰

如前文所述，北朝时社会动荡，战争频繁，北齐一朝尚武好战之风极盛，军人地位崇高，军戎服饰式样繁多，各级贵族墓葬中也出现了大量武士形象，武士陶俑有甲骑具装俑、按盾俑、执盾俑、按剑俑等，皆着甲胄，或携兵刃。

1.兜鍪

兜鍪即为上古所谓的"胄"，多为半球形，用于保护头部。从史书记载来看，魏晋以后的头盔多称兜鍪，其脑后所披遮盖颈部者被后世文献称为"顿项"，宋代《武经总要》云："首则兜鍪、顿项，贵者铁，则有锁甲，次有锦绣缘缯"[1]，说明其材质有金属及丝织物两种。观察北齐随葬陶俑可发现，模制时塑造出顿项部位甲叶者数量较少（图三〇）。

（1）圆顶兜鍪

圆顶兜鍪主要由一个半圆形的铁胄保护武士头部，其下部用皮革或甲片制成的顿项以保护后脑、脸颊和颈部，耳部则加半圆形耳护，北齐时期晋阳地区墓葬所出武士俑的首服以圆顶兜鍪数量最多（图二七，1）。

（2）冲角兜鍪及其他

冲角兜鍪即在圆顶兜鍪基础上于边缘及顶脊起棱，额前伸出鸟喙状冲角（图三一）。着戴冲角兜鍪者为大型按盾武士俑与小型背盾武士俑，此外，大型镇墓武士俑和小型扈从武士俑还有戴尖顶兜鍪者，但数量极少。晋阳地区武士俑中戴冲角兜鍪者多见于北齐早中期，晚期几不可见。从数量上来看，晋阳地区出土的北齐武士俑戴圆顶兜鍪者多，戴冲角兜鍪者少，而邺城地区出土的大型按盾武士俑则以戴冲角兜鍪者占多数，戴圆顶兜鍪者几不可见。

除戴兜鍪之外，晋阳地区北齐墓中也有穿明光铠、头戴三棱风帽或无沿翻耳扇风帽的武士俑（图三二，2）。邺城地区的磁县湾漳大墓中还有于风帽前加一金属护额甲者，风帽帽裙被提至头顶以细绳扎束，护额左右各有一根带子系结于脑后，用以保护头部[2]；另有以甲片连缀而成的兜鍪，其甲片为长条状，上窄下宽，边缘为波浪线状，兜鍪有一圆柱形突起，上有插缨圆孔，顿项垂于颈部，脸颊两侧有以甲片连缀而成的长方形护耳[3]，此为晋阳北齐墓所不见。另邺城地区出土的北齐陶俑兜鍪有护耳上又加护、于耳部形成较高的凸起者，茹茹公主墓、元良墓、高润墓等皆有发现，晋阳北齐墓出土的陶俑虽有在兜鍪两侧加护耳的现象，但凸起并不高。

---

[1] 〔宋〕曾公亮.武经总要//中国兵书集成：第三辑.北京：解放军出版社，1988：724.
[2] 中国社会科学院考古研究所，河北省文物研究所.磁县湾漳北朝壁画墓.北京：科学出版社，2003：109.
[3] 中国社会科学院考古研究所，河北省文物研究所.磁县湾漳北朝壁画墓.北京：科学出版社，2003：109.

图二八　娄睿墓墓道西壁第三层壁画《迎宾图》

图二九　娄睿墓墓道东壁第三层壁画《迎宾图》

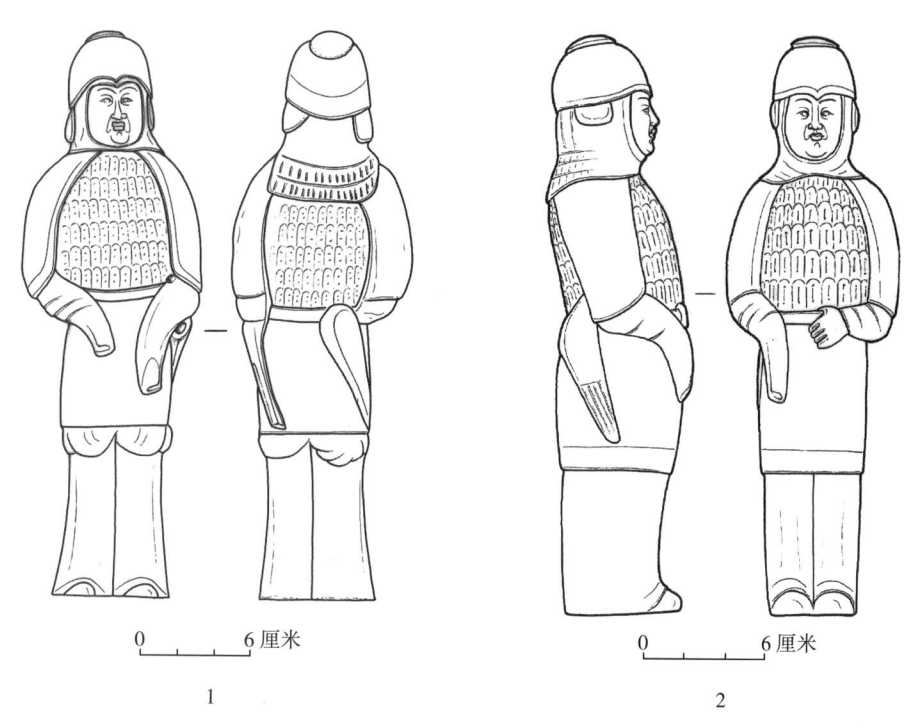

1. 狄湛墓标本 T2000WD5-1；2. 娄睿墓标本 309

图三〇　晋阳北齐墓出土铠甲兜鍪俑

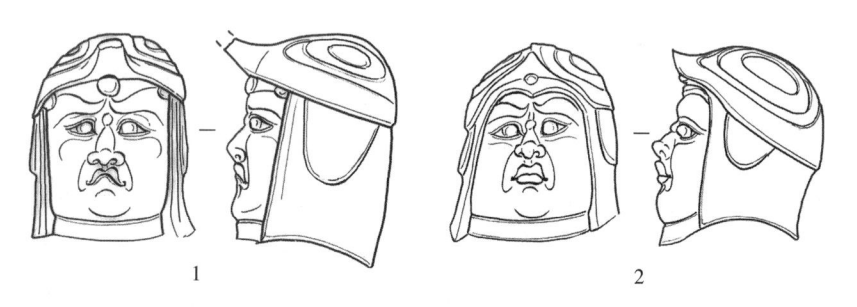

1. 贺拔昌墓标本 T99HQH9；2. 贺拔昌墓标本 T99HQH10

图三一　晋阳北齐陶俑的冲角兜鍪

2.铠甲

（1）明光铠

晋阳地区的北齐武士俑所着身甲中，数量最多者当属明光铠。明光铠因其胸前、背后各有两块金属制成的圆形或椭圆形护，在作战时可反射出明耀的光芒而得名。明光铠出现于汉末三国时期，曹植曾有文曰："先帝赐臣铠：黑光、明光各一领、两当铠一领、环锁铠一领、马铠一领。今代以升平，兵革无事，乞悉以付铠曹自理。"[1]明光铠制作精良、造价高昂、组件繁复，不仅有护膊、胸护、背护、腿裙、军靴，头部也配以制作精良的兜鍪（图二五、图

---

[1]　赵幼文.曹植集校注：卷二.北京：人民文学出版社，1998：309.

1. 徐显秀墓标本 245；2. 库狄业墓标本 T84QS45-1

图三二　晋阳北齐墓出土明光铠武士俑

二六，1、图二七，1、图三二），徐显秀墓、韩祖念墓还出土绘制虎皮纹饰的铠甲。在战争中披挂明光铠的猛将能使敌方闻风丧胆，《周书·蔡佑传》记载其在与北齐军作战时："佑时着明光铁铠，所向无前。敌人咸曰'此是铁猛兽也'，皆遽避之。"[1]

(2) 两裆铠

两裆铠，即裲裆铠，与前文所说的搭配袴褶穿戴的两裆衫形制相同，沈从文《中国古代服饰研究》中说："南北朝出土武士俑极多，因此明白两裆铠制度，为前后两大片，上用皮襻连缀，腰部另用皮带束紧。"[2] 两裆铠与两裆衫的不同之处当在质地，两裆铠作为铠甲类防具，其材质应为硬厚皮革或金属，《中国古代服饰研究》引用晋代庾翼《与慕容皝铠书》"邓百山昔送此犀皮两裆铠一领"和刘宋《元嘉起居注》"曾作犀皮铠六领"说明其时确有犀牛皮制成的两裆铠，又引晋《建武故事》中"王敦兵皆重铠浴铁"及车频《秦书》中"苻坚使熊邈造金银细铠，镂金为线以缧之"说明存在金属制成的和以金属线连缀的两裆铠。晋阳北齐墓出土资料显示，着两裆铠者或为文吏及仪仗人员，武士着明光铠、鱼鳞铠者多，着两裆铠者所见较少，最典型者当属贺拔昌墓出土的甲骑具装俑（图三三）。而邺城地区则以高润墓中所出武士俑的两裆铠最为特别，该武士俑头戴风帽，前加护额，身穿两裆铠，为甲片连缀而成（图三四），此当为《建武故事》及《秦书》中所述的以金属制成的两裆铠。

(3) 鱼鳞铠

顾名思义，鱼鳞铠即为甲片呈鱼鳞状的铠甲，鱼鳞铠出现年代较早，典型的早期实例有秦

---

[1] 令狐德棻. 周书：卷二十七. 北京：中华书局，1971：444.
[2] 沈从文. 中国古代服饰研究. 上海：上海书店出版社，2005：217.

俑一号坑第三次发掘发现的着鱼鳞铠的军吏俑及徐州狮子山楚王陵出土铁铠。晋阳地区北齐墓葬出土的着鱼鳞铠的陶俑为数不少，多头戴圆顶兜鍪，肩有披膊，腰束革带（图三〇），下穿大口缚袴，脚穿靴，腰间携挂兵器，有的外穿披风，有的具装俑为武士骑跨同样着鱼鳞甲的战马。鱼鳞铠不同于明光铠与裲裆铠，它不是以大片的金属或皮革简单组合而成，而是用绳线将相当数量的甲片连缀起来，稳定地构成一体，编缀甲片的绳索隐藏在甲片下，可以最大限度地减少被利刃割断的可能，整体防护力很高。鱼鳞铠虽不似明光铠般极具视觉冲击力，但仍给人以厚重威武之感。

3. 具装

《宋史·仪卫志》称："甲骑具装，甲，人铠也；具装，马铠也。"[1] 晋阳地区北齐墓葬所见的具装铠由六个部分组成：面帘、鸡颈、当胸、马身甲、搭后、寄生。"面帘"是一块狭长的金属制的护面，上面开有眼孔，主要保护马匹面部；"鸡颈"其实是一副马颈部的护甲；当胸为马胸甲；马身甲为马背部和身侧起到障蔽作用的护甲；搭后就是马匹中后部的大片护甲；寄生是马臀部护甲上附着的长羽形装饰，晋阳北齐具装俑上未见此装饰。有的陶俑铠甲上还以墨线绘出甲片，甲片中点缀白色小圆点，或有马尾挽成花形结者（图三五）。

图三三　贺拔昌墓标本 T99HQH4

图三四　高润墓出土武士俑[2]

---

[1] 〔元〕脱脱. 宋史：卷一百四十八. 北京：中华书局，1977：3470.
[2] 磁县文化馆. 河北磁县北齐高润墓. 考古，1979（3）：239.

0 6厘米
1

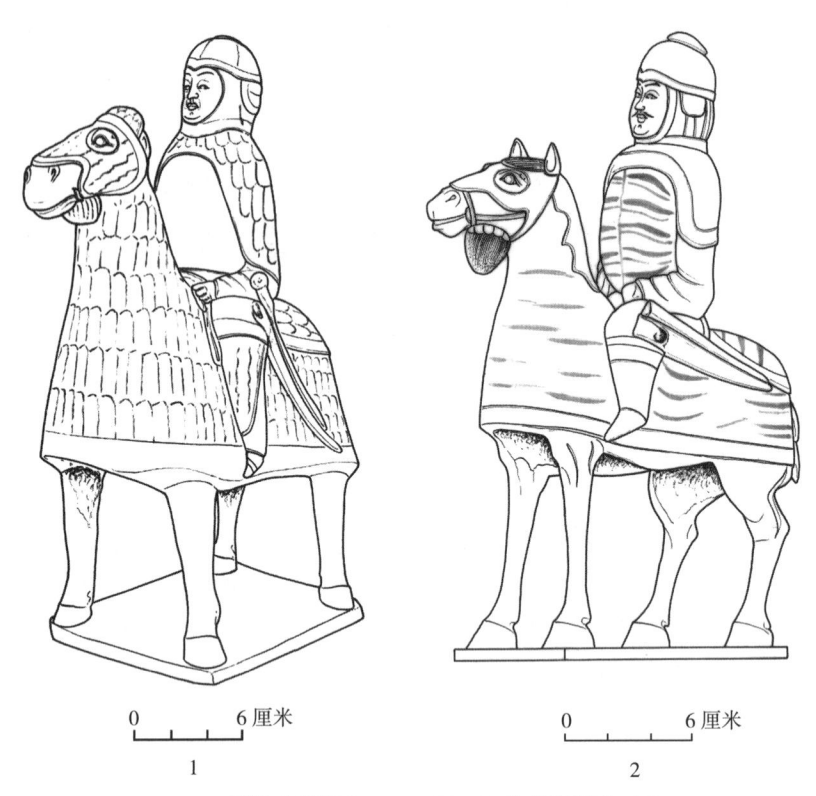

0 6厘米
2

1. 韩祖念墓标本 Hzn-158；2. 娄睿墓标本 562

图三五　晋阳北齐墓出土具装俑

由上述晋阳北齐墓葬所出的军戎服饰资料可知，北齐时期的军戎服饰具有多样性、规范性、等级性三大特性，军戎服饰的制造不仅代表着当时最先进的金属、皮革等手工业制造水平，还反映出北齐统治者对军队建设的密切关注，而大量军政要员墓葬集中于晋阳及周边地区，更从一个侧面反映出北齐别都的重要战略地位。

二、晋阳北齐陶俑的服饰特征

作为中华文化最重要的组成部分之一，冠服文化不仅与政治、经济等密切相关，也与思想、学术、审美情趣等方面相关联。北齐是中国服饰的转折时期，《北齐书》记载："神武既累世北边，故习其俗，遂同鲜卑"[1]，高氏虽血统上属于汉人，但数代居住在鲜卑人聚居的北方边界，其生活习惯、文化习俗已逐渐鲜卑化，皆以鲜卑人自居。因此，北齐统治下的社会呈现一片浓郁的鲜卑文化氛围和社会风气，服饰风格亦是如此，包括官服在内的服饰皆为以实用功能为主导的上衣下袴的形制，军戎服饰也逐渐生活化。

《旧唐书·舆服志》首段即称："后魏、北齐，舆服奇诡。"[2] 后文又曰："江南则以巾褐裙襦，北朝则杂以戎夷之制。爰至北齐，有长帽短靴，合袴袄子，朱紫玄黄，各任所

[1]　〔唐〕李百药. 北齐书：卷一. 北京：中华书局，1972：1.
[2]　〔后晋〕刘昫. 旧唐书：卷四十五. 北京：中华书局，1975：1929.

好。"[1]沈括《梦溪笔谈》亦称："中国衣冠，自北齐以来，乃全用胡服。窄袖、绯绿短衣、长靿靴、有鞢韀带，皆胡服也。窄袖利于驰射，短衣、长靿皆便于涉草。"[2]可见北齐时期确是中国服饰风格大变革的时代，对此后各朝服饰发展都产生了巨大影响，正如朱熹所说："今世之服，大抵皆胡服，如上领衫靴鞋之类，先王冠服扫地尽矣！中国衣冠之乱，自晋五胡，后来遂相承袭，唐接隋，隋接周，周接元魏，大抵皆胡服。"[3]

这种各朝各代"遂相承袭"的"大抵皆胡服"的风格在唐代体现得最为明显，唐代"有国以后一切建置，大率袭取周隋之旧，而渗以外来之成分……因其出身异族，声威及于葱岭以西，虽奄有中原，对于西域文明，亦复兼收并蓄"[4]。唐代统治者对这些少数民族服饰非常喜爱，亲自穿着并加以改造，如唐高祖"以赭黄袍、巾带为常服"[5]；贞观八年，"太宗初服翼善冠，赐贵臣进德冠，因谓侍臣曰：'幞头起于周武帝，盖取便于军容耳。今四方无虞，当偃武事，此冠颇采古法，兼类幞头，乃宜常服'"[6]；"其常服，赤黄袍衫，折上头巾，九环带，六合靴"[7]；"中宗景龙四年三月，因内宴赐宰臣已下内样巾子"[8]。"巾"为折上巾，是幞头的别称，也是唐代最常见的首服式样，这种服饰虽上可远溯秦汉幅巾，然实源于北魏鲜卑帽[9]。《旧唐书》记载其出现于北周武帝时期，"乌纱帽渐废，贵贱通服折上巾，其制周武帝建德年所造也"[10]。再如唐人流行穿靴，尤其是乌皮六合靴，"靴，胡履也"[11]，也是源自北朝的军戎服饰，《旧唐书》称"六合靴，皆起自魏、周，便于戎事"[12]。这些胡服在唐代已是常服，上至帝王百官、下至掾吏庶民都有穿着，《旧唐书》称："其折上巾，乌皮六合靴，贵贱通用。"[13]

一些胡服和军服经过长期的汉化改造，在唐人心目中已经脱离了"胡""戎"的色彩[14]，"开元中，燕公张说当朝文伯，冠服以儒者自处。玄宗嫌其异己，赐内样巾子，长脚罗幞头，

---

[1] 〔后晋〕刘昫.旧唐书：卷四十五.北京：中华书局，1975：1951.
[2] 〔宋〕沈括.梦溪笔谈：卷一.北京：中华书局，2009：8.
[3] 〔宋〕朱熹.朱子语类：卷九十一.北京：中华书局，1988：2327.
[4] 向达.唐代长安与西域文明.石家庄：河北教育出版社，2001：7.
[5] 〔宋〕欧阳修，宋祁.新唐书：卷二十五.北京：中华书局，1975：527.
[6] 〔宋〕王溥.唐会要：卷三十一.上海：上海古籍出版社，1991：674.
[7] 〔后晋〕刘昫.旧唐书：卷四十五.北京：中华书局，1975：1938.
[8] 〔后晋〕刘昫.旧唐书：卷四十五.北京：中华书局，1975：1954.
[9] 孙机.幞头的发展和演变//中国古舆服论丛：增订本.北京：文物出版社，2001：206.
　　沈从文.中国古代服饰研究.上海：上海书店出版社，2005：281.
[10] 〔后晋〕刘昫.旧唐书：卷四十五.北京：中华书局，1975：1951.
[11] 〔后晋〕刘昫.旧唐书：卷四十五.北京：中华书局，1975：1955.
[12] 〔后晋〕刘昫.旧唐书：卷四十五.北京：中华书局，1975：1938.
[13] 〔后晋〕刘昫.旧唐书：卷四十五.北京：中华书局，1975：1952.
[14] 唐人张守节已意识到唐代的时服就是上衣下袴的胡服，他在《史记正义》中解释《史记·赵世家》的"胡服"条时明确指出胡服是"今时服也，废除裘裳也"。可见唐代的常服已经彻底脱离了周秦两汉以来上衣下裳的穿着模式，而以北朝以来渐趋流行的传统胡服为主流。

燕公服之入谢，玄宗大喜"[1]。在开元年间，张说穿戴传统的汉族冠服竟然成了异类，而身为最高统治者的唐玄宗赐给他幞头，足以说明幞头在盛唐的流行，也可见部分北朝以来流行的服饰已经受到朝廷的认可。据孙机先生考证，唐代幞头前后各两脚，正是由魏齐时期高顶垂裙的原始幞头转化而来的。在北齐韩祖念墓中即出土戴幞头陶俑，圆领袍、乌皮六合靴等服饰也在徐显秀墓、娄睿墓等晋阳地区的北齐墓葬中以壁画、陶俑等艺术形式表现出来。

北齐时的服饰风格转变不仅将中国服饰的发展轨迹从上衣下裳的一元化引至上衣下袴为主流的多元化，而且对唐代的服饰风格产生了具有奠基性的重要影响，堪称中国服饰史上的重要转折。

综上所述，北齐服饰在中国服饰发展史上处于重要的地位，不仅发展并改变了传统汉服衣冠的形制式样，还在推行鲜卑化的同时，使上衣下袴的服饰搭配渐为黄河中下游地区的居民广泛接受，可谓开一代之风气，启千年之变局。究其原因，最根本之处在于农耕文明和游牧文明间的地理界线被打破，世代游牧于长城以北的马背民族趁魏晋乱世大举入主中原，传承汉家衣冠礼乐的"正统"王朝被迫南迁。八王之乱至杨隋代周这二百余年间，长江以北地区成为秦、燕、魏、齐、周等少数民族政权不遗余力地展现其短暂而绚烂、强大而精悍的游牧文化的历史舞台。在衣、食、住、行、耕战、游戏等方方面面，黄河中下游地区的汉族人有意无意间吸纳包容了少数民族的文化元素，衍生出大放异彩的北朝文化。与此同时，强大的北方政权以其压倒性的军事能力和吸纳四方的强者胸襟保证了丝绸之路的畅通，并极力促进与西亚、东欧各国的贸易往来，使得西胡文化成为注入中原文化的一股新鲜血液。

鉴于以上原因，北齐时代的服饰体现出如下特点：由于结构与性能的先进性和统治者的大力推行，上衣下袴的胡服取代上衣下裳的汉服成为北齐及以后服饰发展的主流；传统汉族衣冠、礼制与等级秩序尚未完全消除，仍然体现在冠服、佩饰等方面；在尚武心态与强军理念的催动下，军戎服饰发展演化得愈加完善。总体来说，北齐服饰时时处处体现着胡汉文化间互相博弈、互相吸纳、彼此交融的特征，是中国服饰史上重要的发展阶段，以其为代表的北朝服饰影响了隋唐乃至以后的历朝服饰，在中国服饰史上留下了浓墨重彩的一笔。

---

[1] 〔宋〕王谠撰，周勋初校证.唐语林校证：卷四.北京：中华书局，1997：346.

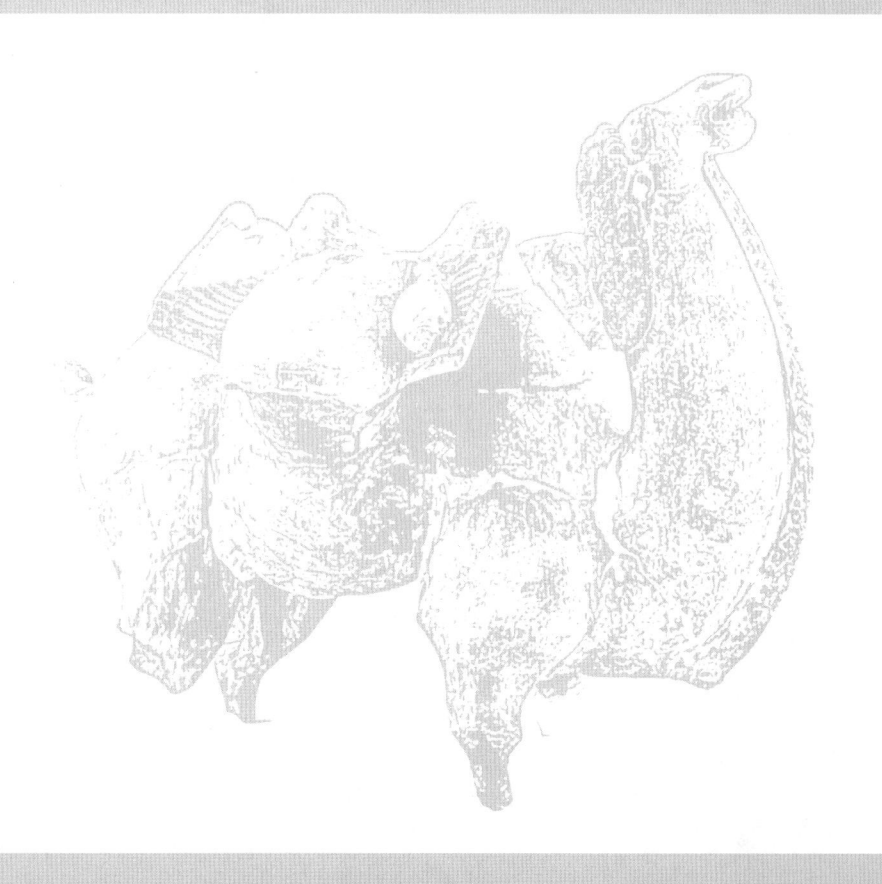

贺拔昌墓

天保四年(553)

贺拔昌墓位于太原市晋源区义井街道，东南距晋阳古城遗址约15千米，该墓于1999年5月因道路施工发现，6月至7月由太原市文物考古研究所主持发掘，简报发表于《文物》2003年第3期。

贺拔昌墓坐北朝南，方向192°，由墓道、甬道、墓室组成。因施工场地限制，墓道及甬道以南部分未做钻探发掘，故墓道情况不明。甬道位于墓道以北，长2.7米、宽1.8米，砖砌券顶，砌法为三顺一丁。甬道南端有两重门砖，封门砖七层，砌法为一顺一丁。墓室平面为弧边方形，东西、南北最大长度均为4.8米。铺地砖为错缝平砌。墓壁微弧，砌法为三顺一丁，共六层。穹隆式墓顶，为顺砖错缝堆砌，已被破坏，墓室残高5.54米。在墓室外四角分别用砖贴墓外壁的方法砌方形砖柱，以加固墓室（图一）。

墓室西部发现凌乱碎木和人骨，皆已朽坏，由于盗扰和水蚀，葬式、葬具不明。陶俑等随葬器物主要发现于墓室东南部，损毁较为严重。简报刊有经整理修复的器物共44件，包括完整陶俑26件，含人物俑18件、动物俑8件；陶模型明器4件；陶器皿4件，含细颈瓶、广肩瓶、罐、盆各1件。此外，有一小型陶器，简报命名为"陶钟形器"，形如合起的伞盖，底部中央有一段铁丝，似插接在某器物上。另有金环1枚、片状铜环2件、墓志1合。

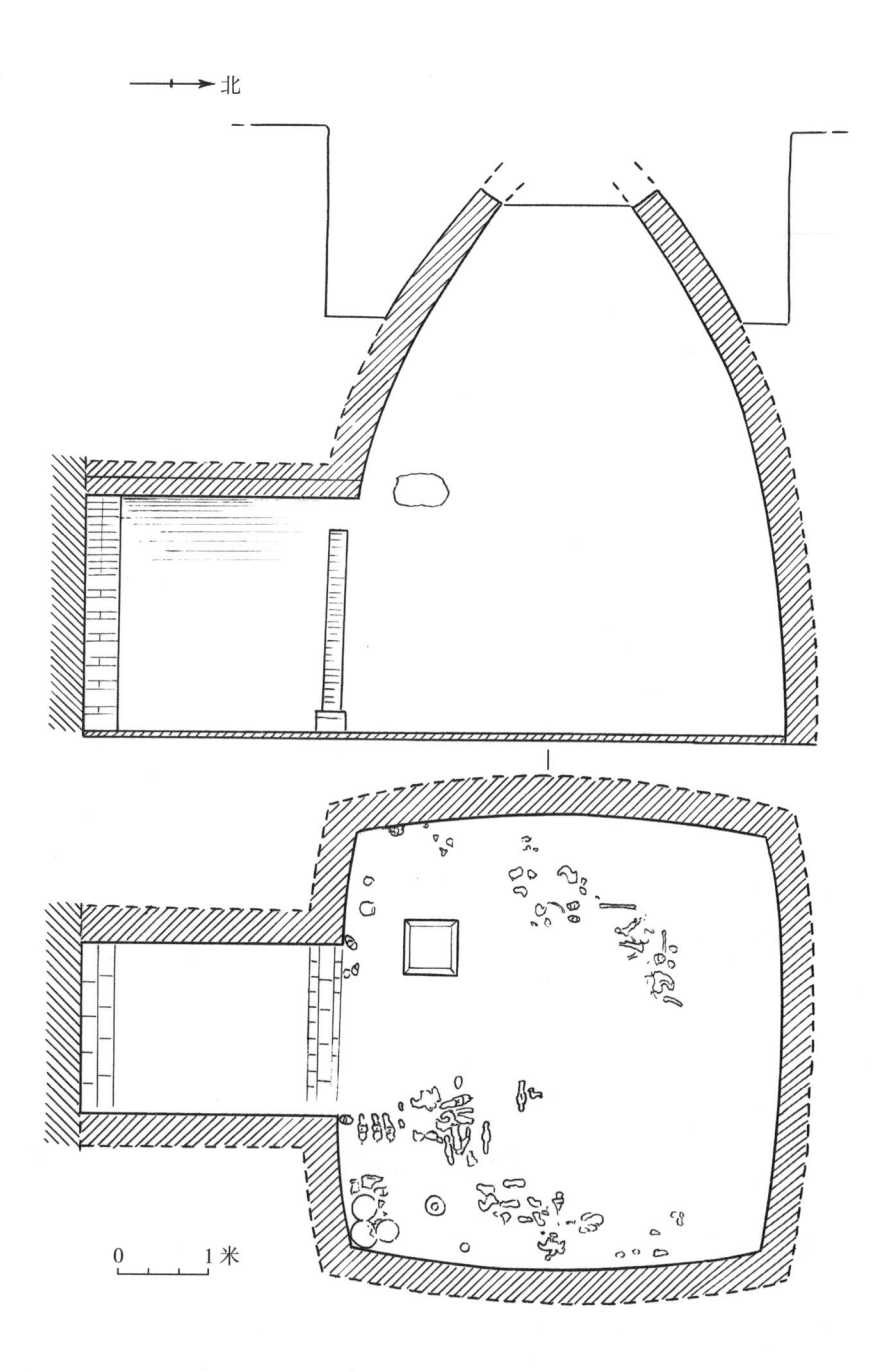

图一 贺拔昌墓平面、剖面图

贺拔昌墓出土陶俑

贺拔昌墓曾遭盗扰，且长期受水泡浸蚀，随葬器物损毁较为严重。陶俑包括镇墓武士俑、仪仗武士俑、文吏俑、侍从俑、女官俑、仪仗骑俑、仪仗动物陶塑，此外有模型明器及家禽家畜陶塑等，皆泥质灰陶，彩绘脱落严重，部分陶俑可见作为底色的白彩，零星可见衣冠处施涂的红、黑两彩。依前文综述分类，计有：

一、镇墓俑

Aa型镇墓武士俑　2件

T99HQH9，泥质灰陶俑，高32.5厘米。呈站姿，方面丰颐，浓眉耸起，三角吊眼，厚唇高鼻，嘴角下撇，神态威武狰狞。头戴冲角兜鍪，中脊起棱，两侧有护耳，顿项及肩，眉心及额角有圆珠形饰物。上穿明光铠，肩有披膊，铠甲内罩宽袖襦，右袖口于肘部打结垂下，腰束鞢𩖴带，下着及地缚袴，脚穿圆头靴。左手按兽面纹长盾，拇指贴于盾上缘，四指贴于盾面；右手握拳，举至肩部，拳心下有一挂垂带或流苏的饰物，或为掌中所持物的下部。彩绘脱落严重，铠甲、兜鍪残存少量红彩，袴残存少量白彩（图二，1；图版一）。

T99HQH10，泥质灰陶俑，高33.5厘米。呈站姿，阔面重颐，浓眉耸起，三角吊眼，厚唇高鼻，嘴角微下撇，神态威武狰狞。头戴冲角兜鍪，中脊起棱，两侧有护耳，顿项及肩。上穿明光铠，肩有披膊，铠甲内罩宽袖襦，两袖口于肘部打结垂下，腰束带，下着及地缚袴，脚穿圆头靴。左手按兽面纹长盾，拇指贴于盾上缘，四指贴于盾面；右手握拳，举至肩部。彩绘脱落严重，铠甲、兜鍪残存少量红彩（图二，2）。

二、仪仗俑

（一）武士俑

Aa-I型武士俑　1件

T99HQH22，泥质灰陶俑，高21.5厘米。呈站姿，长圆形脸，浓眉大眼，厚唇高鼻，容貌威武。头戴冲角兜鍪，中脊起棱，两侧有护耳，顿项及肩。外穿明光铠，内穿窄袖襦，腰束带，下着及地缚袴，脚穿圆头鞋。左肩斜背长盾，长盾四边及中脊起棱，上下有云头形饰。左手曲于腹前，轻握带扣；右手举于肩侧，作持物状。彩绘脱落严重，仅兜鍪存少量红彩，胸前铠甲及大口袴存少量白彩，鞋有零星黑彩（图三，1）。

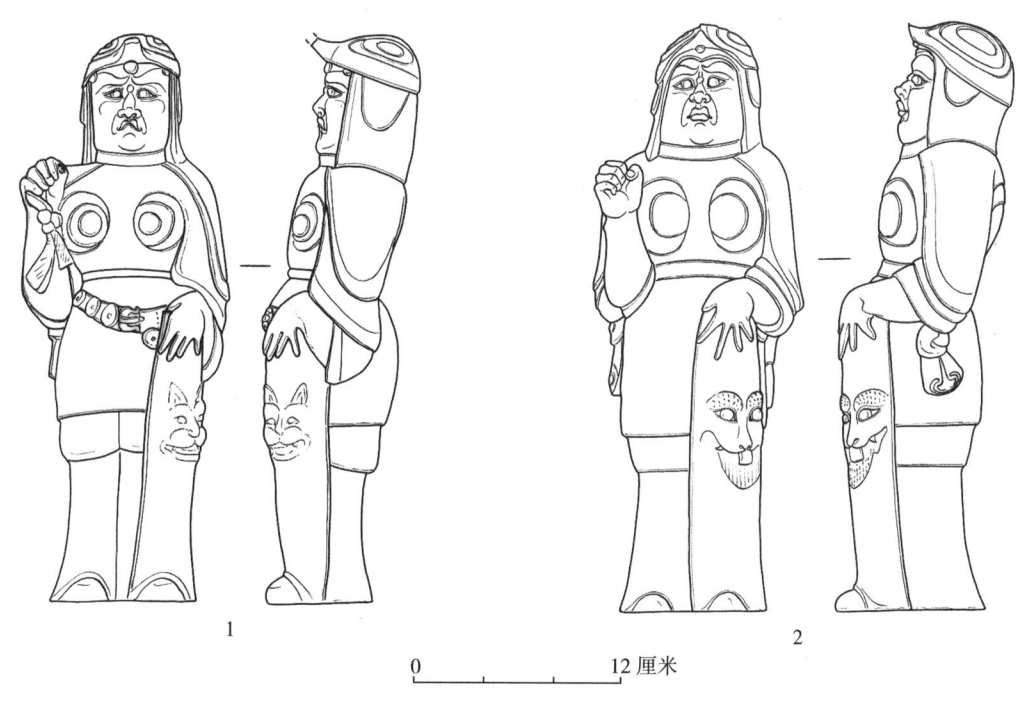

1.T99HQH9；2.T99HQH10
图二 贺拔昌墓出土镇墓武士俑

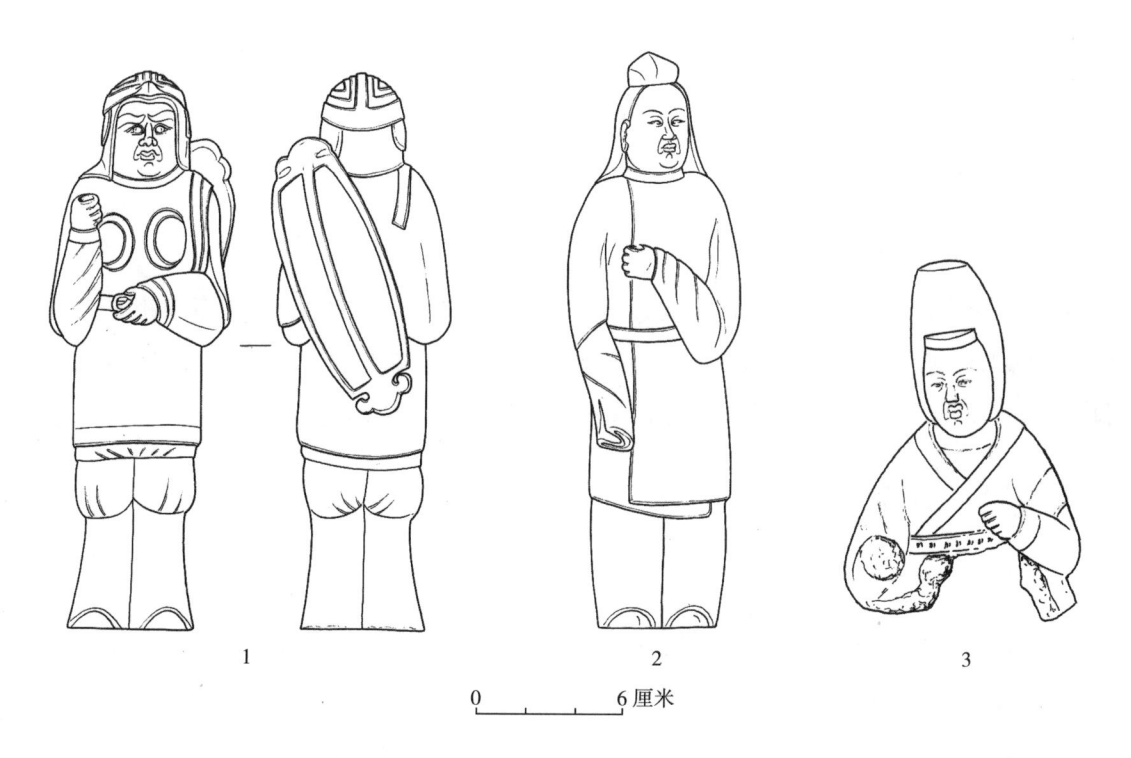

1.T99HQH22；2.T99HQH17-1；3.T99HQH20
图三 贺拔昌墓出土武士俑、侍从俑、文吏俑

（二）文吏俑

A型文吏俑　1件

T99HQH19，泥质灰陶俑，呈站姿，上半身缺失。外穿广袖褶衣，腰束带，下穿及地大口缚袴，脚穿圆头鞋。左臂曲于腹侧，手扶腰带；右臂微曲，下垂贴于身侧，右手空握，作持物状。彩绘脱落严重，褶衣有白彩底色和少量红彩残留，袴存有白彩，鞋有少量黑彩。

Ba型文吏俑　2件

T99HQH20，泥质灰陶俑，仅存上半身，残高12厘米。长圆形脸，细眉弯目，圆鼻小口，面容端庄。头戴笼冠，上身穿交领窄袖衣，腰束带，带上饰一周戳出的圆孔，或意在表现嵌饰。两手皆举于胸前，右手缺失，左手握拳，作持物状，姿态似骑马握缰，但下身已残，无法详知。衣、冠有少量白彩底色存留（图三，3；图版四）。

（三）侍从俑

Ab-Ⅲ型侍从俑　2件

T99HQH17-1，泥质灰陶俑，高22.5厘米。呈站姿，长圆形脸，弯眉细目，圆鼻小口，面容端庄。头戴三棱风帽，帽裙披于脑后。身穿圆领偏襟窄袖襦，腰束带，下穿及地袴，脚穿圆头鞋。左手握拳，曲于右胸前，作持物状；右臂微曲下垂，贴于身侧，手藏于袖内（图三，2；图版二）。

（四）伎乐俑

Ba型伎乐俑　1件

T99HQH21，泥质灰陶俑，高16.5厘米，左臂、右腿残失。头戴山形帽，卷发粗眉，圆鼻吊眼，似胡人相貌。身穿圆领窄袖衣，下穿深裆舞裤，脚蹬尖头长靴。右臂扬起，左腿侧伸，作舞蹈状。面部存有少量白彩，窄袖衣存较多浅红彩（图四，1）。

（五）女官俑

Aa型女官俑　2件

T99HQH18，泥质灰陶俑，高22厘米。呈站姿，长圆形脸，细眉弯目，面容端庄，脖颈修长，头梳双髻，额前发中分。外穿广袖褶衣，右衽交领，腰束鞢䪉带，下穿及地大口缚袴，脚穿圆头鞋。右手握拳，曲于腹前，作持物状；左臂微曲下垂，贴于身侧，左手藏于袖内。周身彩绘几不存，衣纹及发髻凹槽内存有少量白彩（图四，2；图版三）。

1.T99HQH21；2.T99HQH18
图四 贺拔昌墓出土伎乐俑、女官俑

（六）武士骑俑

Aa-Ⅰ型武士骑俑 1件

T99HQH4，泥质灰陶俑，高27.5厘米，马高23.7厘米、长23.3厘米。马呈站姿，武士端坐马背，长圆形脸，细眉弯目，直鼻小口，面容端庄。头戴短帽裙圆顶风帽，外穿裲裆铠，内穿长袖襦，衣袖堆叠于小臂，腰束带，下穿鱼鳞护腿甲，内穿窄腿袴，脚穿尖头鞋，踏于马镫内。左手执马颈侧把手，右手下垂空握，作执兵器状。左腰佩两件收于鞘中的短兵刃，右腰后斜挂箭囊。马头戴面帘，身披铠甲，只露四肢，鞍鞯齐全，面甲顶部有云头状饰，颈后有波浪状护颈（图五，1）。

Ca型武士骑俑 1件

T99HQH1，泥质灰陶俑，高25厘米，马高23.5厘米、长22.5厘米。马呈站姿，武士脸型圆胖，短颈大耳，身材短粗。额前无发，头顶及脑后长发分结为十三根长辫松散披于背部，底端以发绳扎束，除中间一辫细小无装饰外，其余十二根辫子上各有多段辫结。身穿圆领窄袖襦，腰束带，下穿窄腿袴，脚穿尖头鞋，踏于马镫内。骑士头微扬，右手空握，作执辔状，左手食指、拇指相扣，凑于嘴边作呼哨状。马鞍鞯齐全，前有鞒头，后有鞦带，马尾打结。衣、袴、鞋皆存有红彩及作为底色的白彩（图五，2）。

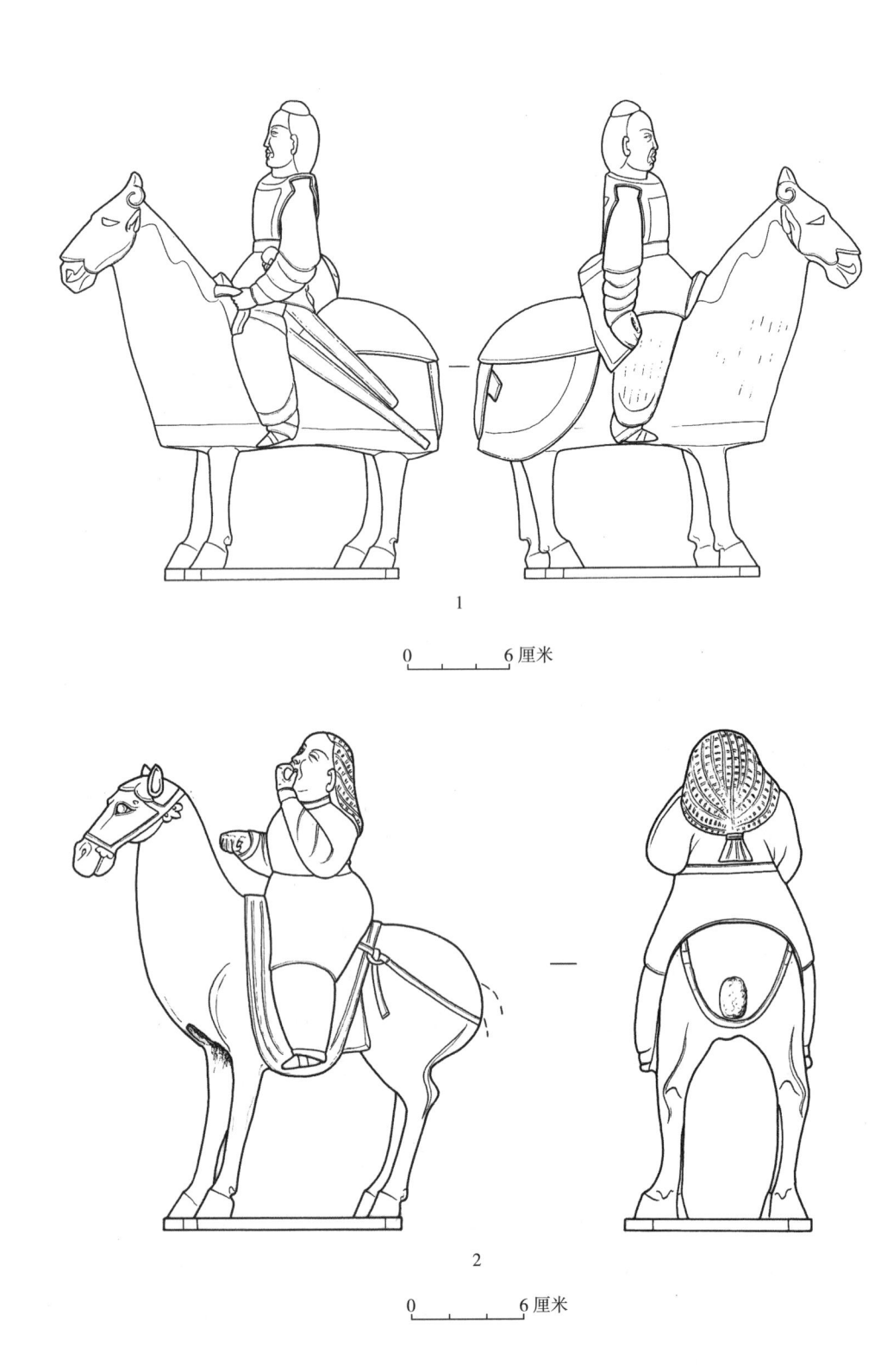

1.T99HQH4；2.T99HQH1

图五 贺拔昌墓出土武士骑俑

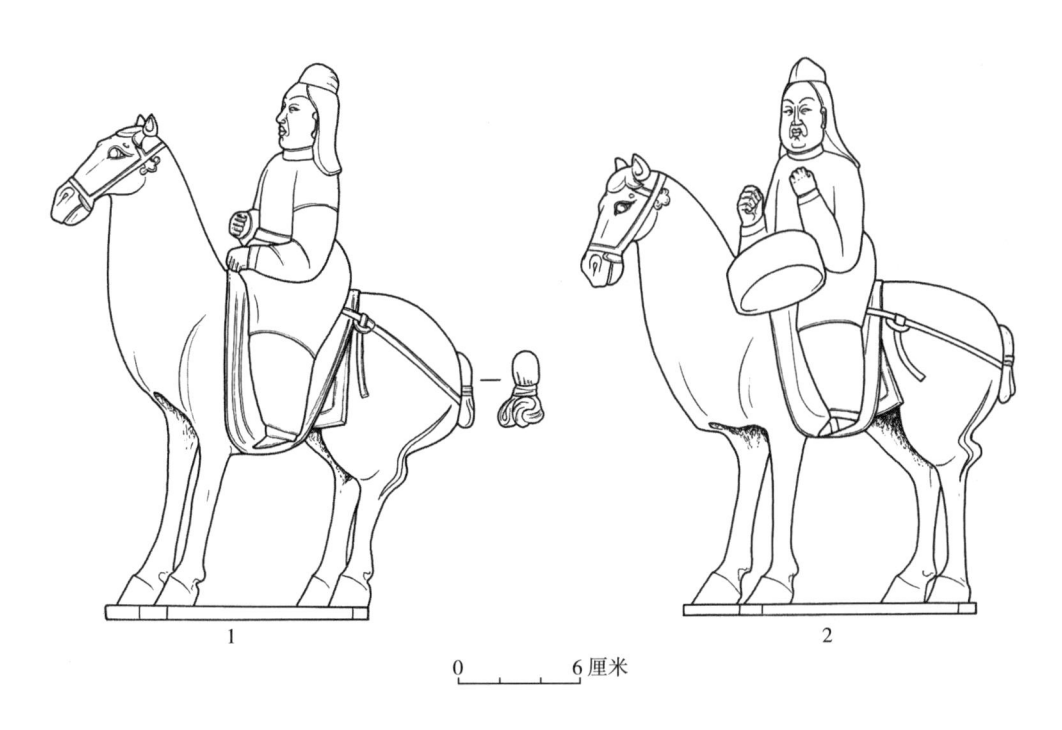

1.T99HQH3-3；2.T99HQH2-1
图六　贺拔昌墓出土执物骑俑、伎乐骑俑

（七）伎乐骑俑

Aa-Ⅰ型伎乐骑俑　2件

T99HQH2-1，泥质灰陶俑，高26.5厘米，马高22.3厘米、长23.5厘米。马呈站姿，骑士长圆形脸，细眉弯目，圆鼻小口，面容端庄，身微左倾。头戴三棱风帽，帽裙披于脑后，身穿窄袖襦，腰束带，下穿窄腿袴，脚穿尖头鞋，踏于马镫内。腰左侧悬挂一圆形腰鼓，双手空握，曲于胸前，作持槌击鼓状。马鞍鞯齐全，前有鞦头，后有鞦带，马尾打结（图六，2）。T99HQH2-2脸型较T99HQH2-1更为丰满圆润，其他特征皆相类，骑士衣、袴及马鞍皆存留少量红彩。

（八）执物骑俑

Aa-Ⅰ型执物骑俑　3件

T99HQH3-3，泥质灰陶俑，高26.5厘米，马高23.8厘米、长24.5厘米。马呈站姿，骑士端坐马背，长圆形脸，细眉弯目，圆鼻小口。头戴圆顶披裙风帽，身穿窄袖短襦，腰束带，下穿窄腿袴，脚穿尖头鞋。左手作执缰状，右手空握于腹前，作执物状。马鞍鞯齐全，前有鞦头，后有鞦带，未见马镫，马尾打结。骑士衣、袴皆以白彩为地，上施红彩，马头部、颈部施黄彩（图六，1；图版五）。

（九）仪仗动物陶塑

Ba-I 型陶马　1件

T99HQH8，泥质灰陶，长27.5厘米，高30厘米。呈站姿，后腿微曲，前腿绷直，小头短耳，身躯肥大。鞍鞯齐全，下有障泥，上有鞍袱，前有辔头，后有鞦带，周身装饰简素，仅辔头与鞦带有简单装饰。彩绘脱落较严重，可见白地上有少量红彩（图七，1；图版六）。

Bb-I 型陶马　1件

T99HQH9，泥质灰陶，长21.6厘米，高17.5厘米。呈站姿，头颈前伸，身形短小粗壮。前有辔头，后有鞦带，鞍两侧悬挂鼓胀垂囊，以两道三瓣花形扣扣合，鞍后背负一羊，垂耳、无角，短尾，四肢短小，两前蹄、两后蹄皆并拢作捆缚状，应为猎物。马身以白彩为地，上存有少量黄褐色彩，垂囊施红彩（图七，3；图版七）。

贺拔昌墓所出陶马（包括骑马俑的坐骑）皆头部尖小，身形肥硕，与之后各墓所出陶马的体型皆不相同。

Ba型陶骆驼　1件

T99HQH7，泥质灰陶，长29.5厘米，残高23.4厘米。为双峰驼，小耳短鬃，短尾上翘，四肢缺失，从残存部分可看出其应为站姿，昂首嘶鸣。双峰之间背负货囊及两卷丝绸，身左右两侧挂帐构，左侧挂有一扁壶，右侧挂一凤首瓶。骆驼头颈部存留有红褐色彩，货囊施红彩（图七，2；图版八）。

三、家居俑

（一）家禽家畜陶塑

陶鸡　1件

T99HQH11，泥质灰陶，长10.3厘米，高7.8厘米。母鸡呈卧姿，双翅合拢，头颈前伸，尾翼上扬，颈、翅、尾皆用简单的刻划线条表示羽毛（图八，2）。

陶猪　2件

T99HQH13，泥质灰陶，长16.5厘米。公猪呈伏卧姿，身形精壮，四肢蜷缩而稍长，背部耸起，似有短鬃（图八，1）。

T99HQH5，泥质灰陶，长17厘米。母猪呈侧卧姿，身形肥硕，四肢伸展且粗短，腹部滚圆，腹前有四只小猪拱卧吃奶。

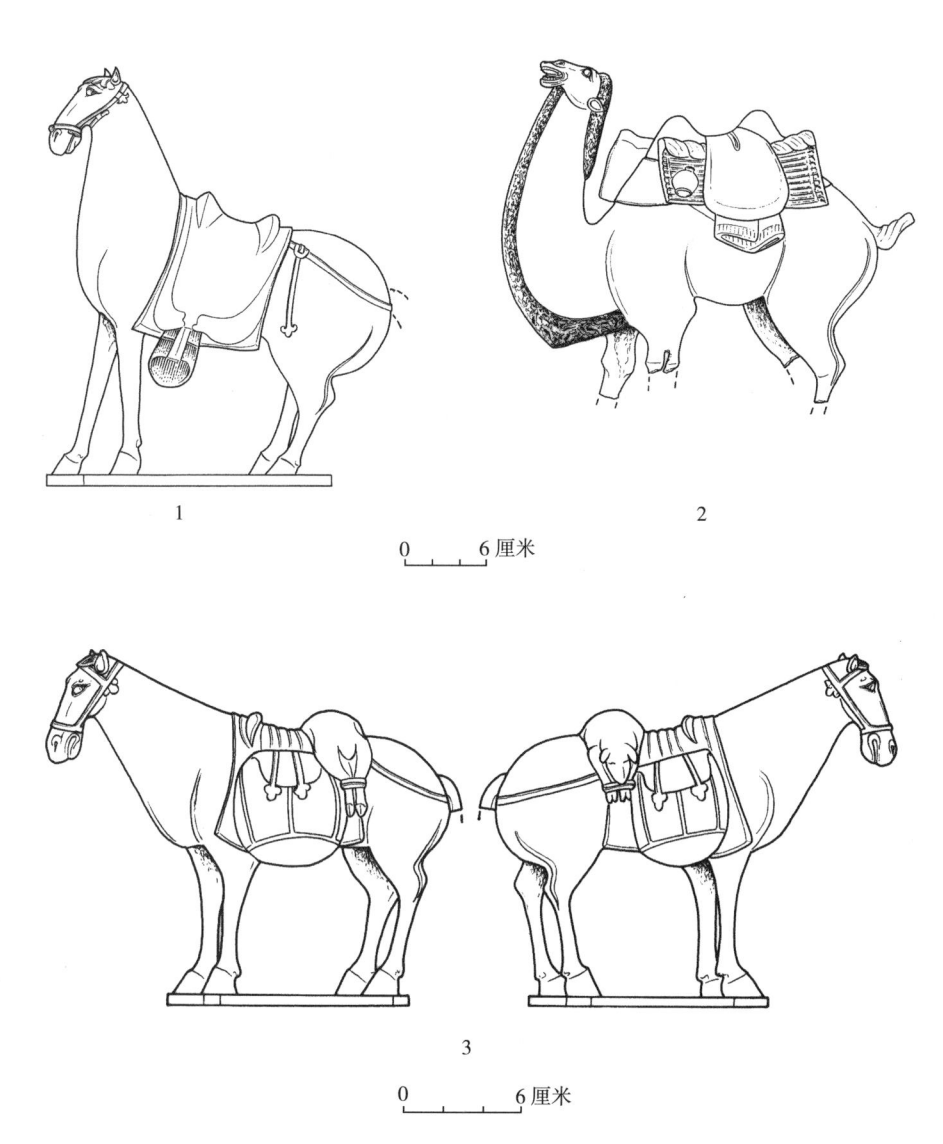

1.T99HQH8；2.T99HQH7；3.T99HQH9
图七　贺拔昌墓出土仪仗动物陶塑

A型陶羊　1件

T99HQH12，泥质灰陶，长14.2厘米，高9.1厘米。呈跪卧姿，无角，小耳下垂，长颈高扬，直视前方，颈后有简单刻划线条，似表示皮毛堆叠状（图八，3）。

Aa型陶狗　1件

T99HQH14，泥质灰陶，长13厘米，高8.2厘米。呈卧姿，长尾盘贴于身体右侧，阔胸细腰，抬颈昂头，垂耳长吻，张口露齿，作吠叫状（图八，4）。

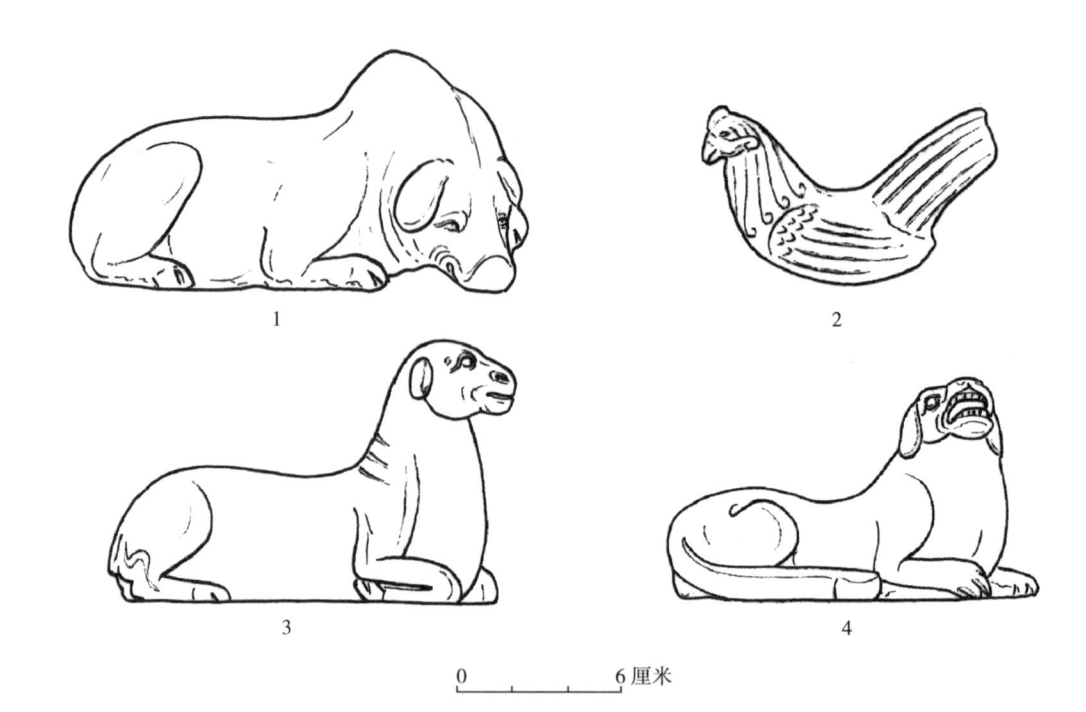

1.T99HQH13；2.T99HQH11；3.T99HQH12；4.T99HQH14
图八 贺拔昌墓出土家禽家畜陶塑

四、模型明器

A型陶井 1件

T99HQH26，泥质灰陶，长9厘米，宽9厘米，高4.4厘米。呈正方形，下有底，上有搭成"井"字形的井栏（图九，1）。

A型陶碓 1件

T99HQH23，泥质灰陶，长16.5厘米，高4.5厘米。长方形底座，前有圆形碓窝，后有外撇的碓架，碓锤及碓杆已不存（图九，2）。

陶磨 1件

T99HQH29，泥质灰陶，高13厘米，磨直径10.6厘米。呈圆形，下无底，磨盘与底座连为一体，上有投料口，口缘微上凸（图九，3）。

陶厕 1件

T99HQH24，泥质灰陶，长11.5厘米，宽10厘米，高10厘米。近"回"字形，右侧开门，坑孔位于最内侧墙后。

1.T99HQH26； 2.T99HQH23； 3.T99HQH29
图九　贺拔昌墓出土模型明器

陶伞盖　1件

泥质灰陶，下大上小，下底直径3.7厘米，上部直径2.4厘米，高4.5厘米。上有一圆珠状顶，器物上有五周弦纹，每道弦纹间压印一周纵向直棱纹，似一合起的多层伞盖。底部中间有一铁丝段，似插接在其他器物上。

贺拔昌墓志

墓志发现于墓室西南部，砂石质，长宽各58厘米，志盖素面盝顶，共6行，行5字，阴文篆书，水蚀严重，内容辨识不全。墓志方形，方格界面，志文阴文隶书，共22行，满行22字，计472字（图一〇）。

【志盖】齐故使持节」骠骑大将军」开府仪同三」司□□□□」□□□□□」□□君墓志

【志文】君讳昌，字右引，朔州鄴无人也。太尉公之嫡孙，并州使君、」安定王之世子。远胄摇光，绵系星质，世籍瑰琦，抽峰挂月。」君幼禀冲机，长弥清粹，太昌之初，释褐除安东将军、亲信」大都督、捍殊县开国子，食邑三百户，所在清高，新风远布。」兴和年中，以君体局贞和，干用强济，除使持节、都督渭州」诸军事、渭州刺史。至武定年中，又除使持节、都督廓州诸」军事、征北将军、廓州刺史，所临未几，颂声盈路。值乱贼侯」景跋扈江左，君奉敕行师，身先履寇，旌旗所向，无往不」□。□除骠骑大将军、仪同三司、右箱都督、太子右卫帅、□」□县开国公，增邑三百户，通前一千一百户。天保元年，授□」右卫将军、开府仪同三司，别封南兖州谯郡蒙县开国子，」邑四百户。君凤诞龙萌，方宰台司，殃风流滥，不甄有德，春」秋卌有二，奄从灵算。天慈顾愍，追赠都督沧瀛二州诸」军事、瀛州刺史。漏影暂移，历数新启，大齐天保四年岁次」癸酉二月廿七日庚申，窆于晋阳城北廿五里，地势西高，」名山之下，凭石埃颜，寄情铭意。其词曰：

天挺秀哲，玉质金茎，兰生七穆，神协八英。钻冰抽干，仰拂」曜灵，累花缀萼，器业唯清。含真内莹，碧彩重繁，奇峰峦囗，」卓绝南轩。高山仰止，道迈丘园，朝阳集凤，莅岳名蕃。殊风」流滥，不在我先，飘风近发，宁当此年。笔研长辞，冠盖永迁，」诗书卷帙，鸣琴囗弦。玄精西晻，朗月沦踪，三良殒往，连璧」失双。幽堂断径，悲感秋囗，灵关一闭，朱火无容。

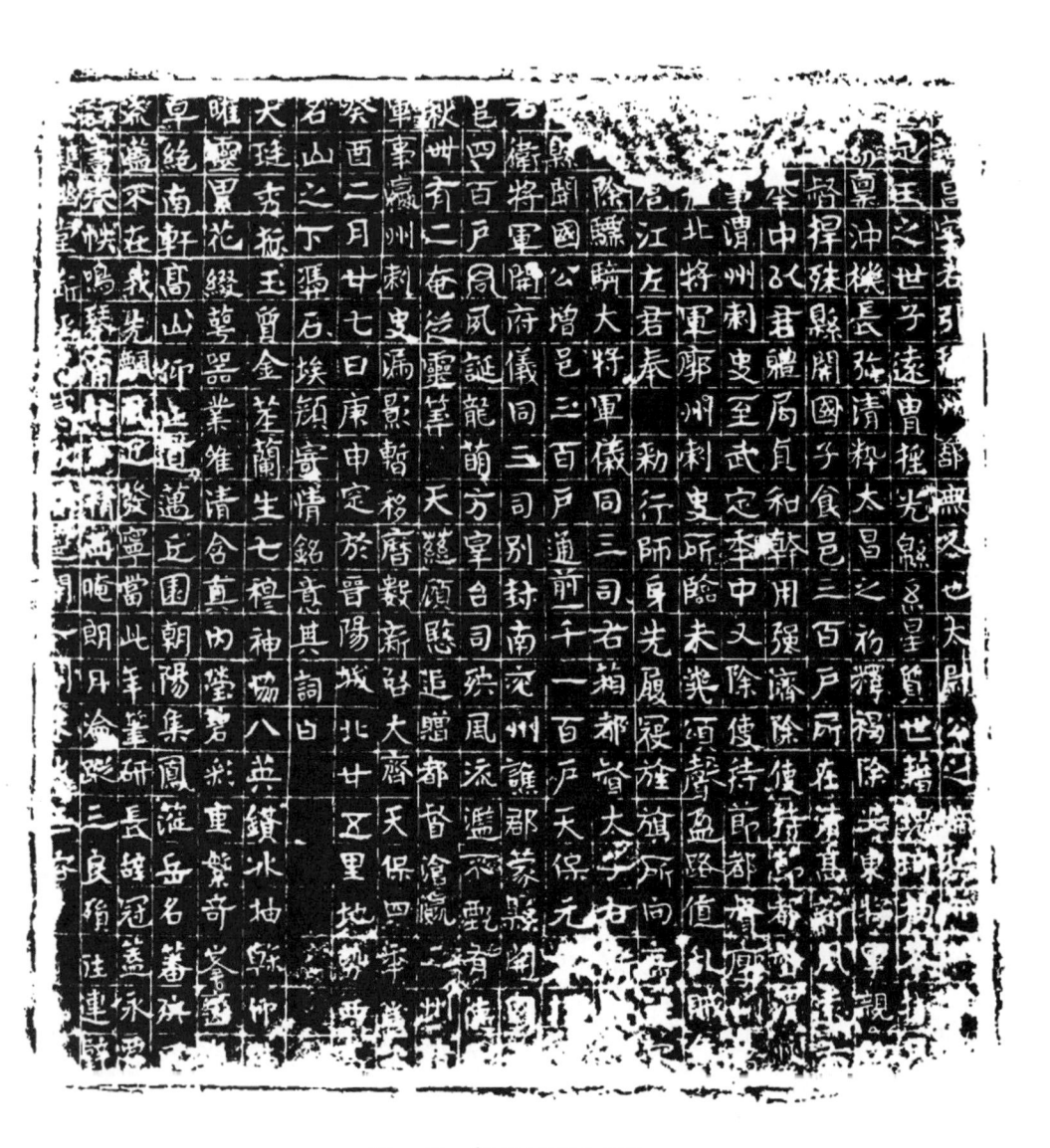

图一〇　贺拔昌墓志拓片

侯莫陈阿仁伏墓

天保六年（555）

侯莫陈阿仁伏墓（该墓出土石碑之碑文为"……侯莫陈阿仁伏薄祜少宾……"，学者对墓主姓名暂无明确判断，发掘简报《太原西南郊北齐洞室墓》中未做句读；张庆捷《可汗祠探源》一文提及此墓时称其为"侯莫陈阿仁墓"；宋馨《关陇地区对北朝墓志形制的影响》文称"死者之名似为译音，可能是'阿仁伏'"；毛远明在《汉魏六朝碑刻校注》中点校此碑全文，未对此句做句读。）位于晋源区罗城街道开化村以北的山前坡地，于2002年11月由山西省考古研究所主持发掘，发掘简报《太原西南郊北齐洞室墓》发表于《文物》2004年第6期。

侯莫陈阿仁伏墓坐北朝南，方向170°，由墓道、过道、天井、墓室组成。斜坡墓道长6.5米、宽1.4米，底部留有不规则的脚窝。拱券式过洞位于墓道中部，进深1.6米、洞高1.4米，竖穴天井长1.7米、宽0.5米。墓门以密实的鹅卵石封堵，进深0.42米、高1.6米。墓室平面略呈梯形，长2.6米、南端宽2.7米、北端宽1.9米，墓室顶部塌落，内四隅上部残留有折角，或为四面坡的攒尖顶或覆斗顶（图一）。

墓室中央放置棺木，已朽坏，仅存木灰痕迹。两具遗骸皆头向南，男性仰身直肢，女性侧身傍依于男性西侧。棺木痕迹正合于墓底的长方形生土坑，长2米、宽0.76~1.22米、坑深0.14米。墓底四周为生土二层台。在墓室西侧有一长方形的木框痕迹，长1.16米、宽0.25米，清理出少许用于祭祀的动物的碎骨。

墓葬出土随葬品80件（组），多置于墓室东侧偏南部位，少量置于墓室西南角，包括各类陶俑42件、模型明器4件，详述于后；陶器皿31件，含陶碗11件，陶罐10件，陶盒5件，陶大盘、龙柄鸡首壶、高柄莲花灯、细颈瓶、广肩瓶各1件；此外，骆驼俑旁出土小泥饼一组10余枚，皆直径2厘米、厚0.5厘米，中有穿孔，或为冥钱。棺木内在男性右手掌骨处发现1枚"常平五铢"铜钱，女性头骨旁有1面铜镜，周围似有奁盒痕迹。

图一 侯莫陈阿仁伏墓平面、剖面图

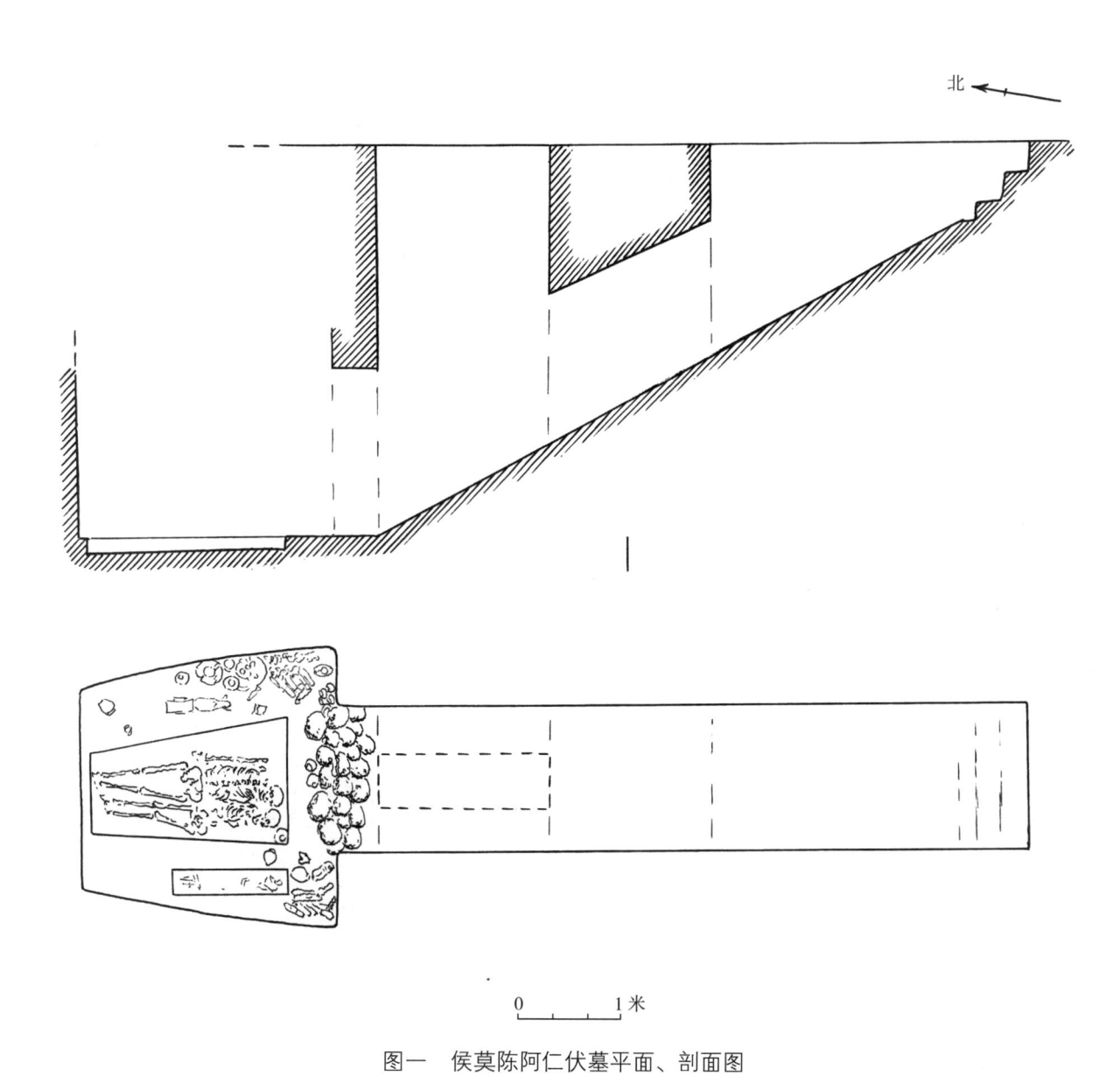

侯莫陈阿仁伏墓出土陶俑

侯莫陈阿仁伏墓出土陶俑包括镇墓武士俑、镇墓兽、仪仗武士俑、侍从俑、仪仗动物陶塑及模型明器。依前文综述分类，计有：

一、镇墓俑

（一）镇墓武士俑

Ab-Ⅱ型镇墓武士俑　2件

TM62:1，泥质灰陶俑，高41厘米。呈站姿，阔面丰颐，浓眉高耸，大眼圆睁，厚唇圆鼻，神态威武。头戴圆顶兜鍪，兜鍪两侧有护耳，顿项及肩，眉心有尖角状护额。上穿明光铠，肩有披膊，铠甲内罩窄袖襦，腰束带，下着及地缚袴，脚穿圆头靴。左手按兽面纹长盾，整只手掌横置于盾上缘，右手空握，垂于身侧，作持武器状。明光铠及兜鍪以白彩为地，上施红彩，面部、披膊、铠甲护胸及袴皆施白彩（图二，1；图版一）。

（二）镇墓兽

Aa型镇墓兽　1件

TM62:54，泥质灰陶，高34.5厘米。呈蹲踞状，头戴兜帽，帽顶有一尖角，脸型圆阔，浓眉大眼，圆鼻阔口，嘴角微下撇，大耳垂轮，颏下生络腮胡须，面相威武。长颈高昂，胸口向前隆起，肩部有卷曲状翅羽，背生三组双尖状鬣鬃，尾上卷，细腿，蹄状足。背部及身体两侧施红彩，面部、鬣鬃、四肢有白彩，兜帽施黑彩（图二，2）。

二、仪仗俑

（一）武士俑

Bb-Ⅰ型武士俑　8件

TM62:15，泥质灰陶俑，持盾武士，高20.5厘米。呈站姿，长圆形脸，弯眉细眼，厚唇圆鼻，神态端庄。头戴圆顶披裙风帽，外穿交领窄袖短襦，内穿圆领窄袖襦，腰束带，下着及地袴，脚穿圆头鞋。左手持盾斜靠于胸前，盾四边及中脊起棱，上、下有云头形饰。右手

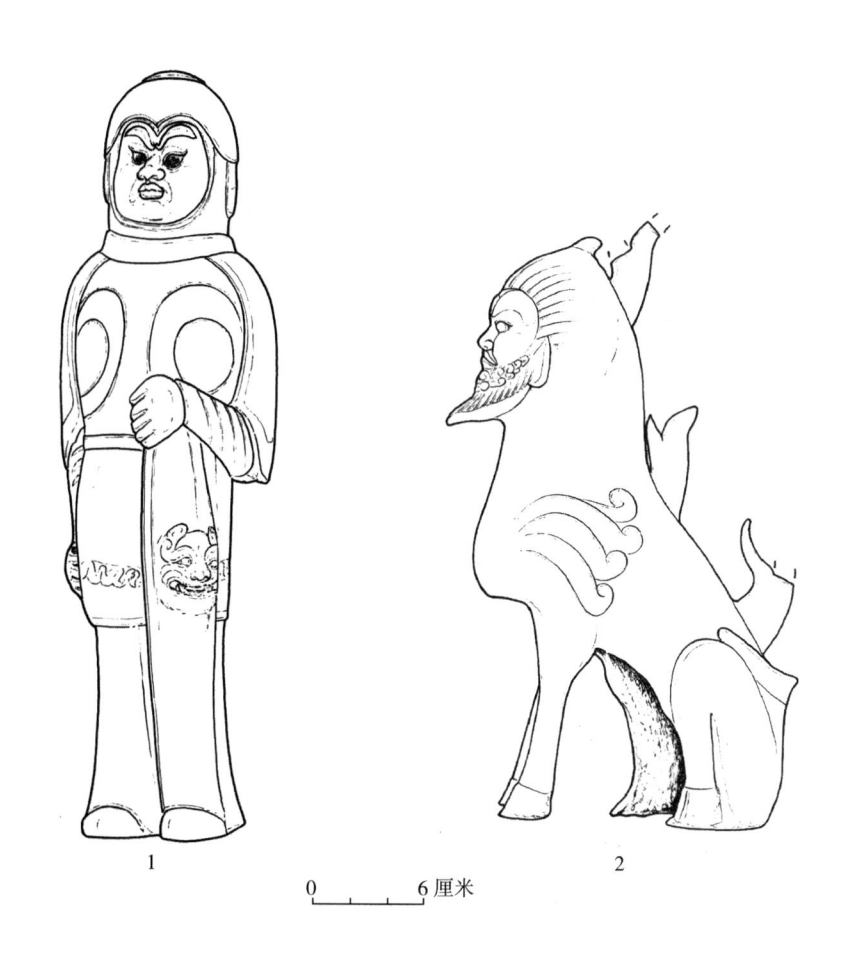

1.TM62：1；2.TM62：54
图二 侯莫陈阿仁伏墓出土镇墓俑

握拳，微曲贴于腰侧，作持物状。通体施白彩为地，表彩脱落严重，风帽、短襦皆施淡红彩（图三，1）。

Ca-I型武士俑 12件

TM62：3，泥质灰陶俑，扈从武士，高21.5厘米。呈站姿，脸型圆阔，弯眉细眼，厚唇圆鼻，神态端庄。头戴圆顶兜鍪，兜鍪两侧有护耳，向前环至颈下为护颈，眉心有尖角状护额。上穿窄袖短襦，外披氅，腰束带，下着及地缚袴，脚穿圆头靴。左手轻握腰间革带，右手藏于袖内，垂于身侧。腰前左侧有孔，似为刀剑鞘前端；腰后右侧披风突起，应配有箭囊。通体施白彩为地，兜鍪顶部及顿项皆为白色，边缘涂一周红彩，披风施黄彩，领口为深红色，短襦、袴皆脱彩严重（图三，2）。

（二）侍从俑

Ab-Ⅰ型侍从俑 7件

TM62：20，泥质灰陶俑，高20.5厘米。呈站姿，长圆形脸，弯眉细眼，厚唇圆鼻，神态端庄。头戴无垂脚软巾，外穿圆领偏襟窄袖短襦，腰束带，下着及地袴，脚穿圆头鞋。左臂微曲，贴于腹前，左手藏于袖内，长袖下垂；右手握拳，微曲贴于腰侧，作持物状。通体施白彩为地，表彩脱落严重，短襦存少量黄彩（图三，3）。

Ba-Ⅰ型侍从俑 10件

TM62：39，泥质灰陶俑，高21厘米。呈站姿，长圆形脸，弯眉细眼，厚唇圆鼻，神态端庄。头戴翻耳扇圆顶风帽，耳扇翻起系于帽顶旁，帽裙折起勒束于脑后。外穿半袖襦，袒右臂，露出内穿的圆领窄袖襦，腰束带，外衣右袖于腰侧系于带内，下着及地袴，脚穿圆头鞋。双臂曲起，左手上举，贴于肩前，右手贴于腹前，皆作握拳执物状。通体施白彩为地，表彩脱落严重（图三，4）。

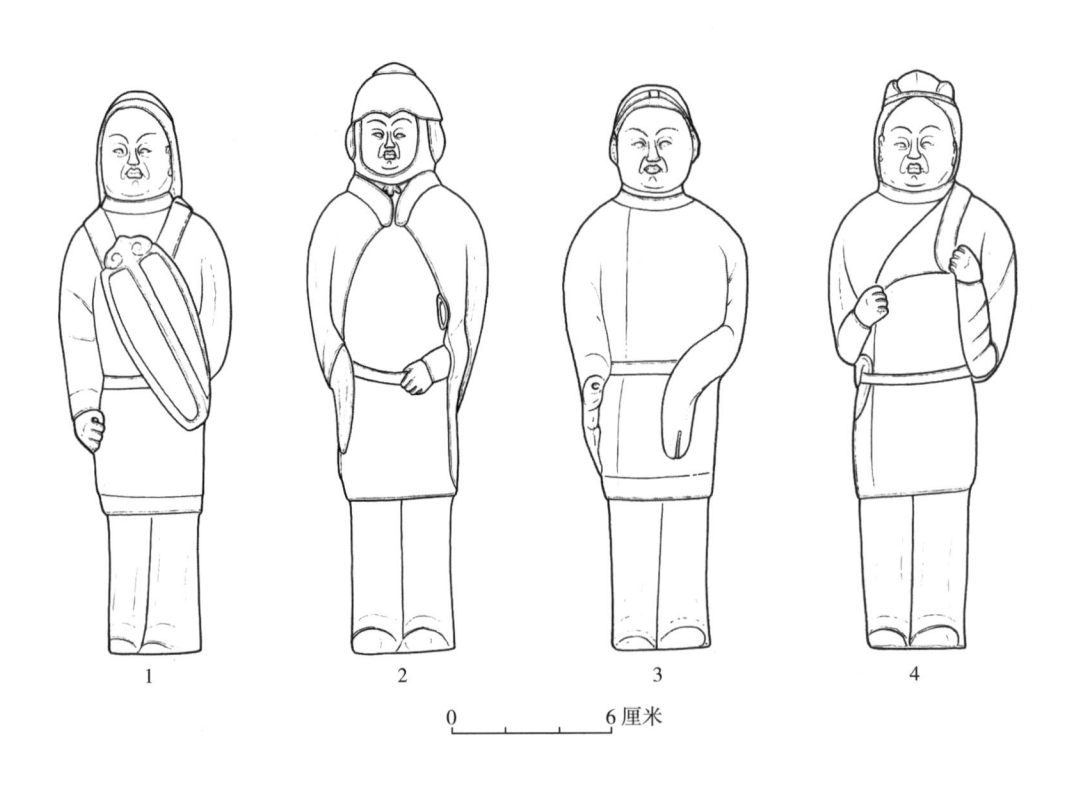

1.TM62：15；2.TM62：3；3.TM62：20；4.TM62：39
图三　侯莫陈阿仁伏墓出土仪仗武士俑、侍从俑

（三）仪仗动物陶塑

Aa型陶骆驼　1件

TM62：11，泥质灰陶，高32厘米。单峰驼，小耳短鬃，厚唇露齿，四蹄直立，短尾上翘，作昂首嘶鸣状。背负货囊，货囊两端有兽面纹装饰，囊下似压有一匹丝绸，囊顶或为一圆形坐垫。通体施白彩为地，驼身施黄彩，驮囊为白色，囊上系带施红彩（图四，2）。

A型陶牛车　1组

TM62：37，泥质灰陶，牛高23.5厘米、长28厘米，车高30厘米、长25厘米。陶牛身躯雄壮，筋肉虬结，昂首扬鼻，犄角上竖，四蹄微外撇，立于长方形踏板之上，作负重向前状。通体施红彩，以黑色宽线条绘出鞴带，头部佩戴笼头、圆形节约，颈肩有车轭孔，用于承接车辕。牛后置一辆双轮卷棚顶车，车舆前壁绘红白竖格象征条窗，底座前部左、右两侧各有一孔，用以置车辕，后壁偏右开门。车轮为纺锤形轴头。车篷左、右边框各有三个穿孔，或用于插羽葆旗帜（图四，1；图版二）。

三、模型明器

B型陶井　1件

TM62：21，泥质灰陶，直径11.6厘米，高10.2厘米。呈圆筒形，上有宽平沿井口，井体微变形（图四，5）。

B型陶碓　1件

TM62：42，泥质灰陶，长13.7厘米，高7.8厘米。长方形底座，前有圆形碓窝，后有一内收一外撇的直立碓架，碓锤及碓杆已不存（图四，4）。

陶灶　1件

TM62：52，泥质灰陶，高13厘米。后有高耸的阶梯状挡火墙，下设拱形灶门，灶台上置一圜底釜，与灶台连为一体，挡火墙背后饰五朵垂花，灶门两侧各饰一朵七瓣花卉（图四，3）。

陶厕　1件

TM62：38，泥质灰陶，高8.2厘米。近"回"字形，一半残缺。后墙外壁以白彩为地，上以红彩绘制一人，呈蹲坐姿，长发未束，昂首扬臂，面带笑容。

1. 0 ―――― 12 厘米　2—5. 0 ―― 5 厘米

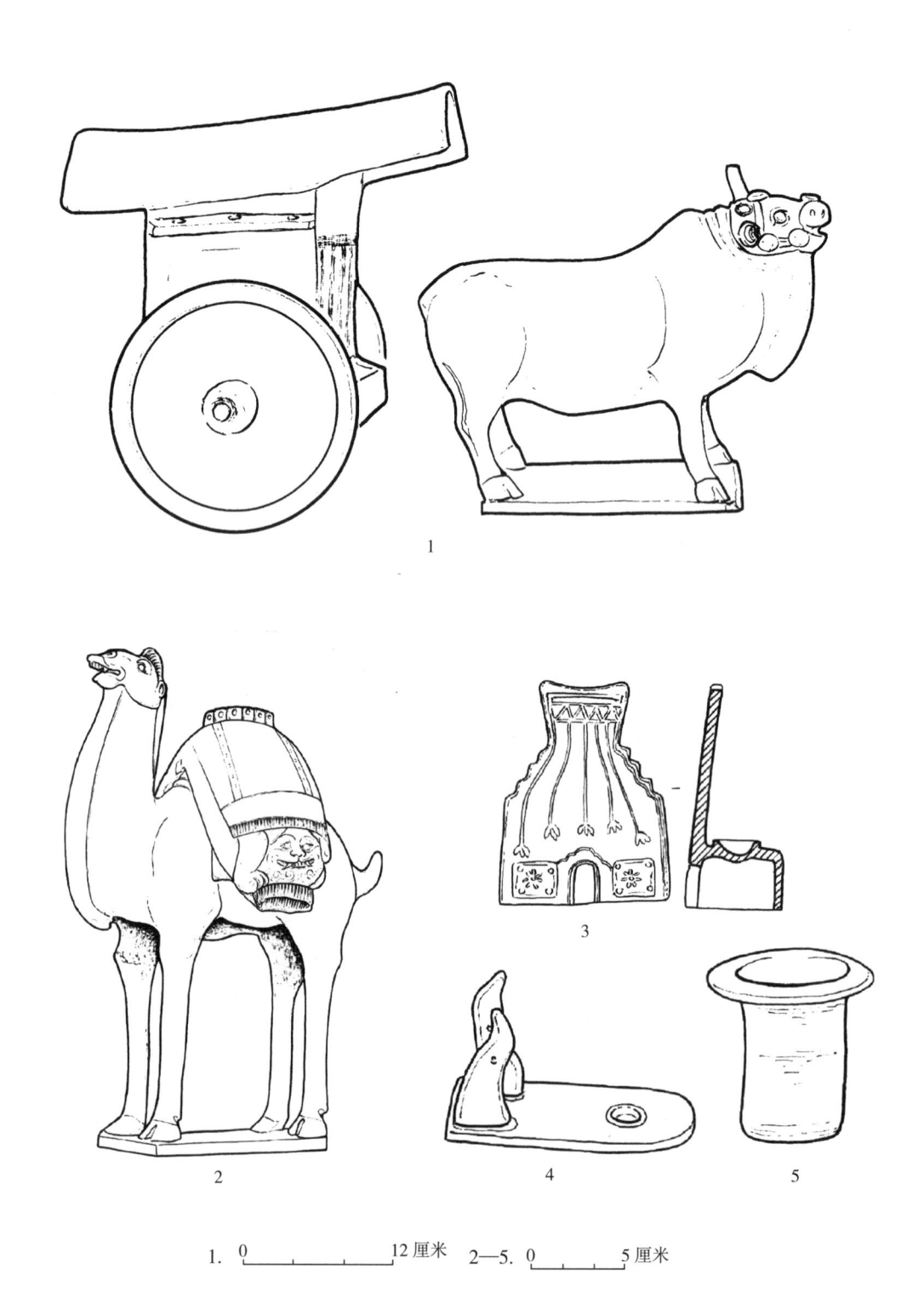

1.TM62：37；2.TM62：11；3.TM62：52；4.TM62：42；5.TM62：21
图四　侯莫陈阿仁伏墓出土仪仗动物俑、模型明器

侯莫陈阿仁伏墓碑

墓碑发现于天井开口处，简报推测可能是原竖立在地表的标识物。该墓碑为沉积砂岩质，石面粗糙、斑驳，磨损严重，碑高76厘米、宽39厘米、厚15厘米，石碑形制特殊，下半部分为未打磨的毛坯，碑首为半圆形，中央有一浮雕人物立像，雕制粗糙，人物头绾双髻，身穿

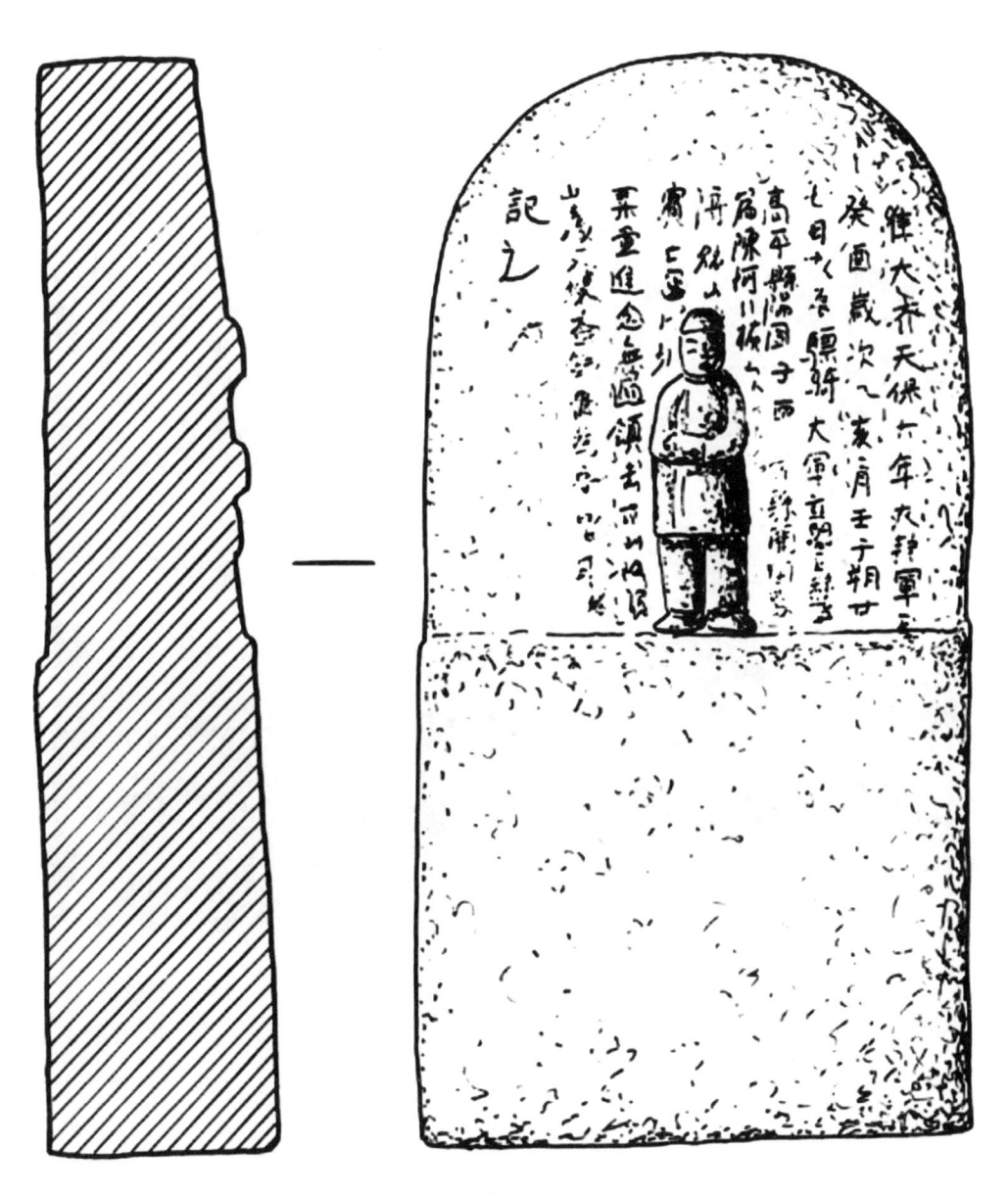

图五　侯莫陈阿仁伏墓碑

圆领右衽直襟短襦，下着长裤及鞋，人像旁及上部阴刻10行碑文，书写草率，漫漶不清（图五、图六）。

【碑文】唯大齐天保六年，大将军□，」癸酉岁次乙亥二月壬子朔廿」七日戊辰，骠骑大军、直阁正都督、」高平县开国子、西舞县开国男，侯」莫陈阿仁伏，」薄祜少」宾，亡妻叱列」弃（圣），进念无（逻），殡（葬）并州城西」山陵，女奴益钱，（乃）为守墓，且铭」记之。

图六　侯莫陈阿仁伏墓碑首拓片

乔花墓

天保七年（556）

乔花墓出土陶俑为公安机关追缴所得，墓葬所在地、形制及其他出土文物情况不详。

乔花墓出土陶俑

乔花墓现存的陶俑包括镇墓武士俑、镇墓兽、仪仗武士俑、文吏俑、侍从俑、伎乐俑、侍女俑。依前文综述划分型式，择其中较典型者列述于下：

一、镇墓俑

（一）镇墓武士俑

Ab-Ⅰ型镇墓武士俑　2件

BK01808，泥质灰陶俑，高43厘米。呈站姿，阔面浓眉，双目圆睁，高鼻厚唇，嘴角微下撇，络腮短须，神态威武庄重。头戴冲角兜鍪，中脊起棱，两侧有护耳，后有帽裙，眉心有圆形蜗卷状饰物。上穿明光铠，肩有披膊，铠甲内着窄袖襦，腰束带，下着及地缚袴，脚穿圆头靴。左手按长盾，拇指贴于盾上缘，四指贴于盾面；右手握拳下垂，作持武器状。彩绘保存完好，武士面部施粉白色彩，以黑、红两色勾涂眉、眼、胡须及嘴唇；兜鍪边缘、中脊、护耳、顿项施深红色彩，顶部两侧自外至内施浅红、白、黄三色彩；铠甲为浅红色，护胸外周施白彩，袴及披膊皆施白彩，披膊上以墨线勾绘鱼鳞状甲线，外缘涂深红色彩；盾牌为深灰色，上绘兽面，血口獠牙，形象狰狞（图一，1；图版一）。

BK01809，与BK01808造型相同，彩绘脱落严重。

（二）镇墓兽

Ab型镇墓兽　1件

BK01810，泥质灰陶，高28.5厘米。呈蹲踞状，脸型圆阔，浓眉卷梢，大眼圆睁，圆鼻高挺，阔口厚唇，大耳垂肩，脑后三缕发束贴于头顶，颏下短须卷曲，正中长须垂于胸前，仰面远望，容貌端庄憨厚。脖颈粗短，胸口前凸，肩生卷曲翅羽，背生鬣鬃，尖端断失，四肢细瘦，三趾爪状足。彩绘保存较好，面部施白彩，须发皆为黑色，唇色鲜红；胸口、前肢施白彩，上以黑彩勾绘细节；身体施黑、浅红、浅黄三色彩，以黑彩勾绘细节（图一，2；图版二）。

1. BK01808；2. BK01810；3. BK01793
图一　乔花墓出土镇墓俑、仪仗武士俑

二、仪仗俑

（一）武士俑

Aa-Ⅰ型武士俑

BK01797，泥质灰陶俑，背盾武士。呈站姿，长圆形脸，浓眉圆眼，厚唇高鼻，唇上绘有短须，容貌威武。头戴冲角兜鍪，中脊起棱，两侧有护耳，顿项及肩。外穿明光铠，内穿窄袖襦，腰束带，下着及地缚袴，脚穿圆头鞋。左肩斜背长盾，四边及中脊起棱，上、下有云头形饰。左手曲于腹前，轻握带扣，右手举于肩侧，作持物状。彩绘保存状况不佳，兜鍪边缘存少量红彩，顶部有少量黄、白彩；武士面部污损较重，可见施有淡粉色彩，眉、眼、胡须以黑彩描绘，唇涂红彩；明光铠施红彩，胸前圆护施白彩，皆脱落较重；披膊以墨线绘出鱼鳞状甲叶，腰带施黑彩，下身彩绘皆脱落污损较重（图二，2；图版三）。

1.BK01791；2.BK01797；3.BK01781；4.BK01789
图二　乔花墓出土仪仗武士俑、侍从俑、文吏俑

Cb-I 型武士俑

BK01793，泥质灰陶俑，扈从武士，高22厘米。呈站姿，长圆形脸，弯眉大眼，厚唇圆鼻，唇上有两撇短须，双目半睁，神态慵懒。头戴尖顶兜鍪，两侧有护耳，顿项披肩，眉心有云头状护额。上穿鱼鳞铠，外披氅，腰束鞢韄带，下着及地袴，脚穿圆头靴。左手轻握腰间革带，右手藏于袖内，微曲垂于胯前。彩绘保存完好，武士面部施粉色彩，墨线勾勒眉、眼、胡须，嘴唇涂红彩；兜鍪施淡黄色彩，边缘及中脊勾绘浅红色彩；披风为浅红色，内层为黄色，上身鱼鳞铠亦为黄色，腰间鞢韄带为黑色，下身甲裙及袴、鞋皆施白彩（图一，3；图版四）。

Cd型武士俑

BK01791，泥质灰陶俑，扈从武士。身形较清瘦，头戴额护，内有头巾扎束起提至头顶，垂至额护前。上穿宽袖褶衣，外罩裲裆铠，腰束革带，下穿及地缚袴，脚穿圆头鞋。左手藏于袖内并贴于身侧，袖口卷起；右手曲于胸前，轻抚胸甲。通体施白彩为地，眉、眼存少量黑彩，唇有零星红彩，宽袖褶衣施淡红彩，护额、裲裆铠及缚袴皆存白彩（图二，1；图版五）。

（二）文吏俑

Ab-I 型文吏俑

BK01789，泥质灰陶俑。呈站姿，长圆形脸，弯眉细眼，神态闲适，身形清瘦，有秀骨清像之态。文吏头戴小冠，外穿右衽广袖褶衣，内穿圆领襦，腰束革带，下穿及地大口缚袴，脚穿圆头鞋。右手空握于胸前，左臂微曲于身侧，左手掩于袖内，似手握带尾。小冠、头发及革带施黑彩，面部及手部施粉白色彩，墨线彩绘眉、眼、胡须，红彩涂唇；外穿广袖褶衣施淡红彩，内衬圆领衫及袴、鞋皆施白彩（图二，4；图版六）。

（三）侍从俑

Aa-I 型侍从俑

BK01799，泥质灰陶俑，高20.8厘米。呈站姿，阔面丰颐，弯眉细眼，厚唇圆鼻，神态慵懒。头戴双棱翻耳扇披裙风帽，外穿大翻领半袖短襦，内穿圆领窄袖襦，腰束鞢韄带，下着及地袴，脚穿圆头鞋。左手藏于袖内，微曲于腹前；右手握拳，下垂贴于腰侧，作持物状。彩绘保存完好，侍从面部施粉白色彩，墨线勾勒眉、眼、胡须，嘴唇涂红彩；风帽及翻领半袖短襦皆施浅红色彩，翻开的衣领内层施黄彩，内衬窄袖襦及鞢韄带、鞋施白彩，袴及胸前露出的内衬皆为浅灰色（图三，2；图版七）。

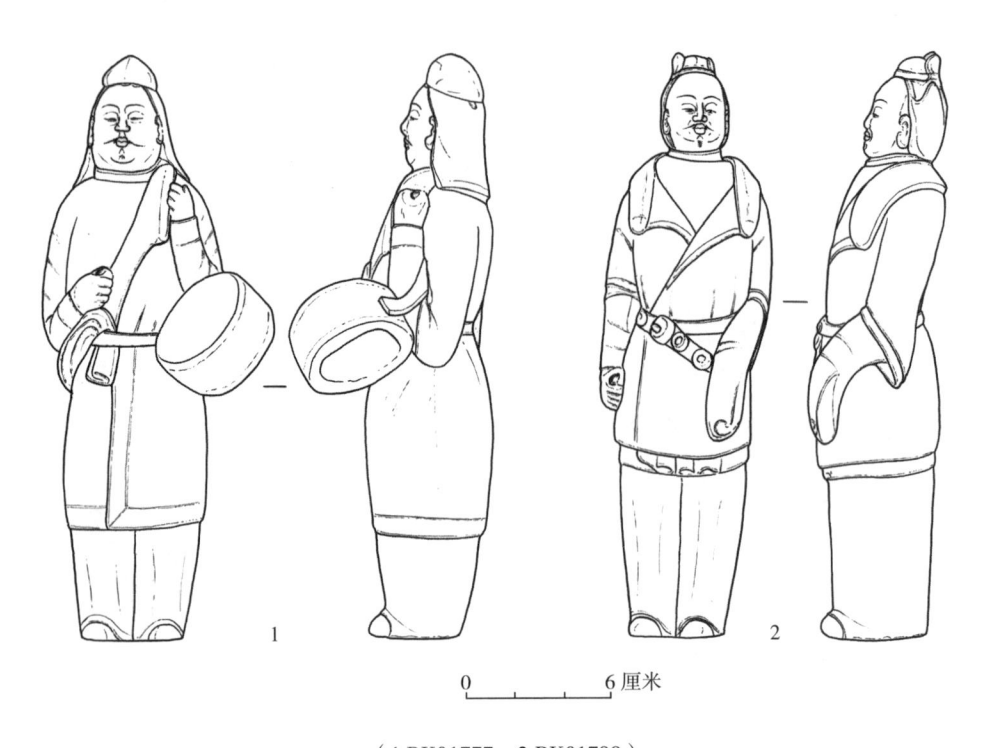

（1.BK01777；2.BK01799）

图三 乔花墓出土伎乐俑、侍从俑

Ab-Ⅲ型侍从俑

BK01781，泥质灰陶俑。呈站姿，面颊圆阔肥胖，弯眉较长，眼睛半睁，厚唇圆鼻。头戴三棱风帽，外穿圆领偏襟窄袖襦，腰束革带，上有圆形带饰，下着及地袴，脚穿圆头鞋。左手藏于袖内，微曲于腹前；右手握拳，下垂贴于腰侧，作持物状。通体施白彩为地，面部施淡粉色彩，墨线勾勒眉、眼、胡须，红彩涂唇；风帽及革带施黑彩，圆领襦施淡红色彩，脱落较重，袴、鞋皆存白彩（图二，3）。

（四）伎乐俑

Aa-Ⅰ型伎乐俑

BK01777，泥质灰陶俑，高22.3厘米。呈站姿，阔面层颐，弯眉细眼，厚唇圆鼻，双目半睁，神态慵懒。头戴三棱披裙风帽，外穿短襦，将一面衣领翻下至胸前，并将衣袖掖于腰带下，露出内衬的圆领窄袖襦，下着及地袴，脚穿圆头鞋。腰左侧悬挂一面圆形腰鼓，左手抬起于肩侧，右手曲于胸前，双手握拳作持鼓槌状。彩绘保存较完好，鼓手面部施粉白色彩，墨线勾勒眉、眼、胡须；风帽施黑彩，外穿的窄袖襦以白彩为地，上施深红彩，内衬的圆领襦施黄彩，下穿浅灰色袴（图三，1；图版八）。

三、家居俑

（一）女侍俑

Ab-Ⅰ型女侍俑

标本BK01769，泥质灰陶俑。侍女呈站姿，面微右偏，面容圆润，弯眉细眼，圆鼻小口，脖颈修长，身材挺拔。头梳大型双高髻，身穿右衽宽袖衫，下穿曳地长裙，后裙摆撩起于腰间，由左臂轻轻夹持，右臂曲于身侧，右手轻握，贴于腹前。彩绘保存完好，面部、颈部施淡粉色彩，以黑彩涂绘头发及眉眼，红彩点唇；右衽宽袖衫施橙红色彩，袖口内侧施白彩，长裙施黄彩（图四，1；图版九）。

Ad型女侍俑

标本BK01774，泥质灰陶俑。侍女呈站姿，身姿清瘦挺拔，方面长颈。头梳扇形宽髻，身穿交领宽袖衫，下穿长裙。左手持簸箕，垂于身侧；右手持短帚，曲于肩前。彩绘保存情况较差，面部彩几乎完全脱落，仅存少量白色底彩，头发施黑彩；上身宽袖衫施淡红彩，裙颜色灰暗，存零星淡红彩，手中所持短笤帚和簸箕存有少量粉色彩（图四，2；图版一〇）。

1
2
3

0　　　　　6厘米

1.BK01769；2.BK01774；3.BK01796

图四　乔花墓出土女侍俑

Bb-I 型女侍俑

标本BK01796，泥质褐陶俑，侍女单膝跪地，手持盆、勺，作倾倒状。侍女身形纤瘦，面容小而圆润，低头看手中盆。头梳双高髻，身穿右衽宽袖褶衣，下穿阔腿裤。左腿曲跪于地，右手持一折沿深腹平底盆，作倾倒状，左手持一大勺接于盆下。彩绘保存不佳，侍女头发施黑彩，面部彩脱落较重；上衣施黄彩，下裤及盆、勺皆仅存零星白色底彩，露出褐陶本色（图四，3；图版一一）。

乔花墓志

志盖素面盝顶，长48厘米、宽49厘米、厚4厘米，阴文篆书，共7行，行6字，计42字（图五）。墓志方形，砂石质，长55厘米、宽48厘米、厚6.2厘米，志文阴文隶书，兼有篆法，共24行，满行24~25字，计546字（图六）。

【志盖】齐故使持节都」督云朔二州诸」军事平西将军」云州刺史兰多」妻广阿公国太」夫人敷城郡君」乔氏墓志之铭

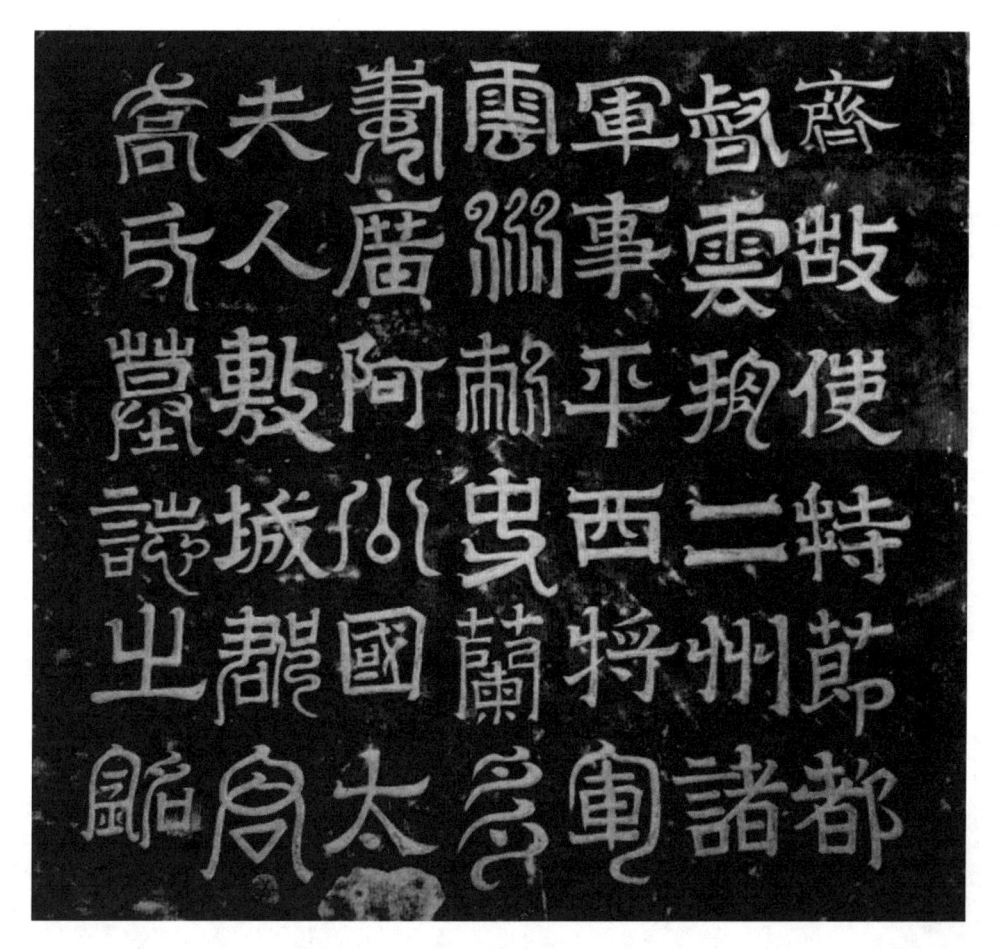

图五 乔花墓志盖拓片

【志文】郡君讳花,太安狄那人也。十二世祖汉司空玄,自兹以还,风流丨相嗣。祖黑水平城长史,父杜孤郎高柳太守,并能克荷,俱称世载。丨郡君生而神悟,少禀天然,孝友因心,恭谨成习,至于酒醴麹蘖丨之和,玄黄朱绿之制,时流服其高妙,亲姻仰为楷式。凡斯事丨类,尽号恢通,固已业著醢风,功成蔡训者矣。礼也有行,言归斯丨及,克膺繁祉,载诞龙光。属水运将迁,多难孔棘,扶老携幼,自北丨而南,推衣舍食之仁,让肥弃小之节,足使道行蛮貊,事感寇仇。丨成此义门,咸由德教,加以才识明敏,智量冲深,预睹机微,暗开丨符命,故能迁基乐土,竭力兴王,资孝为忠,起家形国。虽复训丨成令,胤翻作功臣,位列三司,爵穷五等,骨徒塞路,文物生光,庭丨驻高车,门罗长戟,击钟且食,锐歌乃行,未有骄矜之容,常以奢丨盈为诫。恭则小过,俭多逼下,身受敷城郡君,年高位极,而采萍丨采藻,念洁先之祭,必躬必亲,思流后世之法。荣朝贵室,含饴弄丨孙,斯乐未穷,雕亡奄至,春秋七十有六,以天保六年三月十一丨日薨于沧州府界,粤以七年岁次丙子三月丙子朔九日甲申定丨窆于蒙山东北六里,所恐山谷之或变,求名氏以难知,庶日光丨之再睹,表盛德而方垂,故作铭曰:丨

天唯造化,人实资灵,不含纯嘏,孰挺休明。灼灼秀异,婉婉仪形,丨行随年积,德与身

图六 乔花墓志拓片

成。外从他族，作配君子，上奉舅姑，旁穆娣姒。」动必中规，言常可纪，价侔金玉，芳齐兰芷。门盛由仁，声高者实，」处贵弥损，居满惧溢。无非无议，有始有卒，厥志不逾，其仪乃一。」寿期归尽，自古然哉，名扬身没，生荣死哀。是称不朽，永播将来，」岂伊玄石，独寄岩隈。」

大齐天保七年岁次丙子三月丙子朔九日甲申执刊。

窦兴洛墓

天保十年（559）

窦兴洛墓位于太原市晋源区罗城街道开化村以北的山前坡地，该墓群于2002年1月下旬至2003年3月上旬由山西省考古研究所、太原市文物考古研究所、晋源区文物旅游局组成的联合考古队发掘，其中编号为TM85的北齐墓葬保存完好，根据墓志可知墓主人为窦兴洛，葬于天保十年。发掘简报发表于《考古与文物》2006年第2期。

窦兴洛墓为单室土洞墓，坐东朝西，方向270°，由墓道、墓门、墓室组成，未经盗扰，墓葬形制及随葬品保存完好。斜坡墓道，长8米、宽1.1米，坡道底部有不规则的脚窝。生土洞口内进0.9米、高2米，以河卵石块密实封堵。墓室平面呈圆角长方形，长3.2米、宽2.83米，墓室四周壁上部稍有斜坡状收束，应为四面坡的覆斗形洞室顶，已塌陷（图一）。

墓底有长方形生土坑，长2.08米，西端宽0.72米、东端宽0.54米，深0.4米，坑内有椁板朽木灰痕，痕迹与土坑形状吻合，两端有锈蚀铁环，未见椁底板痕，推测墓内原有覆围棺木的椁厢侧立板和椁厢盖板。棺内有一具遗骸，已腐朽成粉末状，无法清理出成形的尸骨状态，从残留在西端的牙齿来看，墓主人的头颅朝向西方。

墓葬出土文物17件。墓志1合出土于棺椁西侧正对墓门处，文物多位于墓志周围，包括各类陶俑5件，模型明器5件，详述于后；陶器皿6件，含陶碗3件，细颈瓶、广肩瓶、罐各1件。此外，该墓上方的回填扰土中发现北齐天统二年（566）石碑一块，简报推测为另墓遗物，因现代平整土地而移动至此。

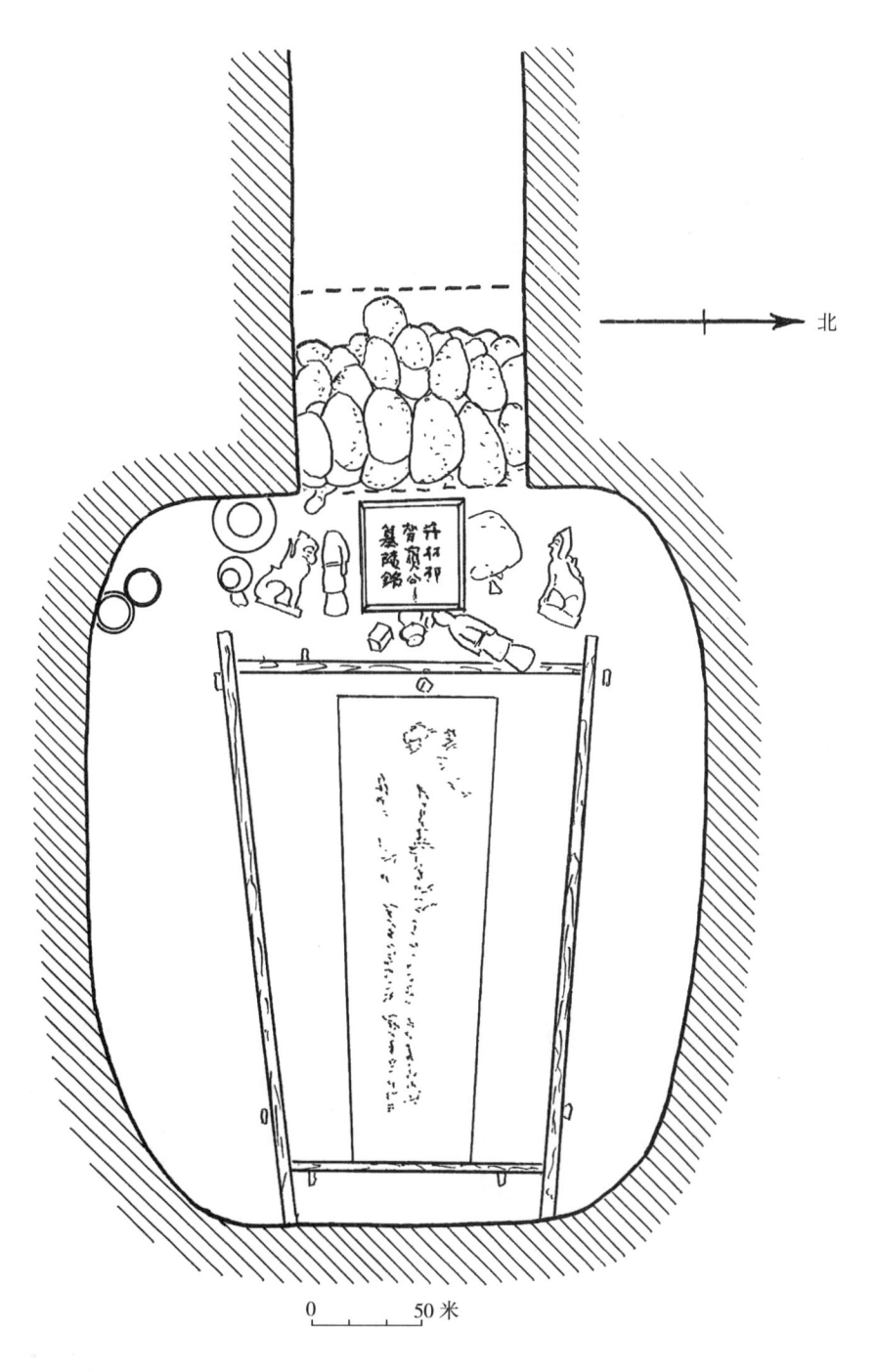

图一 窦兴洛墓平面图

窦兴洛墓出土陶俑

窦兴洛墓随葬品置于棺椁西端外侧与墓门封石之间，有陶俑、陶器皿及模型明器，陶俑包括镇墓武士俑、镇墓兽、女官俑，共5件。依前文综述划分型式，计有：

一、镇墓俑

（一）镇墓武士俑

Ab-Ⅰ型镇墓武士俑 2件

TM85：5，泥质灰陶俑，高43.5厘米，出土于棺椁西端墓志两侧。呈站姿，阔面丰颐，弯眉圆眼，厚唇高鼻，容貌威武。头戴冲角兜鍪，中脊起棱，两侧有护耳，顿项及肩，下有帽裙披于肩上，有数层褶皱。上穿明光铠，肩有披膊，铠甲内罩长袖襦，腰束鞢韐带，下着及地缚袴，脚穿圆头靴，立于踏板上。左手按兽面纹长盾，拇指贴于盾上缘，四指贴于盾面；右手握拳，垂于身侧，作执物状。通体以白彩为地，表彩脱落严重，兜鍪、革带存有少量红彩（图二，1；图版一）。

（二）镇墓兽

Ab型镇墓兽 1件

TM85：3，泥质灰陶俑，高32.5厘米。呈蹲踞状，人面兽身，脸型圆阔，弯眉大眼，圆鼻薄唇，嘴角微上扬，大耳垂肩，颏下生络腮卷曲短须，面相端庄。头戴兜帽，帽顶有一尖角，额前帽沿饰六枚圆形泡状饰。胸口微隆，肩部有卷曲状翅羽，背生三组尖状鬣鬃，长尾盘于身体左侧，四肢细瘦，三趾爪状足（图二，4）。

Bb型镇墓兽 1件

TM85：2，泥质灰陶俑，高31厘米。呈蹲踞状，猛兽头颅，两耳直立，浓眉卷曲，双目圆睁，阔鼻高耸，血口大张，露出上、下四颗獠牙，舌尖顶于上颚。胸口微隆，肩部有卷曲状翅羽，背生三组尖状鬣鬃，长尾盘于身体左侧，尾端抵于左膝前，四肢细瘦，三趾爪状足（图二，3）。

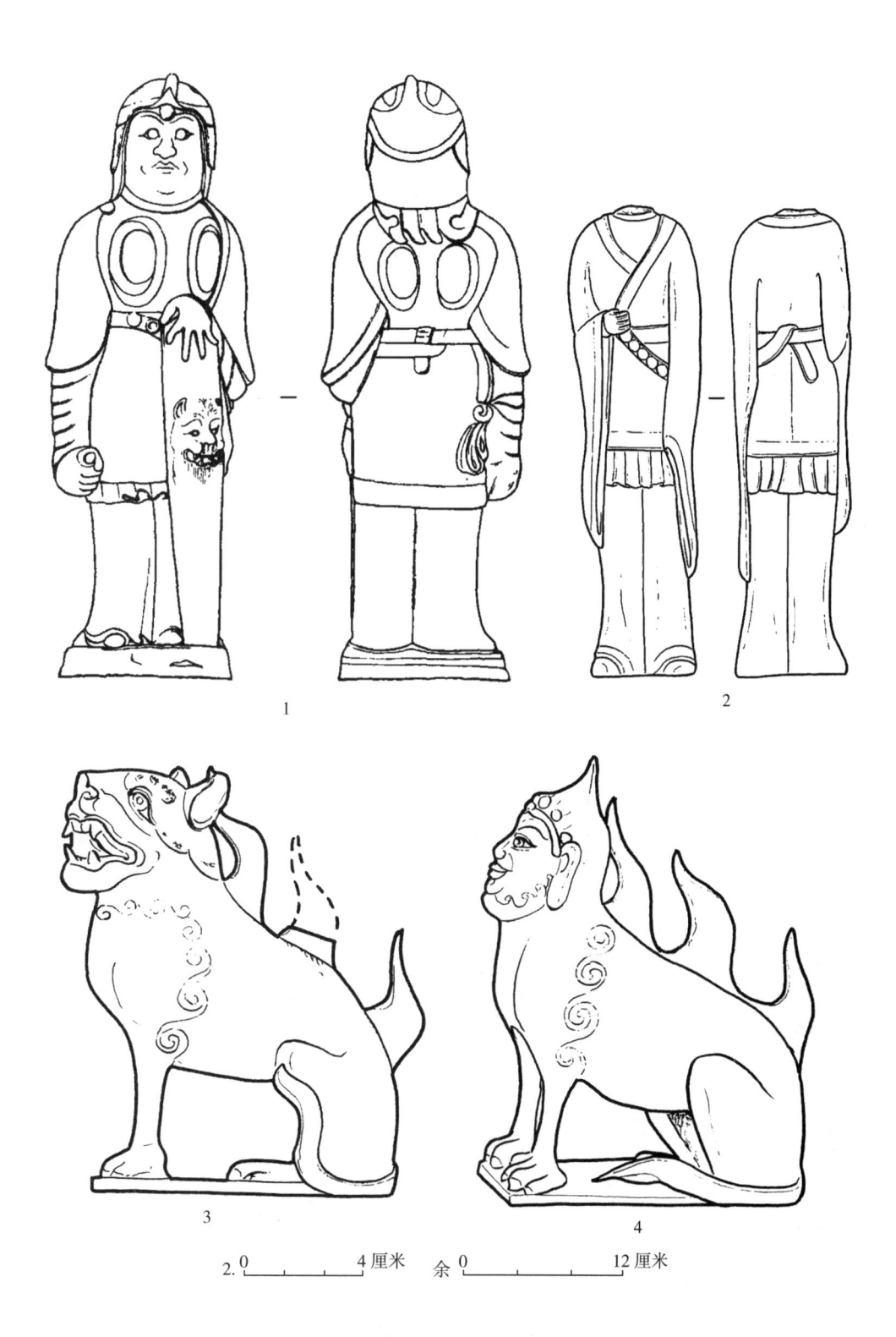

1.TM85:5；2.女官俑；3.TM85:2；4.TM85:3

图二　窦兴洛墓出土陶俑

二、仪仗俑

Aa型女官俑 1件

泥质灰陶俑，出自TM85：9陶厕中，未单独编号。俑头残缺，残高15厘米。呈站姿，身穿广袖褶衣，右衽交领，腰束鞢韘带，下穿及地大口缚袴，脚穿圆头鞋。右手握拳，曲于腹前，作持物状；左臂微曲，下垂贴于身侧，左手藏于袖内。女俑出土于陶厕模型中，同出一梳双髻的女俑头，因未能和身体恰好接合，原简报未将其作为一件。贺拔昌墓出土的此型女官俑头梳双髻，身形、服饰皆与窦兴洛墓所出者一致（图二，2）。

三、模型明器

A型陶井 1件

TM85：12，边长7厘米，高4.5厘米。呈正方形，下有底，上有搭成"井"字形的井栏（图三，2）。

陶磨 1件

TM85：10，高11.5厘米。呈圆形，下无底，磨盘与底座连为一体，上有投料口，微上凸（图三，1）。

A型陶碓 1件

TM85：11，高11厘米。长方形底座，前有圆形碓窝，后有外撇的碓架，碓锤及碓杆已不存。

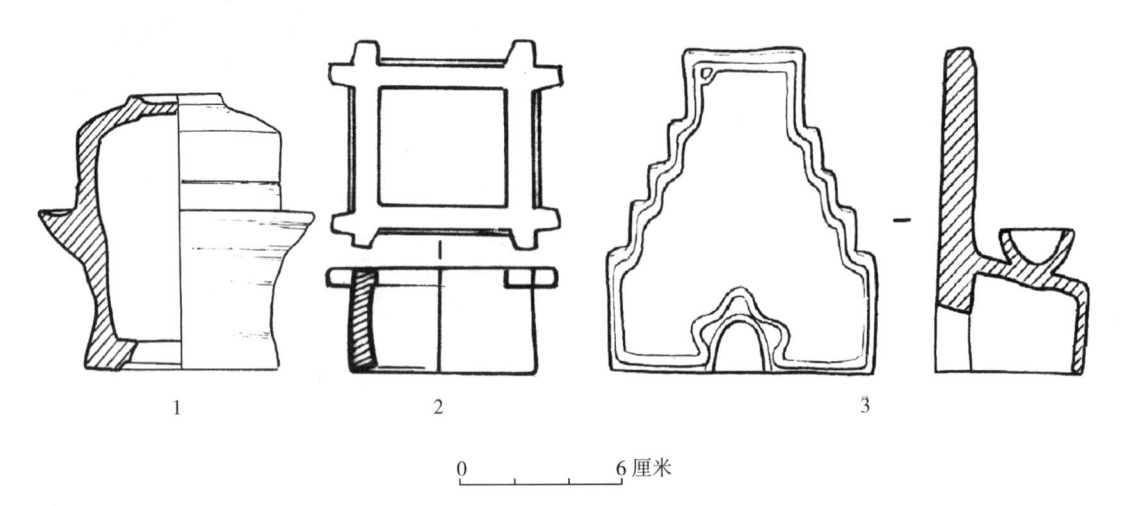

（1.TM85：10；2.TM85：12；3.TM85：13）

图三 窦兴洛墓出土模型明器

陶灶　1件

TM85：13，高13.5厘米。后有高耸的阶梯状挡火墙，下设拱形灶门，灶台上置一圜底釜，与灶台连为一体，挡火墙背后沿其边缘有两周凸起纹饰（图三，3）。

陶厕　1件

TM85：9，边长10.5厘米。呈方形，一角有内折的出入口。

窦兴洛墓志

墓志为青石质，边长50~53厘米、厚18厘米。志盖盝顶形，篆书阴刻3行9字："齐故都督窦公墓志铭。"志石隐约有方格界线，志文基本清晰，碑体志文21行，共373字（图四、图六）。

图四　窦兴洛墓志盖拓片

图五　墓葬填土出土石碑拓片

【志盖】齐故都｜督窦公｜墓志铭

【志文】大齐天保十年岁次己卯十月乙酉朔十三日丁酉，｜故骠骑大将军、直斋、都督轵关镇城嘱朱荷窦兴｜洛，扶风槐里人也。武川公之孙，太府少卿之子。其｜先周之苗裔，郑桓窦公之后。若其悬米滥觞之源，｜命氏锡珪之绪，八袭九城之业，五衢四照之华。故｜以刊籍甚于玉纪，编休烈于金丹者矣。冠冕重世，｜衣缨相袭。公感天地淳粹，应岳渎之精。河目挺征，渊｜角表相。曰自绮纨，若如机颖。贻奇舍李，见异陈梅。｜体叔则之清通，兼浚冲之简要。孝实行本，忠为令｜德。养躬和乐，敬极心颜。推疾用忧，深被成于鳞羽；｜丧则致哀，缠于松柏。若如贵博，不持章句。公拔迹」投躯，屡拯国命。自性为原，佥然声著。积圣开原，群」才启遘。世居扶风之美垣。公性好浮沈，意尚深静。」自兄及弟，涅纶十室。姑妹姊姨，绵延皇戚。公可谓」寒卿之纤纩，俭家之黍稷。方当入赞龙庭，飞璎上」级。何悟霜降石苗，飘残未实。故以镌石，用垂不朽。」其铭曰：」

凤典发祥，龙图兆庆。同兹玉鼓，握彼金镜。四时启」期，七百传命。我君应运，唯神降祉。公侯子孙，必复」其始，历天成曜，纪地为里。唯兄及弟，穆穆汪汪。如」何哲人，永寝幽堂。

窦兴洛墓发掘时曾在墓位上方的垫土层中发现一块北齐纪年石碑，长90厘米、宽38厘米、厚15厘米。石碑形制特殊，下半部分为未打磨的毛坯，碑首为半圆形，磨制平整，上阴刻隶书，共4行，行6字，计24字（图五）。

【碑文】大齐天统二年」二月廿九日北」显州故都督矫」贵策铭记之也。

图六　窦兴洛墓志拓片

张肃俗墓

天保十年（559）

张肃俗墓位于太原市西南蒙山之麓的圹坡，1955年，太原胜利器材厂于此地取土时发现该墓葬，将墓内较完整的文物取出后送交晋源文化馆，后晋源文化馆又转交山西省博物馆，之后山西省文物管理委员会对墓葬进行了清理，将清理所得陶俑残块交于山西省博物馆。墓葬概况、出土陶俑、墓志图版及录文刊于山西省博物馆编《太原圹坡北齐张肃墓文物图录》中，资料初刊时将墓主张肃俗误断为张肃。

张肃俗墓为单室土洞墓，坐北朝南，方向180°，由墓道、墓门、墓室组成。墓道情况不明，墓门宽90厘米，以不整齐的石块封闭，墓室边长约290厘米，为四面坡攒尖顶，四壁高约145厘米处内收，墓顶高约190厘米。葬具有木棺，棺内殓一具骨骼，头向北。

该墓随葬品位置已被扰动，共出土文物42件，包括各类陶俑26件、模型明器5件，完好可辨者详述于后；陶器皿11件，含陶碗8件、陶罐3件。

张肃俗墓出土陶俑

张肃俗墓出土陶俑包括镇墓武士俑（残，资料未收录）、镇墓兽、侍从俑、仪仗动物陶塑、女侍俑、家禽家畜陶塑，此外还有庖厨灶作明器等。依前文综述分类，计有：

一、镇墓俑

Bb型镇墓兽：1件

泥质灰陶俑，高29.7厘米。呈蹲踞状，猛兽头颅，大耳直立，浓眉卷曲，双目圆睁，阔鼻高耸，腮生卷毛，血口大张，上、下四颗獠牙，长舌伸出上扬。胸口微隆，肩部有卷曲状翅羽，背生三组尖状鬣鬃，尾上扬并贴于背后，四肢细瘦，三趾爪状足。以红、黄、黑、白诸色绘五官、趾爪、斑纹、毛鬣，彩绘保存完好（图一）。

图一　张肃俗墓出土镇墓兽

二、仪仗俑

（一）侍从俑

Ba-II 型侍从俑　4件

泥质灰陶俑，高23.8~24.4厘米。呈站姿，阔面丰颐，弯眉小眼，厚唇圆鼻，面微扬起，神态端庄。头戴三棱风帽，外穿短襦，将一面衣领翻下至胸前，并将衣袖掖于腰带下，露出内穿的圆领窄袖襦，下着及地缚袴，脚穿圆头鞋。左手抬起于肩侧，右手曲于胸前，双手握拳作持物状。内衬圆领衫施白彩、黄彩或淡粉色彩，外穿的窄袖襦施深红、浅红或黄色彩，三棱风帽皆施黑彩（图三，1）。

（二）仪仗动物陶塑

Aa-II 型陶马　1件

仪仗马，高30.5厘米。马呈站姿，颈高昂，颔微收，立耳短鬃，长尾下垂。头顶鬃毛束扎成辫，颌下佩缨；头戴辔头，以金花形节约扣合；前有攀胸，上饰微上翘的叶形饰；后有鞦带，下悬六枚椭圆形兽面纹饰件，每枚兽面纹饰件下各悬三枚铃形饰；鞍鞯齐全，下有箕形障泥，上有鞍袱。通体施白彩为地，马皮毛施淡黄彩，以稀疏细墨线勾绘毛缕，顶辫、辔头、鞦带及鞍袱边缘施红彩（图二，1）。

Bb-I 型陶马　1件

驮马，高15.2厘米。小耳短鬃，长尾下垂，前有辔头，后有鞦带，背上配鞯无鞍，鞯下有箕形障泥，鞯上搭囊，饱满鼓胀，垂于马身两侧，上以条带搭扣。鞯后背负一羊羔，羊垂耳、无角、短尾，四肢短小，两前蹄、两后蹄皆并拢作捆缚状，应为猎物（图二，2）。

Aa型陶骆驼　2件

单峰驼，高29.1厘米。长颈高昂，小耳短鬃，厚唇露齿，短尾上翘，四蹄直立于踏板上，作昂首嘶鸣状。背负货囊，货囊以绳索扎束，囊下压有多匹丝绸，囊顶为一圆形坐垫（图二，3）。

A型陶牛车　1套

牛高22.6厘米、车高29.1厘米。陶牛身躯雄壮，昂首扬鼻，大眼圆睁，犄角上竖，长尾下垂，四蹄微外撇，立于长方形踏板上，作负重向前状。佩戴笼头，颈肩有车䩞，用于承接车辕（图二，4）。牛后置一辆双轮卷棚顶车，车舆前壁以黑白竖格象征条窗，底座前部左、右两侧各有一孔，以置车辕，后壁偏右开门。车轮为纺锤形轴头，以红彩绘制车辐。车篷左、右边框各有穿孔，或用于插羽葆旗帜。

0 —— 6厘米

1.仪仗马；2.驮马；3.骆驼；4.陶牛

图二 张肃俗墓出土仪仗动物陶塑

三、家居俑

（一）女侍俑

Aa-Ⅰ型女侍俑　5件

高20.2厘米。呈站姿，长圆形脸，下颏较尖瘦，弯眉细眼，圆鼻小口，面容清秀，脖颈修长，窄肩细腰，短躯长肢。头梳双高髻，身穿右衽交领窄袖短衣，腰束细带，下穿百褶及地长裙，脚穿圆头鞋。双臂微曲，垂于腰侧，作侍立状（图三，2）。

Ac-Ⅰ型女侍俑　2件

高20厘米。呈站姿，长圆形脸，弯眉细眼，圆鼻小口，面容清秀，脖颈修长，窄肩细腰，短躯长肢。头梳双高髻，身穿右衽交领广袖褶衣，腰束带，下穿及地缚裤，脚穿圆头鞋。双臂微曲，垂于腰侧，作侍立状（图三，3）。

Ba-Ⅰ型女侍俑　3件

高13.6~14.3厘米。呈单膝跪姿，长圆形脸，弯眉细眼，圆鼻小口，面容清秀，脖颈修长，窄肩细腰，短躯长肢。头梳双高髻，身穿右衽交领窄袖短衣，腰束细带，下穿百褶及地长裙，脚穿圆头鞋。左膝跪地，右膝曲起，右手扶于右膝上，左手扶于左腿上，作跪侍状（图三，4）。

1.仪仗侍从俑；2—4.女侍俑

图三　张肃俗墓出土侍从俑、女侍俑

（二）家禽家畜陶塑

陶鸡　1件

高7.7厘米。雄鸡呈卧姿，高冠长颈，敛翅，长尾下垂。

陶狗　1件

高9.6厘米。狗呈伏卧姿，长尾盘回，贴于身体左侧，尖圆形耳下垂，昂首直视。

陶猪　1件

高5.7厘米。呈伏卧状，公猪身形精壮，长鼻小眼，短耳贴伏，背部短鬃耸起。

A型陶羊　4件

高9~9.1厘米。羊呈跪卧姿，无角，小耳下垂，长颈高扬，直视前方。

（三）模型明器

C型陶井　1件

高5厘米。呈圆筒形，敞口，略束腰，上有齿轮状平沿井口。

陶磨　1件

高5.8厘米。呈圆形，下无底，磨盘与底座连为一体，上有投料口，微上凸。

A型陶碓　1件

高7.8厘米。长方形底座，前有圆形碓窝，后有外撇的碓架，碓锤及碓杆已不存。

陶灶　1件

高12.6厘米。后有高耸的阶梯状挡火墙，下设拱形灶门，灶台上置一圜底釜，挡火墙表面饰火焰纹。

陶厕　1件

高6.9厘米。近"回"字形，右侧开门，坑孔位于最内侧墙后。

张肃俗墓志

志盖方形盝顶，长、宽各45.6厘米，减地阳刻方格界面，内阳刻篆书2行，行3字，计6字（图四）。墓志长宽各45.6厘米，阴刻隶书志文，共14行，满行14字，计186字（图五）。录文如下：

【志盖】张处士│墓志铭

【志文】君讳肃俗，字季良，代郡平城人也。魏│故龙骧将军、中散大夫、豫州长史、镇│城大都督、长安侯张子霞之第四子。│祖以强学驰名，父以多才标誉。君是│称龙种，实有凤毛，弯弧极破叶之工，│下笔尽临池之妙。但英儁或沉，居诸│靡息，未登好爵，翻摧小年，春秋廿六，│以大齐天保十年七月廿七日，卒于│邺下，即以其年十一月十九日权殡│晋阳三角城外。诸兄爱同伯雅，睦等│元方，悲棣华之稍落，痛荆株之渐亡，│聊镌茂范，庶毕天长。乃为铭曰：│

白杨云聚，丹旐风生，足兴悲于行路，│况同气之深情。

图四　张肃俗墓志盖拓片

图五　张肃俗墓志拓片

贺娄悦墓

皇建元年（560）

贺娄悦墓位于神堂沟村南约1000米的黄坡地，1986年9月，太原市南郊区义井乡神堂沟砖厂在爆破取土时发现该墓，太原市文物管理委员会工作人员赶到现场时，墓葬已严重破坏，现场工房内存放墓志及残损陶器等文物，部分随葬品已遭毁弃丢失。清理简报发表于《文物季刊》1992年第3期。

贺娄悦墓破坏严重，墓葬形制与葬式、葬具等信息已无法获取，由于现场未见墓砖，推测为土洞墓。收集随葬品共33件，包括各类陶俑32件、墓志1方。

贺娄悦墓出土陶俑

经收集整理，贺娄悦墓出土陶俑32件，含镇墓武士俑、镇墓兽、仪仗武士俑、文吏俑、侍从俑、伎乐俑及女官俑、仪仗动物陶塑、女侍俑、家禽家畜陶塑等。依前文综述分类，计有：

一、镇墓俑

（一）镇墓武士俑

Ab-I型镇墓武士俑　2件

标本1，泥质灰陶俑，高46厘米。呈站姿，阔面层颐，浓眉圆眼，厚唇高鼻，唇上微有须，仪态威严。头戴冲角兜鍪，中脊起棱，两侧有护耳，后有帽裙。上穿明光铠，肩有披膊，铠甲内罩宽袖襦，左袖口于肘部打结垂下，腰束鞢䲢带，下着及地缚袴，脚穿圆头靴。左手按长盾，拇指贴于盾后，四指贴于盾面，盾上有一兽面；右手握拳，垂于身侧，作执物状。施白彩为地，表彩多已脱落，兜鍪及铠甲存红彩（图一，1）。

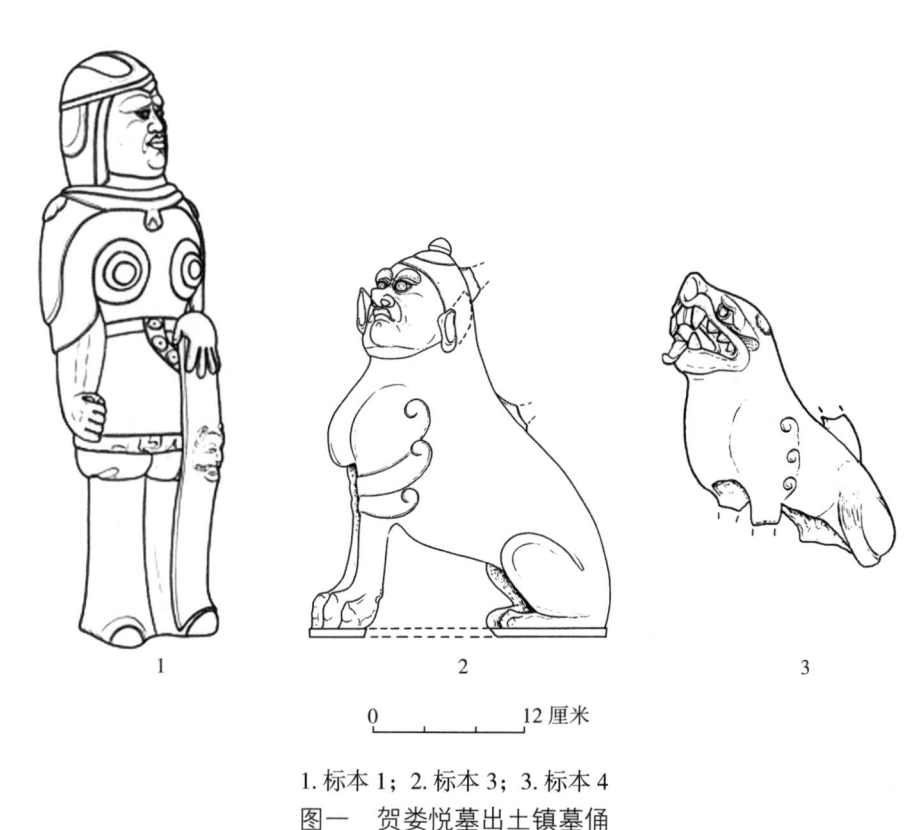

1. 标本1；2. 标本3；3. 标本4
图一　贺娄悦墓出土镇墓俑

（二）镇墓兽

Ab型镇墓兽　1件

标本3，泥质灰陶，高30厘米。呈蹲踞状，人面兽身，头戴尖顶兜鍪，阔面丰颊，浓眉凸起，大眼圆睁，宽鼻高挺，阔嘴厚唇，招风兽耳，面微倾上扬，相貌威武。胸口前凸，肩部有卷曲状翅羽，背后鬣鬃及尾部断失，四肢细瘦，三趾爪状足（图一，2；图版一）。

B型镇墓兽　1件

标本4，泥质灰陶，残高20厘米。呈蹲踞状，猛兽头颅，两耳缺失，浓眉凸起，双目圆睁，阔鼻高耸，血口大张，白齿细小，门齿宽大，上、下四颗獠牙，长舌外伸，狰狞可怖。胸口微凸，肩部有卷曲状翅羽，背后鬣鬃及四肢、尾部缺失（图一，3）。

二、仪仗俑

（一）武士俑

Aa-Ⅰ型武士俑　1件

标本16，泥质红陶俑，为背盾武士，高24厘米。呈站姿，长圆形脸，弯眉细目，仪态威严。头戴冲角兜鍪，中脊起棱，两侧有护耳，后有帽裙。上穿明光铠，肩有披膊，腰束革带，下着及地缚袴，脚穿圆头靴。左肩背盾，左臂微曲，贴于腹侧，袖口下垂，左手掩于袖内；右手握拳，上举于肩前，拳心有孔，作持物状。通体施白彩为地，表彩多已脱落，铠甲存部分红彩（图二，1）。

Ca-Ⅱ型武士俑　2件

标本29，泥质灰陶俑，为扈从武士，高26.2厘米。呈站姿，长圆形脸，高鼻凸目。头戴圆顶兜鍪，兜鍪两侧有半圆形护耳，顿项及肩。内穿窄袖短襦，腰间束带，外穿披风，下着及地缚袴，脚穿圆头鞋。右手曲握，贴于腰前；左手藏于袖内，下垂贴于身侧。腰后披风突起，应配有箭囊。通体施白色底彩，兜鍪存零星黑彩，短襦施红彩，披风施黄彩（图二，2；图版二）。

（二）文吏俑

Aa型文吏俑　3件

标本21，泥质灰陶俑，高28.1厘米。呈站姿，长圆形脸，细眉弯目，面容端庄。头戴小冠，外穿裲裆，内穿广袖褶衣，应为交领，腰束带，下穿及地大口缚袴，脚穿圆头鞋。左臂曲

1. 标本 16； 2. 标本 29； 3. 标本 21； 4. 标本 17； 5. 标本 20； 6. 标本 19

图二　贺娄悦墓出土仪仗武士俑、文吏俑、侍从俑、伎乐俑

于腹侧，手握带尾；右臂自然下垂，贴于身侧，手掩于袖内，作持物状。通体施白彩为地，广袖褶衣及裲裆施红彩（图二，3；图版三）。

（三）侍从俑

Aa-Ⅱ型侍从俑 2件

标本17，泥质灰陶俑，高21.6厘米。呈站姿，长圆形脸，细眉弯目，面容端庄。头戴小圆顶风帽，帽裙披于脑后。外穿直襟翻领半袖襦，内穿圆领窄袖襦，腰束带，下着及地袴，脚穿圆头鞋。双手藏于袖内，左臂垂于身前，右臂垂于身侧，袖端有孔，作持物状。通体施白彩为地，风帽施红彩，翻领襦施黄彩（图二，4）。

Ba-Ⅱ型侍从俑 1件

标本20，泥质灰陶俑，高25.5厘米。呈站姿，长圆形脸，细眉弯目，面容端庄。头戴三棱风帽，帽裙披于脑后。外穿窄袖襦，袒右臂，露出内穿的圆领窄袖衫，腰束带，外衣右袖于腰前系于带内，带左侧似配有流苏状饰物。下着及地袴，脚穿圆头鞋。双手握拳举起，作持物状，拳中皆有孔，左手贴于胸前，右手贴于腹前。通体施白彩为地，三棱风帽存零星黑彩，短襦有少量红彩（图二，5；图版五）。

（四）伎乐俑

Aa-Ⅱ型伎乐俑 1件

标本19，泥质灰陶俑，高25.5厘米。呈站姿，长圆形脸，细眉弯目，大耳有轮，面容端庄。头戴三棱风帽，帽裙披于脑后。外穿窄袖襦，袒右臂，露出内穿的圆领窄袖衫，腰束带，外衣右袖于腰前系于带内。下着及地袴，脚穿圆头鞋。左手曲于胸前，作抓握衣领状，右手握拳，举于口前，似执小型乐器吹奏。通体施白彩为地，三棱风帽存零星黑彩，短襦有少量红彩（图二，6；图版四）。

（五）女官俑

Aa型女官俑 2件

标本24，泥质灰陶俑，残高17.6厘米。呈站姿，头部缺失。外穿广袖褶衣，右衽交领，内穿圆领襦，腰束鞢�带，下穿及地大口缚袴，脚穿圆头鞋。左臂微曲，垂于身侧，右臂曲于腹前。通体施白彩为地，表彩脱落严重（图四，1）。

（六）仪仗动物陶塑

Aa-Ⅱ型陶马　1件

标本7，泥质灰陶，身长37厘米，残高35厘米。呈站姿，体形雄健，立耳短鬃，长尾下垂，四腿缺失。头顶鬃毛应束扎为缨形辫，已残失，仅存根部。头戴辔头，前有攀胸，后有鞦带，背负鞍鞯，上铺鞍袱，下有障泥。攀胸、鞦带上均有黄色花饰。通体施白彩，表彩部分脱落，鞍袱存红彩（图三，1）。

Aa型陶骆驼　1件

标本8，泥质灰陶，身长29厘米，残高22厘米。呈站姿，长颈单峰，头部微仰，口部微张，作鸣叫状。四蹄缺失，根据身体形态推测为立驼俑。背部原应有货物，已残失。通体以白彩为地，上施黄彩（图版七）。

A型陶牛车　1件

标本5，泥质灰陶，牛身长26厘米，高20厘米；标本6，车残长10厘米，宽13.5厘米，残高18.5厘米。陶牛通体施黄彩，身躯雄壮，筋肉虬结，昂首扬鼻，牛角缺失，从残断处看应为上竖状，四蹄直立，踏板残失，仅有小块残存于前蹄下。牛佩戴笼头，圆形节约，颈肩有车辀孔，用于承接车辕（图三，2；图版六）。牛后置一辆双轮卷棚顶车，底座前部左、右两侧各有一孔，以置车辕，车厢前部正中开门。车篷左、右边框各有三个穿孔，或用于插羽葆旗帜，车轮缺失。

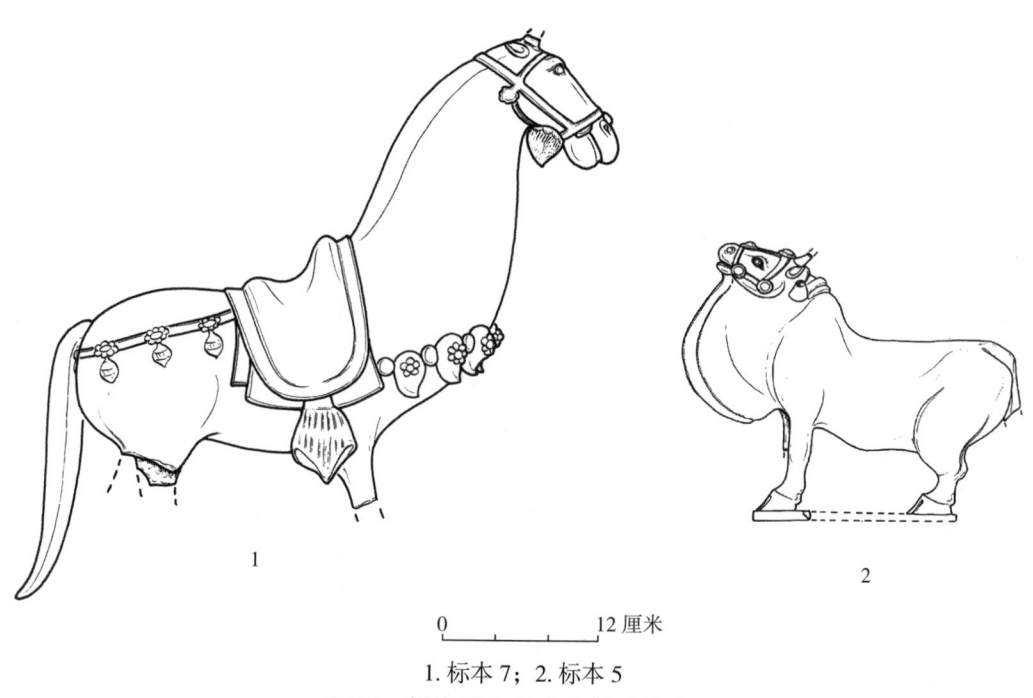

0　　　　12厘米

1. 标本7；2. 标本5

图三　贺娄悦墓出土仪仗动物陶塑

三、家居俑

（一）女侍俑

Ac型女侍俑　2件

标本26，泥质灰陶俑，残高16厘米。呈站姿，头部缺失。外穿广袖褶衣，右衽交领，内穿圆领襦，腰束带，下穿及地大口缚裤，脚穿圆头鞋。左臂微曲，垂于身侧；右臂微曲，垂于腹前。通体施白彩为地，广袖褶衣施深红彩（图四，2）。

B型女侍俑　1件

标本28，泥质灰陶俑，残高12厘米。双膝跪地，头部缺失，内穿圆领内衣，外穿左衽广袖衣，下穿长裙，衣裙皆施红彩。

残俑头　1件

标本30，泥质灰陶俑，头梳双髻，长圆形脸，眉目清秀，垂鼻小口，彩绘脱落严重。

（二）家禽家畜陶塑

陶猪　3件

标本13，泥质灰陶，身长17厘米，高5.7厘米。公猪呈伏卧状，肩部高耸，背部有短鬃，眼微睁，口微张，两耳下垂，通体施白彩（图四，4）。

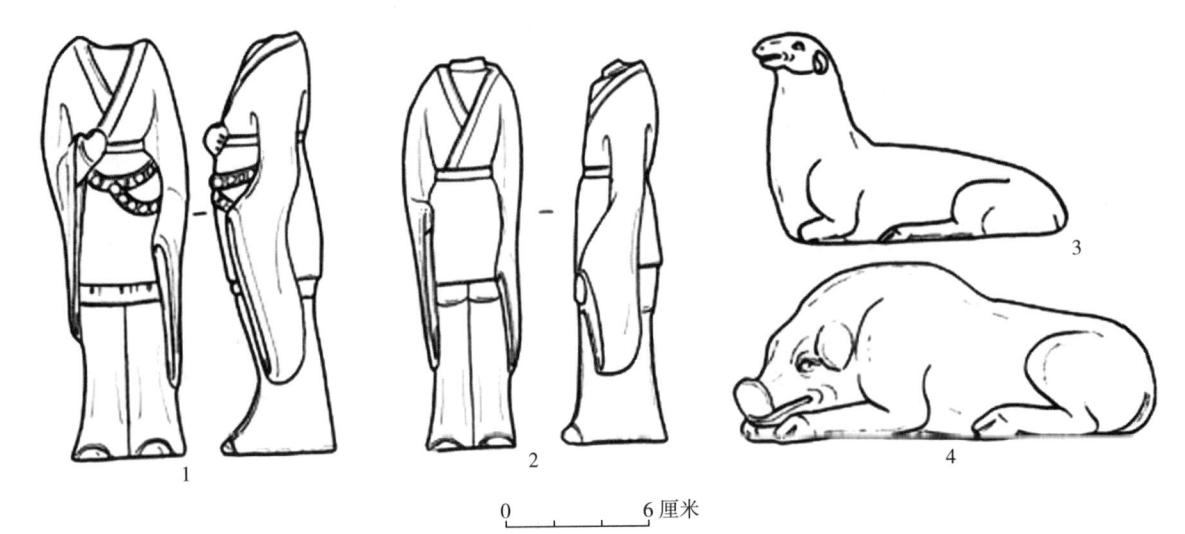

1. 标本24；2. 标本26；3. 标本10；4. 标本13

图四　贺娄悦墓出土女官俑、女侍俑、家禽家畜陶塑

A型陶羊 4件

标本10，泥质灰陶，身长13厘米，高9.5厘米。呈卧姿，伸颈扬首，目视前方，小耳短尾，口部微张，通体施白彩（图四，3）。

贺娄悦墓志

墓志一方，细砂石质，长、宽各48厘米，厚4厘米，志文兼具隶楷之意，书法水平不高，多见异体字及别字，共19行，前15行满行19字，后4行墓铭书写十分紧凑，行24至29字，共计

图五　贺娄悦墓志拓片

380字（图五）。

【志文】齐故卫大将军安州刺史太仆少卿礼丰县开国子｜贺娄公墓志铭｜

　　君讳悦，字阿乐，高陆阿阳人。自冯渊表命，姬水成｜业，垂衣布德，剡木称功，苗存海外，叶茂寰中。君家｜世北蕃，酋督相继，接胄英豪，踵武承贤。君少好弓｜马，勇力过人。和鸾容握，既穷工御之能；参连让尺｜，必觳射伎之术。光睹珠衡，思劲草以翻风；馈食加｜璧，望云旗而随影。至于横□以殿，非论益德；突阵｜冲师，同比云长。太祖嘉君忠勇，拜明威将军，解衣｜为宠，赍裯称恩，校之今古，良无以匹。后迁卫大将｜军、直荡正都督、礼丰县开国子。曲泽私庐，鞠躬弥｜厉，来谒公庭，实成人楷。方隆鼎铉，茂兹槐棘，谁言｜夏露，忽变秋霜。春秋五十有六，卒于邺之崇义里。｜皇上追勋，仍加优礼，诏赠安州刺史、太仆少卿，羽｜葆鼓吹，将军如故。生荣死哀，既等丘尼，追功显德，｜岂谢君然。粤以皇建元年十一月廿六日窆于并州三角城南。｜陵谷易亏，桑田必改，感兹玄石，存诸永久。其词曰：｜显允君侯，掎逸多｜能，御工禽左，射必有中。名高位重，德茂才膺，铜头既珍，铁额斯穷。如何不｜吊，薤露同悲，痛□流云，泪切不知。马嘶芟辙，人愁敛眉，墓门多棘，无复行期。

库狄迴洛墓

河清元年（562）

库狄迴洛墓（墓志写明墓主人为库狄迴洛，《北齐书》本传名为库狄回洛）位于山西寿阳县西南的贾家庄西50米的徐公坪上，该墓于1973年4至8月由山西省文物工作委员会主持发掘，发掘报告发表于《考古学报》1979年第3期。

库狄迴洛墓坐北朝南，方向17°，由封土、斜坡墓道、甬道、墓室组成。封土高大，顶部圆平，四周坡斜，呈馒头形，现高12米、顶宽4~5米、底径49米、周长120米，由夯土筑成，坚硬无夯窝。在封土堆正中发现一圆形盗洞，自冢顶之下直至券顶，因券顶塌陷，盗洞未通入室内。长方形斜坡墓道只发掘连接墓门的部分，通过钻探及破坏暴露情况可知，墓道宽约2.4米，墓道口长11.86米，底坡长12.5米，墓道底距地表南深0.45米、北深4.9米，两壁垂直，填土夯实，南端未出封土堆范围。墓门前叠封门砖为无错缝的平砖纵放垒砌，墓门以长方形灰白色的粗砂岩石制成，高1.7米、宽1.44米，门上有彩绘壁画，上设半圆形门楣及三枚莲花形门簪，下有门砧，两扇门板各有一铁门环，横挂一把鎏银铁锁。甬道平面为长方形，长3.1米、宽1.8米、券高2.36米，铺设地砖两层，两壁以"四顺四丁"法砌砖；券拱呈半圆形，券法为条砖纵放侧立错缝并砌；甬道两壁及券顶均涂抹灰色泥层，壁面彩绘人物壁画，顶部无壁画，泥层剥落严重。墓室与甬道连接，平面近方形，四壁外弧，各对边相等，南北两壁长5.44米、东西两壁长5.42米，券顶已全部塌毁，由封土中出现顶砖的大体位置和墓壁转角处残存的高度估计，券顶高约4.6米（图一）。

葬具为一棺一椁。木椁为木构房形椁，椁室平面呈长方形，东西长3.82米、南北宽3.04米、残高1.2米，面阔三间，进深三间，木构多已损毁腐朽，构件脱节，倾折杂乱，罕有衔接关系保留，报告收录保存较好、能识别作用者50余件。木棺一具，位于房形木椁中间，长2.3米、宽1.28米、高0.73米，为木板拼合，中间加银锭榫木楔固定。棺内发现并列的人骨架三具，均头向西，仰身直肢，除头骨和四肢保存较好外，其他大多腐朽成灰。中间一具骸骨高大粗壮，似为男性，两侧为女性，应为迁徙合葬的库狄迴洛及两位夫人。

库狄迴洛墓虽遭盗掘，但盗洞未通入墓室内，发掘出土的随葬器物丰富，因墓顶塌陷，除一些小件铜器和装饰品外，多数随葬品都遭到不同程度的损坏。金、玉、玛瑙器等装饰品及骨器位于棺内人骨架的周围；鎏金铜器大都集中于木椁的东边，即四个石础之间；釉陶器排列或叠放在椁外南面；陶俑或立或倒，分布于椁室内外；墓志三合并列于墓室南边，正对甬道口；镇墓俑立于甬道口两侧。

墓内出土文物300余件（组），包括各类陶俑120余件、模型明器1件，详述于后。釉陶器34件，皆黄绿釉，多已破碎，含贴花尊、平底盘各7件，碗、杯各8件，盖盒4件。陶器5件，含灰陶瓮1件、罐2件、红陶碗2件。金器5件，含金戒指1件、圆片状金饰2件、刻花金箔2片。玉、石、玛瑙器9件（组），含玛瑙珠1串约200枚、琥珀兽形雕饰1件、玛瑙狮形雕饰1件、石珠2枚、玉珩1件、玉璜2件、方解石1组150余粒。骨器2件，含骨笄1件、骨猪1件。玻璃器1件，与一堆云母片同出于墓室西南角。鎏金铜器60余件，含鐎斗、熨斗、带盖铜瓶、带流铜瓶、带托铜瓶、铜盖盒、铜碗、莲花烛台、带盖三足器、带盖高足炉各1件，唾壶、铜钩各2件，铜铃4件，龙首形饰4件。铜饰片53件，与龙首形饰皆位于房形椁四角。铁器100余件，含"王"字铭文锄、剑、锁各1件及铆钉、门环、合页、铁片若干。钱币3枚，含常平五铢1枚、五铢钱2枚。另有墓志3合、腐化丝织物、残碎冠饰、漆器残屑及粟粒等。

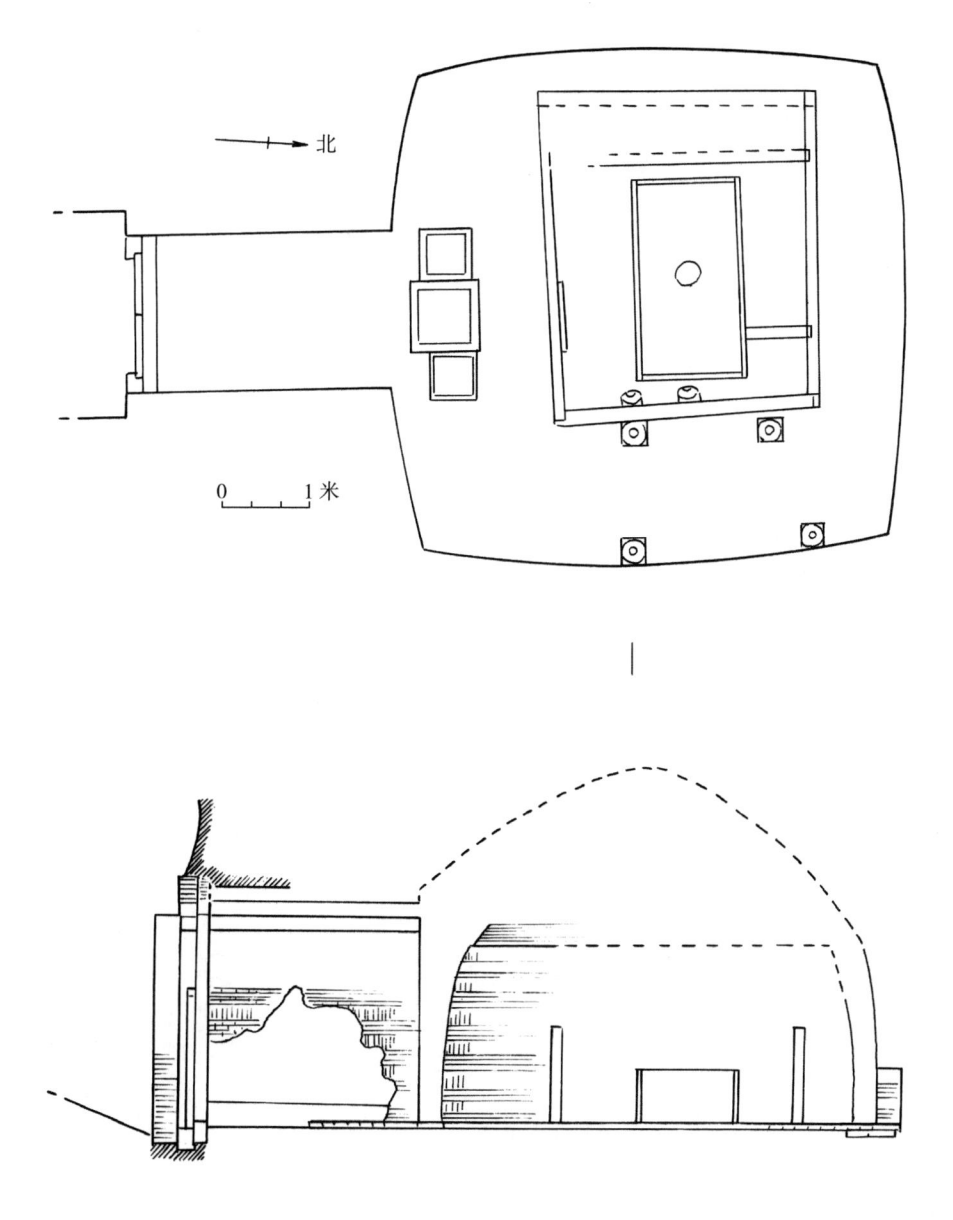

图一　库狄迴洛墓平面、剖面图

库狄迴洛墓出土陶俑

库狄迴洛墓出土的陶俑体型比同时期太原地区出土的陶俑大，因未遭盗掘，陶俑位置未受严重扰动，镇墓武士俑立于甬道口，各类仪仗俑集中置于四处，以椁室西南角与椁室南侧最多，椁室外东南角及墓室西南角也有数件。陶俑包括镇墓武士俑、仪仗武士俑、侍从俑、伎乐俑、女官俑，还有庖厨灶作明器及家畜陶塑等，依前文综述分类，计有：

一、镇墓俑

Ab-Ⅱ型镇墓武士俑　1件

标本33，泥质灰陶俑，高58厘米。呈站姿，阔面凸颏，浓眉圆眼，厚唇高鼻，仪态威严。头戴圆顶兜鍪，兜鍪两侧有半圆形护耳，前有尖角状护额，顿项及肩。上穿明光铠，肩有披膊，腰束丝绦，打蝴蝶结下垂。内穿短襦，下着及地窄腿袴，脚穿圆头靴。左手按长盾，拇指贴于盾侧，四指贴于盾面，盾上有一兽面；右手握拳，垂于身侧，作执物状（图二，1）。

Ab-Ⅲ型镇墓武士俑　1件

标本32，泥质灰陶俑，与前者造型基本一致，武士头戴尖顶兜鍪，护颈下有系结（图二，2；图版一）。

镇墓武士俑彩绘保存完好，兜鍪施白彩，边缘勾绘红彩，明光铠绘深红、浅红色彩，披膊施白彩，胸甲施绿彩，铠甲下端露出的内衬边缘绘蓝彩，盾牌亦施蓝彩，兜鍪、铠甲皆有贴金。

二、仪仗俑

（一）武士俑

Ab-Ⅰ型武士俑　15件

标本83，泥质灰陶俑，高29.2厘米。呈站姿，长圆形脸，弯眉细目，颏下及两腮有短须，面容端庄。头戴翻耳扇风帽，帽裙披于脑后。外穿翻领半袖襦，内穿圆领窄袖襦，腰束革带，下着及地袴，脚穿圆头鞋。左肩背镶边凸棱盾，左臂微曲，垂于腹侧，袖口下垂，左手掩于袖内；右手握拳，上举于肩前，作执物状。通体施白彩为地，面部敷染粉色彩，黑彩勾绘眉、

1. 标本 33；2. 标本 32
图二 库狄迴洛墓出土镇墓武士俑

眼、胡须，红彩涂唇；风帽及翻领襦皆施赭红色彩，内衬圆领衣及盾牌施黄彩，革带及靴施黑彩（图三，2）。

Ca-Ⅲ型武士俑　15件

标本137，泥质灰陶俑，高31.4厘米。呈站姿，长圆形脸，弯眉圆眼，仪态威严。头戴三棱风帽，帽裙披于脑后。上穿圆领直襟窄袖短襦，外穿半袖圆领披风，腰束带，下着及地大口袴，脚穿圆头鞋。左臂藏于袖内，微曲下垂，贴于腹前；右臂自然下垂，贴于身侧，手掩于袖内，袖端有孔，作持物状。通体施白彩为地，面部敷染粉色彩，黑彩勾绘眉、眼、胡须，红彩涂唇；风帽、革带及靴皆施黑彩，披风施赭红色彩，窄袖襦施黄彩（图三，3）。

Cc-Ⅰ型武士俑　16件

标本90，泥质灰陶俑，高31.6厘米。呈站姿，阔面丰颐，浓眉圆眼，厚唇圆鼻，仪态威严。头戴尖顶兜鍪，兜鍪两侧有半圆形护耳，顿项及肩，向前环至颈下为护颈。肩有披膊，上穿半袖短襦，腰束革带，带左侧挂佩刀，右侧挂鞶囊，下着及地窄腿缚袴，脚穿圆头鞋。双臂下垂，贴于身侧。通体施白彩为地，面部以淡橙色晕染，黑彩勾绘眉、眼、胡须，红彩涂唇；

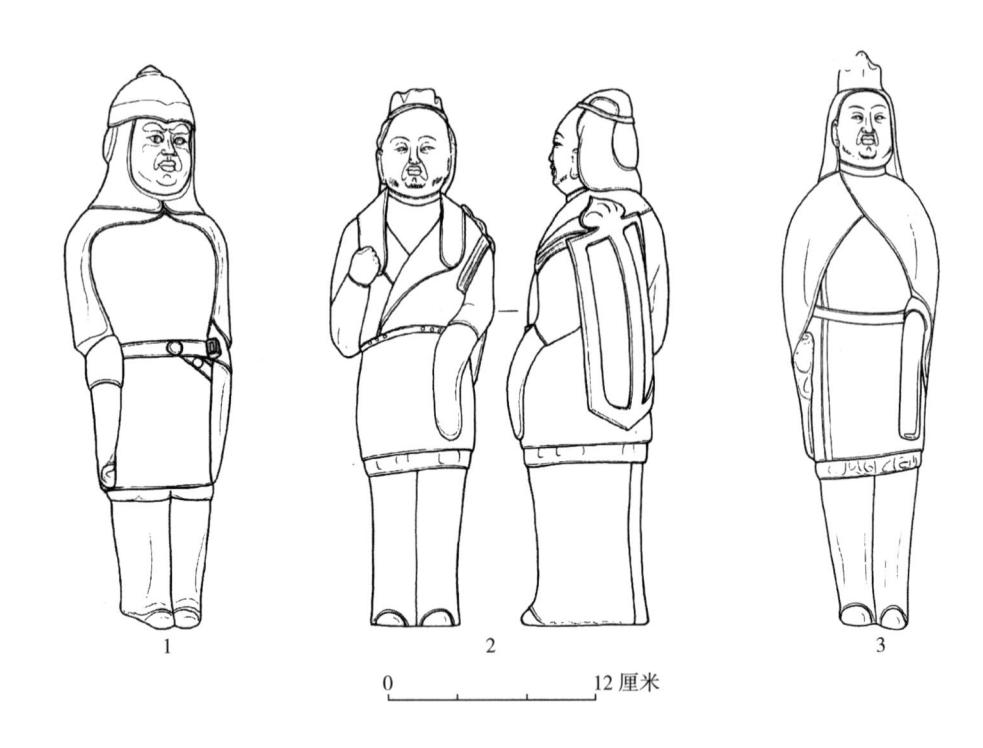

1. 标本90； 2. 标本83； 3. 标本137
图三 库狄迴洛墓出土仪仗武士俑

兜鍪顶部与顿项及披膊为白色、边缘及护耳施枣红色彩，顿项面颊两侧至护颈前施黄彩，半袖襦施淡红彩，内衬窄袖衣、腰间革带及靴皆施淡黑色彩（图三，1；图版二）。

（二）文吏俑

Bb型文吏俑　1件

标本123，泥质灰陶俑，残缺严重。呈站姿，粗眉大眼，面部绘三撮胡。头戴笼冠，身穿广袖长袍，腰束带，下着及地袴，脚穿圆头鞋。通体施白彩为地，面部以黑彩勾绘眉、眼、胡须，红彩涂唇；笼冠及靴施黑彩，衣施红彩，袴为白色。

（三）侍从俑

Aa-Ⅰ型侍从俑　7件

标本100，泥质灰陶俑，高31厘米。呈站姿，长圆形脸，细眉弯目，额前分发，面容端庄。头戴翻耳扇披裙风帽，外穿半袖翻领襦，内穿圆领窄袖襦，腰束鞢鞢带，下穿及地大口袴，脚穿圆头鞋。左臂藏于袖内，微曲下垂，贴于腹前；右臂自然下垂，贴于身侧，手掩于袖内，袖端有孔，作持物状。通体施白彩为地，面部以淡粉色彩晕染，黑彩勾绘眉、眼、胡须，红彩涂唇；兜鍪与翻领襦施赭红色彩，内衬圆领衣及袴皆为白色，头发、腰间革带及靴皆施黑彩（图四，2）。

Aa-Ⅰ型侍从俑　7件

标本42，泥质灰陶俑，高29.4厘米。呈站姿，长圆形脸，细眉弯目，面容端庄。头戴翻耳扇披裙风帽，外穿半袖翻领襦，内穿圆领窄袖襦，腰束革带，下穿及地大口袴，脚穿圆头鞋。左臂藏于袖内，微曲下垂，贴于腹前；右臂自然下垂，贴于身侧，右手掩于袖内，袖端有孔，作持物状。此陶俑与前者服饰一致，仅面容与腰间带不同，额前不露发，革带无带銙（图四，1）。

Aa-Ⅲ型侍从俑　12件

标本85，泥质灰陶俑，高31厘米。呈站姿，长圆形脸，弯眉细目，直鼻小口，面容端庄。头戴三棱风帽，帽裙披于脑后，外穿半袖翻领襦，内穿圆领窄袖襦，腰束鞢韄带，下穿及地窄口袴，脚穿圆头鞋。左臂藏于袖内，微曲下垂，贴于腹前；右臂自然下垂，贴于身侧，右手掩于袖内，袖端有孔，作持物状。通体施白彩为地，面部以黑彩勾绘眉、眼、胡须，红彩涂唇；风帽、革带及靴施黑彩，圆领襦施黄彩，翻下的衣领内侧施淡红彩（图四，3；图版三）。

Ba-Ⅱ型侍从俑　4件

标本119，泥质灰陶俑，高27.5厘米。呈站姿，长圆形脸，弯眉细目，直鼻小口，容貌端庄。头戴三棱风帽，帽裙披于脑后，外穿短襦，将一面衣领翻下至胸前，并将衣袖披于腰带下，露出内穿的圆领襦，下着及地袴，脚穿圆头鞋。双手握拳，曲于胸前，作持物状。通体施白彩为地，面部以黑彩勾绘眉、眼、胡须，红彩涂唇；风帽、革带及靴施黑彩，窄袖襦施灰蓝色彩（图四，4）。

（四）伎乐俑

Ab-Ⅰ型伎乐俑　2件

标本115，泥质灰陶俑，高28.6厘米。呈站姿，长圆形脸，细眉弯目，蓄八字须，面容端庄。头戴小冠，外穿交领广袖褶衣，内穿圆领襦，褶衣腰间束带，内衣亦束带，带梢下垂，自褶衣下露出，下穿及地大口袴，脚穿圆头鞋。横抱琵琶，左手持琵琶颈部，右手作弹奏状。通体施白彩为地，面部以黑彩勾绘五官；小冠及靴施黑彩，广袖褶衣施红彩，袖口及袴为白色；琵琶施白彩，边缘涂绘一周黑彩（图五，3；图版五）。

Ab-Ⅱ型伎乐俑　1件

标本93，泥质灰陶俑，高28.6厘米。呈站姿，长圆形脸，细眉弯目，蓄八字须，面容端庄。外穿交领广袖褶衣，内穿圆领襦，褶衣腰间束带，内衣亦束带，带梢下垂，自褶衣下露出，下穿及地大口袴，脚穿圆头鞋。两臂曲起前伸，双手缺失。通体施白彩为地，面部以黑彩

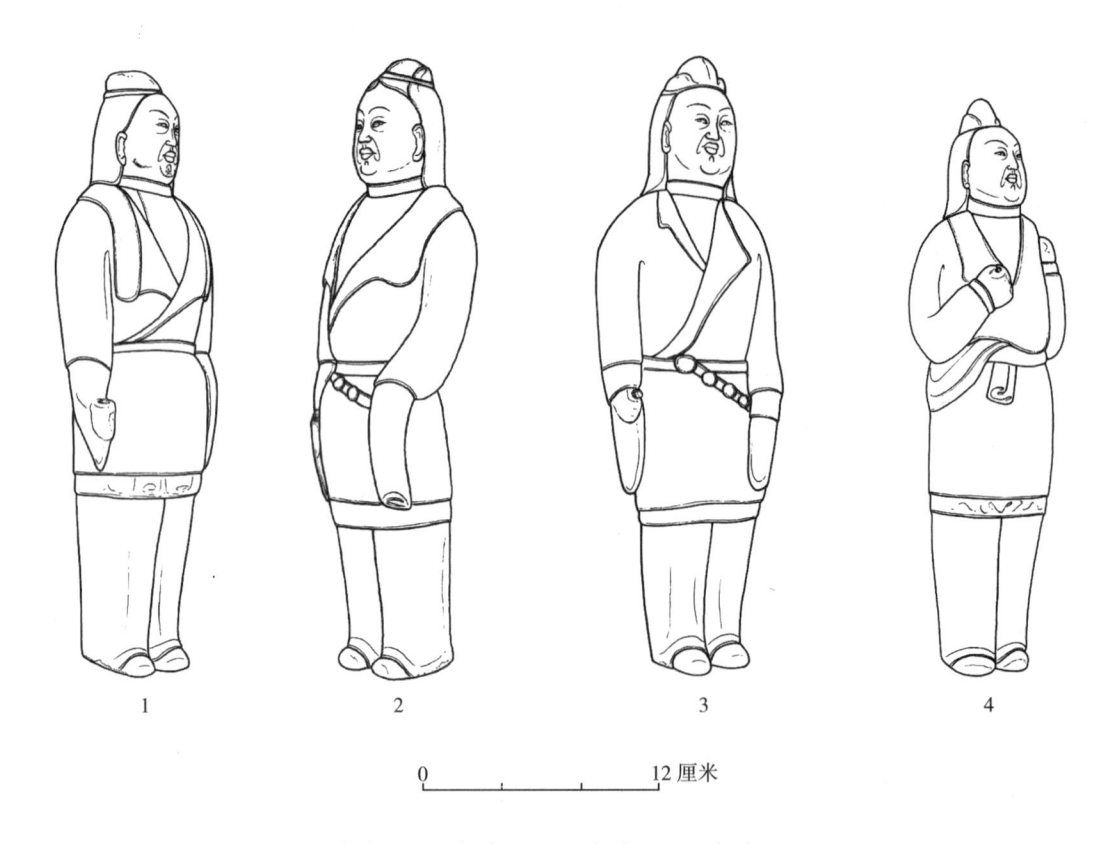

1. 标本 42； 2. 标本 100； 3. 标本 85； 4. 标本 119

图四 库狄迴洛墓出土仪仗俑

勾绘五官；小冠及靴施黑彩，广袖褶衣施红彩，袖口及袴为白色（图五，4）。

Bb型伎乐俑 1件

标本89，泥质灰陶俑，高25.3厘米。呈曲膝舞蹈状，深目高鼻，颧骨凸起，面有皱纹，络腮长须，咧嘴而笑，面部刻画生动鲜活、滑稽可爱。头戴船形胡帽，身穿广袖直襟束腰齐膝袍，下穿窄口袴，脚穿翘头舞鞋。双手扬起，两腿微曲，作舞蹈姿势，左手持一物柄，应为舞蹈道具或乐器。通体施白彩为地，红彩涂唇；胡帽及广袖袍施红彩，袴为白色，鞋施浅黑彩（图五，2；图版四）。

（五）女官俑

Ba型女官俑 4件

标本55，泥质灰陶俑，高27厘米。呈站姿，长圆形脸，细眉弯目，直鼻小口，容貌端庄。头微左倾，戴笼冠，外穿右衽广袖褶衣，内穿圆领衣，腰束带，下穿曳地长裙。左手握腰带，右手藏于袖内，撩起长裙，露出下穿及地袴，脚穿圆头鞋。通体施白彩为地，面部以黑彩勾绘眉、眼，红彩涂唇；笼冠及靴施黑彩，衣裙施红彩（图五，1）。

三、家居俑

（一）女侍俑

Ac型女侍俑 10件

标本103，泥质灰陶俑，头部残失，残高13.2厘米。身穿左衽广袖褶衣，腰束革带，下穿及地大口缚裤，脚穿圆头鞋。左手曲起，贴于腹部，右手掩于袖内，垂于身侧。通体施白彩为地，广袖褶衣施红彩。

（二）家畜陶塑

A型陶羊 2件

标本35，泥质灰陶，长10.5厘米。呈卧姿，四肢压于腹下，小耳短尾，伸颈扬首，目视前方。

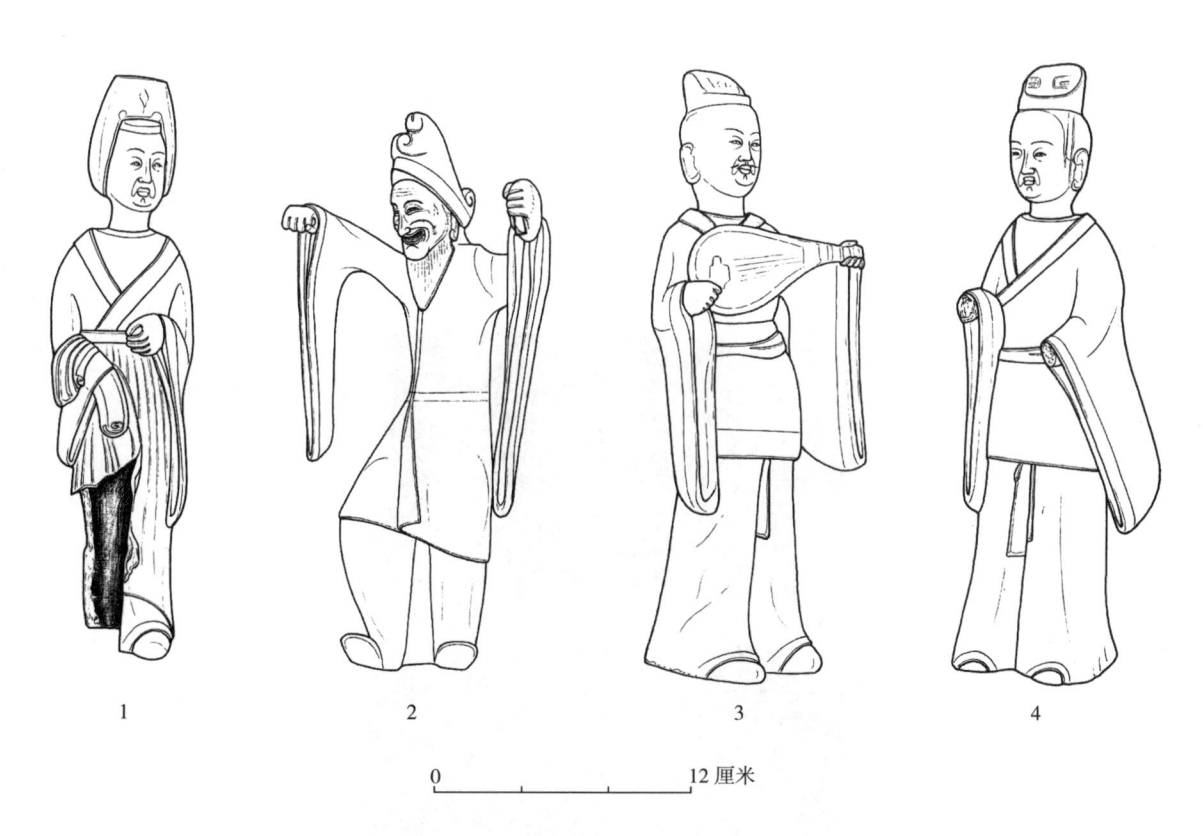

1. 标本55；2. 标本89；3. 标本115；4. 标本93
图五　库狄迴洛墓出土女官俑、伎乐俑

四、模型明器

陶灶 1件

标本34，泥质灰陶，高14.2厘米。后有高耸的阶梯状挡火墙，下设拱形灶门，灶台上置一圜底釜，挡火墙背后沿其边缘有两周凸起的边线纹饰，中央饰火焰纹，火焰纹上方边线内饰连珠纹、三角纹各一层。

库狄迴洛夫妇墓志

墓室正对甬道处并列3合墓志，一大二小，青石质，志盖皆为盝顶，库狄迴洛与夫人斛律昭男志盖减地阳刻篆书，夫人尉孃孃志盖兼有楷隶之风，三方志文皆阴文，兼有楷隶之风。库狄迴洛墓志长、宽各81厘米，志厚11厘米，志盖厚18厘米，志文阴刻隶书，共31行，行31字，计930字（图六、图七）。斛律氏墓志长、宽各60厘米，志厚8厘米，志盖厚7.7厘米，志文阴刻隶书，共15行，行15字，计201字（图八、图九）。尉氏墓志长、宽各5.4厘米，志厚7.5厘米，志盖厚7.5厘米，志文阴刻隶书，共18行，满行21字，共322字（图一〇、图一一）。

【志盖】齐故定州丨刺史太尉丨公库狄顺丨阳王墓铭

【志文】王讳洛，字迴洛，朔州部落人也。大囗长公之孙，小酋长公之子。王禀资灵岳，启质丨悬星，随运匡朝，应时赞世。傅说之翼高宗，吕望之辅太祖，年代虽殊，人何优劣。鸿丨源与带地均长，隆基与于天比囗。石氏一门万石，杨家四世五公。物论愧其勋朱，丨有识多其冠冕。王少逢艰险，长属云雷，刃集紫庭，兵交绛雉。心存拯乱，志在扶危。丨舍放夬之

图六 库狄迴洛墓志盖拓片

图七　库狄迴洛墓志拓片

轻文，习摸睺之重略。射隼高墉，安假玄妻之叹；前禽不失，足感孟德之」情。年甫弱冠，值献武皇帝龙战方始，玄黄未分，虔刘逆□，首赞大业。中兴中以军」勋补都督，除后将军太中大夫，母极县开国子，食邑四百户，迁右箱都督，转子为」伯，增邑一百户。太祖哀我陇蜀，独隔皇天，忿彼逋诛，仍窜崝滽，乃命鹰扬，龚兹」九伐。转左箱都督，斩馘褰旗，吊民罚罪。除使持节都督朔州诸军事、朔州刺史，寻」除（镇）东将军、金紫光禄大夫、母极县开国公，又除使持节都督西夏州诸军事、西」夏州刺史。邙山之役，王受厣行师，有征无战。复增邑两百户，通前为七百户。」世宗纂业，班爵叙劳，除征西大将军、仪同三司，寻除骠骑大将军、临淄县散子、东」受阳大都督。高祖受禅，以王佐命元勋，启弼王室，除开府仪同三司，别封东燕」县开国子，领兼中□，除使持节都督建州诸军事、建州刺史，转离石大都督、岢岚」领民都督、黑水领民都督。天保之季，改开府三司，为三师，食章武郡干，加特进，除」使持节都督肆州诸军事、肆州刺史。肃宗御历，重昌帝道，建侯裂壤，大启山河。」以王经始屯夷，义彰穷险，封顺阳郡王，除使持节都督朔州诸军事、朔州刺史，图」博陵郡干。大宁二年，兼太尉公，除太子大师。但积善无验，报辅乖征，东流未已，西」光俄逝。春秋五十有七，以大宁二年二月薨于邺，窆于晋阳大法寺。诏赠使持」节都督定瀛济恒朔云六州诸军事、定州刺史、太尉公，王如故。赠物一千段，祭以」太牢，礼也。惟王含文挺图，囚表逸群之资；俶傥难量，幼有不羁之志。方扬旌汧陇，」税驾江湄，追士季之长驱，同王濬之秉旄，奉銮辂于梁山，告功成于岱岭。岂图」九万未穷，负天之力忽尽；三千尚远，送日之辔先徂。秦亡蹇叔，未足称酸；郑殒游」乔，曾何比戚。粤以大齐河清元年岁次壬午八月戊戌朔十二日己酉葬于朔州」城南。门生故吏等恐文昭武烈，与春荨而俱消；鸿名茂绩，共秋飘而竟殒。相与式」镌青石，志美玄泉。其词曰：」

惟岳降神，诞兹哲人，应期匡赞，命世称珍，侔伊娰吕，夸甫超申，三舍服楚，一进降」秦。伟哉盛烈，绰矣雄图，月中射菟，日里弹乌。平陇吞蜀，陵江灭吴，飘如拉朽，倏」似摧枯。经文纬武，非弛非张，威棱后服，德制先强。秩崇八命，衣加九章，若昆匡」夏，如韦翼商。毁行祖道，龙辖巡路，萧鼓昼鸣，哀歌夜呼。逝水东惊，流光西顾，坟」倾池满，终贻狐兔。□天度八百年后开吾墓，改封更葬起丘坟，宜官享禄多福祚。

【志盖】齐故库狄」氏武始郡」君斛律夫」人墓志铭

【志文】郡君讳昭男，朔州怀朔人也。第一领民」酋长左光禄大夫广汉公可知陵之女。」赐姓命氏，与日月而俱悬；冠冕蝉联，共」沧波而并注。郡君资质妍婉，旷世无伦，」颜艳丰葩，绝域罕辈。年始加笄，俪俪库」狄。奉深谒庙，诞育两男，长曰光先，次曰」天智。武定元年授武始郡君。但天不报」善，武定三年，春秋三十有三，遘疹薨于」夏州。大齐河清元年八月十二日与定」州使君太尉顺阳王合葬于朔州城南。」陵谷易迁，金玉可朽，用勒徽音，寄之泉」石。其词曰：」

非礼勿动，言必有章，六行备举，四德兼」扬。敷训闺闼，日就月将，玉缜芳臭，逾洁」逾香。

图八　斛律昭男墓志盖拓片

图九 斛律昭男墓志拓片

【志盖】齐故郡」君尉氏」墓志铭

【志文】特进、骠骑大将军、开府仪同三师、□□□刺史、领太尉」丞库狄氏尉郡君墓志铭。」郡君字孃孃,恒州代郡平城人也。发颛顼之遐源,资有」夏之苗裔。开基命爵,世茜漢表。安西将军、东徐州刺史」尉天生之女也。积德聿辉,千载弥盛。播玉润于金箱,郁」琼枝以烦衍。郡君生在名家,风神悟出。回玫织组,起自」天知。女戒针言,无假师授。匪直体状丰奇,实亦光彩克」异。及来托君子,寤寐思贤,志存大雅,无希风什。灼似度」云之月,有类三春之松。宜终伉俪,同兹偕老。岂悟风摧」黄卉,霜封夏渌。春秋五十一,卒于晋阳之里,以五月十」七日岁于并州三角城北五里。恐美响莫流,加以镌刻。」其词曰:」

绵哉厥绪,弈世郁腾,开云望景,禅冕相承。生我郡君,闺」训是征,婉艳始华,组沦易应。贞芳一谢,有没无兴,迁祔」非速,赴此高陵。」昔处华房,庭刻雅曲,妇驾朱轮,夫佩鸣玉。昼景未移,奄」同风烛,夜月空晖,白日谁续,呜呼世道,我去非促。」

大齐天保十年五月十七日。

图一〇　尉孃孃墓志盖拓片

图一一　尉孃孃墓志拓片

刘贵墓

河清二年（563）

刘贵墓位于太原市小店区东北部、汾河东岸的岗头村西，西距古晋阳城约14千米。2003年4月，岗头村村民取土时意外破坏一座古墓葬，墓中文物遭哄抢，太原市文物考古研究所工作人员接到通知赶到现场时，墓葬已被毁坏，墓葬形制及葬式、葬具等信息皆无法获取，当地公安机关协助岗头村村委会收缴回部分文物，简报发表于《华夏考古》2019年第6期。

　　刘贵墓收缴文物大多残损，经修复整理，完整和可辨识文物共29件，含各类陶俑及残片共25件，详述于后，另有陶瓶口沿、铁三足器、铜碗残片各1件及墓志1合。

刘贵墓出土陶俑

刘贵墓出土陶俑共25件，包括镇墓武士俑、镇墓兽、仪仗武士俑、侍从俑、伎乐俑、武士骑俑、小型侍女俑及动物俑等。

一、镇墓俑

（一）镇墓武士俑

Ab-Ⅱ型镇墓武士俑　1件

LGM1∶2，泥质灰陶俑，残缺严重，身体残片高26厘米，另有腿部等残片，各残片无法粘合，头高12.5厘米。呈站姿，阔面方颐，浓眉弯长，眉骨微外凸，眼皮中部微垂，圆眼大睁，鼻梁高阔，大嘴厚唇，似胡人相貌。头戴圆顶兜鍪，兜鍪两侧有半圆形护耳，向前环至颈下为护颈。上穿明光铠，内着短襦，下穿及地大口缚袴，脚穿圆头鞋。由于身体缺失严重，姿态不明，可见左臂曲起，似作按盾状。彩绘脱落严重，存有零星白色底彩，铠甲护胸存少量红彩（图一，2）。

Ba-I型镇墓武士俑　1件

LGM1∶1，泥质灰陶俑，高50厘米。呈站姿，方面大耳，吊眼浓眉，鼻梁高挺，嘴角下撇，仪态威武。头戴翻耳扇圆顶风帽，颌下系带，上穿明光铠，内着短襦，外罩带袖翻领披风，腰束双股细带，与领口垂下细带呈十字交叠系结，带端坠饰物，下穿及地大口袴，脚穿圆头鞋。两臂微曲，掩于披风内，双手露出，左手扶带，右手似握腰间佩刀刀鞘，鞘中刀已不存。彩绘脱落严重，残存少量白色底彩，风帽、袖口残存零星红彩，衣袍存少量杏黄色彩（图一，1；图版一）。

（二）镇墓兽

Aa型镇墓兽　1件

LGM1∶19，泥质灰陶，高31厘米。呈蹲踞状，人面兽身，头戴尖顶兜帽，面颊圆阔，浓眉凸起，大眼圆睁，宽鼻高挺，阔嘴厚唇，下牙两侧尖齿自嘴角外龇，络腮胡须，阔轮大耳，面微倾上扬，相貌狰狞。胸口微凸，肩部有卷曲状翅羽，背生两组双尖状鬃鬣，尾上卷贴于背后，细腿，蹄状足。彩绘脱落严重，存白色底彩，兜帽存有黑彩，身侧以黑线描画出卷曲

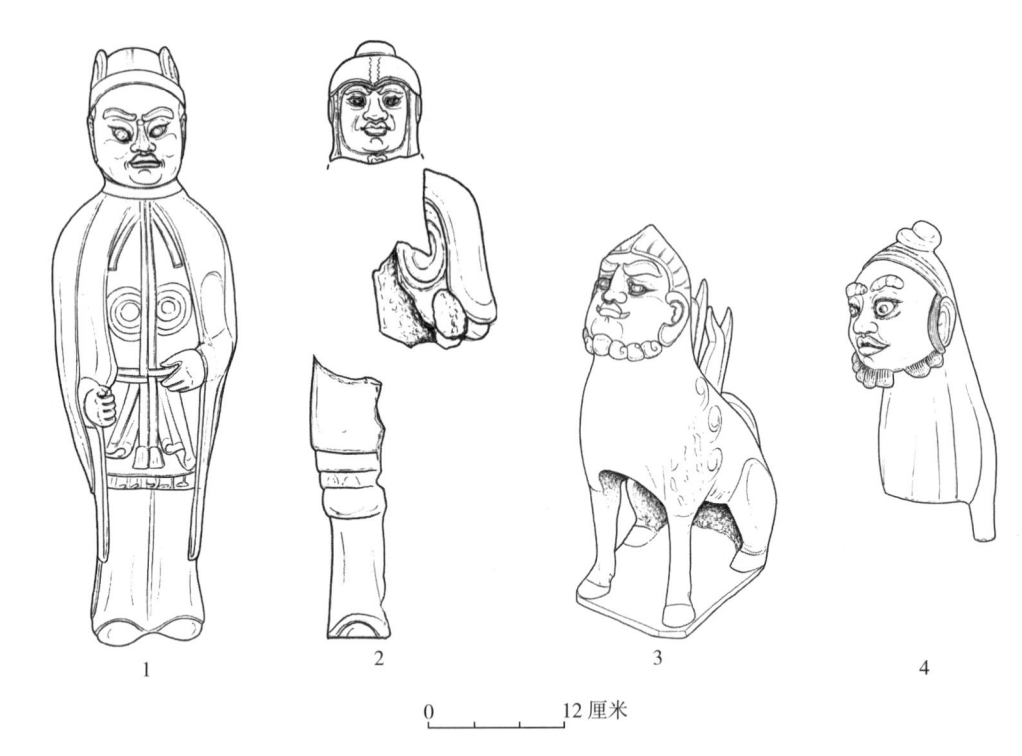

1.LGM1：1；2.LGM1：2；3.LGM1：19；4.LGM1：20
图一　刘贵墓出土镇墓俑

翅羽（图一，3；图版二）。

A型镇墓兽　1件

LGM1：20，泥质灰陶，残高25.5厘米。人面兽身，仅存头部至胸部，黑发于头顶挽结，额前系发带，发带下端盘于耳侧，浓眉大眼，直鼻高挺，阔口微张，两腮及下颌排列锯齿状络腮胡，作伸颈远望状。通体施白彩为地，唇施红彩，体色白、橘红、深红三色条纵向相间，局部有黑线条描画（图一，4；图版三）。

二、仪仗俑

（一）武士俑

Aa-Ⅱ型武士俑　1件

LGM1：12，泥质红陶俑，背盾武士，高22.7厘米。呈站姿，脸型圆阔，弯眉细眼，直鼻小口，容貌端庄。头戴冲角兜鍪，中脊起棱，两侧至脑后有帽裙垂于肩部。上穿明光铠，肩有披膊，腰束革带，内穿短襦，下着及地缚裤，脚穿圆头靴。左肩背兽面纹盾，左手举于肩前，握住盾牌系带；右臂微曲，贴于胯侧，袖口下垂，右手掩于袖内，袖端有孔，作持物状。彩绘脱落严重，存有少量白色底彩（图二，1；图版六）。

Da型武士俑 3件

LGM1：9，泥质灰陶俑，头部缺失，残高20.6厘米。呈站姿，体格健壮，头部缺失。外穿交领广袖褶衣，内穿圆领襦，腰束带，下着及地大口袴，盖住鞋面，可见袴口下有脚部凸起。两手举于胸前，交叠下按，拄一长剑，剑置于剑鞘内，顺两腿间下撑地面。此类拄剑袴褶俑亦见于徐显秀墓（身形瘦削，单手拄剑），但褶衣广袖，似作仪仗低级文吏或武官装扮，与北齐陶俑中常见的穿铠甲或窄袖襦武士俑不同。通体施白彩为地，广袖褶衣施红彩，内衬圆领衣及袴皆施白彩，剑施黑彩（图二，2）。

（二）侍从俑

Aa型侍从俑 1件

LGM1：11，泥质灰陶俑，头部缺失，残高20.5厘米。呈站姿，身穿右衽翻领窄袖襦，内穿圆领衣，腰束带，下穿及地缚袴，脚穿尖头鞋。左臂微曲，贴于胯前，左手掩于长袖内，袖口下垂；右臂垂于身侧，右手掩于袖内，袖端有孔，作持物状。此类俑可对应前文Aa型仪仗俑，即身穿翻领短襦之俑，但其头部缺失，无法根据首服继续分型。通体施白彩为地，翻领襦为白色，内衬圆领衣及腰带施淡红色彩（图三，1）。

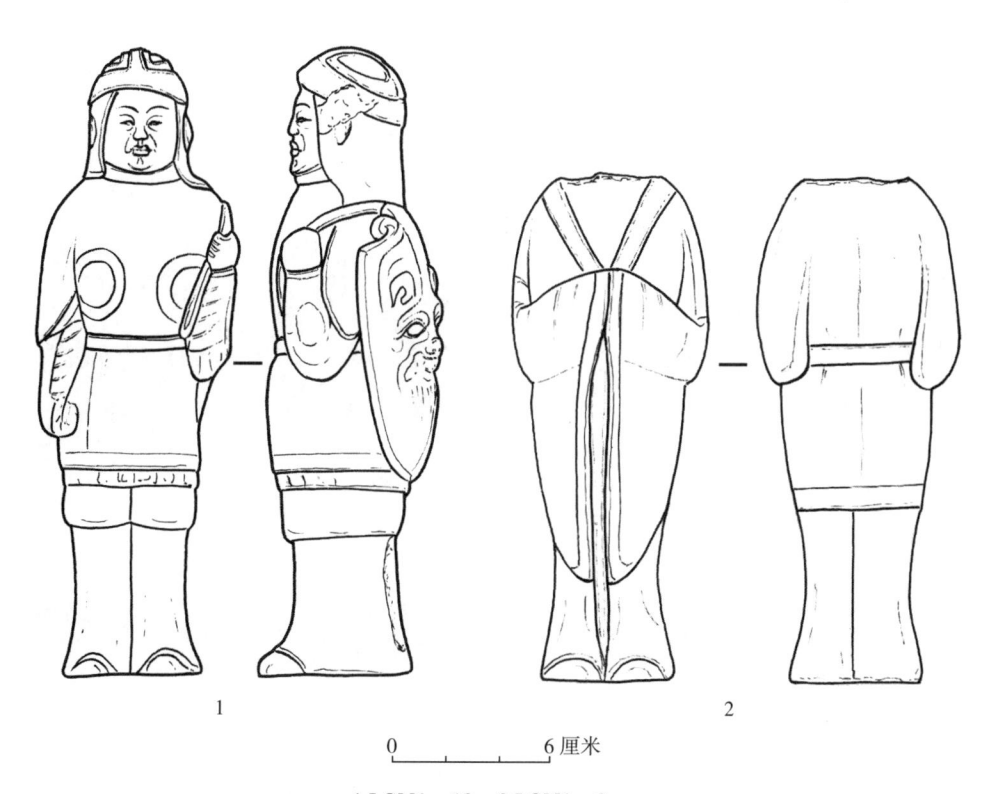

1.LGM1：12；2.LGM1：9

图二 刘贵墓出土仪仗武士俑

Ab-Ⅲ型侍从俑 2件

LGM1：7，泥质灰陶俑，高28厘米。呈站姿，长圆形脸，弯眉小眼，容貌端庄。头戴三棱风帽，帽裙披于脑后，外穿圆领直襟长袖襦，下摆过膝，腰束带，下穿及地袴，脚穿圆头鞋。左臂微曲，垂于胯侧，左手掩于长袖内，袖口下垂；右臂垂于身侧，袖端有孔，作持物状。通体施白彩为地，三棱风帽施黑彩，圆领襦施淡红色彩（图三，2；图版五）。

Ba-Ⅲ型侍从俑 3件

LGM1：4，泥质灰陶俑，高25.5厘米。呈站姿，长圆形脸，弯眉小眼，容貌端庄。头戴翻耳扇圆顶风帽，耳扇翻起系于帽顶旁，帽裙披于脑后，脑后帽上有细密凹点，应为表现皮质外露。外穿窄袖襦，袒右臂，露出内穿圆领窄袖襦，腰束带，外衣右袖于腰侧系于带内，下着及地袴，脚穿圆头鞋。双臂曲起，左手上举贴于肩前，右手贴于腹前，皆作握拳执物状。通体施白彩为地，外穿的襦为白色，翻下的衣领施淡红色彩（图三，3；图版四）。

（三）伎乐俑

Aa型伎乐俑 1件

LGM1：5，泥质红陶俑，仅存上身局部，残高9.8厘米。外穿窄袖襦，袒右臂，露出内穿的

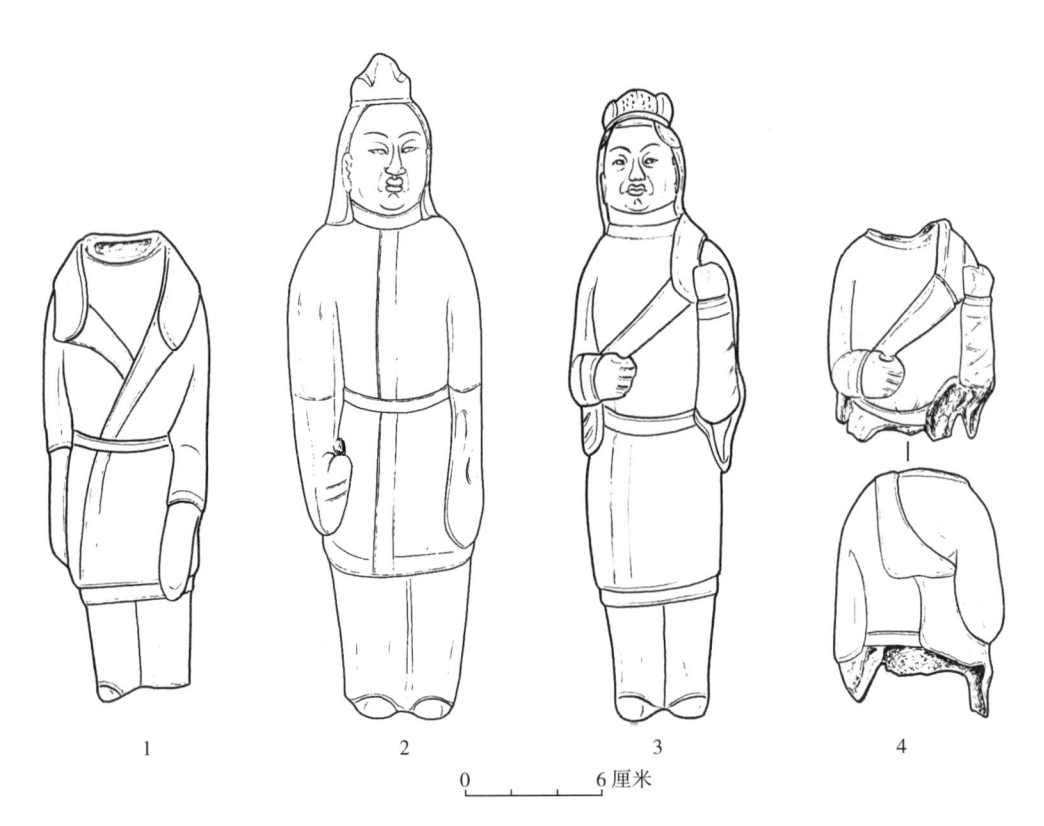

1.LGM1：11；2.LGM1：7；3.LGM1：4；4.LGM1：5

图三 刘贵墓出土侍从俑、伎乐俑

圆领窄袖襦，腰束带，外衣右袖于腰侧系于带内，下着及地袴，脚穿圆头鞋。双臂曲起，左手上举贴于肩前，右手贴于腹前，皆作握拳执物状。左肘部与腰带间粘有一物体的折损面，根据其他北齐墓葬出土的陶俑推测，或为残缺腰鼓。内外衣皆施红彩，革带施黑彩（图三，4）。

此外，还有人物残俑3件，型式特征皆不明，标本LGM1∶15，膝以上残缺，残高15厘米，右臂下垂，上穿白色长襦，腰系黑带，下穿白袴，足穿白色尖头鞋；标本LGM1∶17，残高6厘米，仅存头部，面目不清，冠帽特征不明；标本LGM1∶18，残存上身，残高8.2厘米，服饰特征不明。

（四）武士骑俑

Aa型武士骑俑　1件

LGM1∶13，泥质灰陶俑，头顶及下半身缺失，残高12.5厘米。脸型圆阔，弯眉细眼，阔口厚唇。头戴兜鍪，兜鍪两侧有护耳，前有尖角状护额，顿项及肩。外穿裲裆铠，肩有披膊，内穿圆领襦，腰束带。此类装束未见于其他各墓出土的扈从武士俑，仅见于张海翼墓中的甲骑具装俑，故暂将此俑归为武士骑俑。通体施白彩为地，兜鍪施红彩，白色裲裆铠边缘涂红彩（图四，1）。

具装马俑　1件

LGM1∶21，泥质灰陶，仅存头颈，残高16.3厘米。头戴鱼鳞铠连缀面帘，为黑色镶红边；身披鱼鳞铠，颈后有云头装饰护颈，颈部铠甲为白色，以黑线勾勒出鱼鳞状甲叶。

（五）仪仗动物陶塑

仪仗马　1件

LGM1∶22，泥质灰陶，仅存身体残片（应为臀部），残片长9.5厘米、宽8.5厘米。上有鞘带，带上可见三枚花形装饰。

陶车轮　1件

LGM1∶25，泥质灰陶，直径15.5厘米。轮素面，外缘一周凸起，纺锤状车轴中空。刘贵墓应随葬牛车，惜已不存。

三、家居俑

（一）女侍俑

B型女侍俑　1件

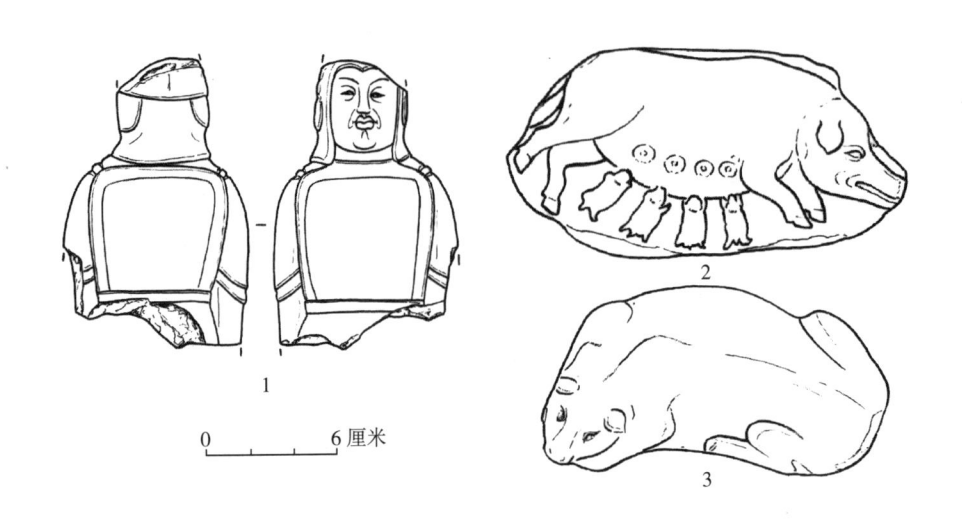

1.LGM1∶13；2.LGM1∶24；3.LGM1∶23
图四　刘贵墓出土武士骑俑（残）、家畜陶塑

LGM1∶16，泥质灰陶俑，头部及前半身膝部以上缺失，残高15厘米。呈站姿，身穿长袖短衣，下穿束腰曳地长裙，脚穿圆头鞋。双臂下垂，贴于体侧，裙摆一角由右脚跟向上扭转至身体左侧腰间，左手挽起裙角。

（二）家畜陶塑

陶猪　2件

LGM1∶23，泥质灰陶，残长15.5厘米。雄猪四蹄足蜷曲，呈匍匐卧地状，体长身宽，阔鼻，两短耳贴伏，背脊突隆起，细短尾歪向一侧。通体施黑彩，多已脱落（图四，3）。

LGM1∶24，长17.6厘米。母猪呈侧卧姿，摆出哺乳姿态，头三角状，尖嘴，目圆睁，耳贴伏，圆鼓腹，露出右侧四乳头。四头小猪仔为爬伏状，后足蹬地，尖尾垂下，吮吸母猪左侧乳。通体施黑彩，多已脱落（图四，2）。

刘贵墓志

墓志一合，青石质，志盖盝顶，长59.5厘米、宽59.8厘米、厚9.5厘米，盖面四角各阴刻一朵莲花，中央阴刻篆书"齐故仪同刘君墓志铭"（图五），志石长58厘米、宽58厘米、厚7厘米，志文22行，满行24字，计487字，阴刻隶书，杂间小篆（图六）。

【志盖】齐故仪」同刘君」墓志铭

【志文】君讳贵，字至迁，河涧武垣人也。自颜表相，步骤区中，日角称奇，」华英宇内，降绵胝侯王，系绪槐棘，基构与昆嵩等峻，源流共河」汉俱泻。祖因游宦，遂家于显州，为大酋长，父恶奴为莫河弗。君」命世挺，迈时杰出，风仪魁岸，器度弘远。抽刀涌泉之气，俦功曩」昔，开石饮羽之伎，比事超前。献武皇帝练石断鳌，经启王」业，思偟俊义，共康治道。引为亲信，隐若腹心，開除奉车都尉，加」中坚将军。又除镇远将军、步兵校尉，封同官县开国男，食邑二」百户。迁征虏将军、第一副都督，寻除安北将军，转男为子，别封」汝南县开国男，食邑三百户。迁抚军将军、若曷直荡正都督、食」新昌县干。乾明之初，除乡郡太守，未及之官，转除高都、长平二」郡太守。君性闲制锦，志解棼丝，门有留驹，路无佩犊。去蝗集凤，」风烈可想，持今望古，彼亦何及。迁使持节都督东夏州刺史。而」天道暝昧，与善无征，未穷上寿，忽焉下世。朝廷嗟伤，追赠假仪」同三司、都督郑州诸军事、骠骑大将军、郑州刺史、卫尉卿，品爵」如故，以河清二年五月九日窆于黄陵城西北流里。将恐桑田」有徙，陵谷匪恒，高山景行，无由慕仰，刊石泉门，贻诸来世。其词」曰：」

长源淼淼，层构巍巍，八宏再穆，九五重辉。绵联轩盖，交袭黻衣，」积德斯在，余祉攸

图五　刘贵墓志盖拓片

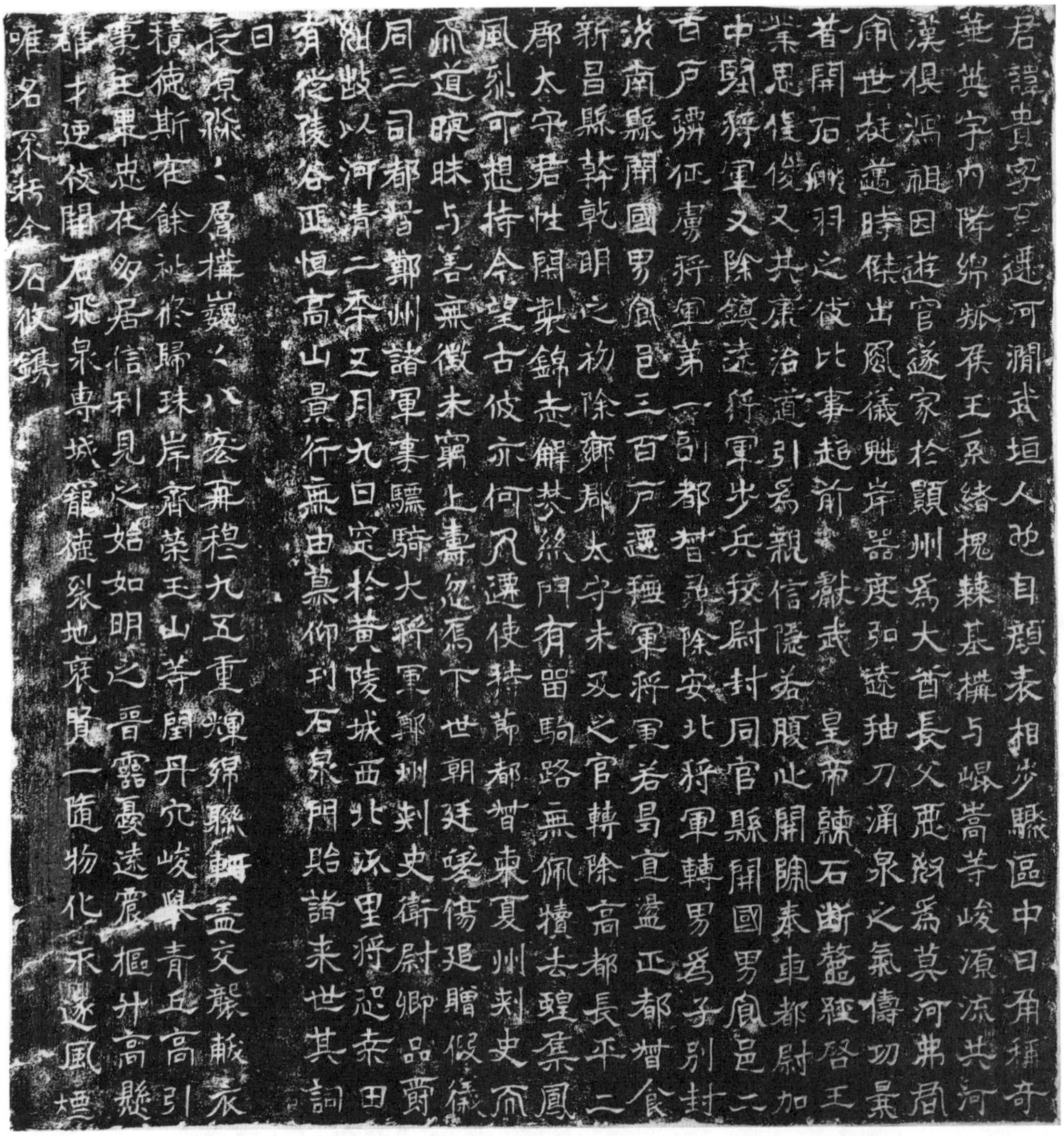

君諱貴字員遷河澗武垣人也自顓表相步縣區中日角稱奇
華英宇內降錫派孫王系緒槐棘基構与崐嵩等峻源流共河
漢俱渦祖因遊宦遂家於顯州爲大酋長父惡頭爲莫河弗酋
俞世挺蘭時傑出鳳儀魁岸器度弘遠抽刀涌泉之氣儔功景
著開石觚羽之伐比事超前　獻武皇帝躰石斷鼇經啓王
業思佳俊又共康治道引爲親信隱若腹心開隬奉車都尉加
中堅將軍又除鎮遠將軍步兵校尉封同官縣開國男食邑二
百戶彌征虜將軍第一副都督尋除安北將軍轉男爲子別封
濟南縣開國男食邑三百戶遷摠軍將軍若昌宜盡正都督食
新昌縣子乾明之初除鄉郡太守未及之官轉除高都長平二
郡太守君性開敏錦志解琴絲門有留駒路無佩犢去蝗集鳳
風烈可想持令望古彼亦何人遷使持節都督東夏州刺史而
而道曖昧与善無徵未窮上壽忽焉下世朝廷嗟傷追贈假儀
同三司都督鄭州諸軍事驃騎大將軍鄭州刺史衛尉卿品爵
故以河清二年五月九日定於黃陵城西北卌里將恐桑田
有從陵谷亙恒高山景行無由慕仰刊石泉門貽諸來世其詞
曰
長原繇繇層構巍巍八塞齊穆九五重輝綿聯軒蓋交龍黻衣
積德斯在餘祉攸歸珠岸齊榮玉山等閏丹穴峻舉青丘高引
事主畢忠在朋居信利見之始如明之晉靈夔遠震樞斗高懸
雄才逸伎開石飛泉專城寵德裂地褒賢一隨物化永逐風煙
唯名不朽金石攸鐫

图六　刘贵墓志拓片

归。珠岸齐荣，玉山等闰，丹穴峻举，青丘高引。」事主毕忠，在朋居信，利见之始，如明之晋。灵夔远震，枢斗高悬，」雄才逸伎，开石飞泉，专城宠德，裂地褒贤，一随物化，永逐风烟，」唯名不朽，金石攸镌。

狄湛墓

河清三年（564）

狄湛墓位于太原市迎泽区王家峰村北侧第二砖厂内，西距太原永祚寺双塔约1千米。2000年7月，王家峰村砖厂取土时发现一座古墓葬，太原市考古研究所接到报告赶到时，墓葬已经被破坏，考古人员在村委会配合下收回墓志、陶俑等文物，简报发表于《文物》2003年第3期。

在砖厂取土场东壁距地表6米的断崖上发现有墓葬残留痕迹，清理发现有少部分残存的墓壁、墓底和生土二层台。现场没有发现墓砖，推测应为土洞墓，方向40°，残存墓室长3.4米、宽1.77米，二层台宽0.32米、高0.5米。墓壁经过白灰粉刷，墓底发现木炭和煤炭。在墓室南部20多米处，发现一对残破石门。收缴墓志、陶俑等文物共41件，包括墓志1合，各类陶俑38件、模型明器（陶灶）1件、陶碗1件，皆为泥质红陶。

狄湛墓出土陶俑

狄湛墓出土陶俑共38件，皆为仪仗俑，包括武士俑、侍从俑，此外还有模型明器陶仓。

一、仪仗俑

（一）武士俑

Ab-Ⅱ型武士俑　5件

T2000WD2-1，泥质红陶俑，背盾武士，高27.7厘米。呈站姿，长圆形脸，弯眉吊眼，仪态威严。头戴双棱风帽，帽裙披于脑后，上穿圆领窄袖襦，腰束带，下着及地缚袴，脚穿圆头鞋。左肩背镶边凸棱盾，左手上举至左肩前，握住系盾束带；右臂微曲，贴于身侧，作持物状。通体施白彩为地，表彩脱落严重，风帽存黑彩，圆领襦存少量淡红彩（图一，1；图版一）。

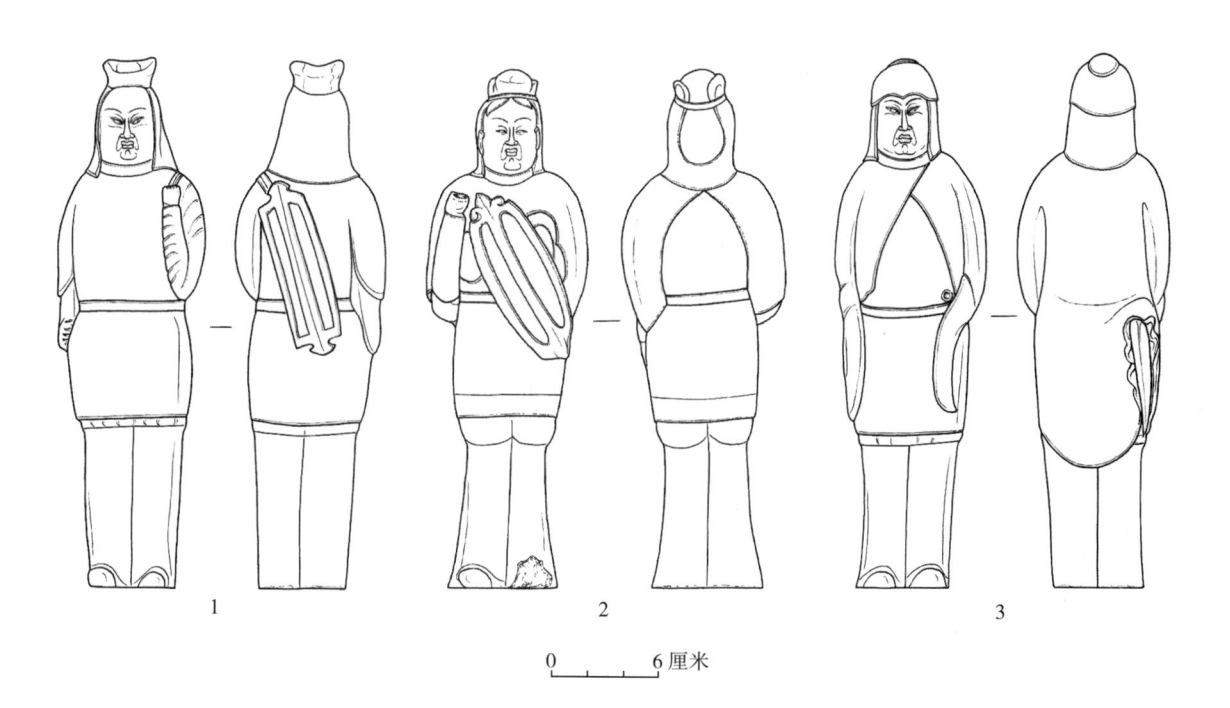

1.T2000WD2-1；2.T2000WD3-1；3.T2000WD6-1
图一　狄湛墓出土武士俑

Ba-Ⅰ型武士俑 2件

T2000WD3-1，泥质红陶俑，持盾武士，高26.9厘米。呈站姿，长圆形脸，弯眉细目，额前分发，面容端庄。头戴双棱风帽，耳扇翻系于帽顶旁，帽裙披于脑后。上穿明光铠，肩有披膊，腰束带，下着及地缚裤，脚穿圆头鞋。左手于胸前斜执镶边凸棱盾；右手握拳，举于右肩前，作执物状。通体施白彩为地，铠甲及风帽皆施淡红彩（图一，2；图版二）。

Ca-Ⅱ型武士俑 3件

T2000WD6-1，泥质红陶俑，扈从武士，高29.5厘米。呈站姿，长圆形脸，弯眉吊眼，仪态威严。头戴圆顶兜鍪，顿项及肩。外穿带袖披风，内穿窄袖短襦，腰束带，下着及地缚裤，脚穿圆头鞋。双手藏于袖内，微曲下垂，贴于胯前，右腰后披风突起，应配有箭囊，左腰间挂刀鞘，鞘端有孔，刀已不存。通体施白彩为地，兜鍪边缘及短襦皆施淡红彩，披风施黄彩（图一，3；图版三）。

Cc-Ⅲ型武士俑 10件

T2000WD5-1，泥质褐陶俑，高28.1厘米。呈站姿，长圆形脸，高鼻凸目，容貌威武。头戴圆顶兜鍪，兜鍪两侧有半圆形护耳，顿项及肩并向前环至颈下为护颈，脑后披幅连缀甲片。上穿鱼鳞铠，内着窄袖襦，肩有披膊，腰间束带，下着及地缚裤，脚穿圆头鞋。两手藏于袖内，微曲贴于腹前，腰后右侧挂箭囊，左侧挂刀鞘，鞘端有孔，刀已不存。通体施白彩为地，兜鍪

1.T2000WD5-1；2.T2000WD6-1；3.T2000WD1-1
图二 狄湛墓出土武士俑、侍从俑

边缘施红彩，上身鱼鳞铠存零星红彩，下身甲裙施黄彩（图二，1；图版四）。

（二）侍从俑

Ab-Ⅲ型侍从俑　5件

T2000WD6-1，泥质红陶俑，高29.5厘米。呈站姿，长圆形脸，弯眉细目，容貌端庄。头戴三棱风帽，帽裙披于脑后，上穿圆领偏襟窄袖襦，腰束带，下穿及地袴，脚穿圆头鞋。左臂曲贴于胯前，左手掩于长袖内，袖口下垂；右臂垂于身侧，袖端有孔，作执物状。此俑与Aa型扈从武士俑编号重号。通体施白彩为地，唇涂红彩，三棱风帽施黑彩，圆领襦存少量淡红彩（图二，2；图版五）。

Ba-Ⅱ型侍从俑　13件

T2000WD1-1，泥质灰陶俑，高27.5厘米。呈站姿，长圆形脸，细眉弯目，面容端庄。头戴三棱风帽，帽裙披于脑后，外穿窄袖襦，袒右臂，露出内穿圆领窄袖衫，腰束带，外衣右袖于腹前系于带内，下着及地袴，脚穿圆头鞋。双手握拳，举于胸前，作持物状。施白彩为地，外衣施黄彩，内衬窄袖衣施淡红色彩（图二，3；图版六）。

二、模型明器

B型陶仓　1件

T2000WD9，泥质红陶，高12.8厘米，直径10厘米。半圆形仓顶，上有尖状纽，柱状仓体，中部微凸，仓顶饰篦划纹。

狄湛墓志

墓志为细砂石质，志盖盝顶，减地阳刻方格界面，内填阳刻篆书3行，行3字；墓志长、宽各65厘米，印刻方格界面，不甚清晰，志文阴刻隶书，共29行，满行28字，计789字（图三、图四）。

【志盖】齐泾州｜刺史狄｜公墓志

【志文】大齐车骑将军泾州刺史朱阳县开国子狄公墓志｜

公讳湛，字安宗，冯翊郡高陆县人也。其先汉丞相狄方进之后，衣冠世袭，｜人物代昌，史牒载焉，无假复叙。曾祖宁朔将军，略阳、赵平二郡太守，又除｜使持节、都督、镇西将军、领东羌校尉、驾部尚书、秦泾二州刺史、略阳公。祖｜使持节、镇西将军、召补兰台给事

图三　狄湛墓志盖拓片

中丞、秦州刺史、司空公、略阳公、谥曰康」王，德望隆高，雄振朝野。父大将军府行参军、秦州府主簿，风流淹雅，领袖」当时。公纳祉奇灵，资神异气，生而卓荦，长则殊群，仪貌端长，志量弘远。轻」文好武，重义忘身，超乘击剑之能，类中希伴，麾戈骑射之伎，举世无俦。见」者爱而敬之，闻者虚襟属慕。年十八，解褐散骑侍郎，在员外。寻加给事中，」心存将略，非其好也。俄值孝昌季年，海内波荡，王室微弱，政出私门，鹿马」相蒙。永熙西蹈，公被勒侍从，随到咸阳，深识逆顺之机，悟知祸福之理，遂」与建州刺史王保贵拥骑归朝。献武皇帝戢其忠节，即除东雍州刺」史，绥抚边民，威恩甚著。昔窦融归款，名载于汉图，黄权送诚，誉传于魏史。」方今况古，异轸同荣，比较而论，绰有余裕。元象元年，除为都督。兴和三年，」除永安镇将。武定六年，除侍官正都督。八年，除平西将军、临邑子。天保□」年，除安西将军、朱阳县开国子。至六年，除原仇领民副都督。七年，除直荡」正都督、食阳城县下。十年，除白马领民都督。乾明元年，除假节、都督泾州」诸军事、泾州刺史。皇建元年，除车骑将军，余官如故。公或出从戎行，或入」参帷幄，功城野战，每立庸勋。故能辟土以承家，裂山川而建国。贵盛一时，」声流千载。方当论道槐棘，享年茂永，赋命不融，溘随时谢。春秋六十有□，」薨于晋。公忠孝尽于君亲，信诺存于朋友，脱略钱帛，敬宝才贤，内

图四 狄湛墓志拓片

外嗟谈，」远迩歌咏。天不赞善，玉树漂沦，凡在闻知，莫不痛惜。家人情地，乎可言哉。」皇帝悼伤，赠策云尔。越以河清三年十二月十九日窆于晋阳城东北三」十里。若夫英桀载挺，必为桢干，世德相传，理垂不朽。惟恐陵谷非固，缣竹」易亏，所以金石称长，寄刊盛美。其词曰：」

　　源流眇浚，基构遐崇。含灵蕴祉，世挺才雄。或卿或相，非侯则公。余芬不□，」嗣轨传风。公惟降诞，夙号民英。仪容魁岸，气略纵横。情钦剑侠，意忽儒生。」方图远大，弃置耘耕。悁家入仕，姓居廉洁。宪章法度，师模令哲。去兹华屋，□」彼高原。风吟垄树，鸟思泉门。音形永隔，景行空存。相偕到此，举目伤魂。

赵信墓

河清三年（564）

赵信墓位于太原市晋源区罗城街道办事处开化村东北，东南距晋阳古城约3.5千米，西北距开化寺蒙山大佛约2.2千米。2012年8月至2013年6月，为配合太原市基本建设，山西省考古研究所联合山西大学历史文化学院、太原市文物考古研究所及太原市晋源区文物旅游局对开化墓群进行了重点发掘，简报发表于《文物》2015年第12期。

赵信墓编号为M20，方向165°，由墓道、过洞、天井、墓门、墓室组成，未经盗扰，墓葬形制及随葬品保存完好。竖井斜坡式墓道位于洞室南部，宽0.72~0.8米，底坡长9.74米，底部有多级台阶。过洞位于墓道中部，斜坡拱顶。天井上口呈长方形，平底，底端长1.5米、宽0.92米。拱形墓门，以土石混合封堵，封门底端宽0.92米，高1.4米。拱顶洞室，前高后低，墓室底部平面呈梯形，长3.45米，前端宽2.85米、高2.8米，后端宽2.6米、高2.2米。洞室东、西两边各有一生土二层台。葬具为一棺一椁，椁平面呈梯形，棺位于椁内中部，棺底有横向放置的垫木和方板。棺内有两具人骨，均为侧身直肢葬，东侧为男性，西侧为女性（图一）。

赵信墓出土文物共105件，含各类陶俑79件、模型明器8件，完整可辨者详述于后；日用陶器12件、含大盘1件、陶碗11件；漆盘1件；铁合页2件；钱币1枚；墓志1合。随葬文物集中置于天井底部洞室封门口、墓室正门口、墓门内东侧、洞室内两边生土二层台、椁外东西两侧等处。

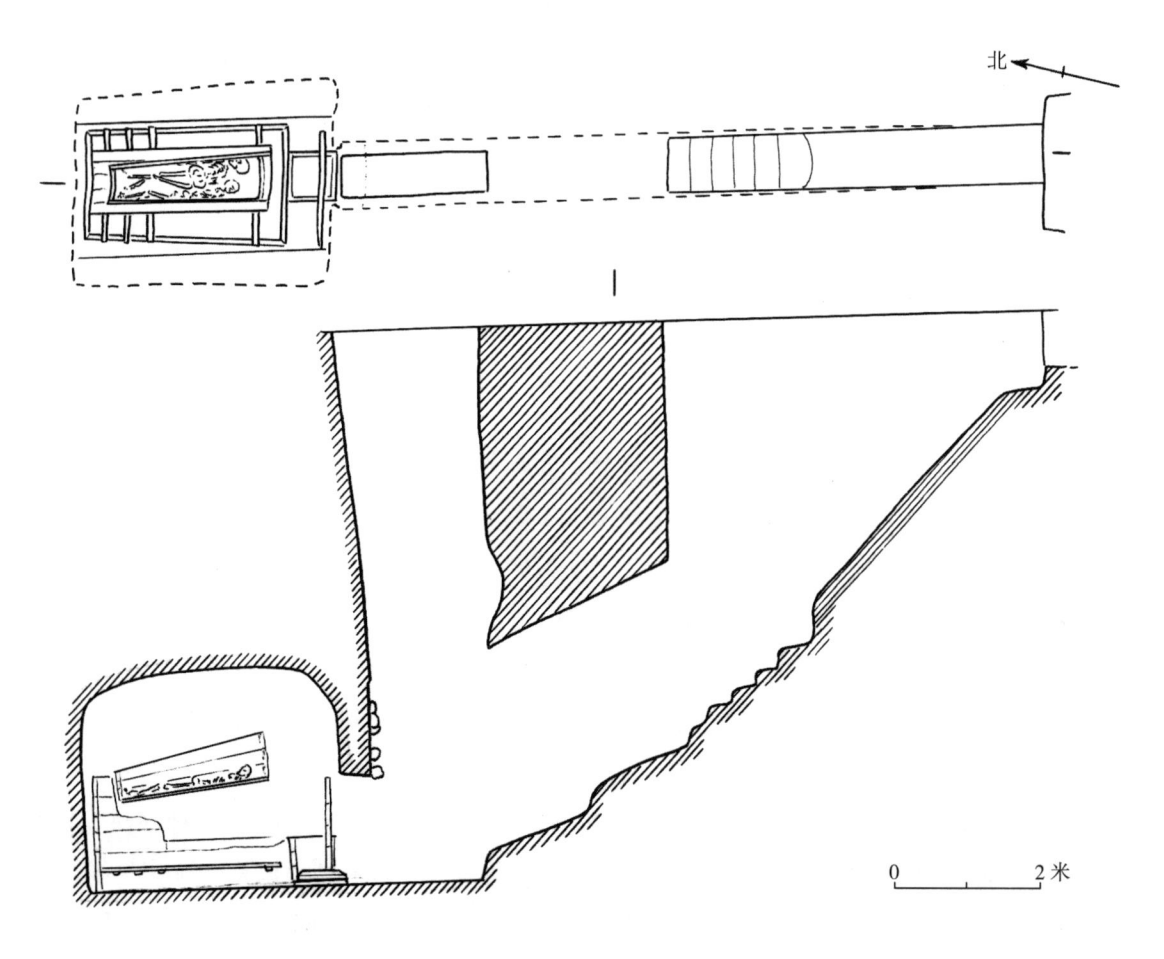

图一　赵信墓平面、剖面图

赵信墓出土陶俑

赵信墓出土各类陶俑（含残俑及残块）79件，墓门外放置少量陶女侍俑、陶猪和陶灶，墓室内西侧二层台偏南处置陶俑，东侧二层台偏南处置陶俑及漆盘等。陶俑有镇墓武士俑、镇墓兽、仪仗武士俑、侍从俑、伎乐俑、武士骑俑、骆驼俑、牛车、家居侍女俑、家畜陶塑及模型明器。

一、镇墓俑

（一）镇墓武士俑

Ab-Ⅱ型镇墓武士俑　2件

M20：73，泥质红陶俑，高52厘米。呈站姿，脸型圆阔，浓眉大眼，高鼻阔口，紧闭双唇，口上下有短须，容貌威武。头戴圆顶兜鍪，兜鍪两侧有护耳，顿项及肩。上穿明光铠，肩有披膊，下为鱼鳞铠，腰束鞢䪁带，内穿短襦，下着及地缚袴，脚穿圆头靴。左手按兽面纹长盾，五指贴于盾面；右臂微曲，右手握拳，贴于胯侧，作执物状。该俑彩绘保存较好，武士面部施白彩，以黑彩、红彩勾绘眉、目、嘴唇。兜鍪施白彩，边缘施深红色彩，兜鍪、顿项、铠甲、披膊及下身甲裙皆以白彩为地，以深红色彩为边缘，墨线勾绘鱼鳞状甲叶，甲叶中央皆有一浅红色小点。明光铠护胸、护背为黑、红、白三色组成的同心圆，腰带为浅红色，白袴黑鞋（图二，1；图版一）。

M20：74，泥质红陶俑，高52厘米。呈站姿，脸型圆阔，颧骨突出，浓眉圆眼，高鼻阔口，紧闭双唇，口上下有短须，容貌威武。头戴圆顶兜鍪，两侧有圆形护耳，顿项披肩。身着明光铠，肩有披膊，腰束鞢䪁带，内穿短襦，下着及地缚袴，脚穿圆头鞋。左手按兽面纹长盾，五指贴于盾面；右臂微曲，右手握拳，贴于胯侧，作执物状。该俑彩绘保存完好，武士面部施白彩，以黑彩、红彩勾绘眉、目、嘴唇。兜鍪施白彩，边缘施深红彩，兜鍪顶部至边缘绘四条黑线将其均分为四部分，兜鍪、顿项、铠甲、披膊及下身甲裙皆以白彩为地，以深红色彩为边缘，墨线勾绘鱼鳞状甲叶，甲叶中央皆有一浅红色小点，腰带施浅红彩，白袴黑鞋。

（二）镇墓兽

Aa型镇墓兽　1件

M20：75，泥质红陶，高37厘米。呈蹲踞状，人面兽身，头戴圆顶兜帽，额前帽有褶皱，

1.M20：73；2.M20：75
图二 赵信墓出土镇墓俑

面颊圆阔，弯眉凸起，大眼半睁，直鼻高挺，阔嘴微张，嘴角微下撇，锯齿状络腮胡，头颈前伸，气韵阴森诡异。胸口微凸，肩部有卷曲状翅羽，背生四组尖状鬣鬃，尾上扬并右撇贴于背后，细腿，偶蹄状足。彩绘保存较好，面部施白彩，以黑彩、红彩勾绘眉、目、嘴唇，兜帽施黑彩，身体施黄彩，肩后卷曲状翼毛以黑彩勾勒，其间填白彩和红彩，腿部以白彩为地，上绘数道横向黑色线条（图二，2；图版二）。

二、仪仗俑

（一）武士俑

Aa-Ⅱ型武士俑　4件

M20：57，泥质红陶俑，背盾武士，高23.2厘米。呈站姿，脸型圆阔，弯眉细目，直鼻小口，容貌端庄。头戴冲角兜鍪，兜鍪四周及中脊起棱，两侧有半圆形护耳，顿项及肩。身穿明光铠，肩有披膊，内穿窄袖襦，下穿及地大口缚袴，脚穿圆头鞋。左肩背兽面纹盾，左手举于肩前，握住盾牌系带；右手微曲，贴于胯侧，作持物状。彩绘保存极差，周身残存部分白色底彩，铠甲、内襦下摆有零星深红色彩（图三，1；图版三、图版四）。

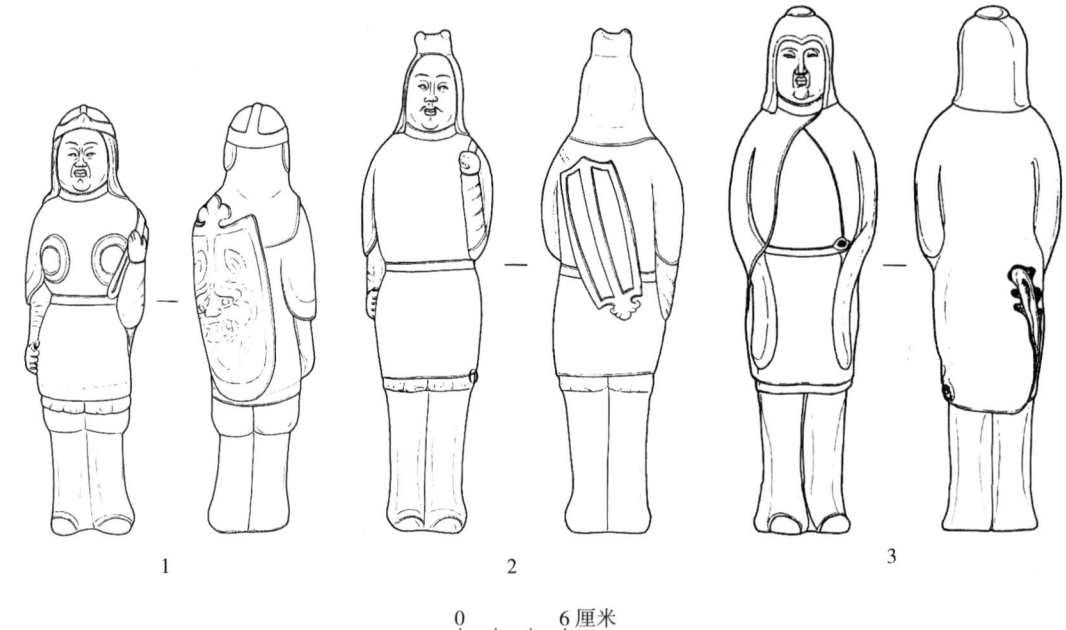

1.M20∶57；2.M20∶28；3.M20∶24
图三 赵信墓出土仪仗武士俑

Ab-Ⅱ型武士俑 5件

M20∶28，泥质红陶俑，背盾武士，高27.6厘米。呈站姿，长圆形脸，弯眉细目，直鼻小口，容貌端庄。头戴双棱风帽，帽裙披于脑后，上穿圆领窄袖襦，腰束带，下穿及地袴，脚穿圆头鞋。左肩背镶边凸棱盾，左手举于肩前，作握盾牌系带状；右手微曲，贴于胯侧，作持物状。彩绘保存较差，面部施白彩，窄袖襦以白彩为地，上施黄彩，袴、鞋皆存白色底彩，风帽、腰带及盾皆施黑彩（图三，2）。

Ca-Ⅱ型武士俑 1件

M20∶24，泥质灰陶俑，扈从武士，高28.4厘米。呈站姿，脸型圆阔，弯眉细目，容貌端庄。头戴圆顶兜鍪，顿项及肩，上穿窄袖短襦，外罩披风，腰间束带，下着及地袴，脚穿圆头鞋。双手藏于袖内，微曲下垂，贴于胯前。彩绘保存较差，面部施白彩，唇涂红彩，兜鍪护耳残存红彩，披风施深红彩（图三，3）。

Cb-Ⅱ型武士俑 4件

M20∶49，泥质灰陶俑，扈从武士，高25.8厘米。呈站姿，脸型圆阔，弯眉细目，直鼻小口，容貌端庄。头戴圆顶兜鍪，兜鍪四周及中脊起棱，前似有冲角，两侧有半圆形护耳，顿项及肩。身穿鱼鳞铠，外罩披风，内着窄袖襦，腰间束带，下着及地袴，脚穿圆头鞋。右手藏于袖内，垂于身侧，左手握带。腰前左侧有孔，似为刀剑鞘前端，腰后右侧披风突起，应配有矢箙。通体白色底彩保存较好，铠甲以黑彩勾绘鱼鳞状甲叶，兜鍪边缘、披风、腰带、刀鞘口及铠甲下露出的襦下缘皆施红彩（图四，1）。

（二）侍从俑

Ab-Ⅲ型侍从俑　18件

M20：48，泥质灰陶俑，高28.6厘米。呈站姿，长圆形脸，弯眉小眼，直鼻小口，容貌端庄。头戴三棱风帽，帽裙披于脑后，外穿圆领直襟长袖襦，下摆过膝，腰束带，下穿及地袴，脚穿圆头鞋。左臂微曲，垂于胯侧，左手掩于长袖内，袖口下垂；右臂垂于身侧，袖端有孔，作持物状。彩绘保存较好，通体以白彩为地，面部以黑彩勾绘眉、眼、胡须，红彩涂唇，长袖襦施深红色彩，袴仅存白色底彩（图四，2；图版六）。

Ba-Ⅱ型侍从俑　2件

M20：58，泥质红陶俑，高27.6厘米。呈站姿，长圆形脸，弯眉细眼，直鼻窄口，容貌端庄。头戴三棱风帽，帽裙披于脑后，颔下系带。外穿窄袖襦，袒右臂，露出内穿的圆领窄袖襦，腰束带，外衣右袖于腰侧系于带内，下着及地袴，脚穿圆头鞋。双臂曲起，两手空握举于胸前，作持物状。通体以白彩为地，面部以红彩点涂嘴唇，窄袖襦施深红彩，腰带施红彩，袴及鞋仅存白色底彩。

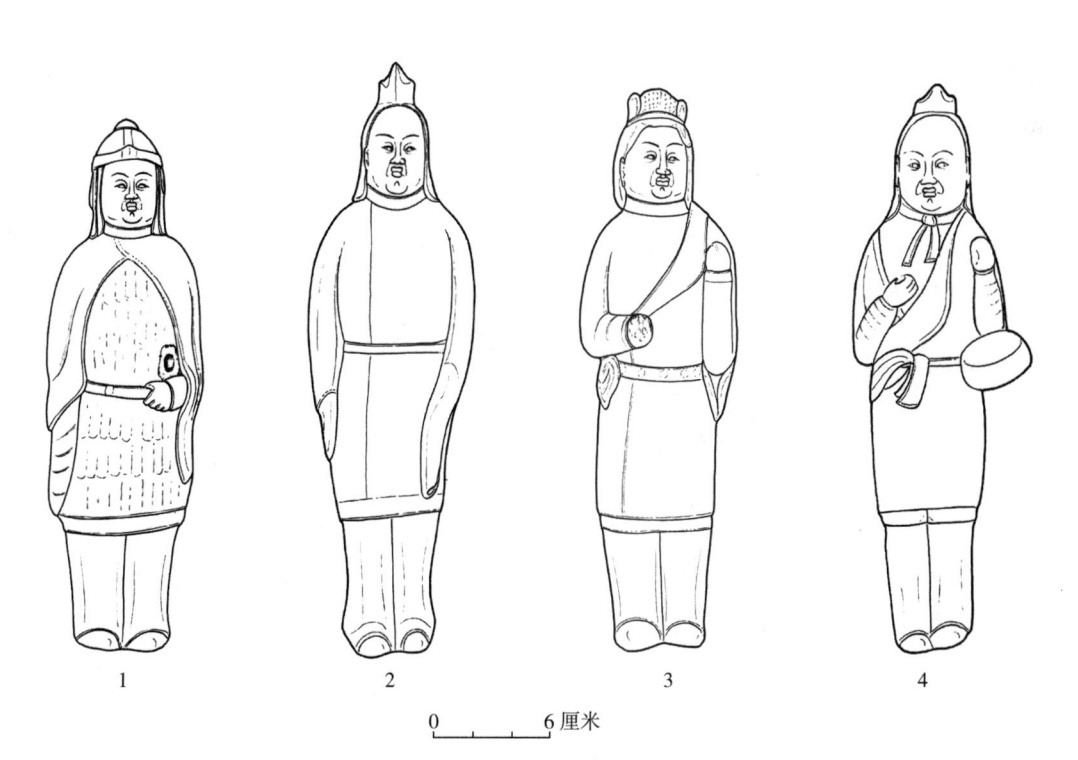

0　　6厘米

1.M20：49；2.M20：48；3.M20：60；4.M20：104

图四　赵信墓出土仪仗武士俑、侍从俑、伎乐俑

Ba-Ⅲ型侍从俑　5件

M20：60，泥质红陶俑，高26.2厘米。呈站姿，长圆形脸，弯眉细眼，厚唇圆鼻，神态端庄。头戴翻耳扇圆顶风帽，耳扇翻起系于帽顶旁，帽裙披于脑后，脑后帽上有细密凹点，应为表现皮质外露。外穿半袖襦，袒右臂，露出内穿的圆领窄袖襦，腰束带，外衣右袖于腰侧系于带内，下着及地袴，脚穿圆头鞋。双臂曲起，左手上举，贴于肩前，右手贴于腹前，皆作握拳执物状。彩绘保存极差，存有零星白色底彩，嘴唇、衣领及窄袖襦胸腹处存少量红彩（图四，3；图版七）。

（三）伎乐俑

Aa-Ⅰ型伎乐俑　5件

M20：104，泥质褐陶俑，高27.6厘米。呈站姿，长圆形脸，弯眉小眼，直鼻小口，容貌端庄。头戴三棱风帽，帽裙披于脑后，颔下系带。外穿窄袖襦，袒右臂，露出内穿的圆领窄袖襦，腰束带，外衣右袖于腰侧系于带内，下着及地袴，脚穿圆头鞋。腰带左侧挂腰鼓，双臂曲起，两手空握，举于胸前，作持鼓槌状。彩绘保存较好，通体以白彩为地，面部以黑彩、红彩勾绘眉、眼、胡须及嘴唇，窄袖襦施深红彩，风帽及鞋施黑彩，袴仅存白色底彩（图四，4；图版五）。

（四）武士骑俑

A型武士骑俑　1件

M20：32，泥质红陶俑，骑士头部及马四肢缺失，残高9.2厘米。骑士身着裲裆铠，内穿褶衣，下着窄腿鱼鳞状甲，脚穿尖头鞋。马立姿昂首，头戴面帘，身披铠甲，颈后罩护甲，上有云头状饰，辔头齐备，鞍鞯、障泥齐全。彩绘保存极差，武士衣甲存零星红彩、黑彩，马面帘及铠甲边缘存红彩（图五）。

（五）仪仗动物陶塑

Aa型陶骆驼　1件

M20：36，泥质红陶，高31.5厘米。单峰驼，小耳短鬃，厚唇露齿，短颈微曲，短尾上翘，四蹄外撇，立于踏板上，作昂首嘶鸣状。背负货囊，货囊以细带捆扎，囊下似压有多匹丝绸。彩绘保存较差，通体以白彩为地，驼颈部存黄彩，货囊束带施红彩（图六，1）。

A型牛车　1套

M20：37，陶牛，泥质红陶，高26厘米。身躯雄壮，昂首扬鼻，犄角上竖，四蹄微外撇，

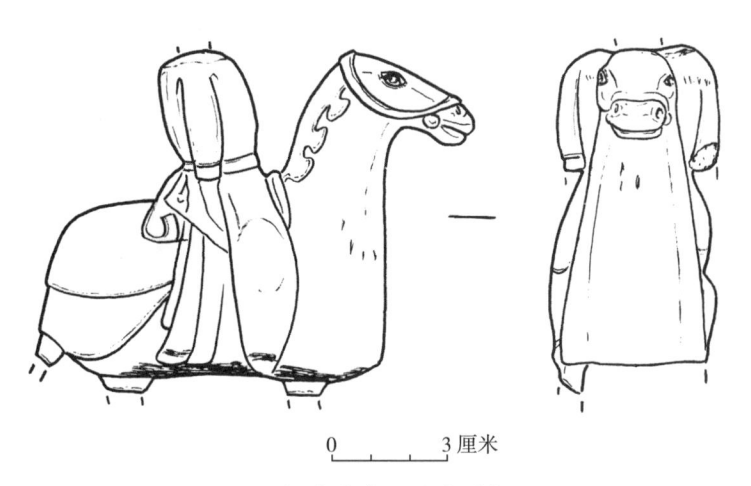

图五　赵信墓出土武士骑俑 M20：32

立于长方形踏板之上，作负重向前状。佩戴笼头、圆形节约，左右各有一杏叶形饰，颈肩有车轭，用于承接车辕。周身以白彩为地，存零星红彩。牛后置一辆双轮卷棚顶车，即M20：78，车长35厘米、高40厘米。车舆前壁以红白竖格象征条窗，底座前部左右两侧各有一孔，以置车辕，后壁偏右开门。车轮为纺锤形轴头。车篷左右边框各有两个穿孔，或用于插羽葆旗帜（图六，2、3）。

三、家居俑

（一）女侍俑

Aa-Ⅱ型女侍俑　1件

M20：12，泥质红陶俑，高23.8厘米。呈站姿，额前分发上梳至头顶，挽成双月牙形髻，长圆形脸，弯眉小眼，直鼻小口，容貌端秀，头微右偏。上穿左衽交领窄袖衣，内穿圆领襦，腰束带，带梢下垂，下穿及地长裙，脚穿圆头鞋。双臂下垂，贴于身侧，两手藏于袖内。彩绘保存较差，通体施白彩为地，眉、眼、头发施黑彩，嘴唇点红彩；外穿窄袖衣及长裙为白色，颈下露出的内衬圆领衣施红彩，鞋存少量黑彩（图七，1）。

Ac-Ⅱ型女侍俑　3件

M20：1，泥质红陶俑，高22.8厘米。呈站姿，头梳双月牙形髻，额前分发上梳，长圆形脸，弯眉小眼，直鼻小口，容貌端秀。上穿左衽交领褶衣，内穿圆领襦，腰束带，下穿及地缚袴，脚穿圆头鞋。双臂下垂，贴于身侧，两手藏于袖内。彩绘保存较差，通体施白彩为地，眉、眼、头发施黑彩，嘴唇点红彩；褶衣施浅红色彩，颈下露出内衬的圆领衣存少量蓝彩，袴仅存白色底彩（图七，2）。

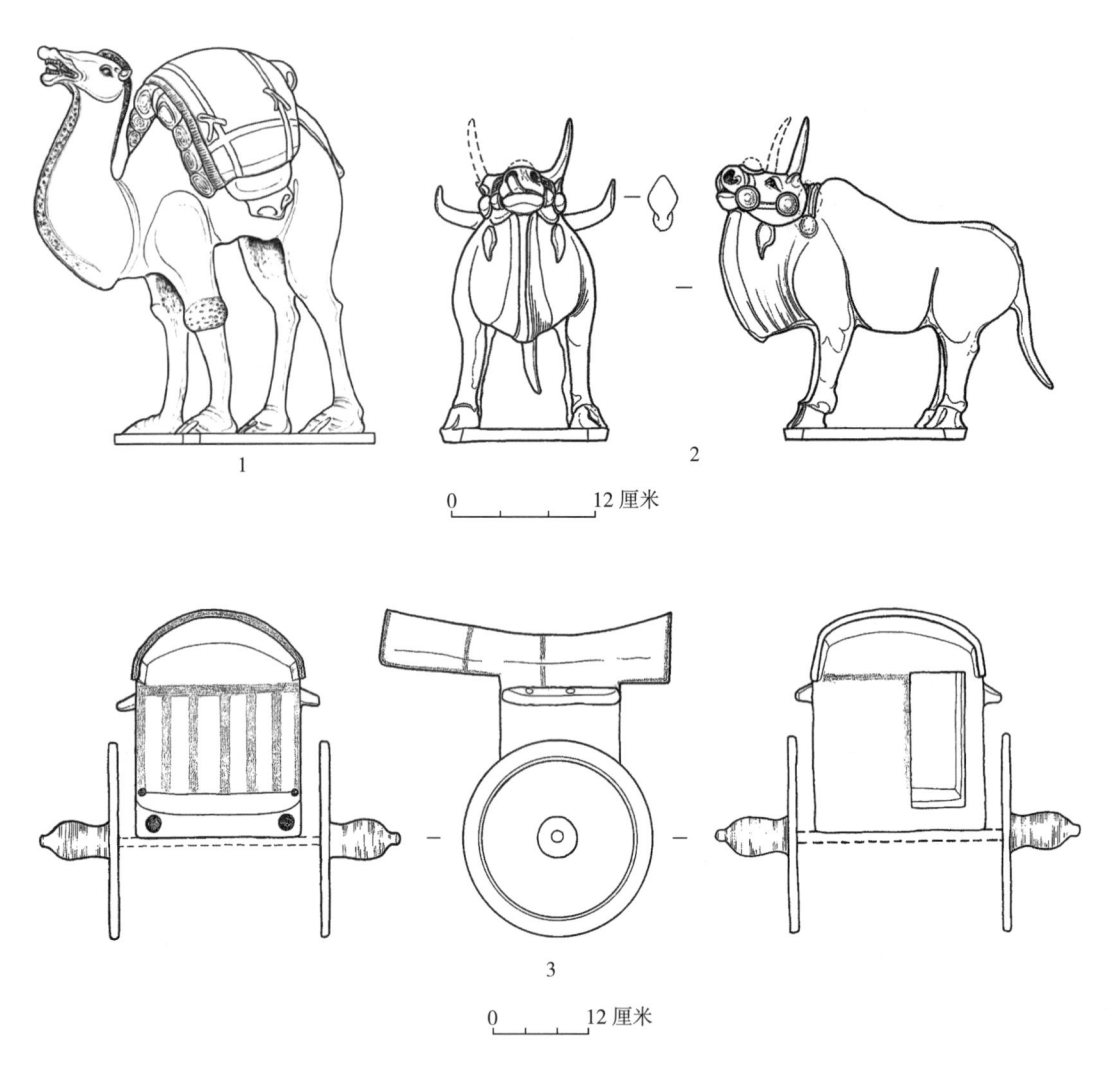

1.M20：36；2.M20：37；3.M20：78
图六 赵信墓出土仪仗动物陶塑

Ba-II型女侍俑 1件

M20：30，泥质红陶俑，高17.6厘米。侍女头梳双月牙形髻，额前分发上梳为斜向双月牙形发髻，面容圆润，弯眉细眼，直鼻小口，容貌端秀，头左偏。外穿窄袖衫，内穿圆领内衣，下穿百褶长裙，脚穿圆头鞋。右腿曲蹲，左腿跪地，左手自然下垂，放于左膝上，右手扶于右膝上。通体施白彩为地，眉、眼、头发施黑彩，嘴唇点红彩；上衣施红彩，裙仅存白色底彩（图七，3；图版八）。

（二）家畜陶塑

Ab型陶狗 2件

M20：91，泥质红陶，长12.6厘米。为子母狗，母狗呈伏卧姿，昂首左视，大耳下垂，长

1
2
3

0 ⎯⎯⎯⎯ 6厘米

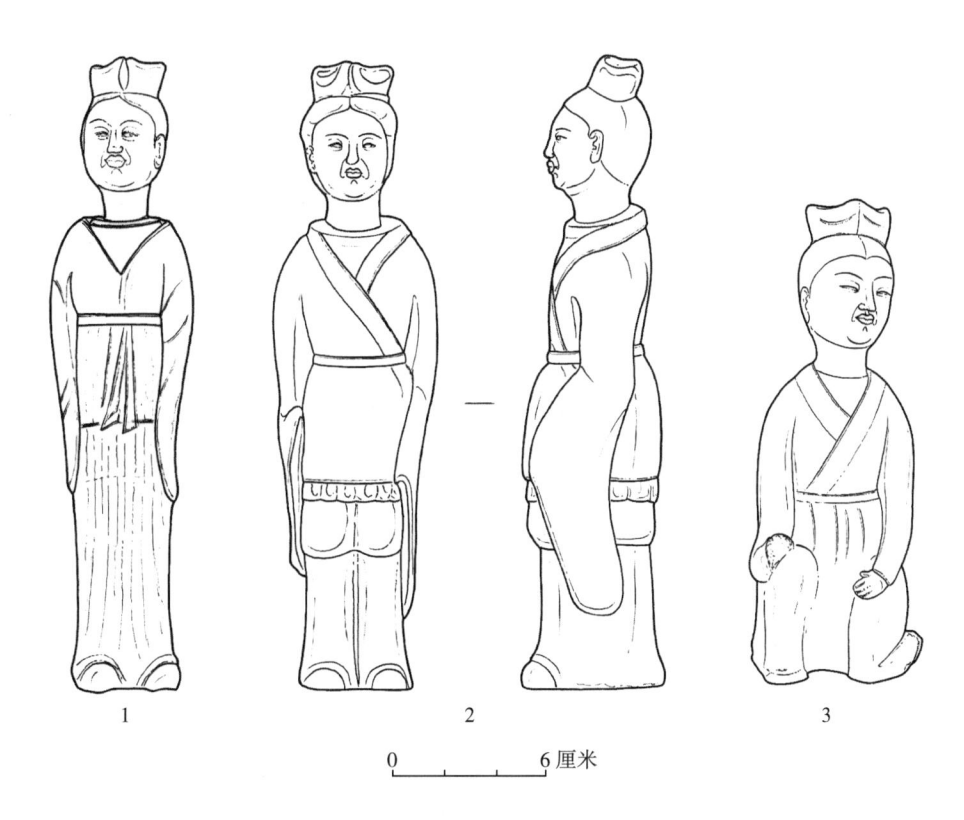

1.M20：12；2.M20：1；3.M20：30
图七　赵信墓出土女侍俑

尾盘回身侧。小狗身形极小，侧卧于母狗腹旁，四腿伸开，似已熟睡（图八，1）。

陶猪　10件

M20：90，泥质红陶，长14.8厘米。雄猪呈俯卧姿，头向左侧扭曲，并趴在前肢上，口部微张，体形丰满。

四、模型明器

A型陶仓　4件

M20：81，泥质灰陶，高14厘米。菌状顶，上有乳突状纽，鼓腹斜筒形仓体，近底处开圆形窗。通体以白彩为地，上施黄彩（图八，2）。

C型陶井　1件

M20：105，泥质红陶，高9.6厘米。呈圆筒形，口小底大，上有内弧边六角形平沿井口（图八，5）。

A型陶碓　1件

M20：4，泥质红陶，长16.5厘米。长方形底座，前有圆形碓窝，后有外撇的碓架，碓锤及碓杆已不存（图八，4）。

陶灶　1件

M20：3，泥质红陶，高12厘米。高耸的阶梯状挡火墙下设拱形灶门，灶台上置一圜底釜，与灶台连为一体，挡火墙表面饰火焰纹（图八，3）。

陶厕　1件

M20：87，泥质灰陶，高6.8厘米。平面近"回"字形，右侧开门，坑孔位于最内侧墙后（图八，6）。

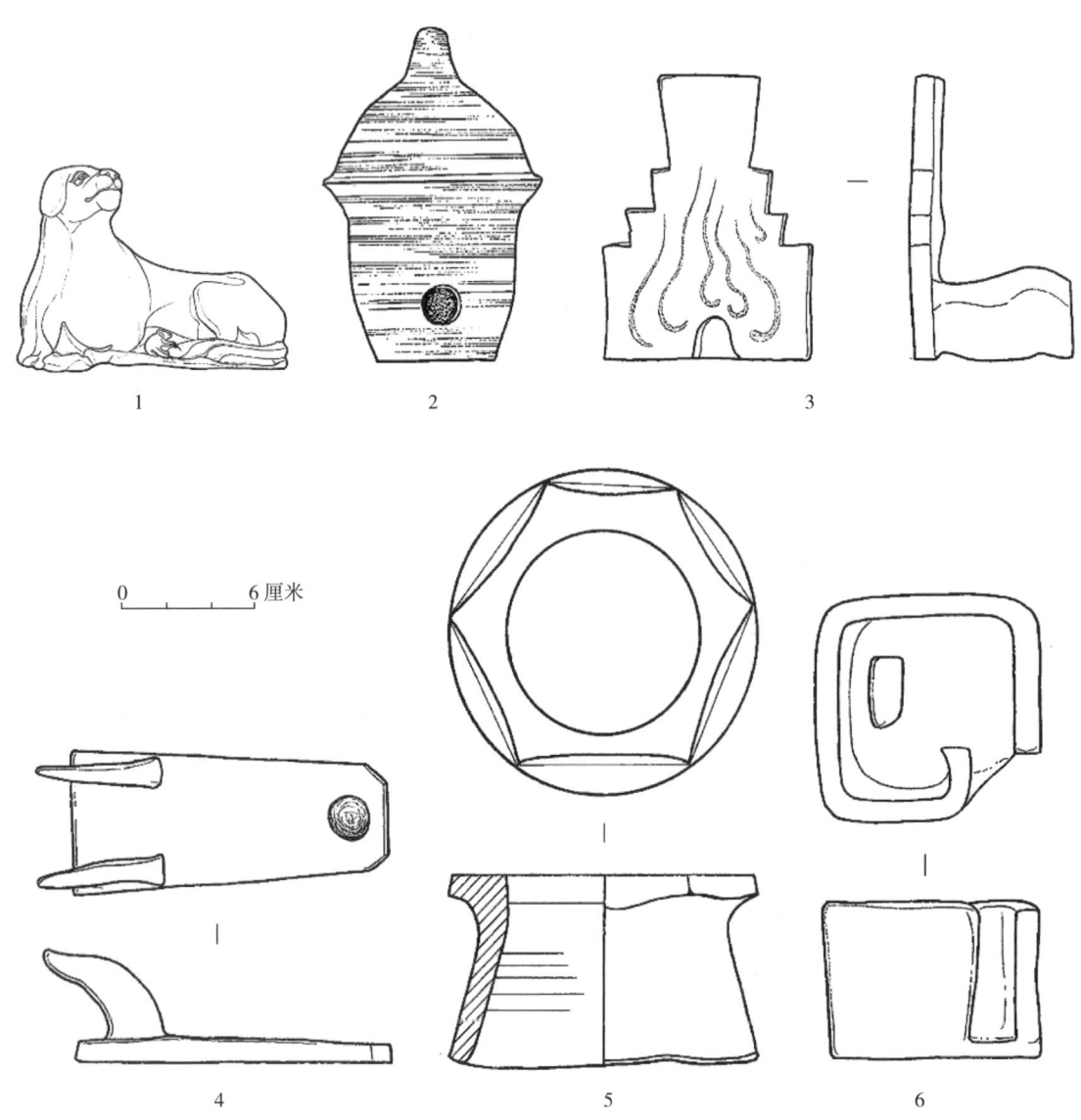

1.M20：91；2.M20：81；3.M20：3；4.M20：4；5.M20：105；6.M20：87

图八　赵信墓出土陶狗及模型明器

赵信墓志

赵信墓志为灰色细砂岩质，志盖盝顶，素面，长67厘米，宽63.5厘米，上有阴刻篆书3行9字（图九）。志石长65厘米、宽64厘米，阴刻隶书志文，共23行，满行23字，计508字（图一〇）。

【志盖】齐故楚」州刺史」赵公铭

【志文】君讳信，字居仁，金城人也。其先司徒公赵文侯之后。若夫磐根岳峙，与天地争峰；渊明固朗，共日月驰远；文武相寻，自有」人焉。祖以智谋从时，父宦当世，袭爵为莫何弗、第一领民酋长。」君忠孝自天，卑恭本性，德谊有闻，幼澈天朝。出身威例将军，」后除冠军将军、中散大夫、凉州显美县开国子，食邑三百户。」至天平之年，献武皇帝除晋州冀氏太守。君性闲制锦，」志解烦丝，门有留驹，路无佩犊，去蝗集凤，风烈可想，持今望」古，彼亦何人。复加平西将军，赏北平郡朝鲜县散子，敕遣」领骑五千，号为仪同，除离石镇城。但宠由德进，名与功阶，复」遣徐州镇城。至天保之初，迁行楚州事。君德重州闾，器高朝」野，转加卫大将军，迁黄牛镇将。内赞六奇之谋，外奖八能之」术，威振百城，万夫失魄，除

图九　赵信墓志盖拓片

图一〇 赵信墓志拓片

夷殄敌，公至归焉。何其天道暝昧」，与善无征，未穷上笄，忽然下世，春秋六十七，卒于居镇。痛感」朝流，嗟伤邑里。追赠加骠骑大将军、定州常山郡太守、栢崖」镇将，余官品爵并如故。君夫人郡君刘氏，聪明王之女，体资」冲素，敦孝为本，志同别发，行等恭贞，焉兹不幸，今也则亡。以」河清三年二月廿日，同葬于唐阪石灰谷东北二里。将恐川」田易，陵谷匪恒，故镌金石，贻诸来世。其词曰：」

巨山埋宝，广海函珍。明时下凤，显世游麟。公之有效，亲辅匡」臣。如何不淑，歼我良人。夫人孝敬，长在幼年。穹苍寡惠，山颓」奄然。迁坟陵谷，荒宅殡贤。一朝居，永逐风烟。世不殒德，金属」斯良。亲朋鸣悒，行路嗟伤。幽幽泉户，辉灯灭光。攸攸长夜，何」见朝阳。镌金镂颂，万载垂芳。

张海翼墓

天统元年（565）

张海翼墓位于太原市晋源区寺底村西500米的一处山前黄土坡上，当地俗称官坡（圹坡），处太原西山蒙山之麓，东距汾河5500米，东南距晋阳古城遗址5000米。1991年1月，墓葬被村民发现，文物部门接到报告赶至现场时，墓葬已遭毁坏，出土器物被哄抢。通过说服教育，文物部门从村民手中收回部分文物，并对墓葬进行了抢救性清理，简报发表于《文物》2003年第10期。

　　墓葬为单室土洞墓，坐北朝南，方向165°，墓道情况不详，墓底距地表约3.2米，墓室长2.2米、宽1.23~1.83米、高1~1.7米。通过清理和对目击者的调查，得知墓主人为仰身直肢葬，墓室底部有木炭、石灰和木棺痕迹，墓室西侧有生土二层台。仪仗俑等排列于二层台上；陶牛、陶壶、瓷碗等放置在洞室后部；墓志、镇墓武士俑等放置于墓室口。

　　张海翼墓发现时即遭损毁，墓葬仅清理出土铜币2枚、陶瓷残片数块。文物部门从村民手中收回、修复后的文物含陶俑46件，瓷碗5件，陶壶、陶长颈瓶各1件，墓志1合，铜镜1面，常平五铢1枚。

张海翼墓出土陶俑

张海翼墓出土的陶俑包括镇墓俑、仪仗俑、家居俑，镇墓俑仅1件武士俑，仪仗俑含武士俑、文吏俑、侍从俑、武士骑俑及仪仗动物陶塑，家居俑类含女侍俑及家畜陶塑。

一、镇墓俑

Bb型镇墓武士俑　1件

标本47，泥质灰陶俑，高55.8厘米。呈站姿，脸型方阔，两颊圆凸，浓眉高耸，双眼半睁，高鼻厚唇，容貌威武。头戴冲角兜鍪，四周边缘及中脊起棱，两侧有护耳，顿项及肩。上穿明光铠，肩有披膊，腰束革带，下着及地缚裤，脚穿圆头靴。左臂曲于腰间，手腕置于带前，左手缺失；右臂微曲下垂，贴于身侧，右手空握，作持物状。彩绘脱落严重，裤、靴存白色底彩（图一）。

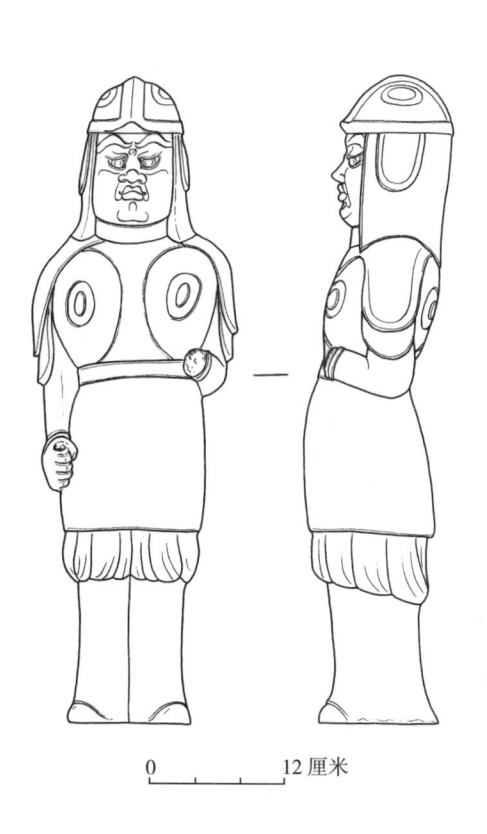

图一　张海翼墓出土镇墓武士俑标本47

二、仪仗俑

（一）武士俑

Bb-Ⅱ型武士俑　4件

标本15，泥质褐陶俑，持盾武士，高25.4厘米。呈站姿，身向后仰，长圆形脸，弯眉细目，直鼻小口，圆颏阔腮，容貌端庄。头戴圆顶翻沿风帽，耳扇及帽裙翻起，贴于帽四周，未见扎束，仅有帽顶用细带扎起，似为较硬厚的皮质帽。外穿翻领半袖襦，肩似有披膊，内穿圆领窄袖襦，腰束带，下着及地袴，脚穿圆头鞋。左手于腹前斜持镶边凸棱带云头饰盾，右臂垂于身侧，袖端有孔，作持物状。通体施白彩为地，彩绘脱落严重，翻领襦存部分黄彩（图二，1；图版一）。

Cb-Ⅱ型武士俑　5件

标本19，泥质褐陶俑，扈从武士，高27厘米。呈站姿，身微后仰，脸型圆阔，弯眉大眼，直鼻小口，容貌威武。头戴圆顶兜鍪，兜鍪两侧有半圆形护耳，顿项及肩。身穿鱼鳞铠，外罩披风，内着窄袖襦，腰间束带，下着及地袴，脚穿圆头鞋。双臂微曲，两手藏于袖内，长袖垂于胯前。腰前左侧有孔，似为刀剑鞘前端，腰后右侧披风突起，应配有箭囊。通体施白彩为地，表彩脱落严重（图二，2；图版二）。

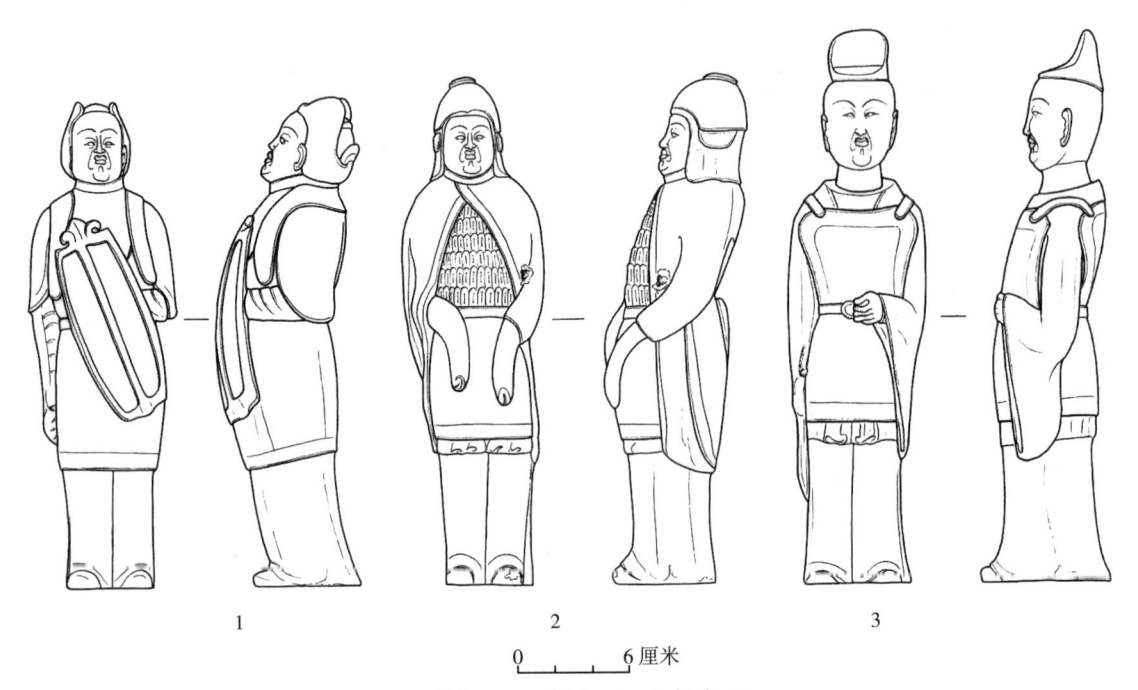

1. 标本15；2. 标本19；3. 标本13

图二　张海翼墓出土武士俑、文吏俑

（二）文吏俑

Aa型文吏俑　2件

标本13，泥质红陶俑，高29.6厘米。呈站姿，长圆形脸，弯眉细目，面容端庄。头戴小冠，外穿裲裆，内穿广袖褶衣，应为交领，腰束带，下穿及地大口缚袴，脚穿圆头鞋。左臂曲于腹前，手握带尾；右臂自然下垂，贴于身侧，手掩于袖内，作持物状。彩绘脱落严重，仅存零星白色底彩（图二，3；图版三）。

（三）侍从俑

Aa-Ⅰ型侍从俑　7件

标本36，泥质灰陶俑，高28厘米。呈站姿，长圆形脸，额前分发，弯眉细目，直鼻小口，容貌端庄。头戴翻耳扇披裙风帽，外穿左衽翻领半袖襦，内穿圆领窄袖襦，腰束带，下穿及地袴，脚穿圆头鞋。左臂微曲，垂于胯侧，左手掩于长袖内，袖口下垂；右臂垂于身侧，袖端有孔，作持物状。通体施白彩为地，翻领襦外施黄彩，翻开的衣领内存零星红彩（图三，1；图版四）。

Ab-Ⅱ型侍从俑　12件

标本24，泥质灰陶俑，高26.8厘米。呈站姿，长圆形脸，弯眉细目，直鼻小口，容貌端庄。头戴圆顶翻沿风帽，耳扇及帽裙翻起，贴于帽四周，未见扎束，似为较硬厚的皮质帽。身

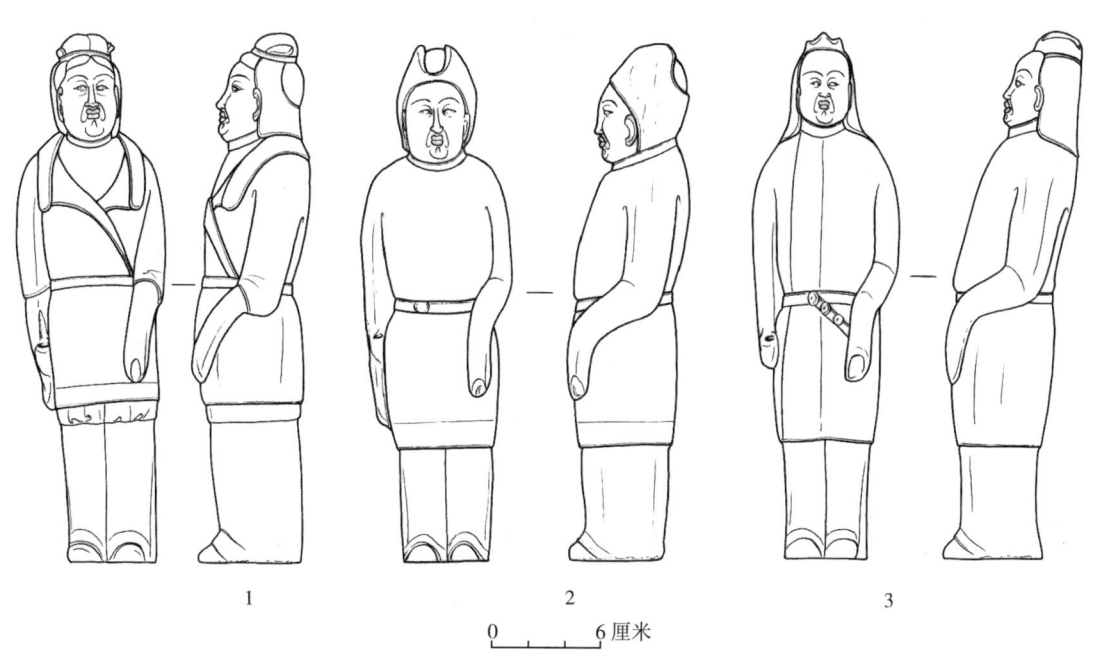

1. 标本36；2. 标本24；3. 标本43
图三　张海翼墓出土侍从俑

穿圆领窄袖襦，腰束带，下着及地袴，脚穿圆头鞋。左臂微曲，垂于胯侧，左手掩于长袖内，袖口下垂；右臂垂于身侧，袖端有孔，作持物状。以白彩为地，窄袖襦施红彩（图三，2；图版五）。

Ab-Ⅲ型侍从俑　3件

标本43，泥质褐陶俑，高27.8厘米。呈站姿，身微后仰，长圆形脸，弯眉细目，直鼻小口，容貌端庄。头戴三棱风帽，帽裙披于脑后，上穿圆领偏襟窄袖襦，腰束鞢韘带，下穿及地袴，脚穿圆头鞋。左臂微曲，垂于胯侧，左手掩于长袖内，袖口下垂；右臂垂于身侧，袖端有孔，作持物状。彩绘脱落严重，仅存零星白色底彩（图三，3；图版六）。

（四）武士骑俑

Aa-Ⅱ型武士骑俑　1件

标本46，泥质红陶俑，马的口鼻及四肢缺失，残高25.4厘米。骑士端坐马背，面颊圆阔，弯眉细眼，直鼻小口，容貌端庄。头戴尖顶兜鍪，兜鍪两侧有半圆形护耳，顿项及肩。身着裲裆铠，内穿窄袖襦，下着窄腿袴，脚穿尖头鞋。腰左、右两侧皆佩挂兵器套（鞘），腰左侧较宽者似弓套，较窄者似剑鞘，腰右侧似配有箭囊。左手置于腿上，右手垂于身侧，作持物状。马立姿昂首，头戴面帘，颌下悬缨，身披铠甲，颈后露鬃，配有鞍鞯而未见马镫（图四）。

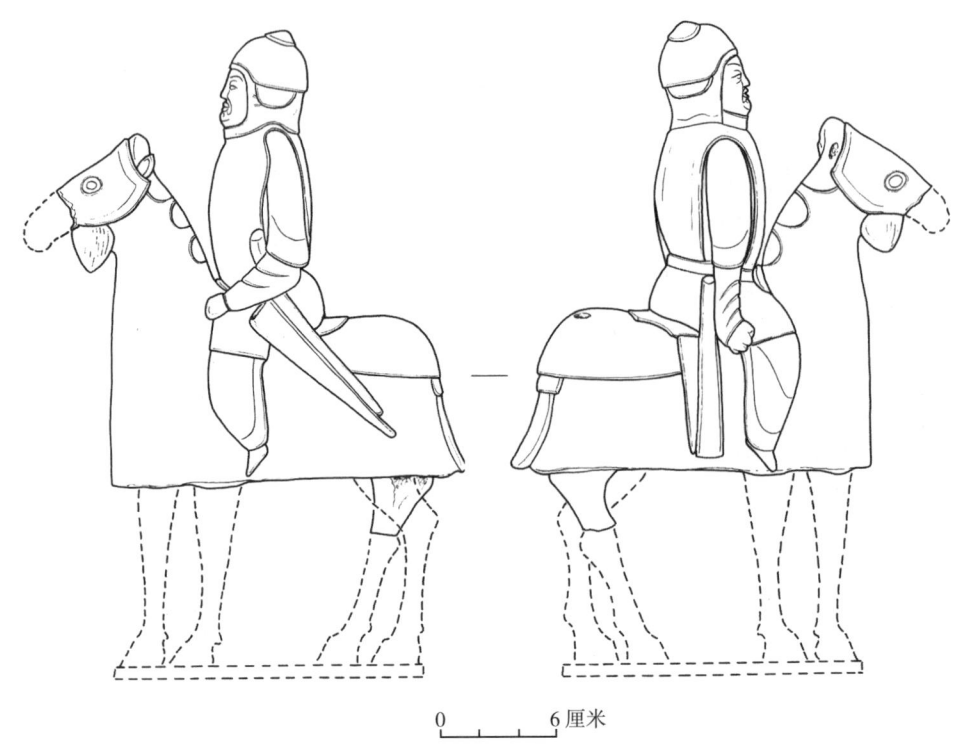

图四　张海翼墓出土武士骑俑标本46

（五）仪仗动物陶塑

Ab型陶骆驼　1件

标本51，泥质褐陶，长31厘米、残高28厘米。单峰驼，背负鼓胀的货囊，搭于驼峰之上，以细绳捆扎。前身略下倾，两前腿微曲，作跪姿欲起状，惜四蹄皆残，难以明识。通体施白彩为地，上施黄彩（图五，2；图版七）。

A型陶牛　1件

标本50，泥质褐陶，长31.2厘米、高20.4厘米。陶牛身躯雄壮，肌肉发达，昂首扬鼻，两角残失，长尾下垂微后扬，四蹄微外撇，立于长方形踏板之上，作负重向前状。佩戴笼头，圆形节约，颈肩有车轭孔，用于承接车辕（图五，1）。

三、家居俑

（一）女侍俑

Ab-Ⅱ型女侍俑　3件

标本6，泥质红陶俑，高19.6厘米。呈站姿，长圆形脸，弯眉小眼，直鼻小口，容貌端庄。头梳前低后高的扁平发髻，外穿交领窄袖衫，内穿圆领襦，腰束宽带，带梢下垂，下穿曳地百褶长裙，裙摆一角自身后由右脚跟向上扭转，至身体左侧腰间。左手下垂，贴于身侧，挽起裙角；右手藏于袖内，贴于腹前，袖口下垂（图六，1；图版八）。

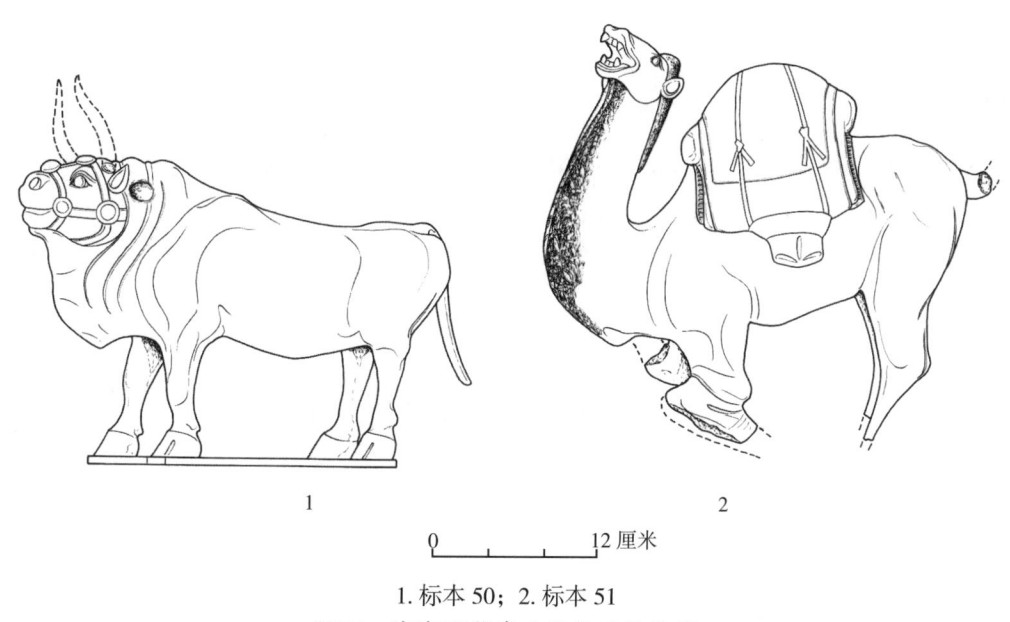

1. 标本50；2. 标本51

图五　张海翼墓出土仪仗动物陶塑

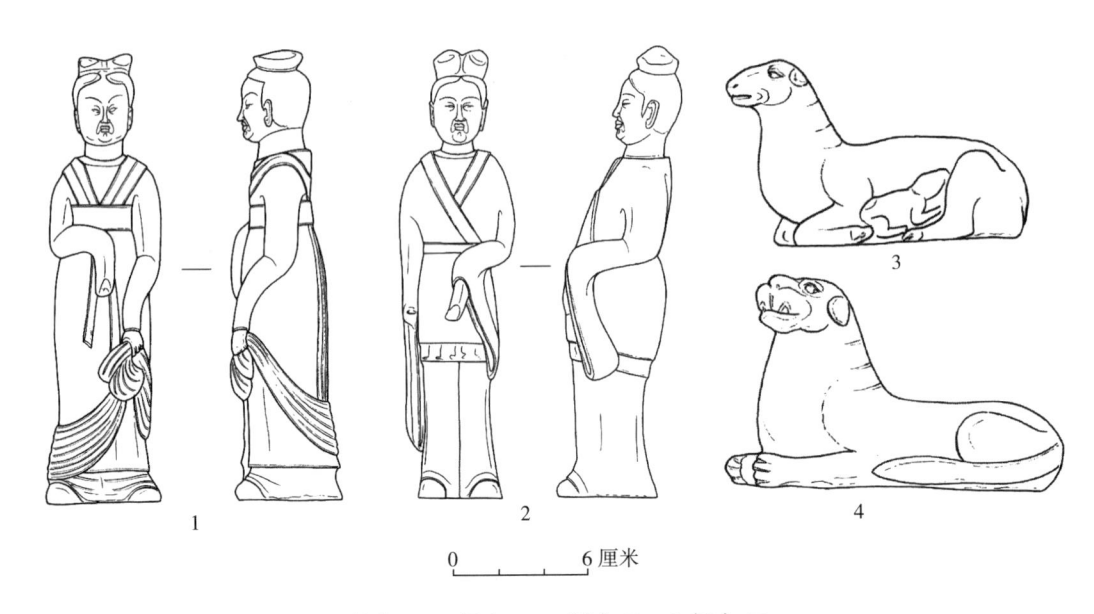

1. 标本6；2. 标本9；3. 标本48；4. 标本49
图六 张海翼墓出土侍女俑、家畜陶塑

Ac-Ⅲ型女侍俑 4件

标本9，泥质红陶俑，高19.4厘米。呈站姿，长圆形脸，弯眉小眼，直鼻小口，容貌端庄。头梳双高髻，外穿左衽广袖褶衣，内穿圆领窄袖襦，腰束带，下穿及地大口裤，脚穿圆头鞋。左臂曲于胯前，左手掩于长袖内，袖口下垂；右臂垂于身侧，袖端有孔，作持物状（图六，2）。

（二）家畜陶塑

Aa型陶狗 1件

标本49，泥质灰陶，高10厘米、长14.8厘米。狗呈伏卧姿，昂首前视，大耳下垂，长尾盘回身侧（图六，4）。

B型陶羊 1件

标本48，泥质褐陶，高8.8厘米、长13.7厘米。羊呈跪卧姿，无角，小耳下垂，长颈高扬，直视前方。身体左侧跪卧一只羔羊，头微扬，依于母羊后腿上（图六，3）。

张海翼墓志

张海翼墓志为细砂石质，志盖盝顶，素面，底边长63厘米、宽59厘米、厚8.5厘米，减地阳刻界格内阳刻篆书4行共12字（图七）。志石方形，边长63厘米、宽60厘米、厚8.4厘米，阴刻隶书志文，共24行，行23字，计530字（图八）。

【志盖】齐故司」马苌安」侯张君」墓志铭

【志文】君讳海翼，代郡平城人也。昔汉宅天下，大裂封疆，攀龙者非」直一人，附凤者盖以百数。岂若文成佐命，克固皇猷，树绩博」浪之沙，运筹汜水之上，雄麾滕灌，笼网韩彭，贻厥孙谋，郁为」不坠。祖谏议大夫，考豫州刺史，并龙光相即，见重人伦。君天」骨不恒，神机迈俗，方珠耀魏，状璧光秦。大名大节，缀缄于度」内，小利小道，捐舍于匈中。苞括卿相之才，蕴蓄公侯之气，誉」高河北，声振山东。自玉关纳款，金方入录，开其疆社，锡以珪」璋，继世象贤，道存为贵。乃应先封，授长安侯，起家相府参军，」后除中书舍人，加冠军将军，转员外常侍。陪游锁闼，进谒彤」闱，简在帝心，聿回天眷。既而鹤鸣九泽，雷震百里，乘此」翻飞，期于高大。除徐州司马，华实无怨，进退有度。惟君家传」礼让，代习中庸，城府钩深，坛墙严峻。待抱匹之衢酒，迎和况」以宫钟。梁楚之诺已驰，周秦之书可问，及编名臣职，直道事」人，非义若浮，不贪为玉。每春花灼灼，泫露丛辉，秋月亭亭，浮」霜孤照。传清举白，奏瑟调簧，符林竹之游，契濠梁之宴。方当」燮谐天爵，毗正地官，何悟梦逼琼瑰，岁临辰巳，以天统元年」六月二日卒于汾晋，春秋卅二。其年十月十一日，葬于并

图七　张海翼墓志盖拓片

城」西北。式刊翠石，用表玄宫。其铭曰：」

　　秦正淫役，虐尽屠炭，矫矫留侯，杖策归汉，决胜帷幄，任总桢」干。日月重光，烟云增烂，积善余庆，介以繁祉。抑扬七叶，超腾」十纪。激水鹏飞，追风骥起，兰熏久映，玉山逾峙。纬武经文，升」堂入室。响曝都辇，价倾侪匹，衔丝展诰，垂婴珥笔，藻思翩翩，徽猷袟袟。浮光西落，沸水东煎，忽辞萃馆，遽掩重泉。山门度□，」垄树含烟，触事今古，徒闻管弦。

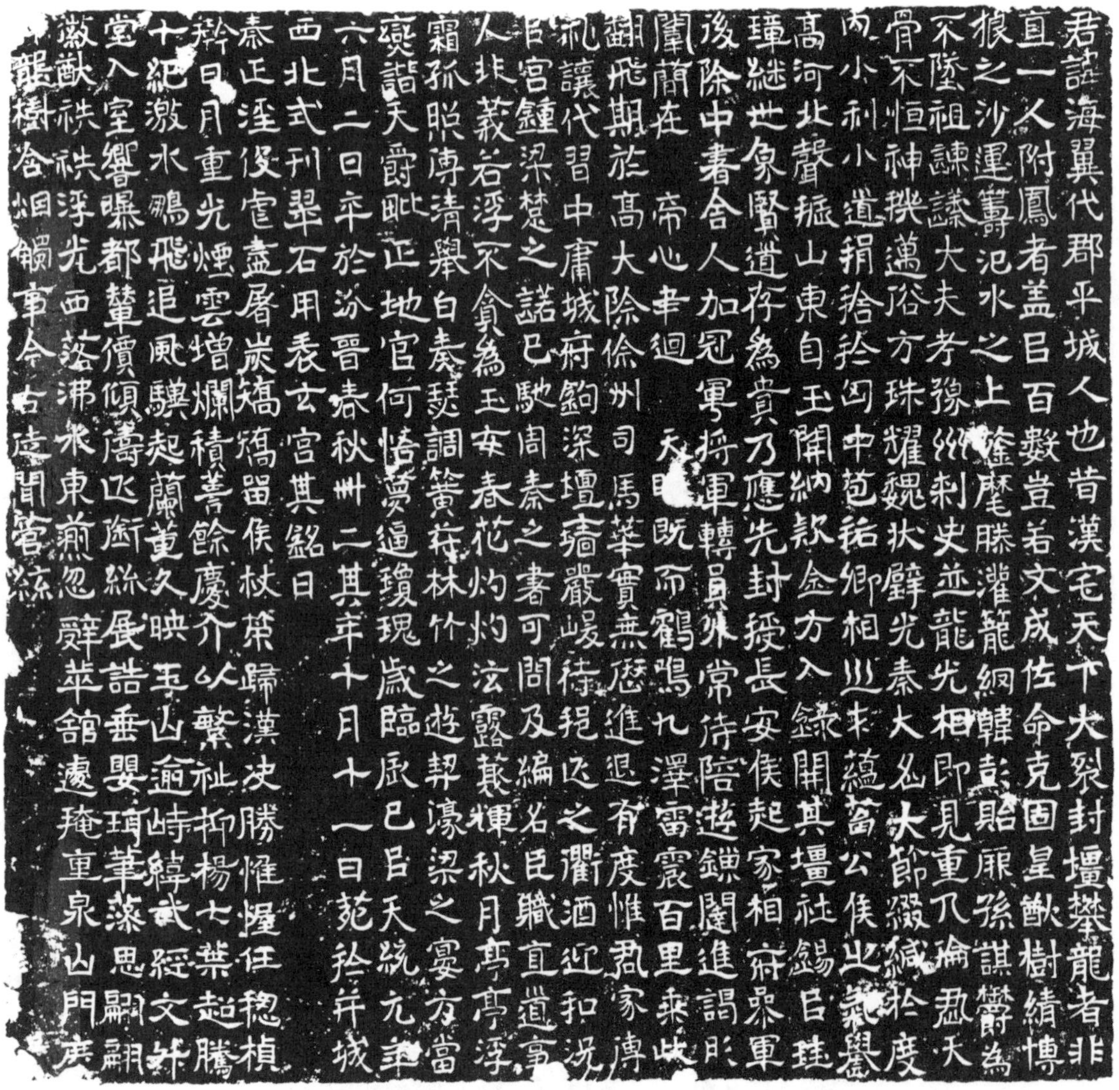

图八　张海翼墓志拓片

韩裔墓

天统三年（567）

韩裔墓位于晋中市祁县东观镇白圭村东南1千米处。1973年，山西省文物工作委员会对该墓葬进行清理发掘，简报发表于《文物》1975年第4期。

墓葬坐北朝南，方向355°，由墓道、甬道、墓门、墓室组成。据村民口述，该墓旧有封土，高五丈有余，占田地十余亩，当地人称"王墓"，后渐夷平。斜坡墓道宽1.76~2.18米，全长14.6米，北接甬道和第一道封门砖墙。甬道门罩为仿木构砖雕，两侧立柱托起一纵一丁券顶，上为斗拱及坡状屋顶，顶上有屋脊与鸱尾。甬道底部南北两端宽，中间狭窄，呈束腰状，在甬道前后两端用砖砌人字形，构成封门砖墙。石门由门额、立柱、门槛和两扇粗糙的门板组成，门额成半圆形，门框两侧方形石柱上部各有一榫，装衔于门额的凹槽里。墓室平面呈方形，四壁砌成向外凸出的弧线，近似圆弧形，双层墓壁，墓室顶部已经坍塌，地面中间铺人字形地砖，东西两侧铺设交叉形地砖。

墓葬早年被盗扰，墓室顶部大部分坍塌，文物也遭到破坏。墓室中发现三块棺木朽料，与朽木相邻地面上有金箔残片，推测棺木或有贴金。发掘清理文物153件，其中有各类陶俑129件、模型明器1件，详述于后；日用陶器4件，含红陶碗3件、灰陶长颈瓶1件；黄绿釉瓷器10件，含龙柄凤首壶3件、浅腹盘4件、盖盒3件；贴金"常平五铢"4枚；包金铁片4件；墓志1合。

韩裔墓出土陶俑

韩裔墓共出土陶俑129件，有镇墓俑、仪仗俑、家居俑三类。镇墓俑含镇墓武士俑及镇墓兽各1件，皆残；仪仗俑含武士俑、文吏俑、侍从俑、女官俑、骑俑及陶马；家居俑含女侍俑及家畜陶塑。陶俑皆未编号。另有模型明器1件，为陶灶。

一、镇墓俑

（一）镇墓武士俑

B型镇墓武士俑　1件

泥质灰陶俑，残高44厘米。头与左腿缺失，身穿铠甲，左臂曲起，左手按于胸前，右臂垂于身侧，右手空握，作持物状。

（二）镇墓兽

B型镇墓兽　1件

泥质红陶，鬣鬃与足、尾皆已残失，残高40厘米。呈蹲踞状，猛兽头颅，两耳直立，浓眉高耸，双目圆睁，阔鼻高耸，大口下撇，头向右转。胸口微隆，肩部有卷曲状翅羽，四肢细瘦，背生鬣鬃。彩绘脱落严重，仅存少量白色底彩（图三，1；图版五）。

二、仪仗俑

（一）武士俑

Bb-Ⅱ型武士俑　33件

泥质褐陶俑，高25.5厘米。呈站姿，长圆形脸，弯眉圆眼，高鼻小口。头戴圆顶翻沿风帽，耳扇及帽裙翻起，贴于帽四周，未见扎束，仅有帽顶用细带扎起，似为较硬厚的皮质帽。外穿翻领半袖襦，肩似有披膊，内穿圆领窄袖襦，腰束带，下着及地袴，脚穿圆头鞋。左手于腹前斜持镶边凸棱带云头饰盾，右臂垂于身侧，袖端有孔，作持物状。通体施白彩为地，脱落严重，露出浅褐陶色，盾棱上存少量红彩（图一，1；图版一）。

Cb-Ⅱ型武士俑　25件

泥质灰陶俑，高26.5厘米。呈站姿，面颊圆阔，弯眉圆眼，高鼻小口。头戴圆顶兜鍪，兜鍪两侧有半圆形护耳，顿项及肩。身穿鱼鳞铠，外罩披风，内着窄袖襦，腰间束带，下着及地袴，脚穿圆头鞋。双手藏于袖内，垂于胯前。腰前左侧有孔，似为刀剑鞘前端，腰后右侧披风突起，应配有箭囊。彩绘脱落严重，仅存少量白色底彩（图一，2；图版二）。

Cc-Ⅱ型武士俑　4件

泥质灰陶俑，高27.5厘米。呈站姿，面颊圆阔，弯眉细目，直鼻小口，容貌端庄。头戴圆顶兜鍪，兜鍪两侧有护耳，前有花叶形护额，顿项及肩。身穿鱼鳞铠，肩有披膊，内穿窄袖襦，腰束带，腰后左侧配有箭囊，下穿及地缚袴，脚穿圆头鞋。左手藏于袖内，贴于胯前，袖口下垂；右手空握于腹前，作持物状（图一，3）。

（二）文吏俑

Ab-Ⅰ型文吏俑　1件

泥质红陶俑，高27厘米。呈站姿，长圆形脸，弯眉圆眼，高鼻小口。头戴小冠，外穿右衽广袖褶衣，内穿圆领襦，腰束革带，下穿及地大口缚袴，脚穿圆头鞋。左臂曲于腹前，左手握带尾；右臂下垂，贴于身侧，右手掩于袖内，袖端有孔，作持物状。彩绘脱落严重，仅五官与衣褶凹陷处存少量白色底彩（图一，4；图版三）。

图一　韩裔墓出土武士俑、文吏俑、侍从俑

（三）侍从俑

Ab-Ⅲ型侍从俑　34件

泥质红陶俑，高27厘米。呈站姿，长圆形脸，广额丰颊，弯眉圆眼，高鼻小口。头戴三棱风帽，帽裙披于脑后，上穿圆领偏襟窄袖襦，腰束鞢䩞带，下穿及地袴，脚穿圆头鞋。左臂微曲，垂于胯侧，手掩于长袖内，袖口下垂；右臂垂于身侧，袖端有孔，作持物状。彩绘脱落严重，体表存零星白色底彩，风帽存零星黑彩（图一，5）。

Ba-Ⅲ型侍从俑　1件

泥质灰陶俑，高24.5厘米。呈站姿，长圆形脸，弯眉细目，直鼻小口，面颊丰润，容貌端庄。头戴翻耳扇圆顶风帽，耳扇翻起系于帽顶旁，帽裙披于脑后。外穿窄袖襦，袒右臂，露出内穿的圆领窄袖襦，腰束带，外衣右袖于腰侧系于带内，下着及地袴，脚穿圆头鞋。双臂曲起，左手上举贴于肩前，右手贴于腹前，皆作执物状。彩绘保存较差，上身存零星白色底彩及红彩（图二，5）。

（四）女官俑

Bb型女官俑　1件

泥质红陶俑，高26.5厘米。呈站姿，圆脸宽额，额前不露发，弯眉圆眼，翘鼻小口。头戴笼冠，外穿右衽广袖褶衣，内穿圆领衣，腰束宽带，下穿曳地长裙。左手提握长裙一角，

图二　韩裔墓出土女侍俑、女官俑、侍从俑

下穿及地大口裤，脚穿圆头鞋；右手藏于袖内，下垂贴于腹侧，袖端有孔，作持物状（图二，4）。

（五）武士骑俑

Ab-I型武士骑俑　3件

泥质红陶俑，高30厘米。骑士端坐马背，面颊圆阔，弯眉细眼，直鼻小口，容貌端庄。头戴圆顶兜鍪，兜鍪两侧有半圆形护耳，顿项及肩。身着铠甲，肩有披膊，内穿窄袖襦，下着窄腿裤，脚穿尖头鞋。腰左右两侧皆佩挂兵器套（鞘），腰左侧较宽者似弓套，较窄者似剑鞘，腰右侧似配有箭囊。左手置于腿上，右手垂于身侧，作持物状。马立姿昂首，身材短小，头戴面帘，颔下悬缨，身披铠甲，鬃后有波浪状护颈，配有鞍鞯而未见马镫。彩绘脱落，甲胄款式不明，但应非明光铠，或为鱼鳞铠（图三，2；图版四）。

（六）伎乐骑俑

Ba-I型伎乐骑俑　1件

泥质褐陶俑，残高24.5厘米。骑士端坐马背，身体微前倾，长圆形脸，广额丰颊，弯眉圆眼，高鼻小口。头戴翻耳扇圆顶风帽，两侧耳扇用一细带勒束于帽顶旁，身穿圆领窄袖襦，腰束带，下穿窄腿裤，脚穿尖头鞋。右手曲于腹前，左手握拳举至嘴边，拳孔正对嘴唇，似执一乐器吹奏。马立姿昂首，四肢及尾端缺失，立耳短鬃，肌肉微隆，前有辔头，后有鞧带，鞍鞯、障泥齐备，未见马镫。乐器已不存，据其姿势推断或为竿篥。唐懿德太子墓见三彩吹竿篥俑，有

图三　韩裔墓出土镇墓兽、武士骑俑

单手执筚篥吹奏者，与其姿势相似。彩绘保存较差，仅存少量白色底彩（图四，1）。

（七）执物骑俑

Aa-Ⅱ型执物骑俑　1件

泥质褐陶俑，残高29.5厘米。骑士端坐马背，面向右倾，长圆形脸，弯眉圆眼，高鼻小口。头戴厚卷沿圆顶风帽，身穿厚圆领直襟半袖襦，内穿窄袖襦，腰束带，下着窄腿袴，脚穿尖头鞋。右手曲于胸前，作持物状，左手藏于袖内，贴于腹前。马立姿昂首，四蹄、右后腿及尾端缺失，立耳短鬃，肌肉微隆，前有辔头，后有鞦带，颔下悬缨，鞍鞯、障泥齐备，未见马镫。彩绘保存较差，马身及武士鞋处存部分红彩（图四，3）。

Ab-Ⅰ型执物骑俑　7件

泥质灰陶俑，残高26.5厘米。骑士端坐马背，身微左倾，脸斜上扬，长圆形脸，广额丰颊，弯眉圆眼，高鼻小口。头戴翻沿风帽，身穿圆领窄袖襦，腰束带，下穿窄腿袴，脚穿尖头鞋。左手贴于腹前，右手斜举于肩前，似作持旗帜状。马立姿昂首，四肢及尾端缺失，立耳短鬃，肌肉微隆，前有辔头，后有鞦带，颔下悬缨，鞍鞯、障泥齐备，未见马镫，鞍后横置一物，用途未明。彩绘保存较差，武士上身存部分黄彩，马身存少量红彩（图四，4）。

Ba型执物骑俑　1件

泥质灰陶俑，残高26.5厘米。骑士端坐马背，面微左倾，长圆形脸，广额丰颊，弯眉圆眼，高鼻小口。头戴翻耳扇圆顶风帽，两侧耳扇用一细带勒束于帽顶旁，身穿圆领窄袖襦，腰束带，下穿窄腿袴，脚穿尖头鞋。两臂曲起，左手贴于肩下，右手贴于腹前，作持旗状。马立姿昂首，头微前伸，四肢及尾端缺失，立耳短鬃，肌肉微隆，前有辔头，后有鞦带，鞍鞯、障泥齐备，未见马镫。彩绘保存较差，骑士身上存有部分白色底彩，马身存少量黄彩（图四，2）。

（八）仪仗动物陶塑

Aa-Ⅰ型陶马　1件

泥质红陶，残高40厘米。马四肢缺失，呈站姿，颈高昂，颔微收，立耳短鬃，长尾下垂。头戴辔头，前有攀胸，后有鞦带，攀胸上有叶形佩饰，鞍鞯齐全，下有箕形障泥，上有鞍袱。彩绘脱落严重，仅存部分白色底彩（图五，1）。

Aa-Ⅱ型陶马　2件

泥质红陶，仅存马头和颈部。马颈高昂，立耳短鬃，头顶鬃毛束扎成辫，头戴辔头，以金花形节约扣合，前有攀胸，上有金叶形饰物。马身存白色底彩，饰物施红彩。

图四　韩裔墓出土伎乐骑俑、执物骑俑

Bb-Ⅰ型陶马　1件

高15厘米。立耳短鬃，长尾下垂。前有辔头，后有鞦带，背上配鞯，鞯下有箕形障泥，鞯上搭囊，饱满鼓胀，垂于马身两侧，上以条带搭扣。鞯后背负一羊羔，羊垂耳，无角，短尾，四肢短小，两前蹄、两后蹄皆并拢作捆缚状，应为猎物。马身施土黄色彩，驮囊和羊皆施白彩（图五，2）。

三、家居俑

（一）女侍俑

Aa-Ⅳ型女侍俑　1件

泥质红陶俑，高21厘米。呈站姿，长圆形脸，面颊丰润，弯眉细眼，直鼻小口，容貌端秀。头梳双螺髻，上穿左衽窄袖衫，内穿圆领衣，腰束宽带，臂搭帔帛，下穿百褶裙，下摆至足腕以上，内穿衬裙，下摆至足，脚穿翘头鞋。两手藏于袖内，曲于腹前，长袖下垂至胯前（图二，2）。

Ab-Ⅲ型女侍俑　1件

泥质红陶俑，高19.6厘米。呈站姿，长圆形脸，面颊丰润，弯眉细眼，直鼻小口，容貌端秀。头梳双螺髻，上穿右衽窄袖衫，内穿圆领衣，腰束宽带，下穿百褶长裙，裙摆一角自身后由右脚跟向上扭转至身体左侧腰间。左手下垂，贴于身侧，挽起裙角；右手藏于袖内，贴于腹前，袖口下垂（图二，3）。

Ab-Ⅳ型女侍俑　2件

泥质红陶俑，高21厘米。呈站姿，长圆形脸，面颊丰润，弯眉细眼，直鼻小口，容貌端秀。头梳斜月牙形髻，上穿左衽窄袖衫，内穿圆领衣，腰束宽带，臂搭帔帛，下穿百褶裙，裙摆一角自身后由右脚跟向上扭转至身体左侧腰间。左手下垂，贴于身侧，挽起裙角；右手藏于袖内，贴于腹前，袖口下垂（图二，1）。

Ac型女侍俑　2件

泥质红陶俑，高18厘米。呈站姿，长圆形脸，面颊丰润，弯眉细眼，直鼻小口，容貌端秀。头梳双月牙形发髻，上穿广袖褶衣，腰束带，下穿及地缚裤。双手掩于袖内，垂贴于身侧。

（二）家畜陶塑

陶猪　2件

泥质红陶，长13.2厘米。母猪呈侧卧姿，身形肥硕，四肢伸展且粗短，腹部滚圆，腹前有四只小猪拱卧吃奶（图六，2）。

B型陶羊　2件

泥质红陶，高7.9厘米。羊呈跪卧姿，无角，小耳下垂，长颈高扬，直视前方。身体左侧跪卧一只羔羊，头微扬，依于母羊后腿上（图六，1）。

0   1   12厘米

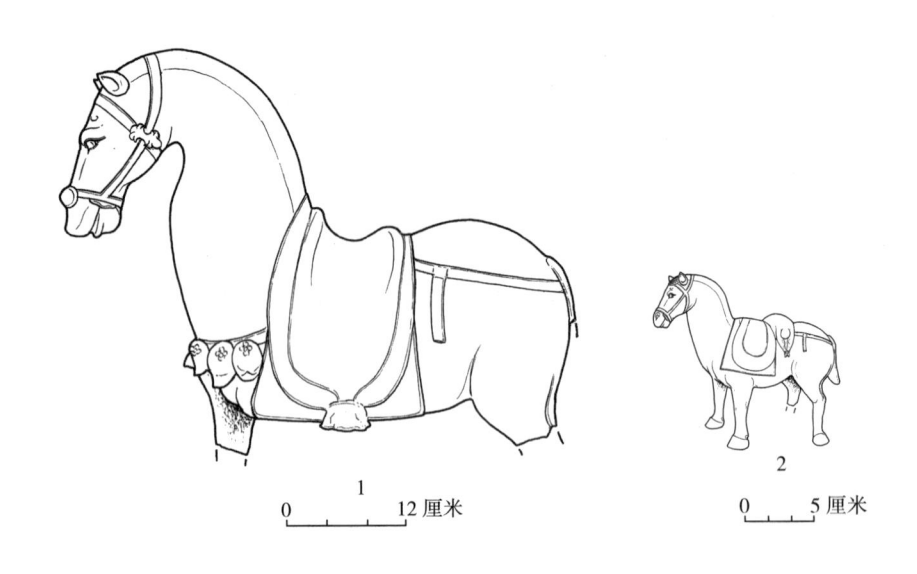

0   5厘米

图五　韩裔墓出土陶马

四、模型明器

陶灶　1件

泥质灰黑陶，高14.5厘米。后有高耸的阶梯状挡火墙，下设拱形灶门，灶台上置一圜底釜，与灶台连为一体。挡火墙背后沿其边缘有四周凸起的边线纹饰，中央饰火焰纹，火焰纹上方边线内饰三角纹、连珠纹各一层，纹饰与库狄迴洛墓所出者非常相似（图六，3）。

0   6厘米

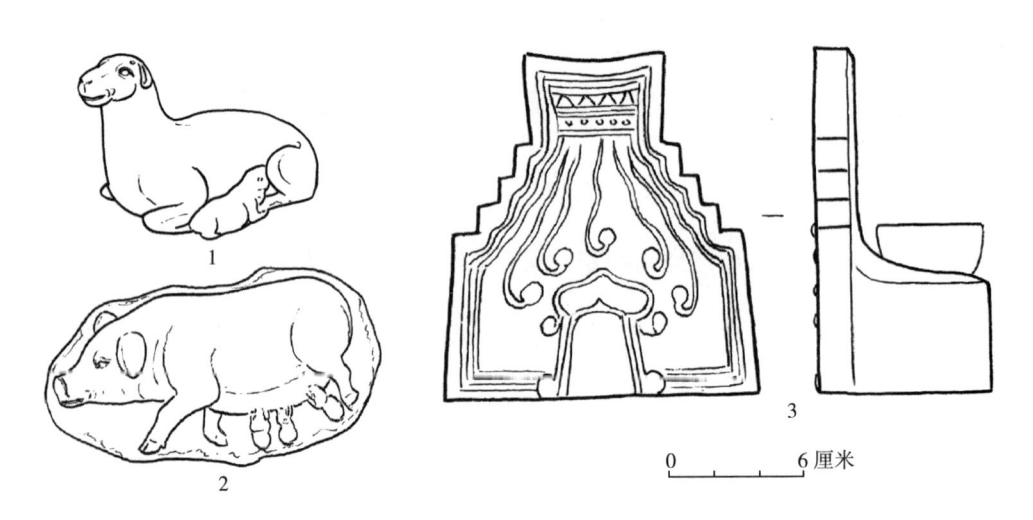

图六　韩裔墓出土家畜陶塑、陶灶

韩裔墓志

墓志青石质，志盖素面盝顶，长82厘米、宽81厘米、厚12厘米，减地阳刻界格及篆书"齐故特进韩公之墓志"，文字边线加阴刻（图七）。志石方形，长宽各82厘米、厚12厘米，阴刻隶书，共28行，满行34字，计925字（图八）。

【志盖】齐故特｜进韩公｜之墓志

【志文】君讳裔，字永兴，齐国昌黎宾屠人也。自祉潜鸟鼻，灵发虎眉，灭三妖于有成，致五精于虏｜宋。其后垂缨戴冕，剖符锡爵，朱轮画毂，踵武高门。祖冠军将军，鼎贵一时，德充寰宇。父大｜司空公，畜价怀宝，声高海内。公降灵纯粹，禀质冲和，行合礼仪，动中规矩，含风雷之姿，蕴｜云霞之气，自负材力，罕有缔交，释宣威将军、给事中。逮魏失其鹿，中原鼎沸，赤县之内，豆｜剖瓜分。我神武皇帝，握玄女之兵，得黄人之祉，驱熊罴于朔野，蒸生民于涂炭。陈平倮｜身亡楚，孙通削迹辞秦，千载一时，见机而作。遂托身奔走，中分麾下，真将军也。好出奇兵，｜以功除冠军将军、中散大夫、帐中领民正都督、秦州武阳县伯。元象年，除假节、督西荆州｜诸军事、本将军、西荆州刺史，寻安东将军、银青光禄大夫、宁州诸军事、宁州刺史，寻除中｜军将军、故城都督。是时边烽亟动，羽檄屡惊，淮济之间，不臣衿带。以公为南道都督。征侯｜景于涡阳。公受脤于社，建节南辕，拥貔虎之师，勒次飞之士。虽降城制邑，未藉苏张之辞；｜屠军获虏，实假孙吴之法。还除骠骑将军、仪同三司、临泾县开国公、故城大都督。天保元｜年，除开府仪同三司，别封康城县开国子、使持节凉州诸军事、凉州刺史，迁三角领民正｜都督，又迁新城正都督，除使持节建州诸军、本将军、建州刺史。此地则北临汾水，南面黄｜河，斜指函谷之关，傍接飞狐之口，山川重叠，凶寇往来，马未解鞍，人不安席。公抚孤恤老，｜蒇臧宫之居广陵；偃旗寝甲，忽桼肜之守辽东。进封高密郡开国公，迁东朔州刺史，食并｜州乡郡干。天统元年，除特进、使持节青州诸军事、骠骑

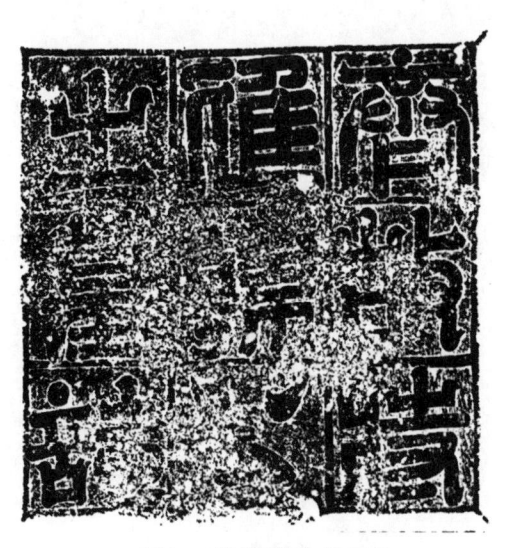

图七　韩裔墓志盖拓片

大将军、青州刺史。地有十二之险，」俗承五家之法，车击毂于途，人摩肩于市，斗鸡走狗，弹筝蹴鞠，自成千邑，奸伪丛生。公将」弘一变，申之五礼，民忻时雨，吏惧严霜。惟体握芝兰，门承旧业，盛范传于乡曲，清徽播于」朝野。每及叶零秋苑，花发春池，鞞鼓笙簧，纷纶间起。自策名公府，执笏王朝，出镇入守，留」连羁勒。至于人疲马邑，军乏龙城，祷石祈泉，飞流沤涌。故得开襟千里，锡珪一方，凭骥足」于康衢，托鹏翼于四海。而日移庭午，月亏蓂叶，风烛不停，百年遽尽。以天统三年正月十」三日卒于青州治所，春秋五十四。诏赠使持节瀛沧幽三州诸军事、中书监、三州刺史。」四时虽往，地轴不倾。故千秋岁，勒此鸿名。其词曰：」

　　三圣开基，二神弘胤，归塘譬广，削城方峻。地奄荆蛮，位高邢晋，嘉拊见封，宝剑无吝。自南」自北，乃公乃侯，门传卿相，世业箕裘。笃生伟器，独步无俦，润被崖浹，精通斗牛。驰气关右，」胜声河外，五兵并时，两鞬双带。战亡否合，兵无小大，不避风雨，未持轩盖。眷言出镇，执羔」秉璲，朱旗赫弈，文马和銮。风摧阶蕙，霜败庭兰，遂闻仙鸟，来呼子安。沉沉古墓，寥寥荒陇，」思鸟悲鸣，哀笳互动。青松丛摇，白杨齐耸，一下幽扃，长乖瞻奉。

图八　韩裔墓志拓片

库狄业墓

天统三年（567）

库狄业墓位于太原市小店区南坪头村。1984年3月，在山西省地方煤炭管理学校基建施工时发现，由太原市文物管理委员会清理发掘，简报发表于《文物》2003年第3期。

库狄业墓坐北朝南，方向182°，由墓道、天井、过洞、墓门、甬道、墓室组成，墓道长约15米，上宽1.5米、底宽1米，前部有7~8米受施工影响未能挖掘，仅清理靠近过洞部分。过洞长1.3米、高2.2米、宽0.9米。过洞北端为天井，长1.4米、宽0.65米。天井中有石门，系粗砂石制成，门额近半圆形，下雕门楣，石门两扇，各雕有三排共十二枚门钉，门框、门槛、门墩皆为素面，石门上门枢高于门楣，下无门枢，无法正常开合。甬道位于石门北侧，生土挖成，长0.8米、高2.2米、宽1.1米。墓室平面呈梯形，长4.2米，南宽2.6米、北宽2.1米，东西两侧各有一生土二层台，墓室顶部塌陷，根据残迹测得拱顶高2.4~2.5米（图一）。

墓室东北角有一个直径为0.5米的盗洞，墓顶塌陷，墓室进水淤积，朽木痕迹到处可见。墓室中部偏西并列两具骨架，头向南，仰身直肢，腐朽严重，东侧为男性，西侧应为女性。骸骨外有不明显的方框痕迹，应为棺木。

墓葬出土文物120余件，含各类陶俑99件，详述于后；黄绿釉瓷器8件，含莲花灯、龙柄凤首壶、高领瓶、唾壶、浅腹盘、小碟各1件，盖盒2件；另有1件无釉小杯，为高岭土制胎；陶器11件，含灰陶罐2件，红陶碗7件，灰陶、红陶盘各1件；较完整铜器仅铜镞1件，另在清理中发现锈蚀严重的铜饰片；铁器为铁刀、铁钉、合页、铺首等，均锈蚀严重。

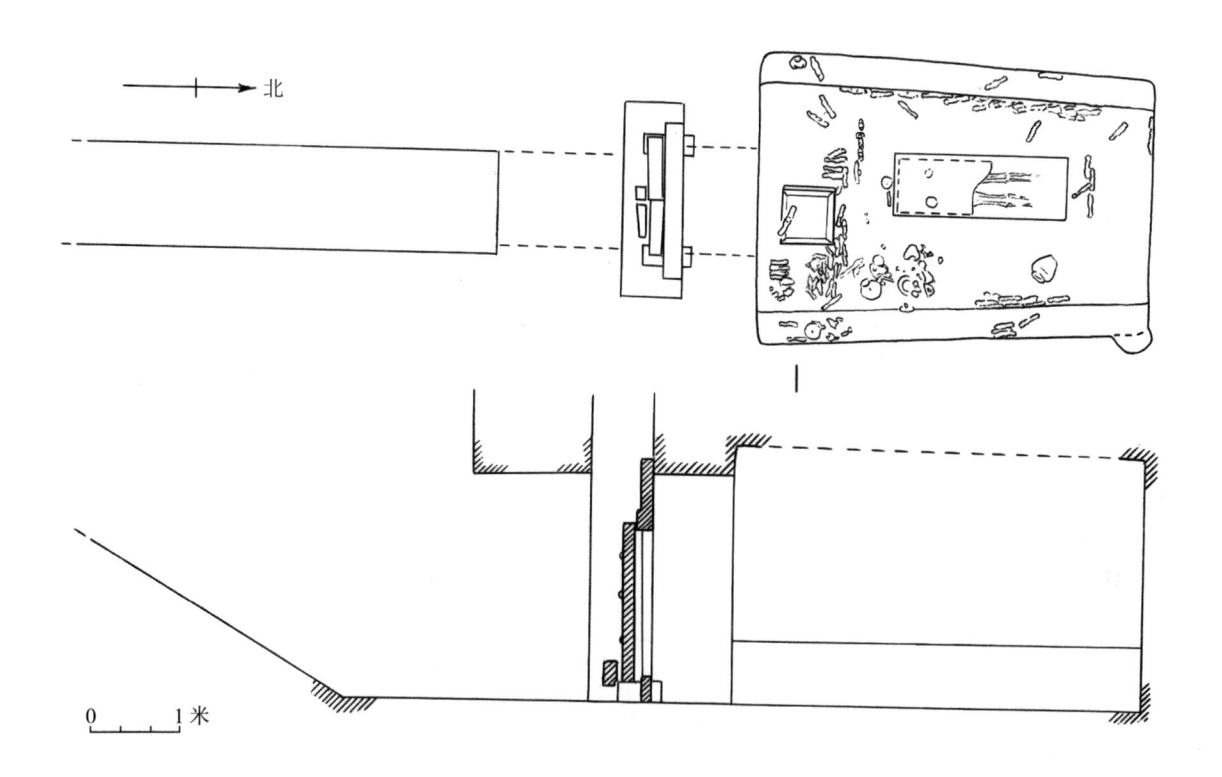

图一　库狄业墓平面、剖面图

库狄业墓出土陶俑

库狄业墓出土陶俑99件，含镇墓俑、仪仗俑、家居俑3类，镇墓俑为镇墓武士俑及镇墓兽，仪仗俑含武士俑、侍从俑、女官俑、陶马、陶车（仅存车轮），家居俑仅有女侍俑与陶鸡，除陶马为灰陶外，其余皆为红陶。

一、镇墓俑

（一）镇墓武士俑

Ab-Ⅳ型镇墓武士俑　2件

T84QS2，泥质红陶俑，高51.6厘米。呈站姿，阔面重颐，两颊圆鼓，浓眉高耸，大眼圆睁，高鼻厚唇，容貌威武。头戴翻沿风帽，上穿明光铠，肩有披膊，腰束革带，下着及地缚袴，脚穿圆头靴。左手按镶边凸棱长盾，四指贴于盾面，拇指跷起；右臂微曲下垂，贴于身侧，右手空握，作持物状。通体施白彩为地，面部以黑彩涂绘眉、眼，嘴唇施红彩。服饰表彩脱落较严重，风帽存少量黑彩，明光铠护胸及盾牌凸棱施红彩，上身铠甲零星可见勾绘鱼鳞状甲叶，不甚清晰，革带施黑彩，袴、靴皆仅存白色底彩（图二，1）。

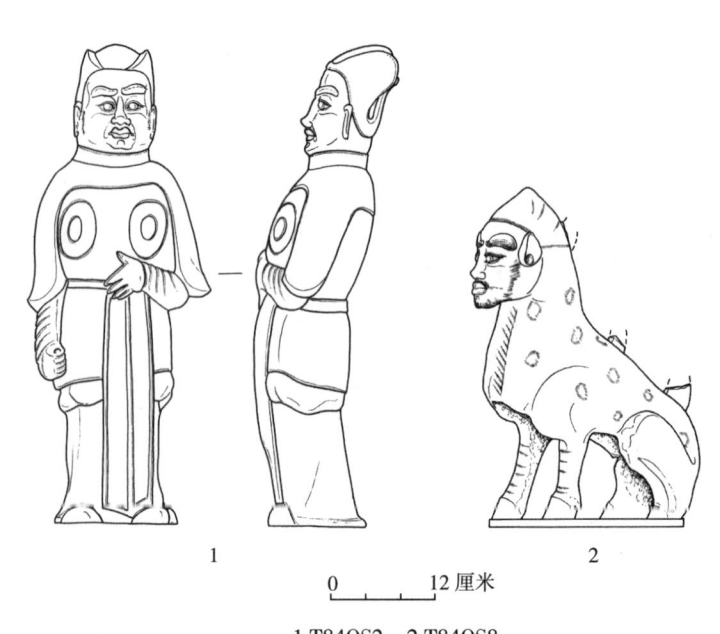

1.T84QS2；2.T84QS8

图二　库狄业墓出土镇墓俑

（二）镇墓兽

Aa型镇墓兽　1件

T84QS8，泥质红陶，高36厘米。呈蹲踞状，人面兽身，头戴尖顶兜帽，脸型圆阔，颧骨高耸，浓眉凸起，大眼圆睁，宽鼻高挺，阔嘴厚唇，小兽耳外撇，络腮短须，相貌威武。胸口前凸，体绘豹斑，背后鬃鬣及尾部断失，细腿，蹄状足。通体施白彩为地，面部以黑彩涂绘眉、眼、胡须，红彩涂唇，头上兜帽也施黑彩，身体施淡红色彩，胸前露出白色底彩，上勾绘黑色毛发，身体两侧及背部皆以深红彩绘制不规则圆圈状斑（图二，2；图版一）。

二、仪仗俑

（一）武士俑

Ba-Ⅱ型武士俑　6件

T84QS45-1，泥质红陶俑，持盾武士，高27厘米。呈站姿，长圆形脸，额前分发，弯眉大眼，直鼻阔口，相貌威武。头戴三棱风帽，帽裙披于脑后，身穿明光铠，肩有披膊，内穿窄袖襦，腰束带，下穿及地大口缚袴，脚穿圆头鞋。左臂曲起，手腕处斜挎一盾，紧贴臂膀，盾四边及中脊起棱；右手空握，抬起贴于肩前，作持物状。通体施白彩为地，五官脱彩较严重，仅存白色底彩及嘴唇处零星红彩；三棱风帽存少量红彩，铠甲及袴以白色底彩为色，护胸施红彩，靴施黑彩（图三，1）。

Bb-Ⅲ型武士俑　20件

T84QS39-6，泥质红陶俑，持盾武士，高22.4厘米。呈站姿，长圆形脸，弯眉细目，直鼻小口，容貌端庄。头戴卷裙圆顶风帽，外层帽裙卷起至帽顶后，身穿翻领襦，袒右臂，右侧衣领及右衣袖翻至身后，露出内衬圆领窄袖襦，腰束带，下穿及地大口袴，脚穿圆头鞋。左手垂于腹侧，执一镶边凸棱盾；右手空握，微曲贴于腹侧，作持物状。通体施白彩为地，面部以黑彩、红彩绘出眉、眼、胡须及嘴唇；卷裙风帽施赭色彩，内衬圆领衣领口处存零星深红色彩，外穿的翻领襦及袴、鞋皆仅存白彩（图三，2；图版二）。

Ca-Ⅲ型武士俑　18件

T84QS37-5，泥质褐陶俑，扈从武士，高27.5厘米。呈站姿，长圆形脸，广额丰颊，弯眉圆眼，宽鼻厚唇，容貌威武。头戴三棱风帽，帽裙披于脑后，上穿圆领直襟窄袖短襦，外穿半袖圆领披风，腰束带，下着及地大口缚袴，脚穿圆头鞋。左臂藏于袖内，微曲贴于腹前，袖口下垂于胯前；右臂自然下垂，贴于身侧，手掩于袖内，袖端有孔，作持物状。彩绘脱落较重，

1.T84QS45-1；2.T84QS39-6；3.T84QS37-5
图三 库狄业墓出土武士俑、侍从俑、女官俑

以白彩为地，三棱风帽及腰间革带存零星黑彩，襦腰间及袖口存少量红彩，袴、靴、披风皆仅存零星白彩（图三，3；图版五）。

Cb-Ⅲ型武士俑　3件

T84QS38-2，泥质红陶俑，扈从武士，高27.3厘米。呈站姿，长圆形脸，弯眉细目，直鼻小口，容貌端庄。头戴圆顶兜鍪，兜鍪两侧有半圆形护耳，顿项及肩并向前环至颈下为护颈。身穿鱼鳞铠，外罩披风，内着窄袖襦，腰间束带，下着及地袴，脚穿圆头鞋。左臂微曲，贴于腹前，左手藏于袖内，长袖垂于胯前；右臂垂于身侧，右手亦藏于袖内。腹前腰带左侧上方有孔，似为刀剑鞘前端，腰后右侧披风凸起，应配有箭囊。彩绘脱落严重，仅存少量白色底彩，披风后存零星红彩（图四，1）。

Cc-Ⅲ型武士俑　12件

T84QS46-1，泥质褐陶俑，扈从武士，高23.2厘米。呈站姿，长圆形脸，弯眉细目，直鼻小口，容貌端庄。头戴圆顶兜鍪，兜鍪两侧有半圆形护耳，顿项及肩并向前环至颈下为护颈，两侧披于肩头。身穿铠甲，肩有披膊，内着窄袖襦，腰间束带，下着及地袴，脚穿圆头鞋。左手握带，右臂微曲，贴于腹前；右手藏于袖内，长袖垂于胯前。通体施白彩为地，五官表彩脱落较重，仅胡须存少量黑彩，嘴唇有零星红彩。服饰表彩虽脱落严重，但各处皆有少量存留，可知其圆顶兜鍪施黑彩，顿项护颈施赭色彩，铠甲施浅红色彩，披膊施黑彩，袴、靴皆仅存白色底彩（图版三）。

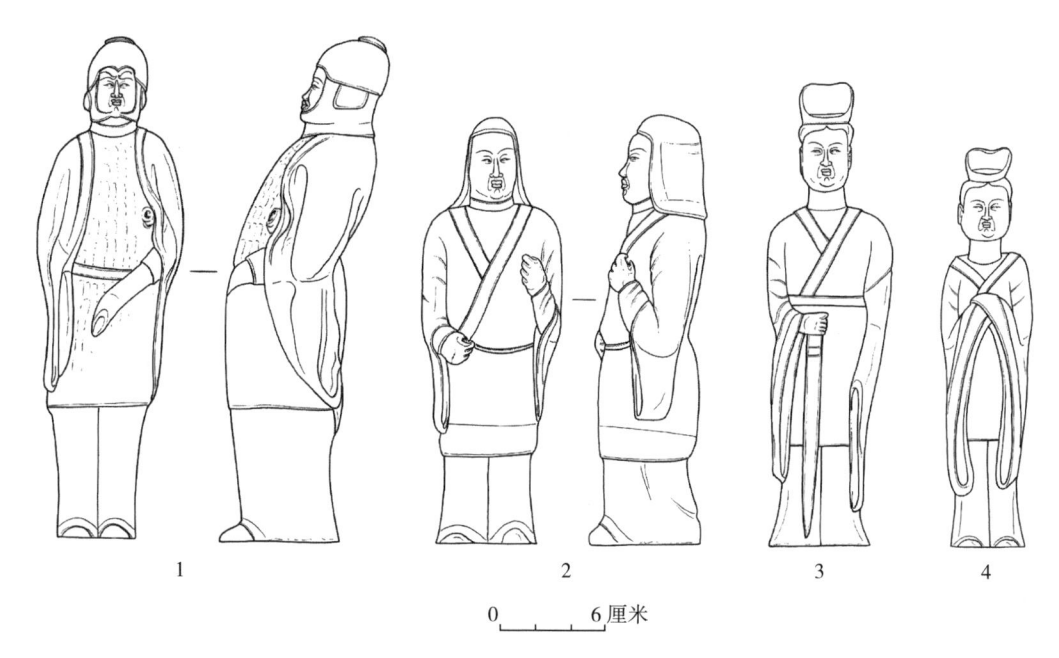

1.T84QS38-2；2.T84QS41-6；3.T84QS42-1；4.T84QS43-1
图四　库狄业墓出土武士俑、侍从俑、女官俑

（二）侍从俑

Ab-Ⅲ型侍从俑　11件

T84QS35-1，泥质红陶俑，高25.5厘米。呈站姿，长圆形脸，弯眉细目，直鼻小口，容貌端庄。头戴三棱风帽，帽裙披于脑后，上穿圆领直襟窄袖襦，腰束带，下穿及地袴，脚穿圆头鞋。左臂空握，贴于腹前，作持物状；右臂微曲，贴于胯前，手掩于长袖内，袖口下垂。彩绘保存相对较好，通体施白彩为地，面部以黑彩描绘眉、眼、胡须，红彩涂唇，三棱风帽、腰间革带、靴皆施黑彩，窄袖襦施浅红色彩（图版四）。

Bb型侍从俑　11件

T84QS41-6，泥质红陶俑，高23.2厘米。呈站姿，长圆形脸，弯眉细目，直鼻小口，容貌端庄。头戴圆顶风帽，帽裙披于脑后，身穿右衽广袖褶衣，内穿圆领窄袖襦，腰束带，下穿及地袴，脚穿圆头鞋。两手空握，左手抬于胸前，右手曲于腹前，作持物状。通体以白彩为地，面部表彩脱落严重，风帽存零星赭色彩，腰间革带及广袖褶衣存少量红彩（图四，2；图版六）。

（三）女官俑

Ab-Ⅰ型女官俑　3件

T84QS42-1，泥质红陶俑，高25.8厘米。呈站姿，长圆形脸，额前分发，弯眉细目，直鼻小口，容貌端庄。头戴小冠，身穿右衽广袖褶衣，内穿圆领襦，腰束带，下穿及地袴，覆盖脚面。左手藏于袖内，垂于身侧；右手持剑，挂于腹前，剑尖不及地。彩绘脱落较严重，体表存少量白色底彩，小冠及剑施黑彩（图四，3）。

Ab-Ⅱ型女官俑 6件

T84QS43-1，泥质红陶俑，高21.8厘米。呈站姿，脸颊方阔，额前分发，弯眉细目，直鼻小口，容貌端庄。头戴小冠，身穿右衽广袖褶衣，内穿圆领襦，下穿及地袴，脚穿圆头鞋。双手交叠于胸前，作侍立状。通体施白彩为地，小冠存少量深红色彩，广袖褶衣存部分浅红色彩（图四，4）。

（四）仪仗动物陶塑

陶马 1件

泥质红陶，仅存头部。双眼圆睁，饰有辔头。

陶车轮 2件

T84QS15，泥质红陶，直径17厘米、厚0.8厘米。轮实体素面，外缘一周凸起，纺锤状轴头中空。墓中应随葬牛车，惜已不存。

三、家居俑

（一）女侍俑

A型女侍俑 2件

T84QS44-1，泥质红陶俑，残高16厘米，头部缺失。身穿右衽广袖褶衣，腰束带，下着及地长裙，覆盖脚面。左手藏于袖内，垂于身侧，右手置于腹前。彩绘脱落严重，仅存少量白色底彩。

（二）家禽陶塑

陶鸡 1件

T84QS5，长10厘米，高9厘米。

库狄业墓志

墓志砂石质，长55厘米、宽56.5厘米、总厚21厘米。志盖素面盝顶，减地阳刻方格界面，内阳刻篆书"齐故仪同库狄公墓铭"（图五）。墓志方形，隐有方格界面，阴文隶书，兼有魏碑书意，共21行，满行21字，计433字（图六）。

图五　库狄业墓志盖拓片

【志盖】齐故仪｜同库狄｜公墓铭

【志文】君讳业，字仓都，荫山人也。丽同夜月，晖等朝景，不凭吞｜燕之感，岂述巨迹之征。君夏启之胤，世居莫北，家传酋｜长之官，人富英贤之业，洪源共弱水争深，崇基与恒山｜比峻。祖库狄去臣，羔羊素丝，摛挦天庭，爰襄悼作牧，着｜逐雨之余。释褐领民军主都。至于和鸾杨斡，穷容握之｜艺，弯孤引矢，尽三连之妙。解褐使持节、都督泾州诸军｜事、泾州刺史、金紫光禄大夫。佩授来朝，车声可以夜辨，｜垂旒退食，山河于此为喻。俄迁骠骑大将军、领民都督、｜咸阳县开国侯、高平县开国子、彭城县开国伯、石安县｜开国公。武堪捍城，申拓国之良规，文能理物，迹王言之｜要用。别封高平县开国子、库洛拔、仪同三司、北尉少卿。｜密勿如伦之辞，光扬纤介之善，往还隣阁，行模楷之轨｜式，去来凤阙，出连珠之例。而逝川流疾，雷电难追，良木｜奄摧，薤路。以天统三年七月乙日薨在库洛拔，至其年｜十乙月十二日，葬在看山之阳，册赠仪同三司、太｜仆卿、兖州刺史。故刊石玄宫，望存不朽，乃作铭曰：｜

猗猗扬烈，岩岩是嘱，家出随珠，人传楚玉。酋牧相承，冠」轩迭续，昔荣魏鼎，今华齐禄。唯兹哲士，世富风猷，伎」兼文武，性杂刚柔。心无释礼，口诵春秋，背恶同遗，逐善」如流。九旒徒设，六翣虚陈，非宅伊卜，谁与为邻。箫韶」万故，松槚从新，坟茔孤兔，举目栖人。食永洛县干。

图六　库狄业墓志拓片

韩祖念墓

天统四年（568）

韩祖念墓位于山西省太原市万柏林区小井峪街道大井峪社区，1982年，太原市文物考古研究所对其进行了发掘。发掘报告《太原北齐韩祖念墓》于2020年由科学出版社出版。

墓葬坐北朝南，墓向186.5°，自南向北由墓道、石门、前室、甬道和后室五部分组成。墓道为土坡状，宽约2.37米，深度、长度不详。石门位于墓道北端，砖券门洞，门宽1.28米、进深0.9米，高度不详。门洞内安装石门框、拱圆形石门额、两根方形石门柱，石门柱宽28.5厘米、厚18.5厘米。穿过石门框进入前室，前室为砖筑，近方形，东西向拱券顶，东西宽1.79米、南北长1.97米。甬道为砖筑，顶部为拱券结构，甬道宽0.72米、南北长1.39米，高度不详。后室位于甬道北端，为砖筑，平面近方形，南北长3.65米、东西宽3.6米（图一）。

后室内依西墙砌棺床，棺床上骸骨仅存少量骨渣，仔细分辨墓主葬式为头南脚北的仰身直肢葬。外侧棺木保存较好，棺南头宽，北头略窄，墓主头部位置分布着较多陪葬器物，脸部位置出土一件银质下颌托，棺外南侧分布一些小件器物，其中有高脚琉璃杯及其他琉璃器。另外在后室中部靠近棺床处堆放一组小型铜器。上述器物极可能与棺内墓主同时下葬。

韩祖念墓陪葬品合计351件，其中陶制品305件，除陶俑外，还有陶器40件，含陶碗14件、陶盒8件、陶器盖2件、陶瓶1件、陶灯4件、大罐1件、小罐6件、龙柄鸡首壶2件、大盘2件；黄绿釉陶6件，含大盘2件、龙柄鸡首壶2件（另有此类壶残片2组）。鎏金铜器20件，含铜瓶5件，铜镰斗2件，铜盒2件，铜铃2件，铜罐、铜炉、铜杯、铜渣斗、铜灯、铜碗、铜盘、铜井、铜摆件各1件。另有瓦当4件、石门碎石片4件、琉璃器9件、1件金器、2件银器、2合石质墓志。后室及甬道近后室封门处共出土文物275件，墓道近石门处出土文物76件。

韩祖念墓位于太原西山坡地，长期受到山洪冲击，墓室内淤积泥土厚约2米，各种陪葬物在泥沙水流的裹挟中，难免会漂流易位。在墓葬平面图中，随葬品虽然分布较集中，但都呈倒伏状，而一些质地较轻的器物（如陶罐）已经被外力推移至后室四壁处。

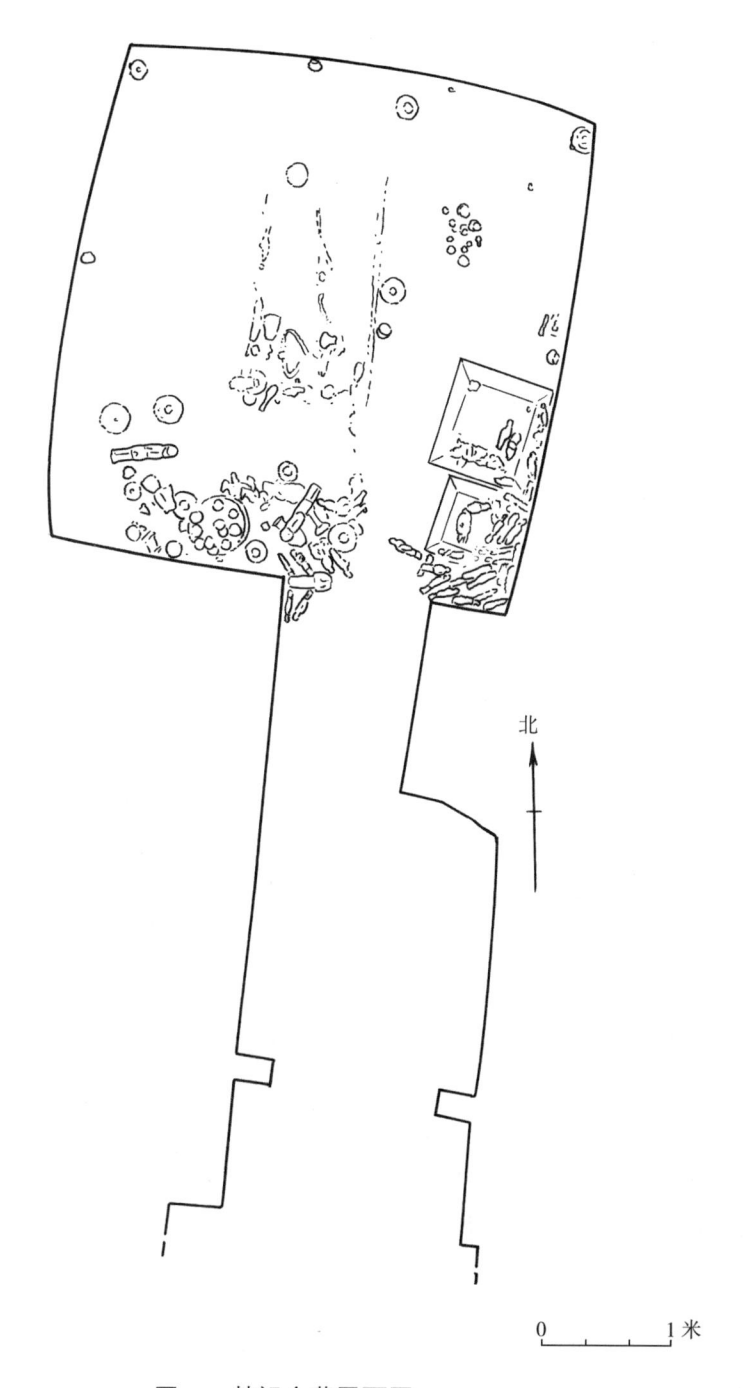

图一　韩祖念墓平面图

韩祖念墓出土陶俑

韩祖念墓出土较完整的各类陶俑180余件，另有大量残片碎块。陶俑含镇墓俑、仪仗俑、家居俑三类，镇墓俑为镇墓武士及镇墓兽，仪仗俑包括武士俑、文吏俑、侍从俑、女官俑、伎乐俑、仪仗动物陶塑等，家居俑含小型女侍俑、家畜陶塑及庖厨明器。除少数动物陶塑为红陶外，其余皆为泥质灰陶，详述于下：

一、镇墓俑

（一）镇墓武士俑

Ab-II型镇墓武士俑　2件

Hzn-1，泥质灰陶俑，高47.2厘米。呈站姿，面颊圆阔，浓眉呈倒八字上竖，大眼圆睁，眼角斜挑，高鼻厚唇，龇牙切齿。头戴圆顶兜鍪，兜鍪两侧有半圆形护耳，前有尖角状护额，顿项及肩，并向前环至颔下为护颈。上穿明光铠，肩有披膊，胸前两圆护内各有一兽面，腰束鞢鞢带，下着及地缚袴，脚穿圆头靴。左手按长盾，拇指贴于盾上缘，四指扣于盾侧，盾四边及中脊起棱，正中有一兽面；右臂垂于身侧，右手空握，作持武器状。彩绘脱落较严重，可见武士面部、铠甲、兜鍪及袴存留白彩，兜鍪边缘及护颈有浅红彩，腰带及鞋施黑彩（图二，1；图版一）。

（二）镇墓兽

Bb型镇墓兽　1件

Hzn-198，泥质灰陶俑，高31厘米。呈蹲踞状，豹头高昂，小耳直立，浓眉凸起，双目圆睁，阔鼻高耸，血口大张，獠牙短粗，舌外伸上挑，顶于门齿外，神态狰狞而不失滑稽。胸口微隆，肩部有卷曲状翅羽，背后鬣鬃断失，长尾贴于背后，四肢细瘦，三趾爪状足。通体施白彩，肩背部及身体两侧施浅红色彩，眼珠、嘴唇以黑彩涂绘，头部、胸口及肩部两侧用黑彩勾绘毛发细节（图二，2；图版二）。

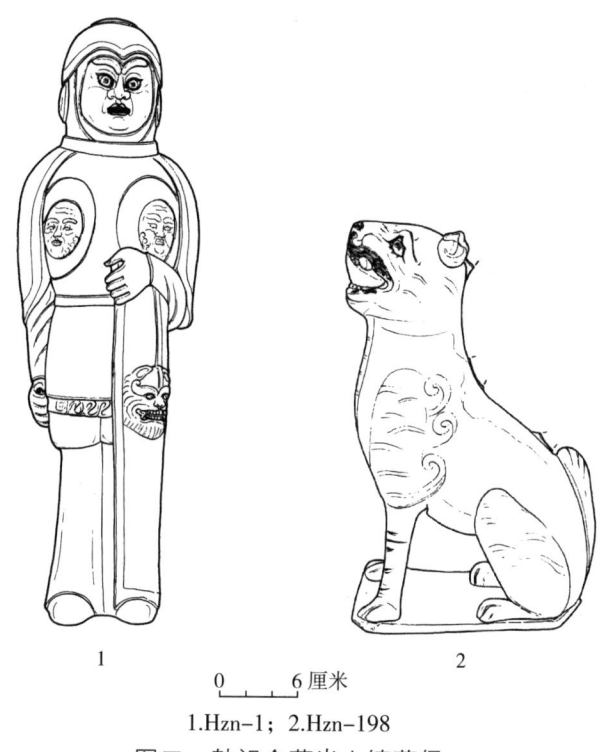

1.Hzn-1；2.Hzn-198
图二 韩祖念墓出土镇墓俑

二、仪仗俑

（一）武士俑

Bb-Ⅳ型武士俑　33件

Hzn-49，泥质灰陶俑，持盾武士，高22.5厘米。呈站姿，长圆形脸，弯眉大眼，直鼻小口，面容端庄。头戴圆顶风帽，耳扇翻起于帽顶旁，帽裙折起勒束于脑后。外穿翻领窄袖襦，翻领与帽顶皆有细密凹点，应为表现皮质外露，内穿圆领窄袖衣，腰束带，下穿及地裤，脚穿圆头鞋。左手斜持一盾，紧贴身体侧前方，盾四边及中脊起棱，上端有云头形饰；右臂垂于身侧，右手藏于袖内，袖端有孔，作持物状。面部施白彩，眉、眼、嘴唇彩皆脱落，风帽耳扇及帽裙皆施红彩，帽顶施白彩，脸颊两侧以浅红色勾绘出风帽系带；翻领襦施浅红色彩，内衬圆领衣及裤为白色，腰带、鞋为黑色；盾牌边棱和中脊为浅红色，盾面为白色（图三，1；图版三）。

Bb-Ⅴ型武士俑　27件

Hzn-23，泥质灰陶俑，持盾武士，高23.5厘米。呈站姿，长圆形脸，弯眉细目，直鼻小口，面容端庄。头戴圆顶风帽，耳扇翻起系于帽顶旁，帽裙披于脑后。外穿交领窄袖襦，袒右臂，露出内穿圆领窄袖衫，腰束带，外衣右袖于腹前系于带内，下穿及地裤，脚穿圆头鞋。左手斜持一盾，紧贴身体侧前方，盾四边及中脊起棱，上端有云头形饰；右臂曲于胸前，右手空握，作持物状。彩绘脱落严重，通体只存有打底的白彩，盾牌边棱及帽裙边缘留有少量浅红彩（图三，2；图版四）。

Ca-Ⅲ型武士俑　2件

Hzn-148，泥质灰陶俑，扈从武士，高27.3厘米。呈站姿，长圆形脸，广额丰颊，弯眉圆眼，宽鼻厚唇，容貌威武。头戴三棱风帽，帽裙披于脑后，上穿窄袖襦，外披半袖圆领披风，腰束带，下着及地大口缚袴，脚穿圆头鞋。左臂藏于袖内，微曲贴于腹前，袖口下垂于胯前；

1.Hzn-49；2.Hzn-23；3.Hzn-68；4.Hzn-144；5.Hzn-145；6.Hzn-85；7.Hzn-117
图三　韩祖念墓出土武士俑、文吏俑、侍从俑

右臂下垂，贴于身侧，手掩于袖内，袖口有孔，作持武器状。面部、披风及袴皆施白彩，窄袖襦施深红彩，腰带及鞋施黑彩（图版五）。

Cc-Ⅲ型武士俑　19件

Hzn-68，泥质灰陶俑，扈从武士，高24.4厘米。呈站姿，面颊圆阔，细眉大眼，直鼻小口，下颏微有短须，面容端庄。头戴圆顶兜鍪，兜鍪两侧有半圆形护耳，前有尖角状护额，顿项及肩，并向前环至颔下为护颈。上穿鱼鳞铠，内着窄袖襦，肩有披膊，腰束革带，下着及地袴，脚穿圆头鞋。两臂曲于身侧，左手扶腰带，右手藏于袖内，贴于胯前，腰后右侧佩挂箭囊与刀鞘。武士面部施白彩，以黑彩勾绘眉、眼、胡须；兜鍪施白彩，边缘勾涂深红色彩；铠甲披膊施白彩，上绘虎皮纹，边缘勾涂红彩，上身鱼鳞铠上存零星黄彩及白色底彩；腰间革带施黑彩，上以白色点出带饰，带下露出红色襦裙，白袴黑鞋（图三，3；图版六）。

（二）文吏俑

Ab-Ⅰ型文吏俑　1件

Hzn-144，泥质灰陶俑，头部缺失，残高20.5厘米。外穿右衽广袖褶衣，内穿圆领襦，腰束革带，带上有带扣及泡钉状饰，下穿及地大口缚袴，脚穿圆头鞋。左臂曲于身侧，左手握带尾；右臂下垂，贴于身侧，右手空握，作持物状。褶衣施深红色彩，内衬圆领衣、腰带及袴施白彩，鞋施黑彩。头部缺失，根据身形、服饰判断为Ab-Ⅰ型文吏俑，应头戴小冠，墓道出土有带小冠俑头（图三，4；图版七）。

Bb型文吏俑　3件

Hzn-145，泥质红陶俑，残高20.3厘米。呈站姿，头部缺失，外穿右衽广袖褶衣，内穿圆领衣，腰束宽带，下穿曳地长裙，左手提握长裙一角，露出及地袴，脚穿圆头鞋。右手藏于袖内，垂于身侧。衣裙及大口袴皆施浅红色彩，内衬圆领衣和腰带施白彩。陶俑头部缺失，根据与其他各墓所出陶俑身姿、服饰对比可知，其可能为文吏俑或Bb型女官俑，应头戴笼冠（图三，5；图版八）。

（三）侍从俑

Ab-Ⅳ型侍从俑　46件

Hzn-85，泥质灰陶俑，高22.8厘米。呈站姿，长圆形脸，弯眉大眼，直鼻小口，容貌端庄。头戴幞头，两脚垂于脑后，两脚垂于额前。身穿圆领偏襟窄袖襦，腰束革带，下穿及地袴，脚穿圆头鞋。左臂曲于腹前，左手藏于长袖内，袖口下垂；右臂垂于身侧，右手空握，作持物状。侍从面部施白彩，眉、眼勾绘黑色，嘴唇涂红彩，通体存白色底彩，上身残留少量深黄色彩，幞头、腰带及鞋施黑彩（图三，6；图版九）。

Hzn-117，泥质灰陶俑，高21.7厘米。呈站姿，长圆形脸，弯眉大眼，直鼻小口，容貌端庄。头戴幞头，两长脚垂于脑后，两短脚系于额前。上穿圆领偏襟窄袖襦，腰束革带，下穿及地袴，脚穿圆头鞋。左臂曲于腹前，左手藏于长袖内，袖口下垂；右臂垂于身侧，右手空握，作持物状。侍从面部施白彩，五官彩绘脱落，幞头施黑彩，窄袖襦施红彩，白袴黑鞋（图三，7；图版一〇）。

Ba-I型侍从俑　11件

Hzn-135，泥质灰陶俑，高23.4厘米。呈站姿，长圆形脸，弯眉大眼，眼角斜垂，直鼻小口，面容端庄。头戴翻耳扇圆顶风帽，耳扇翻起系于帽顶旁，帽裙折起勒束于脑后，脑后帽上有细密凹点，应为表现皮质外露。外穿交领窄袖襦，袒右臂，露出内穿的圆领窄袖衫，腰束带，外衣右袖于腹前系于带内，下穿及地袴，脚穿圆头鞋。双手空握，贴于胸前，作持物状。侍从面部施白彩，黑彩勾绘眉、眼、胡须，风帽及窄袖襦皆施浅红色彩，腰带及袴、鞋施黑彩（图版一一）。

（四）武士骑俑

Ab-I型武士骑俑　2件

Hzn-158，泥质灰陶俑，高28厘米。骑士端坐马背，面颊圆阔，长眉弯眼，直鼻小口，容貌端庄威武。头戴圆顶兜鍪，兜鍪两侧有半圆形护耳，顿项及肩，并向前环至颔下为护颈，脑后披幅连缀甲片。身穿鱼鳞铠，肩有鱼鳞铠甲披膊，腰束带，下着窄腿袴，腿上亦穿鱼鳞铠，脚穿尖头鞋。左臂曲于腹侧，作持缰状；右臂曲于身侧，右手空握，作持物状。腰左侧斜挂一宽一窄两件兵器套（鞘），似刀剑鞘或弓囊，右侧直挂一件兵器套，似箭囊。马立姿昂首，头戴面帘，身披鱼鳞铠，颔下悬缨，配有鞍鞯而未见马镫。通体施白色底彩，人马铠甲皆以墨线勾绘甲叶，武士兜鍪、披膊边缘以及马面甲、臀甲边缘皆勾涂红彩（图四，1；图版一五）。

（五）文吏骑俑

Aa型文吏骑俑　4件

Hzn-155，泥质灰陶俑，高31厘米。骑士端坐马背，长圆形脸，弯眉细目，直鼻小口，容貌端庄。头戴小冠，身穿右衽广袖褶衣，外罩裲裆，腰束带，下穿窄腿袴，脚穿尖头鞋。双臂微曲于胸腹前，双手空握，作握缰绳状。马立姿昂首，立耳短鬃，肌肉微隆，长尾下垂微后翘，前有镳头，后有鞦带，鞍鞯、障泥齐备。4件文吏骑俑虽同为一型，但骑士姿势有细微差别，如左臂弯曲程度略有不同。文吏头部彩绘几乎全部脱落，裲裆及褶衣施红彩，白袴黑鞋；马通体施深红彩，镳头、攀胸、鞦带及马蹄施黑彩（图四，2；图版一六）。

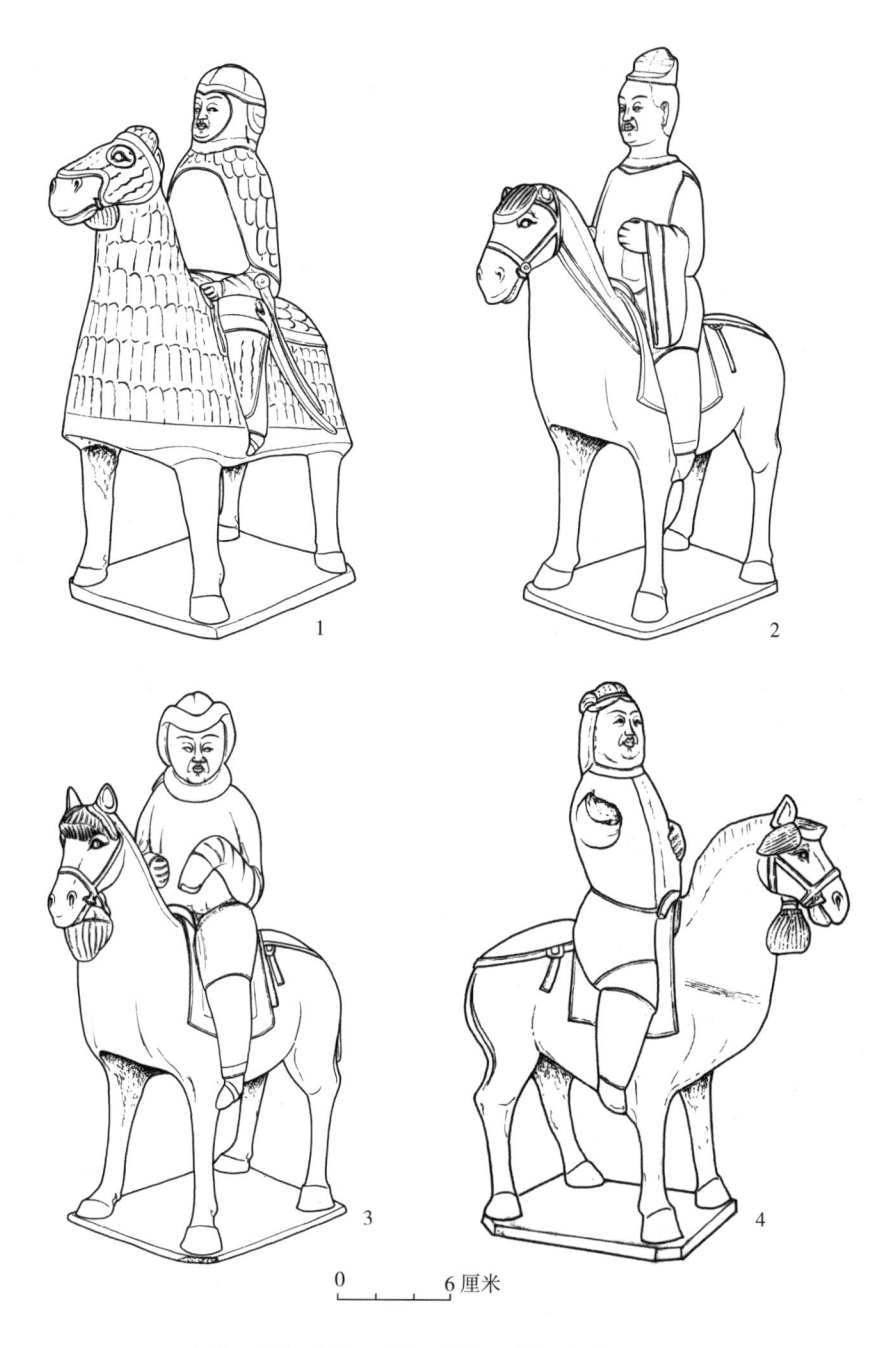

1.Hzn-158；2.Hzn-155；3.Hzn-162；4.Hzn-159
图四 韩祖念墓出土骑马俑

（六）伎乐骑俑

Aa-Ⅱ型伎乐骑俑　2件

Hzn-151，泥质灰陶俑，骑士头部与马头部、四肢缺失，残高20厘米。骑士端坐马背，身穿圆领窄袖襦，腰束带，下穿窄腿裤，脚穿尖头鞋。腰左侧斜挎一鼓，双手空握，举于胸前，作持鼓槌状。马应为立姿，后有鞦带，鞍鞯、障泥齐备。窄袖襦及鼓皆施红彩，马身上残存零星黄彩。

Hzn-152，泥质灰陶俑，高30厘米。骑士身向左倾，面颊圆阔，弯眉细眼，直鼻小口，容貌端庄。头戴圆顶翻耳扇披裙风帽，两侧耳扇用一细带勒束于帽顶旁，身穿圆领窄袖襦，腰束带，下穿窄腿袴，脚穿尖头鞋。腰右侧斜挎一鼓，双手空握，举于胸前，作持鼓槌状。马立姿昂首，立耳短鬃，肌肉微隆，长尾下垂微后翘，前有攀胸，后有鞦带，辔头、鞍鞯、障泥齐备。鼓手风帽、窄袖襦及鼓皆施浅红彩，马通体施深红彩（图版一七）。

Ba-Ⅱ型伎乐骑俑　1件

Hzn-159，泥质灰陶俑，高29.7厘米。骑士面右倾上扬，面颊圆阔，弯眉细眼，直鼻小口，口侧有一小孔。头戴圆顶翻耳扇披裙风帽，两侧耳扇用一细带勒束于帽顶旁，身穿圆领襦，腰束带，下穿窄腿袴，脚穿尖头鞋。左臂曲于身侧，右臂缺失，根据骑士口侧小孔推测，应以右手托举或抓握一件乐器吹奏。马立姿昂首，立耳短鬃，肌肉微隆，颔下悬缨，前有攀胸，后有鞦带，辔头、鞍鞯、障泥齐备。骑士风帽及窄袖襦皆施浅红色彩，马施白彩，缰绳、攀胸以红彩勾绘（图四，4；图版一八）。

（七）执物骑俑

Aa-Ⅱ型执物骑俑　1件

Hzn-162，泥质灰陶俑，高28.8厘米。骑士端坐马背，头微左倾，面颊圆阔，双目低垂，直鼻小口，容貌端庄。头戴厚卷沿圆顶风帽，帽顶用细带扎束，身穿厚圆领直襟半袖襦，内穿窄袖襦，腰束带，下着窄腿袴，脚穿尖头鞋。左臂上举于身侧，左手掩于袖内，袖口下垂；右臂贴于腹前，右手空握，作持物状。马立姿昂首，头微前伸，长尾下垂，立耳短鬃，肌肉微隆，颔下悬缨，前有辔头，后有鞦带，鞍鞯、障泥齐备。彩绘脱落严重，仅存少量白色底彩（图四，3；图版一九）。

Ba型执物骑俑　1件

Hzn-161，泥质灰陶俑，残高22.5厘米，骑士头部与马四蹄缺失。骑士穿圆领窄袖襦，腰束带，下穿窄腿袴，脚穿圆头鞋。两臂曲起，右手贴于肩下，左手贴于腹前，作持旗状。马立姿昂首，头微前伸，四肢及尾端缺失，立耳短鬃，肌肉微隆，前有攀胸，后有鞦带，辔头、鞍鞯、障泥齐备。彩绘保存较好，骑士服饰以白彩为地，上绘红色云朵状纹饰，马匹以黄彩为地，上施深红色彩，辔头、攀胸、鞦带皆施浅红色彩（图五，1；图版二一）。

Bb型执物骑俑　1件

Hzn-160，泥质灰陶俑，马匹四肢及尾端缺失，残高24.5厘米。骑士端坐马背，长圆形脸，弯眉细目，直鼻小口。头戴圆顶翻耳扇披裙风帽，两侧耳扇用一细带勒束于帽顶旁，身穿圆领

0 ⎯⎯⎯ 6厘米

1.Hzn-161；2.Hzn-160；3.Hzn-319；4.Hzn-244
图五　韩祖念墓出土骑马俑、仪仗马俑

窄袖襦，腰束带，下穿窄腿裤，脚穿尖头鞋。两手空握于腹前，作持缰绳状。马立姿昂首，立耳短鬃，肌肉微隆，长尾下垂微后翘，前有攀胸，后有鞦带，辔头、鞍鞯、障泥齐备。彩绘保存较好，骑士面部施白彩，上以黑彩勾绘眉、眼、胡须，风帽顶施白彩，帽裙施浅红彩，窄袖襦施浅红彩，马通体施深红彩，辔头、攀胸、鞦带以黑彩勾绘（图五，2；图版二〇）。

（八）胡商俑

A型胡商俑　1件

Hzn-319，泥质灰陶俑，高33.3厘米。骆驼长腿长颈，背负货囊，货囊两端有兽面纹装饰，囊下似压有丝绸，囊顶或为一圆形坐垫，胡人并未坐于垫上，而是骑在驼颈与驼峰之间。胡人身体短小，深目高鼻，头戴圆顶毡帽，身着窄袖襦，下穿窄腿裤，脚穿尖头鞋，两臂抬起，目视前方。彩绘脱落严重，胡人面部施白彩，窄袖襦施浅红彩，骆驼颈部存深黄色彩，货囊存白色底彩（图五，3）。

（九）仪仗动物陶塑

Aa-Ⅱ型陶马　2件

Hzn-244，泥质灰陶，高37.5厘米。马呈站姿，颈高昂，颔微收，立耳短鬃，长尾下垂。头顶鬃毛束扎成辫，颔下佩缨，头戴辔头，以金花形节约扣合；前有攀胸，上有微上翘的叶形饰，后有鞦带，下悬椭圆形饰；鞍鞯齐全，上有鞍袱，下有箕形障泥。彩绘脱落严重，通体存白色底彩，上施浅黄色彩，辔头、鞍袱和障泥边缘存零星红彩，障泥上以黑彩点绘不规则小斑，面部和颈部存黑彩勾绘的毛发（图五，4；图版二二）。

三、家居俑

（一）女侍俑

Aa-Ⅴ型女侍俑　1件

Hzn-166，泥质灰陶俑，高19.2厘米。呈站姿，头梳横髻，额前分发，弯眉细目，直鼻小口，容貌清秀。上穿窄袖衫，肩围披肩，于胸前系蝴蝶结，披肩背后垂下两条细带，带梢束入腰带，下穿及地长裙，脚穿圆头鞋。两手藏于袖内，曲于腹前，长袖下垂至胯前。彩绘脱落严重，通体存白色底彩，头发施黑彩，窄袖衫存橘红色彩（图六，2；图版一二）。

Ac型女侍俑　5件

Hzn-140，泥质灰陶俑，头部缺失，残高13.9厘米。身穿右衽广袖褶衣，内衬圆领衣，下穿及地袴，脚穿圆头鞋。双手交叠于胸前，作侍立状。姿势、服饰与娄睿墓、徐显秀墓所出Ac型女侍俑相同，故归于此型。彩绘脱落较严重，内衬圆领衣及袴皆存白色底彩，广袖褶衣施浅红色彩（图六，1）。

Ae型女侍俑　1件

Hzn-169，泥质灰陶俑，头部缺失，残高17.2厘米。身形臃肿肥胖，上穿宽袖短衣，下穿高束腰曳地长裙，脚穿圆头鞋。两手拱于腹前，袖端堆叠；背负一硕大皮囊状物，该皮囊以数条宽带固定于侍女背后：两条带分别套过侍女肩颈及腰腹部，再以两条纵向缚带两端分别于肩前、腰侧绕住两条横向带，以稳固皮囊。侍女臀部高翘，托住皮囊底部，使之牢牢贴附在其背上。通体以白彩为地，上衣施橘红色彩，背囊零星可见浅红色，固定背囊的带为黑色（图六，3；图版一三）。

Ba-Ⅲ型女侍俑　6件

Hzn-171，泥质灰陶俑，高13.5厘米。呈单膝跪姿，头梳双螺髻，额前分发，长圆形脸，弯眉细目，直鼻小口，容貌清秀。外穿左衽窄袖襦，内穿圆领内衣，下穿百褶长裙，脚穿圆头鞋。右腿曲蹲，左腿跪地，左手自然下垂放于左膝上，右手扶于右膝上。其中两件完整，头梳双螺髻，其余四件头部缺失。通体以白彩为地，头发施黑彩，窄袖衣施浅红色彩，裙以白色底彩为色，其余缺失头部者或红衣白裙，或白衣红裙（图六，4；图版一四）。

（二）家禽家畜陶塑

除陶羊为灰陶外，其余皆为红陶。

1.Hzn-140；2.Hzn-166；3.Hzn-169；4.Hzn-171

图六　韩祖念墓出土女侍俑

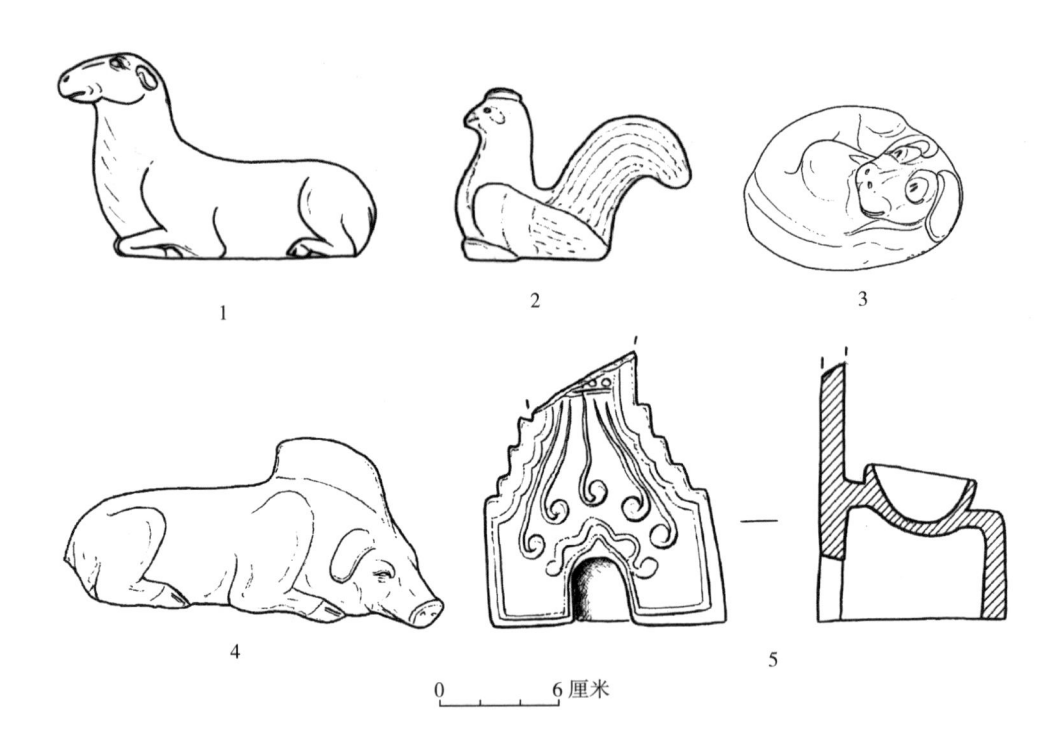

1.Hzn-185；2.Hzn-187；3.Hzn-189；4.Hzn-196；5.Hzn-224
图七 韩祖念墓出土家禽家畜陶塑及模型明器

陶鸡 1件

Hzn-187，长11.5厘米、高8厘米。雄鸡呈卧姿，高冠长颈，敛翅，长尾下垂。彩绘保存较好，腹部、翅两端及尾部皆施黑彩，身躯及翅中段施白彩（图七，2；图版二三）。

B型陶狗 2件

Hzn-189，狗团径10.6厘米、高3.9厘米。狗体团缩成圆形，头搭于臀上，大眼圆睁上视。通体施黑彩，脱落严重（图七，3；图版二四）。

陶猪 8件

Hzn-196，长18.5厘米、高6.9厘米。雄猪身形精壮，长鼻小眼，短耳贴伏，四肢平曲，背部短鬃耸起。通体施黑彩（图七，4；图版二五）。

Aa型陶羊 10件

Hzn-185，长15.6厘米、高10.5厘米。羊呈跪卧姿，无角，小耳下垂，长颈高扬，直视前方。通体施白彩，红彩勾绘嘴唇，黑彩简单描画毛发细节（图七，1；图版二六）。

四、模型明器

陶灶 1件

Hzn-224，泥质灰陶塑，残高13厘米、宽12厘米。高耸的阶梯状挡火墙下设方形灶门，灶台上置一圜底釜（图七，5）。

韩祖念墓志

墓志方形，青石质，长77.5厘米，宽76厘米，志文隶书阴文，共32行，行32字，后五行33~37字，计1028字（图八）。

【志文】王讳祖念，字师贤，昌黎郡龙城县人也。灵源导于天地之初，懋祉□□云鸟之世，周丨嬴阐其瑶构，汉兴播其鸿绪，门积人宝之隆，家传止爵之贵，郴彬竹素，可略而言。祖丨是突雁门府君，父罗察仪同三司、云中郡开国公，并德被生民，道光雅俗，功成身退，丨世往名飞。王天衷逸木，神资秀质，识度恢远，志量盅深，岐嶷已有将相之风，总丱便丨著公侯之望。由是机警独发，规谟宏举，节高俗外，名盖寰中，类鳞属之螭龟，譬鸟群丨之鸾凤，通人达鉴，咸以治乱，凭之遂冥交霸。后潜赞帝图，从游范砀之间，陪奉芜丨蒌之路，勤诚锄峥，忠节云标，故以劲草见嗟，披荆致赏。及臣冤已雪，大乱斯除，九服丨宅止，百神改列。乃除宁朔将军、步兵校尉，寻转安远将军，复迁平东将军、太中大夫，丨封昌阳县子、帐内都督，更移右厢都督领亲信。韩陵大殄，乃授征东将军、金紫光禄丨大夫、泾州刺史，复改昌阳子为开国县侯，复除征北将军、蔚州刺史，更授车骑将军，丨别封开封县开国侯，迁仪同三司、骠骑将军，帖平阳子。皇齐膺箓，乃加开府仪同丨三司，增封云阳县开国子，领左卫大将军。自沙塞多虞，胡兵屡扰，威宗频年出讨，丨王每立殊功，乃以本官除建州诸军事、建州刺史。威宗以王地峻礼崇，勋隆业大，丨建部局小，未允时瞻，因转晋州诸军事、晋州刺史，余官如先，征还拜特进。皇建之始，丨进封武功王，复除宁州刺史，食济阴郡干，作卫钩陈，望尽朝杰，乃征入拜领军将军，丨俱方牧仗质，事切中任。复出除瀛洲诸军事、瀛洲刺史，年满移授南朔州刺史，领□丨都督。此则宁州故部，任在襟带，鸣声杖节，恒资重臣，必藉威灵，故既去复返，更加特丨进，食浮阳郡干，迁司徒公，进大将军，转南云州刺史。王圆方在己，动静兼运，九能克丨备，百行无爽，爱敬之道，资父扬名，忠贞之亮，事君尽礼。时逢开辟，运属经营，始督兵丨于麾下，终持柯于阃外，或西平胡落，南静蛮方，或深叩秦关，长驱朔野，皆以推锋陷丨敌，执讯褰旗，鄙方邵之为功，嗤卫霍之言勇。及勋唯利建，帝乃图居，爵冠于十等，丨赋苞于千乘。皇情求瘼，寄在六条，我驾传车，凡登七岳，政宣惠洽，易俗移

图八 韩祖念墓志拓片

风,同孟」坚之襄禧,喻乔卿之露冕。至于汉赏窦融,唯加特进,晋尊庾亮,止授领军,眇视前贤,」军闻兼历,独隆望实郁,尔俱昆及,百姓不亲,爰司中鼎,九伐须总,迁居上将,安危并」注,朝野方依。但辰巳忽寝,手足斯启,沧化不追,山颓奄及,以齐天统四年正月二十」三日薨于云州之镇,春秋五十八。一人兴悼,百辟同哀,诏赠使持节都督青冀」瀛沧济赵汾七州诸军事、青州刺史、太保、尚书令,王如故,谥曰忠武王,礼也。即以其」年十一月廿九日永厝于五泉山。嗟夫,楚班易毁,魏家终败,恐泉壤暝昧,盛烈无闻,故」铭此幽扃,式昭休范,其词曰:神基岳立,冥址云丞,焕乎千祀,王业三兴。篆籀昭晰,龟组」相承,郁为时栋,治乱修凭。汉曰文终,晋称杜武,英图胜迹,连规合矩。出则爪牙,入为光辅,身」秉国钧,名飞天宇。迢迢黄合,辒辒班轮,苏李英将,唐宋才宾。旌旆蔽景,铙吹飞尘,如何不淑,翻□」□辰。追终有礼,宸衿以伤,大辂龙旂,隆兹宠锡。山原忽晄,松开杳寂,银雁匪游,金蚕罢绩。

娄睿墓

武平元年（570）

娄睿墓位于太原市晋源区王郭村西南1千米处，汾河以西，悬瓮山东侧，晋阳古城遗址南7.5千米处，1979年4月至1981年1月由山西省考古研究所、太原市文物管理委员会进行发掘。发掘简报发表于《文物》1983年第10期，发掘报告《北齐东安王娄睿墓》于2006年由文物出版社出版。

娄睿墓坐北朝南，方向337°，由封土、墓道、甬道、墓室组成。墓冢封土经夯打，底部东西长17.5米、南北宽21.5米。墓道长约22.3米，呈斜坡形，南北向，北接甬道；墓道上口宽3.55米，两壁向下内收两次，形成两层阶梯状，底宽2.8米。墓道两壁抹1~1.5厘米厚的草拌泥地仗和1厘米厚的白色石灰面皮，上绘壁画——第一层绘制出行回归图，西壁绘出行图，东壁为回归图；第二层绘鞍马游骑图，西壁绘鞍马出行场面，东壁为回归场面；第三层绘鞍马图、鼓吹图、迎宾图、仪卫图，东、西两壁图景相对，为鼓吹长角、肃立迎宾的场面。甬道长8.25米、宽1.8米，两壁与墓道相同，抹有草拌泥地仗和白灰壁面，上有壁画，绘持剑仪卫图、门官图；中部有天井，后部有青石墓门，甬道中填埋大量鹅卵石，破坏了甬道南段和天井。墓门用青石雕成，半圆形门额及门框皆雕兽头、缠枝莲等纹饰，上贴金箔，填以色彩，石门施白粉作地仗，上绘彩画，门上有铁门环，以铁门闩贯穿。墓室为砖构单室，平面呈弧方形，东西宽5.7米、南北长5.65米，四壁在高2.8米处开始向内斗合叠涩成四角攒尖状，高6.6米处封顶，四壁绘有壁画，墓底东西向错缝平铺长方形条砖（图一）。

墓室西半部有砖砌棺床，呈不规则长方形，南端东西宽2.9米、北端东西宽2.3米，西侧南北长4.1米、东侧南北长4.25米，高0.2米，表面涂石灰层，未发现彩绘。由于历史上曾遭盗掘，葬具已遭毁坏，散乱叠压，但应为内外两层棺。人骨散落于棺外，仅提取残牙四枚及少量腐朽严重的骨骼。

娄睿墓屡遭盗扰，随葬品位置亦被扰乱，经整理、修复，墓葬共计出土随葬品848件，除大量陶俑外，还有陶器、釉陶、石雕、玉器、铁器、蚌饰、铜饰及墓志等。其中，黄绿釉陶器有76件，含高柄莲花灯4件、龙柄鸡首壶5件、陶罐2件、贴花长颈壶2件、浅腹大盘5件、小盘5件、大碗14件、小碗10件、托杯2件、盏15件、扣盒盖2件、扣盒身9件，另有1件彩釉陶盉，于豆绿色底釉上施黄、绿相间二色釉，为高岭土制胎。陶器15件，含灰陶罐6件、红陶碗5件，灰陶瓮、瓶各1件，另有莲花纹瓦当2件，皆残损。玉器30件（组），含串珠1153粒、璜12件、珩14件、残竽3件。琥珀器为5只畏兽形饰和1件棒形饰，蚌器为2件人形饰和1件类花形饰。石雕18件，含狮子8件、莲花础8件、伏兽门墩2件。金器、银器各仅残存饰品1件。铜器101件，含各类小型铜饰件97件，鎏金铜钵2件，鎏金铜盘、铜盒各1件。铁器97件，含箭镞9件、铁钉2件、圜底有足残容器1件、残合页1件，其余为饰片及用途不明的小型残器。另有丝织品残片3件、残席1块、水银1瓶及墓志1合。

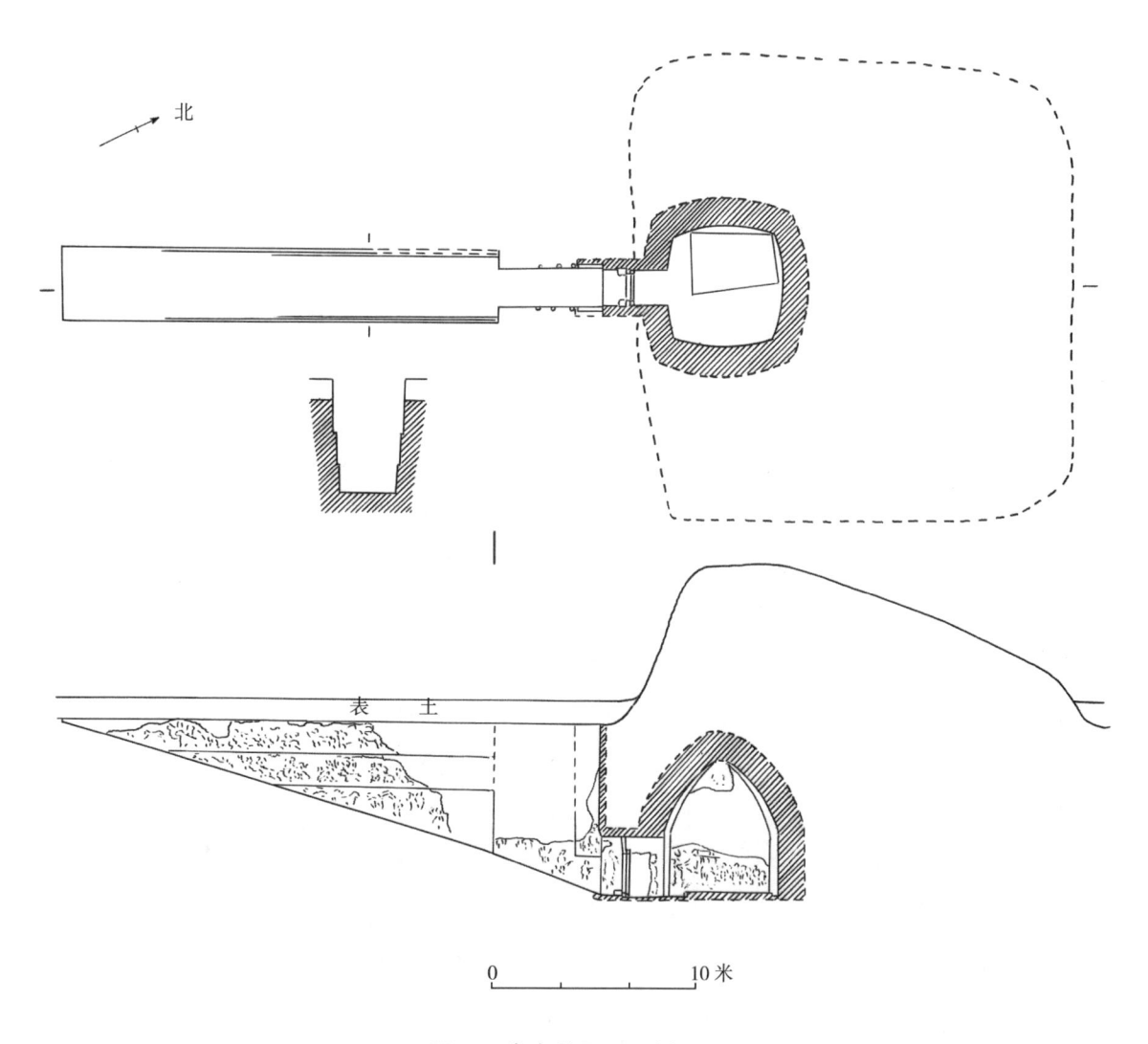

图一　娄睿墓平面、剖面图

娄睿墓出土陶俑

娄睿墓出土各类陶俑668件，含镇墓俑、仪仗俑、家居俑三类，镇墓俑含镇墓武士俑及镇墓兽，仪仗俑含武士俑、文吏俑、侍从俑、女官俑、伎乐俑、马俑、骆驼俑、陶牛车等，家居俑包括小型女侍俑、家畜俑及庖厨明器。详述于下：

一、镇墓俑

（一）镇墓武士俑

Ab-II型镇墓武士俑　2件

标本529，泥质灰陶俑，高64.4厘米。呈站姿，阔面凸颧，浓眉高耸，眉心有一圆点状凸起，大眼圆睁，眼角斜挑，厚唇高鼻。头戴圆顶兜鍪，兜鍪两侧有半圆形护耳，前有尖角状护额，顿项及肩，并向前环至颔下为护颈。上穿明光铠，肩有披膊，腰束鞢韄带，下着鱼鳞铠、及地缚袴，脚穿圆头靴。左手按长盾，拇指贴于盾上缘，四指贴于盾面，盾四边及中脊起棱，正中有一兽面；右臂垂于身侧，右手空握，作持武器状。通体施白色底彩，面部表彩脱落严重，仅存眉峰处少量黑彩及唇上红彩。兜鍪顶部及两侧护耳皆施黑彩，兜鍪边缘及顿项、护颈皆施浅红色彩，上身明光铠施黑彩，护胸施红、黑两色彩，以同心圆状相间，革带施红彩，上有黑色带銙及带扣，下身甲裙勾绘鱼鳞状甲叶，袴存白彩，靴施黑彩。盾牌边缘及兽面、泡钉皆施黑彩，盾面施深红彩，兜鍪及护胸、护背中央皆存零星贴金（图二，1；图版一）。

标本528，泥质灰陶俑，高63.5厘米。呈站姿，头微右偏，阔面凸颧，浓眉高耸，眉心有一圆点状凸起，大眼圆睁，眼角斜垂，宽鼻隆起，阔口厚唇。头戴圆顶兜鍪，兜鍪两侧有半圆形护耳，前有尖角状护额，顿项及肩，并向前环至颔下为护颈。上穿明光铠，肩有披膊，腰束鞢韄带，下着鱼鳞铠、及地缚袴，脚穿圆头靴。左手按长盾，拇指贴于盾上缘，四指贴于盾面，盾四边及中脊起棱，正中有一兽面；右臂垂于身侧，右手空握，作持武器状。施彩情况与标本529相似，面部彩保存较前者更好，可见黑彩勾绘眉、眼（图二，2）。

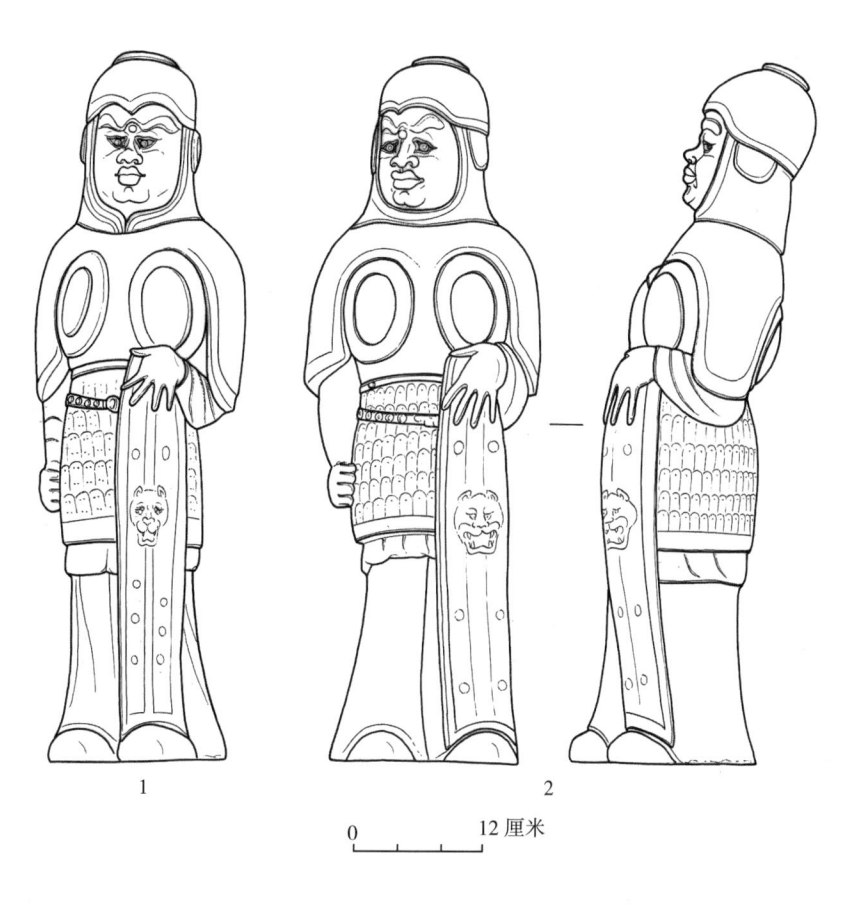

1. 标本 529； 2. 标本 528； 3. 标本 628； 4. 标本 627

图二 娄睿墓出土镇墓武士俑及镇墓兽

（二）镇墓兽

Aa型镇墓兽　1件

标本628，泥质灰陶，高50.2厘米。呈蹲踞状，人面兽身，头戴尖顶兜鍪，盔顶有戟状尖角，面颊圆阔，弯眉上耸，大眼圆睁，眼皮微垂，宽鼻高挺，阔嘴厚唇，大耳阔轮，卷曲状络腮胡，头微左倾，面相威武。胸口微凸，肩部有卷曲状翅羽，背生五组双尖状鬣鬃，尾上扬并贴于背后，细腿，蹄状足。通体施白彩为地，兜鍪、眉、眼、胡须皆施黑彩，嘴唇存零星红彩，眼白处也涂红彩；体表彩绘脱落较重，背部、四肢皆施黑彩，肩部及身体两侧有红、白色彩残留（图二，3；图版二）。

Bb型镇墓兽　1件

标本627，泥质灰陶，高42.3厘米。呈蹲踞状，猛兽头颅，头顶有戟状尖角，两耳直立，浓眉高耸，双目圆睁，阔鼻高耸，血口大张，露出上、下四颗獠牙，舌尖顶于上颚，两腮及下颌有卷曲状须，昂首远望。胸口微隆，肩部有卷曲状翅羽，背生五组双尖状鬣鬃，尾上扬并贴于背后，四肢细瘦，三趾爪状足。彩绘保存较差，面部及体表有零星黑彩、白彩残留（图二，4；图版三）。

二、仪仗俑

（一）武士俑

Bb-V型武士俑　48件

标本345，泥质灰陶俑，持盾武士，高26厘米。呈站姿，长圆形脸，弯眉细目，眼角斜垂，直鼻小口，唇上两撇须，面容端庄。头戴翻耳扇圆顶风帽，耳扇翻起系于帽顶旁，帽裙披于脑后，脑后帽上有细密凹点，应为表现皮质外露。外穿交领窄袖襦，袒右臂，露出内穿圆领窄袖衫，腰束带，外衣右袖于腹前系于带内，下穿及地袴，脚穿圆头鞋。左手斜持一盾，紧贴身体侧前方，盾四边及中脊起棱，上端有云头形饰；右臂曲于胸前，右手空握，作持物状。彩绘保存较完好，面部施白彩，以黑彩勾绘眉、眼，红彩涂唇；翻耳扇风帽施淡红彩，外穿的窄袖襦施橙红色彩，翻下的右侧衣襟露出的内侧部位施白彩，内衬圆领窄袖衫施土黄色彩，革带施黑彩，上以白彩点绘表示带銙，袴施白彩，靴存零星黑彩；盾牌边缘施白彩，盾面施淡红色彩（图三，1）。

Cc-Ⅲ型武士俑　64件

标本309，泥质灰陶俑，扈从武士，高27.3厘米。呈站姿，长圆形脸，细眉圆眼，直鼻小

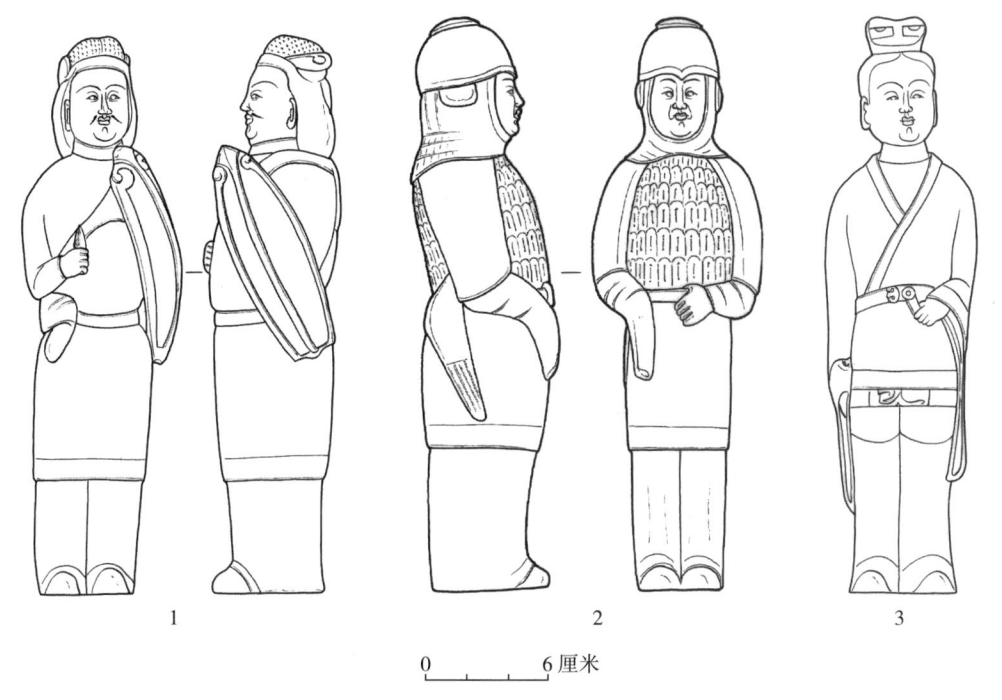

1. 标本345；2. 标本309；3. 标本269
图三 娄睿墓出土武士俑、文吏俑

口，面容端庄。头戴圆顶兜鍪，兜鍪两侧有半圆形护耳，顿项及肩，并向前环至颔下为护颈，脑后披幅连缀甲片。上穿鱼鳞铠，内着窄袖襦，肩有披膊，腰间束带，下着及地袴，脚穿圆头鞋。两臂曲于身侧，左手扶腰带，右手藏于袖内，贴于腹前，腰后右侧挂箭囊，左侧挂鞘，鞘端有孔，兵器已不存。通体以白彩为地，面部以黑彩勾绘眉、眼，红彩涂唇；兜鍪顶部及顿项、护耳皆施黑彩，边缘施红彩，铠甲披膊施黑彩，上身甲叶施橙红色彩，下身甲裙以白彩为地，上以黑彩描绘虎皮纹饰，裙下边缘涂枣红色彩，袴施白彩，靴施黑彩（图三，2）。

（二）文吏俑

Ab-Ⅰ型文吏俑 108件

标本269，泥质褐陶，高27.1厘米。呈站姿，长圆形脸，发中分上梳，弯眉细目，直鼻小口，唇上两撇须，容貌端庄。头戴小冠，外穿右衽广袖褶衣，内穿圆领襦，腰束革带，带上有带扣及泡钉状饰，下穿及地大口缚袴，脚穿圆头鞋。左臂曲于身侧，左手握带尾；右臂下垂，贴于身侧，右手空握，作持物状。面部施白彩，多已脱落，头发施黑彩，小冠施淡红色彩；广袖褶衣施红彩，内衬圆领衣及腰间革带皆施黑彩，袴施白彩，靴施黑彩（图三，3；图版四）。

271

（三）侍从俑

Aa-Ⅳ型侍从俑　73件

标本112，泥质灰陶俑，高24.5厘米。呈站姿，长圆形脸，弯眉圆眼，直鼻小口，唇上两撇须，面容端庄。头戴圆顶翻沿风帽，耳扇及帽裙翻起贴于帽四周，未见扎束，似为较硬厚的皮质帽，身穿右衽翻领半袖襦，内穿圆领长袖衣，腰束带，带上有泡钉状饰，下穿及地袴，脚穿圆头鞋。左臂微曲，贴于胯前，左手掩于长袖内，袖口下垂；右臂垂于身侧，右手掩于袖内，袖端有孔，作持物状。通体施白彩为地，面部以黑彩勾绘眉、眼、胡须，红彩涂唇，风帽、外穿的翻领襦及内衬的圆领衫皆施深红色彩，袴施白彩，靴施黑彩（图四，1）。

Ab-Ⅲ型侍从俑　90件

标本51，泥质灰陶俑，高25.5厘米。呈站姿，长圆形脸，弯眉细眼，直鼻小口，唇上两撇须，两腮及下颏微有短须。头戴三棱风帽，帽裙披于脑后，外穿圆领偏襟半袖襦，腰束革带，带上有泡钉状銙饰，内穿窄袖衣，下穿及地袴，脚穿圆头鞋。左臂曲于腹前，左手藏于长袖内，袖口下垂；右臂垂于身侧，右手空握，作持物状。通体施白彩为地，面部彩绘脱落较重，三棱风帽施黑彩，外穿的圆领窄袖襦施黑紫色彩，内衬的窄袖衣长袖露出处施黑彩，腰间革带施红彩，袴存零星红彩，靴施黑彩（图四，2）。

1. 标本112；2. 标本51；3. 标本412

图四　娄睿墓出土侍从俑

Ba-Ⅲ型侍从俑　42件

标本412，泥质灰陶俑，高26厘米。呈站姿，长圆形脸，弯眉细目，眼角斜垂，直鼻小口，唇上两撇须，面容端庄。头戴翻耳扇圆顶风帽，耳扇翻起系于帽顶旁，帽裙披于脑后，脑后帽上有细密凹点，应为表现皮质外露。外穿交领窄袖襦，袒右臂，露出内穿圆领窄袖衫，腰束带，外衣右袖于腹前系于带内，下穿及地袴，脚穿圆头鞋。双手空握，贴于胸前，作持物状。面部施白彩，以黑彩勾绘眉、眼、胡须，红彩涂唇；风帽及外穿的窄袖襦皆施橙红色彩，内衬窄袖衣施土黄色彩，革带施深红色彩，袴施白彩，靴施黑彩（图四，3）。

（四）女官俑

Bb型女官俑　44件

标本445，泥质灰陶俑，高26.8厘米。呈站姿，椭圆形脸，发中分上梳，弯眉细目，直鼻小口，容貌清秀。头戴笼冠，外穿右衽广袖褶衣，内上穿圆领衣，腰束宽带，下穿曳地长裙。左手提握长裙一角，露出下穿及地袴，脚穿圆头鞋；右手藏于袖内，垂于身侧。面部施白彩，头发、笼冠皆施黑彩，衣裙及靴皆施红彩（图五，1）。

1. 标本445；2. 标本526；3. 标本508；4. 标本480

图五　娄睿墓出土女官俑、驭夫俑、女侍俑

（五）驭夫俑

驭夫俑　3件

标本525，泥质灰陶俑，高19厘米。呈站姿，脸型圆润，深目高鼻，唇上有须。头戴圆顶毡帽，外穿左衽短襦，内穿圆领衣，领旁有一圆形饰物，腰束带，带侧悬挂鞶囊，下穿及地大口裤，将脚完全覆盖。左手垂于身侧，右手高举握拳，作牵马或牵骆驼状。

标本526，服饰与前者相同，左手高举，右手垂于身侧。面部施白彩，以黑彩勾绘五官，外穿短襦施黑红色彩，内衬圆领衣及毡帽皆施黑彩（图五，2）。

（六）武士骑俑

Ab-I型武士骑俑　39件

标本558，泥质灰陶俑，通高32.7厘米，马高26.5厘米。骑士端坐马背，面颊圆阔，弯眉圆眼，直鼻小口，容貌端庄威武。头戴圆顶兜鍪，兜鍪两侧有半圆形护耳，顿项及肩，并向前环至颔下为护颈，脑后披幅连缀甲片。身穿铠甲，彩绘勾勒鱼鳞状甲叶，腰束带，下着窄腿裤，脚穿尖头鞋。左臂曲于身侧，手藏于袖内；右手空握，作持物状。腰左侧斜挂一宽一窄两件兵器套（鞘），似刀剑鞘或弓囊；右侧直挂一件兵器套，似箭囊。马立姿昂首，头戴面帘，身披铠甲，鬃后有波浪状花饰，马尾穿过甲孔系结，颔下悬缨，配有鞍鞯而未见马镫。骑士面部施白彩，兜鍪顶部施黑彩，顿项、护颈施白彩，边缘施淡红色彩，披膊施灰白色彩，边缘施淡红色彩，上身铠甲以黑色线条勾绘鱼鳞状甲叶。战马披黑灰色铠甲，以黑色线条勾绘鱼鳞状甲叶，边缘施淡红彩（图六，1；图版九）。此型鱼鳞铠武士骑俑身形姿态各异，有的身形端正，正视前方；有的身体微偏，左右顾盼。

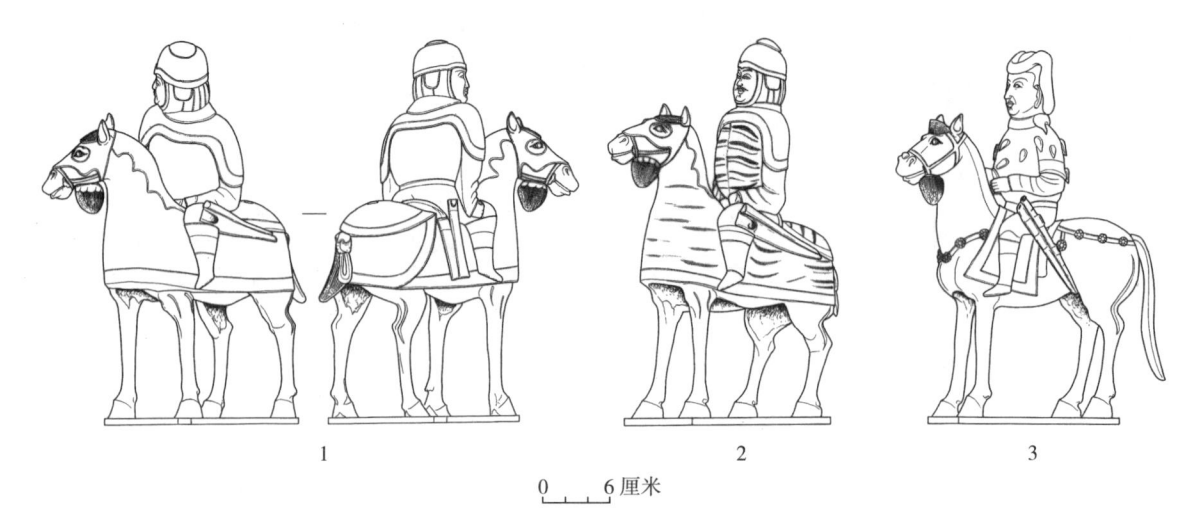

1. 标本558；2. 标本562；3. 标本606

图六　娄睿墓出土武士骑俑

Ab-Ⅱ型武士骑俑　2件

标本562，泥质灰陶俑，通高33厘米，马高27厘米。骑士端坐马背，面颊圆阔，弯眉圆眼，直鼻小口，容貌端庄威武。头戴圆顶兜鍪，兜鍪两侧有半圆形护耳，顿项及肩，并向前环至颔下为护颈，脑后披幅连缀甲片。身穿铠甲，彩绘虎皮纹饰，肩有披膊，腰束带，下着窄腿袴，脚穿尖头鞋。左臂曲于身侧，左手藏于袖内；右手于腿侧空握，作持物状。腰左侧斜挂一宽一窄两件兵器套（鞘），似刀剑鞘或弓囊，右侧直挂一件兵器套，似箭囊。马立姿昂首，头戴面帘，身披虎皮铠，鬃后有波浪状花饰，马尾穿过甲孔系结，颔下悬缨，配有鞍鞯而未见马镫。武士面部施白彩，兜鍪顶部施黑彩，顿项护颈施白彩，边缘施红彩，铠甲为黑灰色，上以黑彩描绘虎皮纹饰，战马身披灰白色铠甲，上以黑彩勾绘虎皮纹饰（图六，2）。

B型武士骑俑　2件

标本606，泥质灰陶俑，通高31厘米，马高26.5厘米。骑士端坐马背，面颊圆阔，弯眉圆眼，直鼻小口，容貌端庄威武。头戴厚卷沿圆顶风帽，帽顶用细带扎束，身穿厚圆领直襟半袖襦，衣表缀十五枚叶形饰，内穿窄袖襦，腰束带，下着窄腿袴，脚穿尖头鞋。左手空握于腹前，作持物状；右臂曲于身侧，右手藏于袖内，袖口下垂。腰左侧似佩剑鞘，右侧似佩箭囊。马立姿昂首，立耳短鬃，肌肉微隆，长尾下垂微后翘，前有攀胸，后有鞦带，上有花形饰物，颔下悬缨，辔头、鞍鞯、障泥齐备，未见马镫。骑士面部存零星白彩，风帽存少量淡红彩，上身半袖衣施黑彩，袴施白彩，马身存淡红色彩，辔头、攀胸、鞦带施红彩，佩饰为深黑色，黑鞍红鞯，黑色障泥外缘施红彩（图六，3）。

标本607，泥质灰陶俑，通高30.7厘米，马高26.3厘米。骑士身向左倾，面颊圆阔，弯眉圆眼，直鼻小口，容貌端庄威武。头戴厚卷沿圆顶风帽，身穿厚圆领直襟半袖襦，衣表缀十七枚叶形饰，领部似为细带，带梢垂于背后，内穿窄袖襦，腰束带，下着窄腿袴，脚穿尖头鞋。左臂曲于身侧，手藏于袖内，袖口下垂；右手空握于腹前，作持物状。马立姿昂首，立耳短鬃，肌肉微隆，长尾下垂微后翘，前有攀胸，后有鞦带，颔下悬缨，辔头、鞍鞯、障泥齐备，未见马镫。骑士面部存少量白彩，风帽施白彩，上身半袖衣施黄彩，袴施白彩，鞋施红彩。马身存少量淡红彩，辔头、攀胸、鞦带皆施红彩，黑鞍红鞯，黑色障泥外缘施红彩（图版五）。

（七）文吏骑俑

Ab型文吏骑俑　4件

标本604，泥质灰陶俑，通高32.4厘米，马高26.3厘米。骑士端坐马背，面微左偏，长圆形脸，发中分上梳，弯眉细目，直鼻小口，唇上两撇须，容貌端庄。头戴小冠，身穿右衽广袖褶衣，外罩裲裆，内穿圆领襦，腰束革带，下穿大口袴，脚穿尖头鞋。双臂微曲于身侧，左手四指轻握，置于左腿上，右手握拳置于右膝。马立姿昂首，立耳短鬃，肌肉微隆，长尾下垂微后翘，前有辔头，后有鞦带，颔下悬缨，鞍鞯、障泥齐备，未见马镫。面部施白彩，以黑彩勾绘眉、眼、胡须，红彩涂唇；小冠存白彩，广袖褶衣及裲裆皆施红彩，内衬圆领衣及大口裤皆施白彩，靴施黑彩。马通体施枣红色彩，辔头、鞧带施红彩，鞍鞯、障泥皆为灰白色（图七；图版一〇）。

（八）伎乐骑俑

Ab型伎乐骑俑　12件

泥质灰陶俑，通高31.3厘米，马高25.9厘米。骑士端坐马背，面颊圆阔，弯眉细眼，直鼻小口，容貌端庄。头戴翻耳扇圆顶风帽，耳扇翻起系于帽顶旁，帽裙披于脑后，脑后帽上有细密凹点，应为表现皮质外露。身穿圆领窄袖襦，腰束带，下穿窄腿裤，脚穿尖头鞋。腰左侧斜挎大小双鼓，双手空握，举于胸前，作持鼓槌状。马立姿昂首，立耳短鬃，肌肉微隆，长尾下垂微后翘，前有辔头，后有鞧带，鞍鞯、障泥齐备，未见马镫。骑士面部施白彩，风帽及腰鼓皆施浅红彩，外穿襦施白彩，腰间革带及内衬圆领衣施灰蓝色彩，裤施白彩，靴施黑彩。马通体施灰褐色彩，辔头、鞧带皆施红彩，黑鞍红鞯，灰色障泥外缘施红彩。此类俑有净面者，如标本578（图八，1；图版六）；有绘出短须者，如标本575。

Ac型伎乐骑俑　1件

标本597，泥质灰陶俑，通高31.8厘米，马高22厘米。骑士端坐马背，面颊圆阔，弯眉细眼，直鼻小口，容貌端庄。头戴翻耳扇圆顶风帽，耳扇翻起系于帽顶旁，帽裙披于脑后，脑后帽上有细密凹点，应为表现皮质外露。身穿圆领窄袖襦，腰束带，下穿窄腿裤，脚穿尖头鞋。

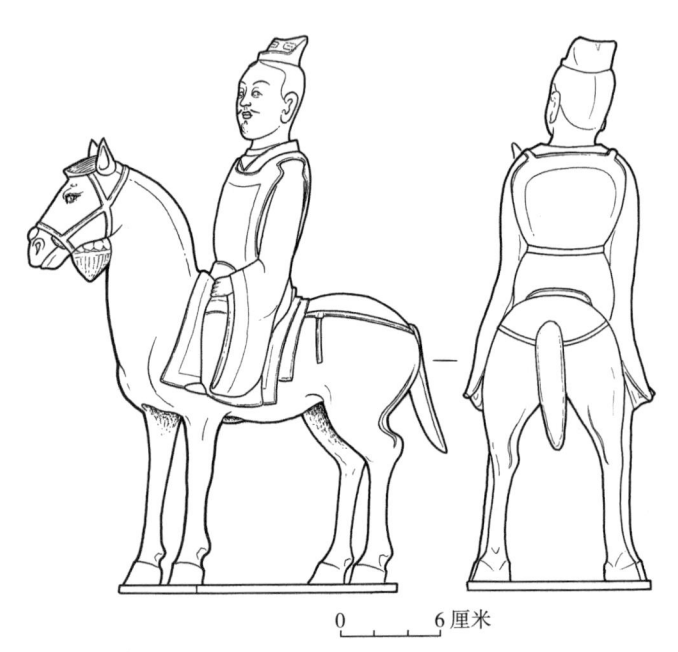

图七　娄睿墓出土文吏骑俑（标本604）

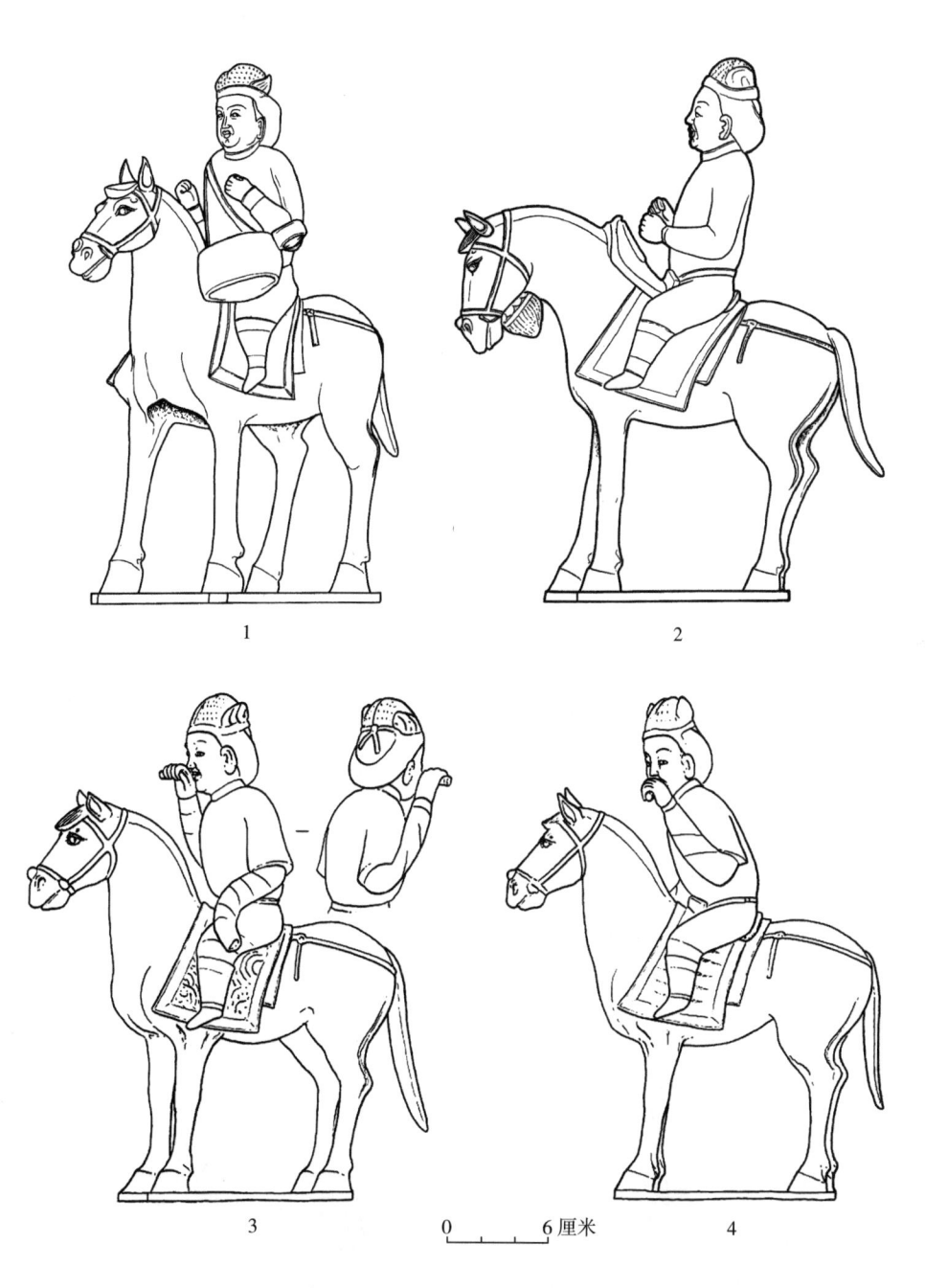

1. 标本 578； 2. 标本 597； 3. 标本 598； 4. 标本 599
图八　娄睿墓出土伎乐骑俑

马颈部鞍前有一孔，应为插建鼓所用，鞍前插一铁心支承棍，似用于支承建鼓，双手空握，举于腹前，作持槌击鼓状。马立姿垂首，立耳短鬃，肌肉微隆，长尾下垂微后翘，前有辔头，后有鞦带，鞍鞯、障泥齐备，未见马镫。骑士面部施白彩，以黑彩勾绘眉、眼、胡须，红彩涂唇，风帽施淡红色彩，圆领襦施灰褐色彩，袴、靴皆施白彩。马通体枣红色，辔头、鞦带皆为红色，黑鞍红鞯，黑色障泥外缘施红彩（图八，2）。

Ba-Ⅰ型伎乐骑俑 1件

标本599，泥质灰陶俑，通高29厘米。骑士端坐马背，身微前倾，面颊圆阔，弯眉细眼，直鼻小口，容貌端庄。头戴翻耳扇圆顶风帽，耳扇翻起系于帽顶旁，帽裙披于脑后，脑后帽上有细密凹点，应为表现皮质外露。身穿圆领半袖襦，内穿窄袖襦，腰束带，下穿窄腿袴，脚穿尖头鞋。左手竖握乐器，紧贴嘴唇竖吹，或为竽篪；右臂曲于腹前，手藏于袖内，袖口下垂。马立姿昂首，立耳短鬃，肌肉微隆，长尾下垂微后翘，前有辔头，后有鞧带，鞍鞯、障泥齐备，未见马镫。骑士面部施白彩，风帽施红彩，外穿半袖襦及袴存少量淡红色彩，内衬窄袖衣袖上存少量黄彩，靴施黑彩。马通体黑紫色，辔头、鞧带施红彩，黑鞍红鞯，黑色障泥外缘施红彩（图八，4；图版七）。

Ba-Ⅲ型伎乐骑俑 1件

标本598，泥质灰陶俑，通高30厘米。骑士端坐马背，身微前倾，面颊圆阔，弯眉细眼，直鼻小口，容貌端庄。头戴翻耳扇圆顶风帽，耳扇翻起系于帽顶旁，帽裙披于脑后，脑后帽上有细密凹点，应为表现皮质外露。身穿圆领半袖襦，内穿窄袖襦，腰束带，下穿窄腿袴，脚穿尖头鞋。左臂曲于身侧，左手藏于袖内，袖口下垂；右手横握乐器，紧贴嘴唇侧吹。马立姿昂首，立耳短鬃，肌肉微隆，长尾下垂微后翘，前有辔头，后有鞧带，鞍鞯、障泥齐备，未见马镫。骑士面部施白彩，风帽施红彩，半袖襦、内衬窄袖衣及袴皆施淡红彩，靴施黑彩。马通体施黑彩，辔头、鞧带皆施红彩，黑鞍黄鞯，雕花黄色障泥外缘施红彩（图八，3）。

1. 标本591；2. 标本601

图九 娄睿墓出土伎乐骑俑

Bb-I型伎乐骑俑　5件

标本591，泥质灰陶俑，通高30.7厘米，马高24厘米。骑士端坐马背，身微前倾，面颊圆阔，弯眉细眼，直鼻小口，容貌端庄。头戴三棱风帽，帽裙披于脑后，身穿圆领偏襟半袖襦，内衬窄袖衫，腰束带，下穿窄腿袴，脚穿尖头鞋。左、右手一前一后举至面前，嘴唇紧闭，作握乐器吹奏状，整体姿态似吹短号角。马立姿昂首，立耳短鬃，肌肉微隆，长尾下垂微后翘，前有辔头，后有鞦带，鞍鞯、障泥齐备，未见马镫。骑士面部施白彩，三棱风帽及靴施黑彩，半袖襦存少量淡红彩，马通体施红彩（图九，1）。

Bb-II型伎乐骑俑　2件

标本601，泥质灰陶俑，通高32厘米，马高25厘米。骑士端坐马背，头微扬，面颊圆阔，弯眉细眼，直鼻小口，容貌端庄。头戴三棱风帽，帽裙披于脑后，身穿圆领偏襟窄袖襦，腰束带，下穿窄腿袴，脚穿尖头鞋。左手半握于嘴侧前方，似握住号角口部；右手前伸扬起，作托举状，似托住号角前端，整体姿态似斜吹长号角。马立姿昂首，立耳短鬃，肌肉微隆，长尾下垂微后翘，前有辔头，后有鞦带，鞍鞯、障泥齐备，未见马镫。骑士面部施白彩，三棱风帽、革带及靴皆施黑彩，窄袖襦存少量淡红彩。马通体施红彩，黑鞍红鞯，黑色障泥外缘施红彩（图九，2；图版八）。

（九）执物骑俑

Aa-III型执物骑俑　1件

标本593，泥质灰陶俑，通高29厘米。骑士端坐马背，头微扬，面颊圆阔，弯眉细眼，直鼻小口，容貌端庄。头戴翻耳扇圆顶风帽，耳扇翻起系于帽顶旁，帽裙披于脑后，脑后帽上有细密凹点，应为表现皮质外露。身穿圆领半袖襦，内衬窄袖衫，腰束带，下穿窄腿袴，脚穿尖头鞋。左臂微曲于身侧，左手藏于袖内；右手空握，贴于腹前，作持物状。马立姿昂首，立耳短鬃，肌肉微隆，长尾下垂微后翘，前有辔头，后有鞦带，鞍鞯、障泥齐备，未见马镫。骑士面部施白彩，风帽、半袖襦、内衬窄袖衣及袴皆施土黄色彩，革带及靴施黑彩。马通体施黑彩，辔头、鞦带施红彩，黑鞍红鞯，黑色障泥外缘施红彩，上点绘白彩装饰（图一〇，3）。

Ab-II型执物骑俑　9件

标本588，泥质灰陶俑，通高31.6厘米，马高26.4厘米。骑士端坐马背，头微扬，面颊圆阔，弯眉细眼，直鼻小口，容貌端庄。头戴翻耳扇圆顶风帽，身穿圆领半袖襦，内衬窄袖衫，腰束带，下穿窄腿袴，脚穿尖头鞋。左臂微曲，垂于身侧；右手空握，举于肩前，作扛物（旗帜）状。马立姿昂首，立耳短鬃，肌肉微隆，长尾下垂微后翘，前有辔头，后有鞦带，鞍鞯、障泥齐备，未见马镫。骑士面部施白彩，风帽及半袖襦皆施红彩，内衬窄袖衣施白彩，袴施黄彩，靴施黑彩。马通体施黑红色彩，辔头、鞦带皆施红彩，黑鞍红鞯，黑色障泥外缘施红彩

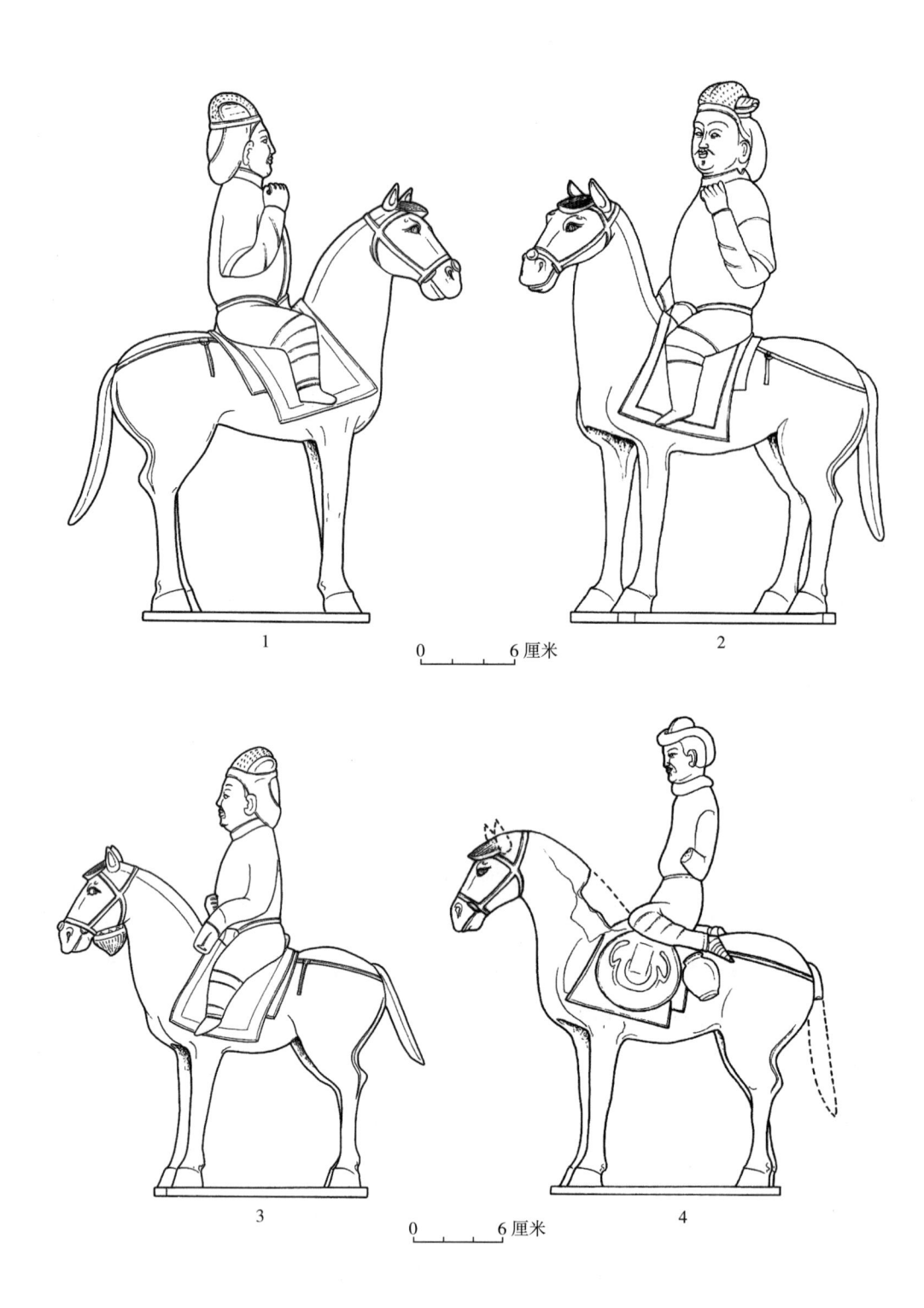

1. 标本 588；2. 标本 583；3. 标本 593；4. 标本 611

图一〇 娄睿墓出土执物骑俑、胡商俑

（图一〇，1）。

标本583，泥质灰陶俑，通高32.3厘米，马高24.3厘米。与标本588容貌、服饰、坐骑相同，右臂微曲，垂于身侧；左手空握，举于肩前，作扛物状（图一〇，2）。娄睿墓共出土此型陶俑9件，右手扛物者6件，左手扛物者3件。

（十）胡商俑

B型胡商俑　1件

标本611，泥质灰陶俑，高31厘米。胡商头戴厚卷沿圆顶风帽，身穿厚圆领窄袖襦，腰束细带，下着深裆窄腿袴，脚穿尖头靴，跪骑于马背上。马呈站姿，头戴辔头，后有鞦带，背负鞍鞯，两侧挂货囊，货囊后挂两只短颈鼓肩罐（图一〇，4）。

（十一）仪仗动物陶塑

Aa-Ⅰ型陶马　1件

标本620，泥质灰陶，高36厘米。马呈站姿，颈高昂，颔微收，立耳短鬃，长尾下垂。头戴辔头，以金花形节约扣合。前有攀胸，饰微上翘的叶形饰；后有鞦带，饰椭圆多瓣花形饰；鞍鞯齐全，下有箕形障泥，上有鞍袱（图一一，1）。

Aa-Ⅱ型陶马　5件

标本617，泥质灰陶，高39厘米。马呈站姿，颈高昂，颔微收，立耳短鬃，长尾下垂。头顶鬃毛束扎成辫，颔下佩缨，头戴辔头，以金花形节约扣合。前有攀胸，饰微上翘的叶形饰；后有鞦带，饰有椭圆多瓣花形饰；鞍鞯齐全，下有箕形障泥，上有鞍袱（图一一，2；图版一二）。

Ab型陶马　2件

标本616，泥质灰陶，高44.5厘米。马呈站姿，颈高昂，颔微收，立耳短鬃，长尾下垂。头顶鬃毛束扎成辫，颔下佩缨，头戴辔头，以金花形节约扣合。前有攀胸，后有鞦带，鞍鞯齐全，下有箕形障泥，上有鞍袱。马脑后挂有双股金花形饰串，攀胸饰微上翘的叶形饰，鞦带下悬兽面形饰，臀部满饰梅瓣心乳状花饰（图一一，4）。

标本615，泥质灰陶，高41厘米。马呈站姿，颈高昂，颔微收，立耳短鬃，长尾下垂。头顶鬃毛束扎成辫，颔下佩缨，头戴辔头，以金花形节约扣合。前有攀胸，后有鞦带，鞍鞯齐全，下有箕形障泥，上有鞍袱。马脑后挂有双股贝形饰串，攀胸饰微上翘的叶形饰，鞦带下悬铃形饰，臀部满饰梅瓣心乳状花饰（图一一，3）。

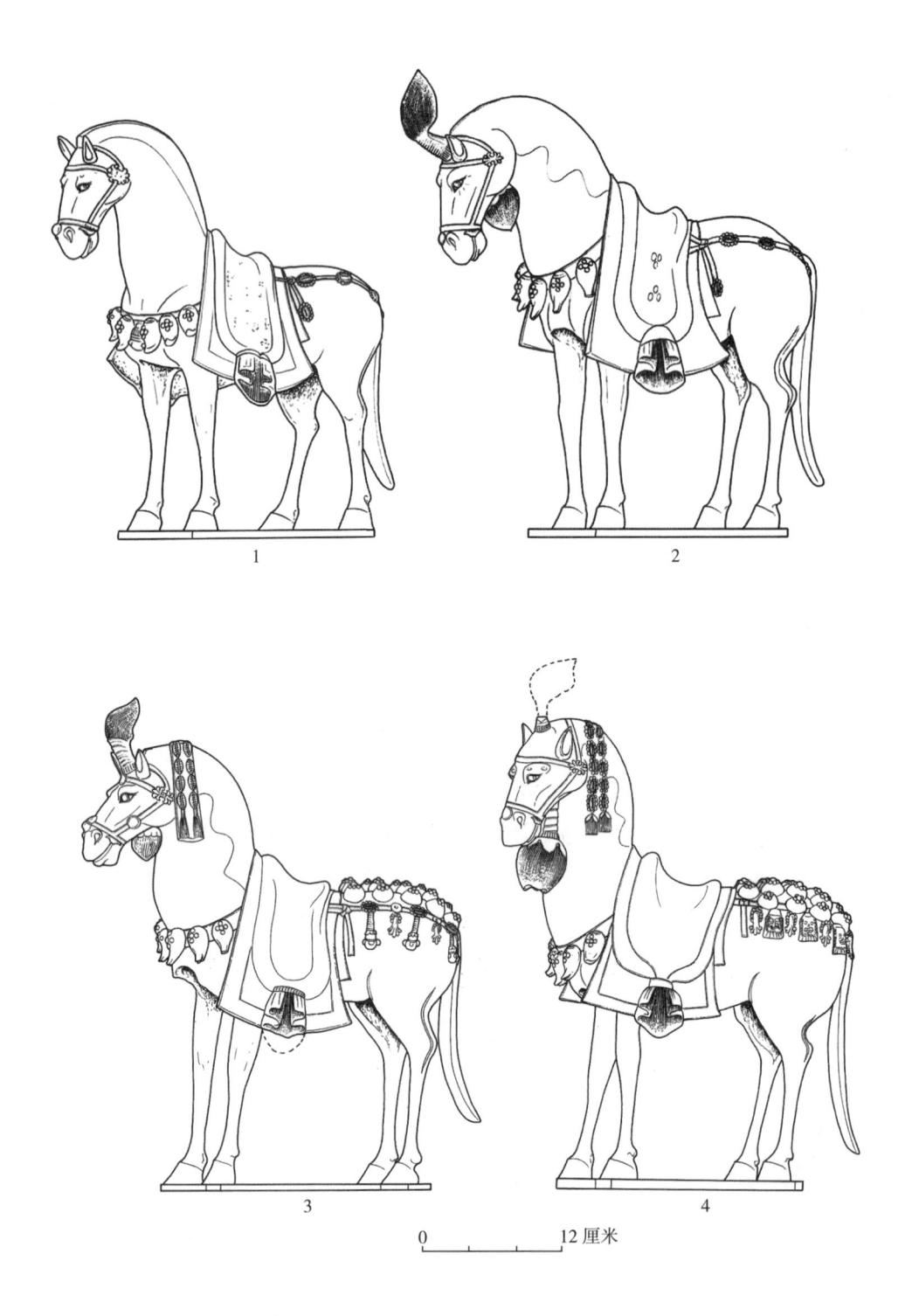

1. 标本 620；2. 标本 617；3. 标本 615；4. 标本 616

图一一 娄睿墓出土仪仗马俑

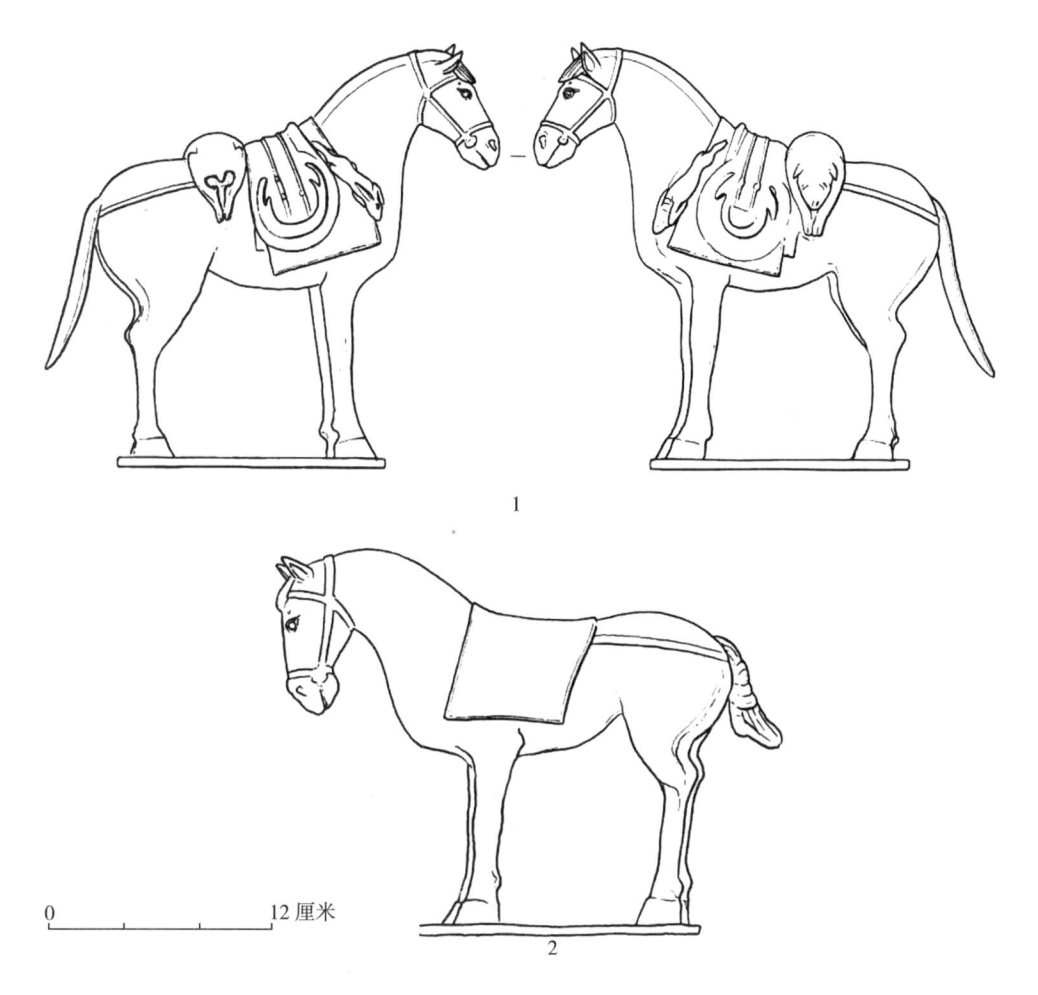

1. 标本 610； 2. 标本 613
图一二　娄睿墓出土驮马俑

Ba-Ⅱ型陶马　2件

标本613，泥质红陶，高20.5厘米。马呈站姿，身形短小粗壮，伸颈垂首，尾打结下垂，头戴辔头，后有鞦带，背负鞯（图一二，2）。

Bb-Ⅱ型陶马　3件

标本610，泥质灰陶，高22.2厘米。立耳短鬃，长尾下垂。前有辔头，后有鞦带，背上配鞯无鞍，鞯下有箕形障泥，鞯上搭囊，饱满鼓胀，垂于马身两侧，上以条带搭扣。鞯前两侧各悬挂一只野兔，鞯后背负一羊羔，羊垂耳、无角，短尾，四肢短小，两前蹄、两后蹄皆并拢作捆缚状，应为猎物（图一二，1；图版一三）。

Ba型陶骆驼　2件

标本622，泥质灰陶，高41.2厘米。双峰驼，小耳短鬃，短尾上翘，昂首嘶鸣，直立于踏板之上。颈挂驼铃带，背负小货囊，货囊搭于双峰之间，下为帐构（图一三，1）。

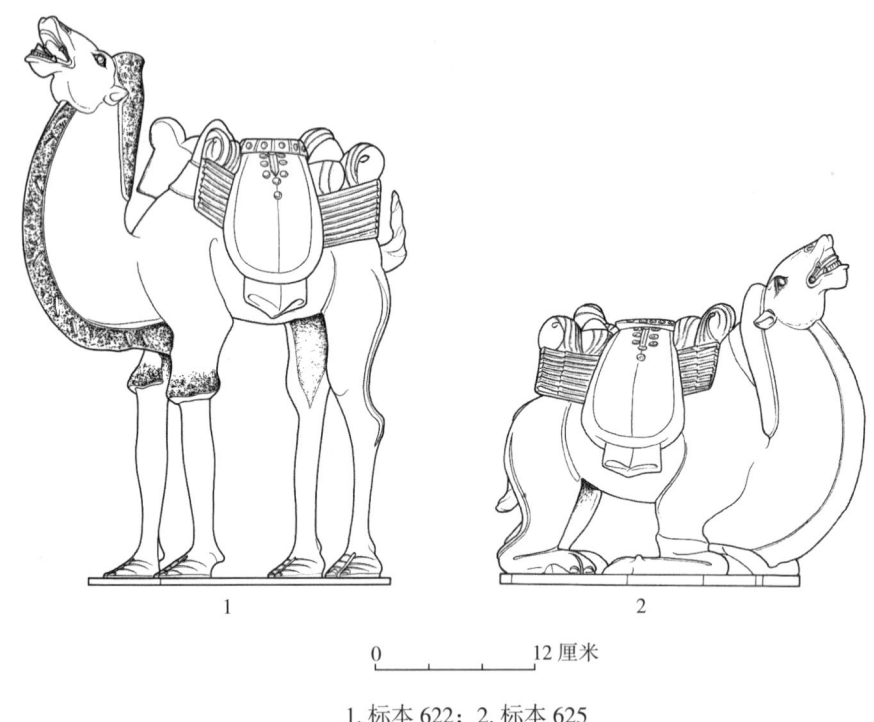

1. 标本 622；2. 标本 625

图一三　娄睿墓出土骆驼俑

Bb型陶骆驼　2件

标本625，泥质灰陶，高24.7厘米。双峰驼，小耳短鬃，长尾下垂，昂首嘶鸣，跪卧于踏板之上，作休息状。双峰之间背负货囊，货囊下为帐构、丝绸（图一三，2；图版一五）。

B型陶牛　1件

标本626，泥质灰陶，高35厘米。陶牛身躯雄壮，昂首扬鼻，两角呈弧状上扬，四蹄微外撇，立于长方形踏板上，作负重向前状。佩戴笼头、圆形节约，背部有三对杏叶形饰（图版一四）。

三、家居俑

（一）女侍俑

Ab-Ⅳ型女侍俑　16件

标本508，泥质褐陶，高19.5厘米。呈站姿，头梳月牙形髻，长圆形脸，弯眉细目，直鼻小口，容貌清秀。身穿交领窄袖襦，内穿圆领衣，腰束宽带，带梢下垂，下穿曳地百褶长裙，裙摆一角自身后由右脚跟向上扭转至身体左侧腰间。左手下垂，贴于身侧，挽起裙角；右手藏于袖内，贴于腹前，袖口下垂。面部施白彩，以黑彩勾绘眉、眼，头发施黑彩。上身交领衣及内衬圆领衣皆施淡红色彩，下身长裙为黑、红、白三色相间，鞋施黑彩（图五，3）。

Ac-Ⅳ型女侍俑　34件

标本480，泥质灰陶，高18厘米。呈站姿，头梳双矮并髻，额前分发，弯眉细目，直鼻小口，容貌端庄。上穿右衽广袖褶衣，内穿长袖圆领襦，腰束带，下穿及地袴，脚穿圆头鞋。两手交叠于胸前，右手压于左手上，作拱手状，右内襦袖口自外衣袖口露出。面部施白彩，以黑彩勾绘眉、眼，红彩涂唇。外穿的褶衣施橙黄色彩，内衬圆领窄袖衫施赭色彩，袴施白彩，靴施黑彩（图五，4）。

Ba-Ⅳ型 女侍俑　2件

标本521，泥质灰陶，高11.8厘米。呈单膝跪姿，头梳月牙形髻，长圆形脸，弯眉细目，直鼻小口，容貌清秀。外穿左衽窄袖襦，内穿圆领衣，下穿百褶长裙，脚穿圆头鞋。右腿曲蹲，左腿跪地，左手自然下垂，放于左膝上，右手扶于右膝上。面部施白彩，唇涂红彩，外穿窄袖襦施淡橙色彩，内衬圆领衣施淡红色彩，下身所穿长裙施黑、红两色彩（图一四，1；图版一一）。

Ba-Ⅴ型女侍俑　2件

标本523，泥质灰陶，高12.8厘米。呈单膝跪姿，头梳马蹄形髻，长圆形脸，弯眉细目，直鼻小口，容貌清秀。外穿左衽窄袖襦，内穿圆领衣，下穿百褶长裙，脚穿圆头鞋。右腿曲蹲，左腿跪地，左手自然下垂于左膝上，右手扶于右膝上。面部施白彩，唇涂红彩，外穿窄袖襦施淡橙色彩，内衬圆领衣及下身所穿长裙施淡红色彩（图一四，2）。

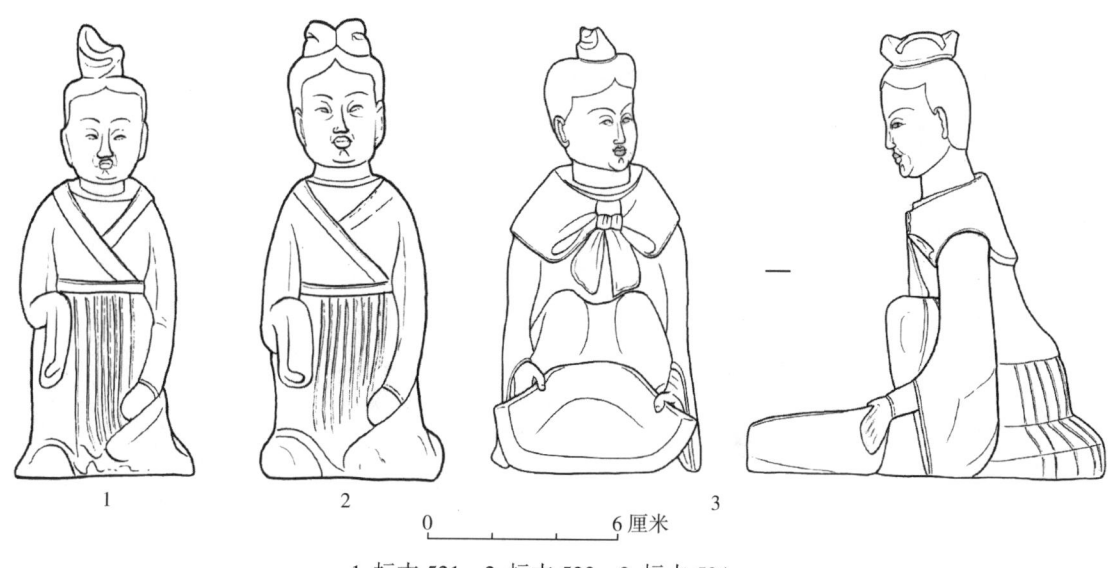

1. 标本 521；2. 标本 523；3. 标本 524
图一四　娄睿墓出土跪侍女俑

Bb-Ⅱ型女侍俑　1件

标本524，泥质灰陶，高11.5厘米。呈双膝跪姿，头梳月牙形髻，长圆形脸，弯眉细目，直鼻小口，容貌清秀。外穿宽袖衫，内穿圆领衣，外罩披肩于胸前打结，下穿百褶长裙，脚穿圆头鞋。头微左倾，双手持一簸箕，作簸晒粮食状。面部及披肩皆施白彩，外穿宽袖衫施淡红色彩，长裙施橙色彩（图一四，3）。

（二）家禽家畜陶塑

陶鸡　3件

标本752，泥质灰陶，雄鸡，高8.5厘米。呈卧姿，高冠长颈，敛翅，长尾下垂（图一五，1）。

标本753，泥质灰陶，母鸡，高8厘米。呈卧姿，高冠短颈，敛翅，短尾上翘（图一五，2）。

Aa型陶狗　5件

标本751，泥质红陶，高10.5厘米。狗呈卧伏姿，长尾盘回贴于身体左侧，尖圆形耳下垂，昂首直视（图一五，3）。

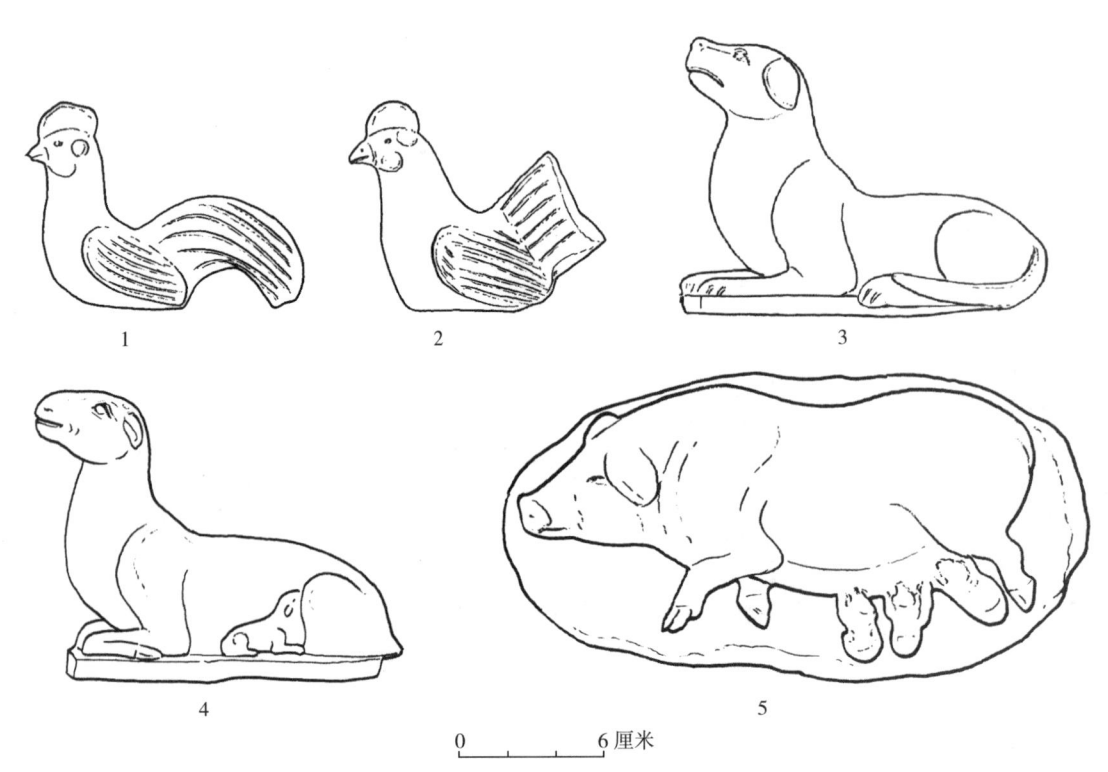

1. 标本752；2. 标本753；3. 标本751；4. 标本741；5. 标本733

图一五　娄睿墓出土家禽家畜陶塑

陶猪 10件

标本733，泥质灰陶，长16.2厘米，宽7厘米。母猪呈侧卧姿，身形肥硕，四肢伸展且粗短，腹部滚圆，腹前有三只小猪拱卧吃奶（图一五，5）。

B型陶羊 6件

标本741，泥质灰陶，高10.5厘米。羊呈跪卧姿，无角，小耳下垂，长颈高扬，直视前方。身体左侧跪卧一只羔羊，头微扬，依于母羊后腿上（图一五，4）。

四、模型明器

A型陶仓 2件

标本767，泥质灰陶，高14.2厘米，直径11.7厘米。菌状顶，上有菌状纽，斜筒形仓体，开半圆形窗（图一六，1）。

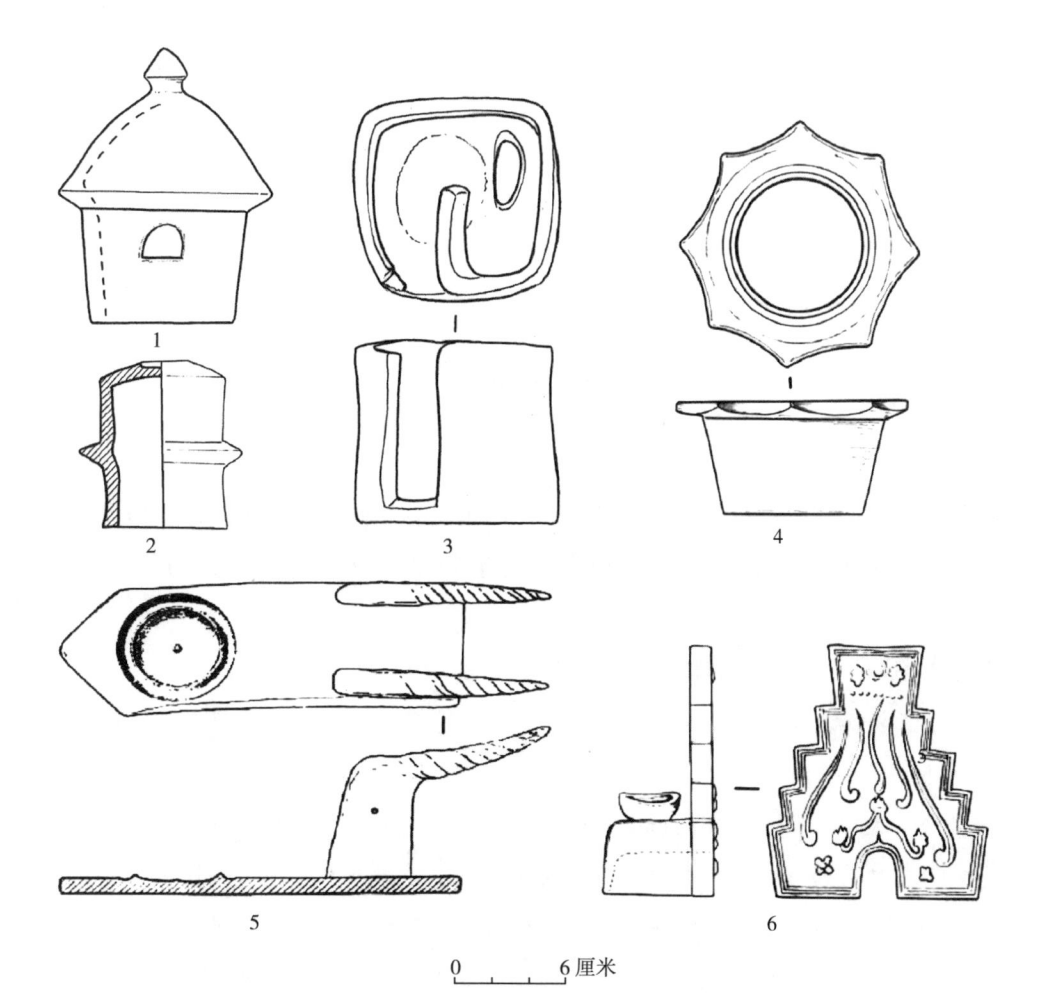

1. 标本 767；2. 标本 763；3. 标本 757；4. 标本 763；5. 标本 762；6. 标本 758

图一六 娄睿墓出土模型明器

C-Ⅲ型陶井　4件

标本763，泥质褐陶，高6.1厘米，直径11.5厘米。呈圆筒形，口小底大，上有内弧边六角形平沿井口（图一六，4）。

陶磨　2件

标本769，泥质灰陶，高8.7厘米，直径9.4厘米。呈圆形，下无底，磨盘与底座连为一体，上有投料口，微下凹（图一六，2）。

A型陶碓　2件

标本762，泥质褐陶，长24.7厘米，高8.8厘米。长方形底座，前有圆形碓窝，后有外撇的碓架，碓锤及碓杆已不存（图一六，5）。

陶灶　3件

标本758，泥质灰陶，高13厘米，宽11厘米。后有高耸的阶梯状挡火墙，下设拱形灶门，灶台上置一圜底釜，与灶台连为一体，挡火墙表面饰火焰纹（图一六，6）。

陶厕　3件

标本757，泥质灰陶，长9.5厘米，宽9厘米，高9.5厘米。近"回"字形，左侧开门，坑孔位于最内侧墙后（图一六，3）。

娄睿墓志

娄睿墓志出土于棺床前西南角，志盖盝顶，四角各有一铁环，阴线边刻方格界面及篆书四行共16字（图一七）。志石方形，阴文隶书，兼有魏碑意，共30行，满行30字，计866字（图一八）。

【志盖】齐故假黄｜钺右丞相｜东安娄王｜墓志之铭

【志文】王讳睿，字伏□，太安狄那汗殊里，武明皇太后兄子也。观夫崇墉厚跰，峭拟｜削成，远叶长枝，郁同扶木。至乃世禄克昌之盛，缔构积德之初，固已备诸图篆，｜可得而略。祖司徒公、太原王，考南部尚书、恒州刺史，并庄情秀发，胆略纵横，自｜致青霄，大恢鸿烈。所以弓冶之业弗亏，缁衮之荣逾茂。昌家佐国，爰挺异人。气｜蕴风云，才兼文武，质贞金玉，道备卷舒。淳粹和雅，孝慈谦慎，雄豪之望，时论推｜挹。扫清之怀，独得襟抱。不应州郡之请，岂屑王侯之币。戢翼徘徊，俟时而作。永｜安之末，凶胡肆梗，主弑国颠，皇纲幅裂。高祖神武皇帝膺白雀之贶，建黄鸟｜之旗，静四海之群飞，雪万国之忧耻。复禹祠夏，

图一七　娄睿墓志盖拓片

戡难定功。我为御侮，载宣其力。」中兴初，以军功除安东将军、挺县开国子，迁使持节、光州刺史，征为右卫将军，」封九门县开国公，开府仪同三司，复封永宁县开国男，除骠骑大将军，封受得」县开国侯领军将军，迁使持节、瀛州刺史、开府仪同三师，加特进，食常山郡干。」皇建元年，并永宁、受得、九门三邑，封南青州东安郡王、使持节、丰州刺史，复为」开府仪同三司，迁司空公，转司徒公，换太尉公，除豫州道大行台、尚书令，迁大」将军，封始平县开国公，复除太尉公，判领军大将军府事，寻以本官兼并省尚」书令，出为使持节、肆州刺史，迁大司马，转太傅，增邑一千，通前二千户，使持节」并州刺史，别封许昌郡开国公兼录尚书事，迁太师，仍并州刺史。昔胡广频登」槐铉，陈群久处台阁，未兼连率之任，讵荷推毂之重。今则以师傅之尊，将相之」贵，总录帝机，访求民瘼，庶绩以之熙雍，黔黎以之康阜。抑当今之良牧，信一代」之名公。但报施参差，天道芒昧，忽捐馆舍，摧我栋梁。武平元年二月五日薨于」位。天子举哀，百僚赴吊。赠帛百万匹，追赠假黄钺、右丞相、太宰、太师、太傅、使」持节、都督冀定瀛沧赵幽青齐济朔十州诸军事、朔州刺史、开国王如故，谥恭」武王，礼也。以其年五月八日窆于旧茔。黄鹤虽呼，万秋不寤；白日终见，千龄有」期。敬刊贞石，以志泉户，式矜不朽，乃为铭曰：」

箕尾曜精，恒碣炳灵，眇寻鸿胄，无绝风声。天锡纯嘏，踵武清英，玉堂崇构，兰苏」播馨。世载其德，高明柔克，忠诚礼让，虚淡渊嘿。言斯可范，行斯可则，三杰之英，」万夫之特。水行将谢，猬毛大起，霸后扶持，群方顺纪。预劳枏沐，参图经始，挥翼」九霄，骋足千里。禁营五校，宿卫八屯，骑枭豹虎，士庄荆贲。仗设兰锜，马候期门，」督领斯寄，式过攸存。坐而论道，比曜三台，洞启黄阁，引辟英才。朝凭羽翰，政侯盐梅，方为虚」老，翻掩夜台。追荣备典，龙旗鸾辂，骑吹悲翁，铙歌芳树。山飞暝雨，陇浮朝雾，死」如可赎，秦诗请赋。

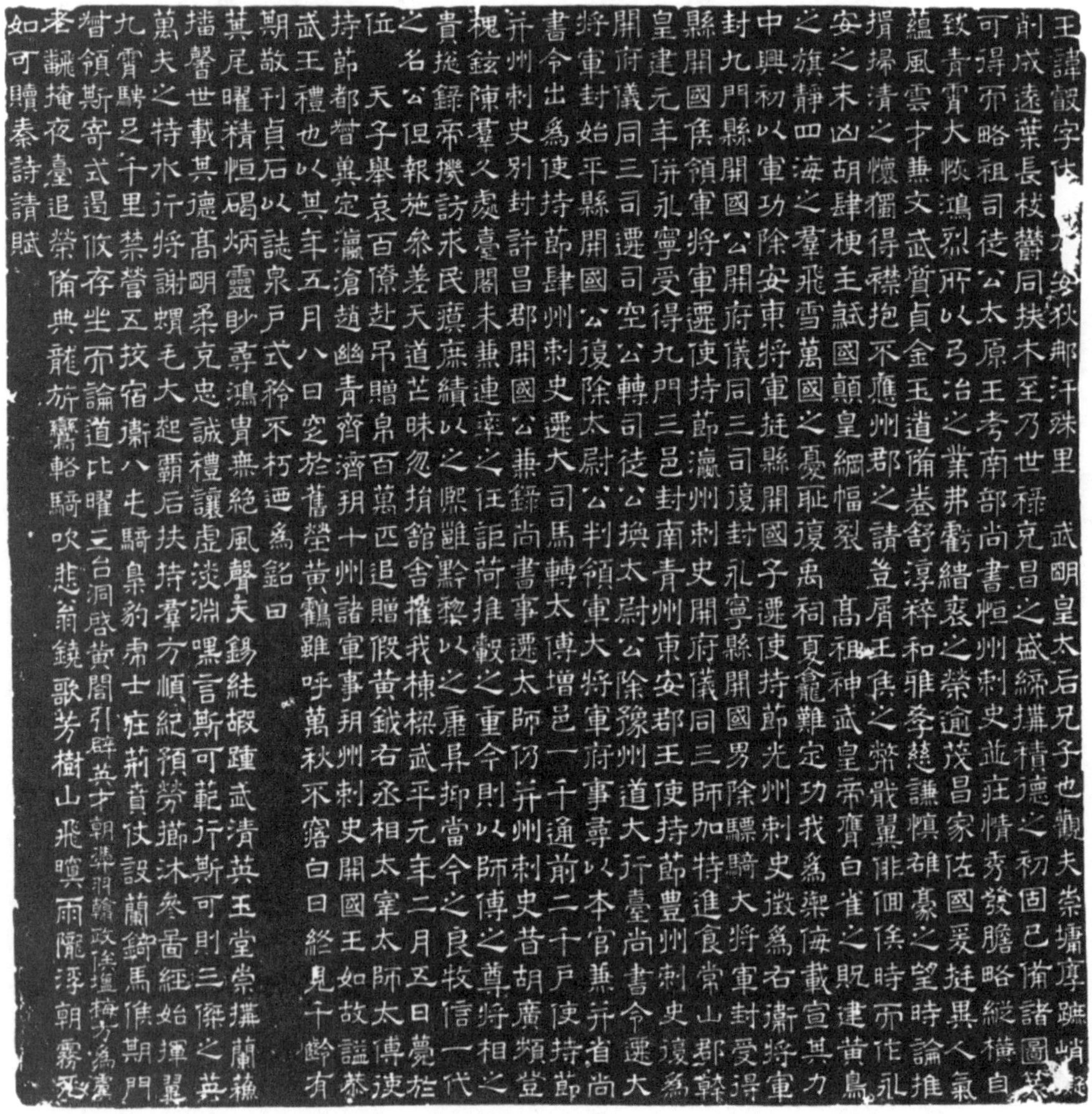

图一八 娄睿墓志拓片

徐显秀墓

武平二年（571）

徐显秀墓位于迎泽区郝庄镇王家峰社区东，西南距晋阳古城遗址约16千米。2000年12月至2002年10月由山西省考古研究所、太原市文物考古研究所组成王家峰北朝壁画墓考古队实施发掘，发掘简报发表于《文物》2003年第10期。

徐显秀墓方向185°，封土为夯筑，现存部分高5.2米，为覆斗状，顶部长9.1米、宽4.5米，底部长13.6米、宽7米。斜坡式墓道，长15.2米，上宽下窄，口宽2.75~3.35米。墓道北接过洞，过洞两壁内收，长3.5米，宽2.2~2.3米，顶部坍塌。过洞北接天井，天井北接第二过洞，两壁外扩，拱顶坍塌。墓道、天井、过洞东、西两壁皆绘仪仗侍卫图，壁画较对称，共绘仪卫86人、鞍马6匹、畏兽4个，仪卫皆头裹黑紫色巾帻，穿圆领襦，或携弓，或执三旒旗，墓道北壁原应绘建筑图，因盗洞引起塌陷而毁坏。甬道为青砖砌成，长2.75米，宽1.66米，高2.55米，底部用砖错缝平铺，两壁三顺一丁砌筑，至1.8米处起券。甬道两壁各绘仪卫4人，因盗扰破坏，东壁现存2人，西壁现存3人，甬道口东、西两侧各绘门吏1人。甬道南、北各有一道封门砖墙，门额为半圆形，浮雕异兽、神鸟，口衔莲花，门楣上刻五个莲花状门簪，外侧两门簪中间有方形孔，内有铁锈痕迹，应是连接门枢的铁构件。门扇下部无门枢，置于门槛、门枕石上，门框上刻宝相花、宝珠、忍冬纹等，门墩雕刻狮头形象，门扇浮雕彩绘异兽，门扇中间有方形孔洞，周围有圆形铁锈痕，应为门环位置。墓室为穹隆顶砖券，平面呈弧边方形，东西长6.65米，南北长6.3米，墓底距墓顶8.1米，墓壁用青砖三顺一丁砌筑，在2.7米处起券，墓底为一层砖错缝平铺。墓室壁画分两层，墓顶绘天象图；墓室北壁绘墓主人夫妇并坐图，旁有捧杯盘、持羽扇或华盖的侍者及持各类乐器的乐伎；墓室西壁为备马出行图；东壁绘牛车出行图；南壁正中为墓门，东侧壁画大片脱落，西侧绘仪仗队列（图一）。

墓室西部有砖砌棺床，一些木块和棺钉散乱堆放于墓室东北部，木块上有漆皮。墓室内发现少量头骨、下颌骨、牙齿、颈椎、跖骨、肋骨等，具体葬式不明。

徐显秀墓先后五次被盗，出土器物大多残碎，经修复整理，共计550余件，除大量陶俑外，还有陶器、釉陶、金银器等。陶器为甬道和门枕石前发现的红陶碗和灰陶残盆，内有颜料沉积，应是盛放绘制壁画的颜料的容器；黄绿釉陶共200余件，多已破碎，较完整的有龙柄凤首壶7件、贴塑兽面纹尊1件、高柄莲花灯4件、大盘7件、小盘1件、碗110余件、盖罐2件、小罐1件、盖盒30余件、灯盏2件、唾壶1件；金银首饰为银指环1枚、嵌蓝宝石金戒指1枚；此外还有莲花瓦当1件、柱础石2件、墓志1合。

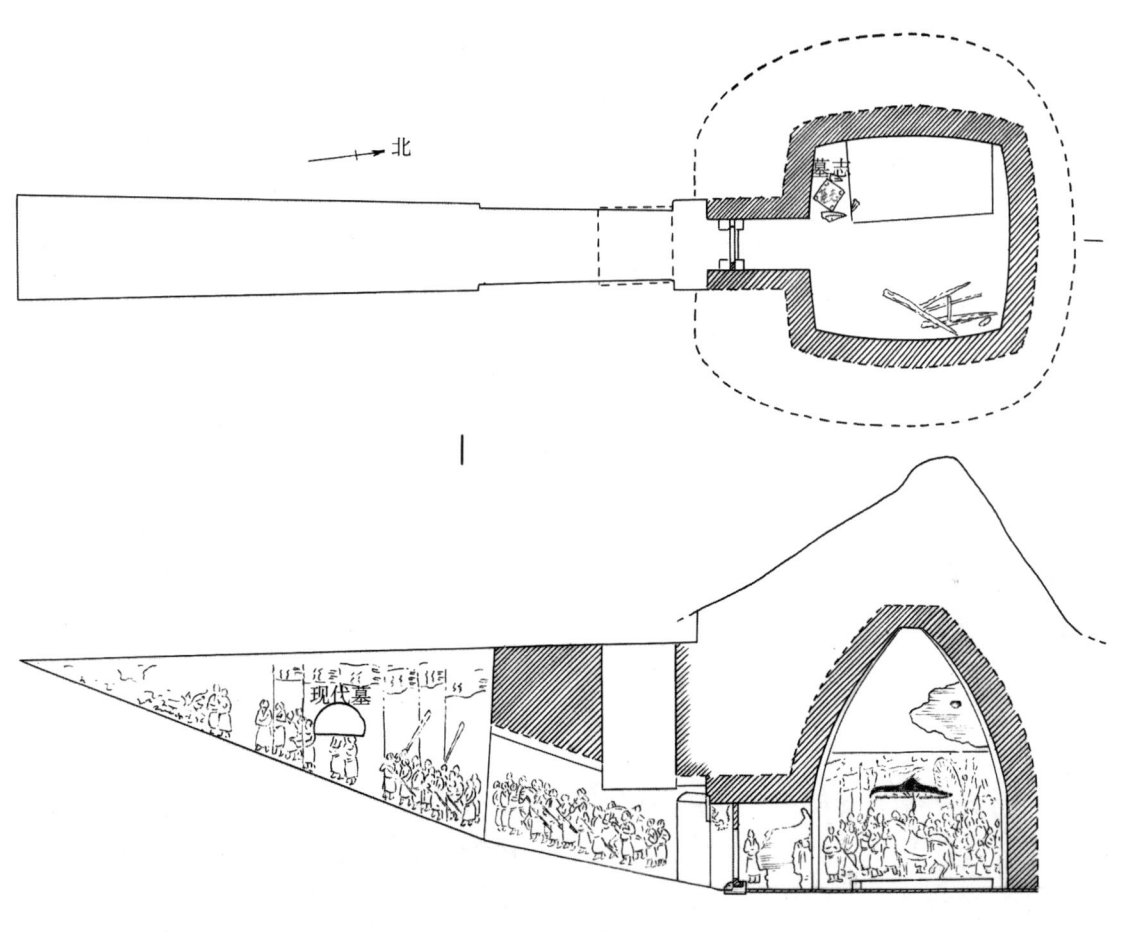

图一 徐显秀墓平面、剖面图

徐显秀墓出土陶俑

徐显秀墓出土各类陶俑320余件，有镇墓俑、仪仗俑、家居俑三类。镇墓俑含镇墓武士俑及镇墓兽，仪仗俑含武士俑、文吏俑、侍从俑等，家居俑仅见小型女侍俑。详述于下：

一、镇墓俑

（一）镇墓武士俑

Ab-Ⅱ型镇墓武士俑　1件

标本245，泥质红陶俑，高58厘米。呈站姿，头微左倾，阔面凸颧，浓眉高耸，吊眼圆睁，高鼻宽大，蓄络腮胡须，张口露齿，作呼喝状，容貌威武。头戴圆顶兜鍪，兜鍪两侧有护耳，顿项及肩。身穿明光铠，肩有披膊，上绘虎皮纹，铠甲内罩长袖襦，腰束鞢䪎带，下着及地缚袴，脚穿圆头靴。左手按兽面纹长盾，拇指贴于盾上缘，四指贴于盾面；右手空握，垂于身侧，作执物状。通体施白彩为地，面部以黑彩施涂眉、眼并描绘胡须，红彩涂唇。兜鍪仅存白彩，边缘处以红彩勾绘，披膊施淡黄彩，上以黑彩绘出虎皮纹饰，护胸、衣袖施红彩，下身甲裙为深红、淡红、灰白三色相间的竖向条纹，袴存少量白彩，红色盾牌边缘涂黑彩（图二，1；图版一）。

Bb-Ⅱ型镇墓武士俑　1件

标本275，泥质灰陶俑，高59厘米。呈站姿，头微右倾，阔面丰颊，浓眉圆眼，宽鼻阔口，厚唇丰颊，容貌威武。头戴尖顶兜鍪，兜鍪两侧有半圆形护耳，前有尖角状护额，顿项及肩，向前裹住颔下。身穿明光铠，肩有披膊，腰束鞢䪎带，下穿及地大口缚袴。左臂曲于身侧，左手空握微前伸，作持物状；右臂微曲下垂，右手空握贴于身侧，作持物状。彩绘脱落较严重，兜鍪、铠甲存部分贴金，护胸及衣袖施红彩，下身甲裙绘以红、白两色竖向条纹，袴存白彩（图二，2；图版二）。

（二）镇墓兽

Bb型镇墓兽　2件

标本72，泥质灰陶，高36厘米。蹲立状，豹头，小立耳，粗眉隆起，双目圆睁，阔鼻高耸，大口下撇，上下四颗獠牙，舌尖顶于上颚，下颌有两簇卷曲状须，相貌狰狞。胸口微隆，

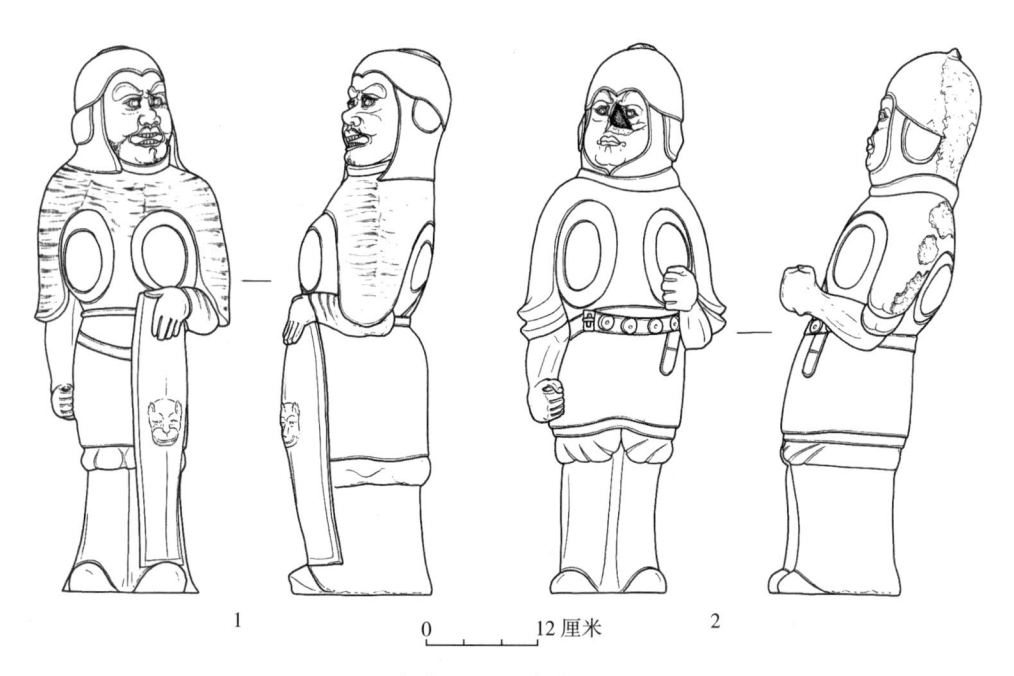

1. 标本 245；2. 标本 275
图二 徐显秀墓出土镇墓武士俑

肩部有卷曲状翅羽，背生三根尖状鬣鬃，一根断失，尾上扬，左摆贴于背后，四肢细瘦，三趾爪状足。通体施土黄色彩为地，面部以黑彩涂绘眉、眼、胡须、鼻毛及斑纹，红彩涂绘眼眶及鼻孔，身体以红、淡红、灰、黑等色绘制毛发斑纹，鬣鬃施黑彩（图版三）。

二、仪仗俑

（一）武士俑

Ba-II型武士俑　2件

标本4，泥质灰陶俑，高27.5厘米。呈站姿，长圆形脸，额前分发，弯眉大眼，直鼻阔口，唇上有须，相貌威武。头戴双棱风帽，帽裙披于脑后，身穿明光铠，内穿窄袖襦，腰束带，下穿及地大口缚裤，脚穿圆头鞋。左臂曲起，手腕处斜挎一盾，紧贴臂膀，盾四边及中脊起棱；右手空握，抬起贴于肩前，作持物状。通体施淡黄彩为地，表彩脱落严重，嘴唇、铠甲护胸及盾牌边缘施红彩，革带也施红彩，上以白彩点绘出带饰（图三，1；图版四）。

Bb-V型武士俑　62件

标本358，泥质灰陶俑，高24厘米。呈站姿，长圆形脸，弯眉细眼，直鼻小口，神态端庄。头戴翻耳扇圆顶风帽，耳扇翻起系于帽顶旁，帽裙披于脑后，脑后帽上有细密凹点，应为表现皮质外露。身穿翻领半袖襦，内穿窄袖圆领衣，腰束革带，下穿及地袴，脚穿圆头鞋。左手斜持一盾，紧贴身体侧前方，盾四边及中脊起棱，上端有云头形饰；右臂曲于身侧，右手空握贴于胸前，作持物状。面部施淡粉色彩，脱落较重，以黑彩勾绘眉、眼、胡须，红彩涂唇。风帽施淡红彩，翻领襦露出灰陶本色，内衬窄袖圆领衣袖存少量红彩，盾牌边缘施深红彩。此型持盾武士俑共62件，造型相同、施彩情况各异，风帽颜色有淡红、深红、黑、黄等色，翻领襦颜色有灰、淡红、黄等色（图三，2；图版五、图版六、图版七）。

Ca-Ⅲ型武士俑　27件

标本76，泥质灰陶俑，高24.5厘米。呈站姿，长圆形脸，弯眉细眼，直鼻小口，容貌端庄。头戴三棱风帽，帽裙披于脑后，上穿圆领偏襟窄袖襦，外穿半袖圆领披风，腰束带，下着及地袴，脚穿圆头鞋。左臂曲于身侧，左手握带；右臂藏于袖内，微曲贴于腹前，袖口下垂。面部及手施淡粉色彩，以黑彩勾绘眉、眼、胡须，红彩涂唇，三棱风帽、革带及靴皆施黑彩，披风施红彩，圆领襦及袴露出灰陶本色（图三，3；图版八）。

Cb-Ⅲ型武士俑　3件

标本22，泥质灰陶俑，高27厘米。呈站姿，身微后仰，脸型圆阔，弯眉三角眼，直鼻小口，容貌威武。头戴圆顶兜鍪，兜鍪两侧有半圆形护耳，顿项及肩，并向前环至颈下为护颈。身穿鱼鳞铠，外罩披风，内着窄袖襦，腰间束带，下着及地袴，脚穿圆头鞋。双臂微曲，两手藏于袖内，左臂贴于腹前，右臂垂于身侧。腰前左侧有孔，似为刀剑鞘前端；腰后右侧披风突起，应配有箭囊。通体施淡黄彩为地，面部以黑彩勾绘眉、眼、胡须，红彩涂唇，兜鍪彩已脱落，边缘处勾涂一周红彩，铠甲、襦、袴存底彩，披风施涂淡红、深红双层彩（图三，4；图版九）。

Cc-Ⅲ型武士俑　10件

标本353，泥质灰陶俑，高27厘米。呈站姿，脸型圆阔，弯眉三角眼，直鼻小口，容貌威武。头戴圆顶兜鍪，兜鍪两侧有半圆形护耳，顿项及肩，并向前环至颈下为护颈，脑后披幅连缀甲片。上穿鱼鳞铠，内着窄袖襦，肩有披膊，腰间束带，下着及地袴，脚穿圆头鞋。两臂曲于身侧，左手扶腰带；右手藏于袖内，贴于腹前。腰后右侧挂箭囊，左侧挂鞘，鞘端有孔，兵器已不存。施淡黄色底彩，面部施淡粉色彩，以黑彩勾绘眉、眼、胡须，红彩涂唇，披膊施金彩，铠甲表彩脱落，内衬窄袖襦施淡红彩（图三，5；图版一〇）。

Ce型武士俑　1件

标本418，泥质灰陶俑，残高20厘米。呈站姿，头部缺失，外穿翻领窄袖襦，内穿圆领襦，腰束带，下穿及地袴，脚穿圆头鞋。左臂曲于身侧，左手藏于袖内，长袖垂于腹前；右臂垂于身侧，右手空握，作持物状。腰左侧佩弓套、剑（刀）鞘，右侧佩挂箭囊。施淡黄色底

1. 标本4；2. 标本358；3. 标本76；4. 标本22；5. 标本353
图三 徐显秀墓出土仪仗武士俑

彩，颈部存淡粉色彩，翻领襦施淡红彩，革带施黑彩，上点绘白彩表示带饰（图四，1；图版一一）。

Db型武士俑 6件

标本103，泥质灰陶俑，高26厘米。呈站姿，长圆形脸，弯眉细目，直鼻小口，唇上有两撇须。头戴小冠，外穿右衽广袖褶衣，内穿圆领襦，腰束革带，下穿及地大口缚袴，脚穿圆头鞋。左手藏于袖内，垂于身侧；右臂曲于腹前，手拄长剑，剑藏于鞘内，鞘端不及地。通体施

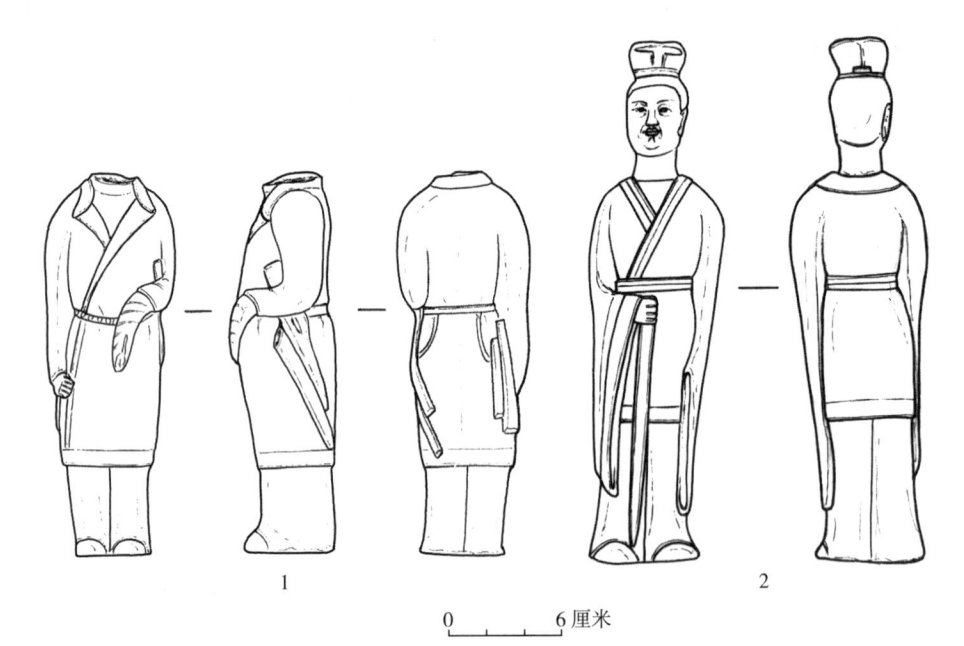

1. 标本 418；2. 标本 103
图四 徐显秀墓出土仪仗武士俑

淡黄色底彩，面部以黑彩勾绘头发、眉、眼、胡须，红彩涂唇，小冠及剑施黑彩（图四，2；图版一八）。此型武士俑共6件，标本103较完整，其余残俑有褶衣施红彩者。

（二）文吏俑

Ab-Ⅰ型文吏俑　43件

标本7，泥质灰陶俑，高27厘米。呈站姿，长圆形脸，弯眉细目，直鼻小口，唇上两撇须。头戴小冠，外穿右衽广袖褶衣，内穿圆领襦，腰束革带，下穿及地大口缚袴，脚穿圆头鞋。左臂曲于身侧，左手握带尾；右臂下垂，贴于身侧，右手空握，作持物状。通体施白彩为地，面部施淡粉色彩，褶衣施红彩，冠发、革带施黑彩（图五，1；图版一二）。

Ab-Ⅱ型文吏俑　4件

标本222，泥质灰陶俑，高18.5厘米。呈站姿，长圆形脸，弯眉细目，直鼻小口，唇上两撇须。头戴小冠，外穿右衽广袖褶衣，内穿圆领襦，腰束革带，下穿及地大口缚袴，脚穿圆头鞋。两手交叠于胸前，右手压于左手上，作拱手状，右内襦袖口自外衣袖口露出。通体施白彩为地，面部施淡粉色彩，褶衣施红彩，冠发施黑彩（图五，2；图版一三）。

Bb型文吏俑　25件

标本34，泥质灰陶俑，高26.5厘米。呈站姿，长圆形脸，细眉弯目，直鼻小口，唇上两撇须，面容端庄。头戴笼冠，身穿右衽广袖褶衣，内穿圆领襦，腰束宽带，下穿曳地长裙。左手提握长裙一角，露出下穿及地袴，脚穿圆头鞋；右手藏于袖内，垂于身侧，袖端有孔，作持物

1. 标本 7；2. 标本 222；3. 标本 34

图五　徐显秀墓出土文吏俑

状。通体施白彩为地，面部施淡黄色彩，衣裙施红彩，冠发施黑彩（图五，3；图版一四）。

（三）侍从俑

Ab-Ⅲ型侍从俑　70件

标本93，泥质灰陶俑，高27厘米。呈站姿，长圆形脸，弯眉三角眼，直鼻小口，容貌威武。头戴三棱风帽，帽裙披于脑后，上穿圆领偏襟窄袖襦，腰束革带，下穿及地袴，脚穿圆头鞋。左臂曲于身侧，左手空握，贴于腹前，作持物状；右臂微曲，垂于腹前，右手掩于长袖内，袖口下垂。通体施白彩为地，面部施淡粉色彩，三棱风帽施黑彩，圆领襦施淡黄色彩，革带施红彩，上以白彩点绘表示带饰（图六，1；图版一五）。

Ba-Ⅱ型侍从俑　27件

标本339，泥质灰陶俑，高25厘米。呈站姿，长圆形脸，细眉弯目，直鼻小口，面容端庄。头戴三棱风帽，帽裙披于脑后。外穿窄袖襦，袒右臂，露出内穿圆领窄袖襦，腰束带，外衣右袖于腹前系于带内，下着及地袴，脚穿圆头鞋。双手空握，贴于胸前，作持物状。施淡黄彩为地，面部以黑彩勾绘眉、眼、胡须，外衣无表彩痕迹，内衬圆领衣施红彩（图六，2；图版一七）。

Ba-Ⅲ型侍从俑　2件

标本238，泥质灰陶俑，高26厘米。呈站姿，长圆形脸，弯眉三角眼，直鼻小口，唇上有两撇须，神态端庄。头戴翻耳扇圆顶风帽，耳扇翻起系于帽顶旁，帽裙披于脑后，脑后帽上有细密凹点，应为表现皮质外露。外穿半袖襦，袒右臂，露出内穿的圆领窄袖襦，腰束带，外衣右袖于腰侧系于带内，下着及地袴，脚穿圆头鞋。双臂曲起，左手上举，贴于肩前，右手贴于腹前，皆作握拳执物状。通体施白彩为地，面部、风帽及手部施淡黄色彩，以黑彩勾绘眉、眼、胡须，红彩涂唇，外衣施红彩（图六，3；图版一六）。

（四）武士骑俑

Cb型武士骑俑　1件

标本249，泥质灰陶俑，马三蹄缺失，残高30厘米，长26厘米。骑士端坐马背，身微前倾，脸型圆阔，弯眉细目，直鼻小口，容貌端庄。头梳十二根粗辫，十根披于肩后，两鬓各伸出一根辫系结于脑后。身穿圆领半袖襦，内着窄袖襦，腰束带，下穿窄腿袴，脚穿尖头鞋，踏于马镫内。腰带左侧佩挂弓套、刀（剑）鞘，右侧佩挂箭囊。左手曲于腹前作持缰绳状，右手掩于袖内，曲于身侧。马立耳短鬃，肌肉微隆，长尾下垂微后翘，前有辔头，后有鞦带，鞍鞯、障泥齐备。马虽缺失三腿，仍可看出其右前腿前伸，左后腿后撇，作行走状。施白彩为地，武士面部以黑彩勾绘眉、眼、胡须，辫发施黑彩，外穿的半袖襦施橙红色彩，内衬窄袖衣以白色底彩为色，马施深红色彩（图七，1）。

0　　　6厘米

1. 标本93；2. 标本339；3. 标本238

图六　徐显秀墓出土侍从俑

（五）伎乐骑俑

Aa-Ⅱ型伎乐骑俑　8件

标本19，泥质灰陶俑，高30厘米，长23厘米。骑士身向左倾，面颊圆阔，弯眉细眼，直鼻小口，容貌端庄。头戴翻耳扇圆顶风帽，两侧耳扇用一细带勒束于帽顶旁，身穿圆领窄袖襦，腰束带，下穿窄腿袴，脚穿尖头鞋。骑士腰左侧斜挎一鼓，双手空握于胸前，作持鼓槌状。马立姿昂首，立耳短鬃，肌肉微隆，长尾下垂微后翘，前有辔头，后有鞧带，鞍鞯、障泥齐备，未见马镫。通体施淡黄色彩为地，骑士面部以黑彩勾绘眉、眼、胡须，唇施红彩，骑士风帽、腰鼓背带及马匹障泥施红彩，腰鼓及马匹施深红彩（图七，2）。此型陶俑共8件，人物身体朝向不同，如标本19骑士身体几乎完全转向左边，标本38骑士身体微左偏，标本145骑士身体略向右偏（图版二一、图版二二）。

Bb-Ⅲ型伎乐骑俑　1件

标本359，泥质灰陶俑，骑士头部缺失，残高26厘米，长24厘米。骑士端坐马背，身穿圆领窄袖襦，腰束带，下穿窄腿袴，脚穿尖头鞋，双手空握于胸前，作持乐器吹奏状。马立姿昂首，立耳短鬃，肌肉微隆，长尾下垂微后翘，前有辔头，后有鞧带，鞍鞯、障泥齐备，未见马镫。通体施白彩为地，手部存淡粉色彩，骑士服饰存淡黄色表彩；马通体施黄彩，辔头、鞧带和障泥施红彩（图七，3；图版二三）。

（六）执物骑俑

Bc型执物骑俑　1件

标本324，泥质灰陶俑，高31.5厘米，长26厘米。骑士端坐马背，面颊圆阔，弯眉细眼，直鼻小口，容貌端庄。头戴三棱风帽，帽裙披于脑后，身穿圆领窄袖襦，腰束带，下穿窄腿袴，脚穿尖头鞋。双手空握，举于胸前，作持物（旗帜）状。马立姿昂首，立耳短鬃，肌肉微隆，长尾下垂微后翘，颔下悬缨，前有辔头，后有鞧带，鞍鞯、障泥齐备，未见马镫。骑士通体施白彩为地，面部及手部施淡粉色彩，风帽施黑彩，圆领襦施红彩；马通体施黑彩，辔头、鞧带及障泥边缘施红彩（图七，4）。

三、家居俑

（一）女侍俑

Aa-Ⅵ型女侍俑　1件

标本200，泥质灰陶俑，高21.5厘米。呈站姿，面容小而圆润，头顶梳前低后高的马蹄形并

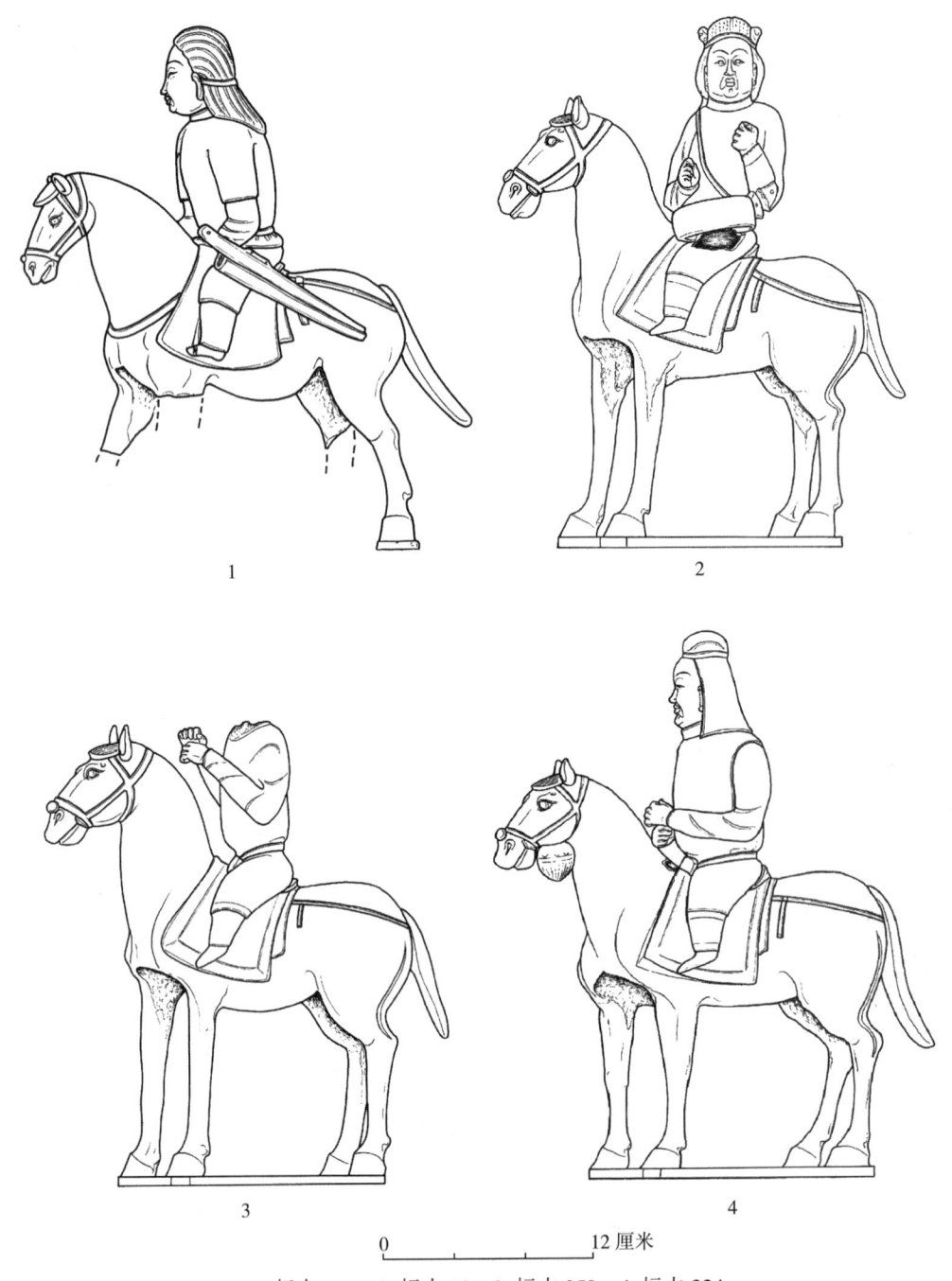

1. 标本249；2. 标本19；3. 标本359；4. 标本324
图七 徐显秀墓出土骑马俑

髻，额前分发。上穿右衽窄袖衫，内穿圆领衣，腰束带，带梢下垂，下穿百褶裙，下摆至足腕以上，内穿衬裙，下摆至足，脚穿翘头鞋。左臂曲于腹前，袖口下垂，右臂垂于身侧，双手皆藏于袖内。通体施白彩为地，头发施黑彩，衣裙施红彩（图版二〇）。

Ac-Ⅴ型女侍俑 16件

标本27，泥质灰陶俑，高18.5厘米。呈站姿，长圆形脸，头梳纵向并排的双月牙形发髻，额前分发，弯眉细目，直鼻小口，容貌端庄。上穿右衽广袖褶衣，内穿长袖圆领襦，腰束带，下穿及地大口袴，脚穿圆头鞋。两手交叠于胸前，右手压于左手上，作拱手状，右内襦袖口自外衣袖口露出。施白彩为地，黑彩绘头发、眉、眼，红彩涂唇，褶衣施红彩（图版一九）。

徐显秀墓志

志盖盝顶，方格界面，中减地阳刻方形界格，内阳刻篆书4行共16字（图八）。墓志方形，阴文隶书，共30行，满行30字，计871字（图九）。

【志盖】齐故太尉丨公太保尚丨书令徐武丨安王墓志

【志文】王讳颖，字显秀，忠义人也。昔启宗淮沂，或王或子，致哈矢于鲁邦，留宝剑于坟丨树。亦有美貌盛颜，擅高名于齐北，洁心苦志，标绝操于海隅。自兹以降，分源弥丨广，扬声朔野，繁如椒实。祖安，怀戎镇将，温良简素，行在言先。考珍，司徒，蕴异韬丨奇，礼中运后。王上禀雷精，旁承金气，阚如貙虎，烈似冰霜，宏量恢然，独恣心赏。丨关下豪杰，尽慕侠风，边地少年，同归壮概。既而北服尘飞，中原云扰，尔朱天柱丨始辑勤王，宿挹英异，厚相招结，簸粮杖剑，遂参麾鼓。颜行别将，咸必冠军，搏战丨致师，无不陷敌。授前锋都督，马邑县开国伯、太中大夫。高祖定业，除抚军将丨军、银青光禄大夫、直阁将军、帐内正都督、凉州刺史、新城大都督，复除使持节、丨都督朔州诸军事、朔州刺史。一从真主，驰展英规，常冲死地，屡入虎口。体兼伤丨以方厉，衣浴血而逾猛，多陵始阵，每殿还师。是曰九军之雄，实唯万夫之特，盟丨府已盈，赏典斯茂，除仪同三司、桑干县开国子。天保初，加开府，仍除骠骑大将丨军、汾州刺史，转肆州刺史，清惠为资，高明成用，两部均咏，二蕃同偃，赐食平原丨郡干，加特进，除成州刺史，封金门郡开国公。大宁初，别封武乡县开国伯，

图八　徐显秀墓志盖拓片

图九　徐显秀墓志拓片

除宜州」刺史。伪邻不逞，连祸作寇，南倾巴濮，西尽牢烧，士若渭沙，戈犹林木，盛辚槛」于金墉，舒旌旆于芒阜。救兵未会，元戎始交，多少相悬，车徒异势。王跃马抽剑，」独奋孤挺，遂破百万之师，仍解危城之急。功大礼殊，业隆袚茂，乃封武安王，除」徐州刺史、大行台尚书右仆射，阃民多术，宣威有庸。骖传不停，除南朔州刺史，」食赵郡干，俄转食南兖州干，拜司空公。冬官崇邈，懿德是推，我膺逾往，下台增」耀。迁太尉公。西鼎隆绝，非贤莫允，式从休命，阴阳以调。惟王灵府凝深，天机」俊发，慷慨衷于顾眄，义列形于音旨，难不爱身，胜无伐善，故能立此元功，开兹」荣业，轶天衢以长迈，腾太阶而上驰。宜其整遗，永锡斯保。树风不静，奄以武平」二年正月七日，遘疾薨于晋阳之里第，时年七十。诏赠使持节、都督冀瀛沧」赵齐济汾七州诸军事、冀州刺史、太保、尚书令，祭以太牢。太常谥曰，」礼也。以其年十一月乙巳朔十七日辛酉，葬于晋阳城东北卅余里。敬勒徽猷，」寄之泉路。其铭曰：」

峻岳播祉，贤宿降精，应时为世，粹在人英。公衷王骨，将气雄名，耳垂吴阪，锷蕴」丰城。世道咸夷，天方长乱，怀剑入楚，捐躯从汉。时遇始基，事逢多难，聿为心膂，」兼称贞干。匈奴合骑，黠羌连党，奋身迥入，提辛孤往。平城解围，崤函复象，懿勋」光绩，大赉超赏。四衣公衮，八振蕃麾，绛灌等烈，黥彭并驰。申酉易没，舟壑俄移，」始类辞家，终同成郢。国伤旧齿，朝追后命，典册并褒，□物俱盛。一棺永往，九泉无竟。

和公墓

武平四年（573）

和公墓位于太原市晋源区罗城街道开化村东北，东南距晋阳古城约3.5千米，西北距开化寺蒙山大佛约2.2千米。2012年8月至2013年6月，为配合太原市铁路西南环建设，山西省考古研究所联合山西大学历史文化学院、太原市文物考古研究所及晋源区文物旅游局对开化墓群进行了重点发掘，墓群发掘简报发表于《文物》2015年第12期，和公墓发掘简报发表于《中原文物》2020年第6期。

和公墓编号为M58，方向255°，由墓道、过洞、天井、墓室组成，未经盗扰，墓葬形制及随葬品保存完好。竖井斜坡式墓道位于洞室南部，长6米、宽0.8米、底坡长8米。过洞位于墓道与天井之间，进深1.4米、宽0.8米、高1.9~2.1米。天井上口呈长方形，平底竖井状，底端长2.2米、宽0.8米、自深6.3米。墓门以不规则石块垒砌封堵，高2.1米、宽0.8米、进深约0.5米。拱顶洞室，前高后低，墓底平整，平面呈圆角梯形，长3.2米，前端宽2.46米、高2.2米，后端宽2米、高1.4米，洞室下部墓壁垂直，上部南北两壁内收成拱顶。葬具为一棺一椁，椁位于洞室中央，平面呈梯形，长2.38米，南宽1.46米、北宽1.28米，残高0.38米；棺位于椁内偏北位置，平面呈梯形，长2.1米，南宽0.64米、北宽0.52米，残高0.3米，棺内有两具人骨，均为侧身直肢，头向西（图一）。

和公墓出土器物21件，含各类陶俑11件，完整可辨者详述于后；日用陶器8件，含红陶碗7件、陶瓶1件；另有铜钱1枚、墓志1方。随葬器物集中置于近墓门处，个别位于死者盆骨附近。

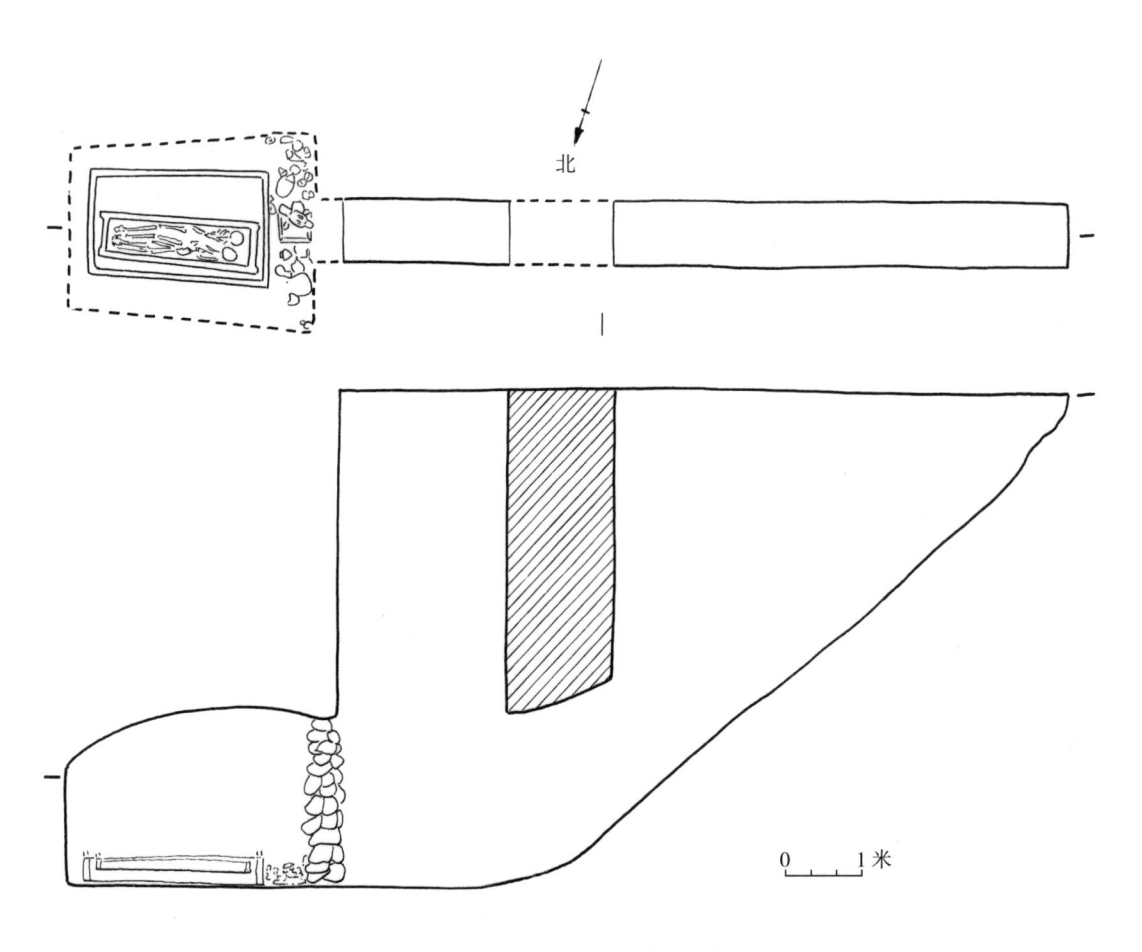

图一 和公墓平面、剖面图

和公墓出土陶俑

和公墓出土各类陶俑11件，包括镇墓武士俑、镇墓兽、仪仗武士俑、侍从俑、牛车、家居侍女俑、家畜陶塑。

一、镇墓俑

（一）镇墓武士俑

Ab-Ⅱ型镇墓武士俑　1件

M58：5，泥质红陶俑，高47.4厘米。呈站姿，脸型圆阔，眉峰高耸，大眼圆睁，高鼻微前翘，阔口紧闭，双唇角下撇，口上有短须，容貌威武。头戴圆顶兜鍪，额前有花形护额，两侧有半圆形护耳，顿项及肩。身穿明光铠，肩有披膊，胸前、背后各有一对同心椭圆形护，领口下有一凸瓣花形扣结，腰束带，带正中有一凸瓣花形扣结，两处花扣以两股绚相连接。内穿短襦，下着及地缚袴，脚穿圆头靴。左手按兽面纹长盾，盾底置于足上；右臂微曲，右手握拳，贴于胯侧，作执物状。该俑彩绘保存状况不佳，通体残存零星白色底彩，兜鍪存部分黑彩，眼睛、胡须施黑彩，明光铠护胸周围及下缘、盾牌兽面处存黑彩（图二，1；图版一）。

（二）镇墓兽

Ba型镇墓兽　1件

M58：3，泥质红陶俑，残高25厘米。呈蹲踞状，头部残缺，仅存下颚。前肢两侧均有三绺卷曲状翼毛，背部残存两根剑形鬃毛，长尾上卷贴附于臀后，细腿，马蹄状足。残存嘴部可见两颗獠牙，故推测其为兽面镇墓兽。彩绘仅存前肢两侧卷毛处白彩（图二，2）。

二、仪仗俑

（一）武士俑

Bb-Ⅴ型武士俑　1件

M58：1，泥质红陶俑，高23.9厘米。呈站姿，长圆形脸，弯眉细眼，直鼻小口，五官紧

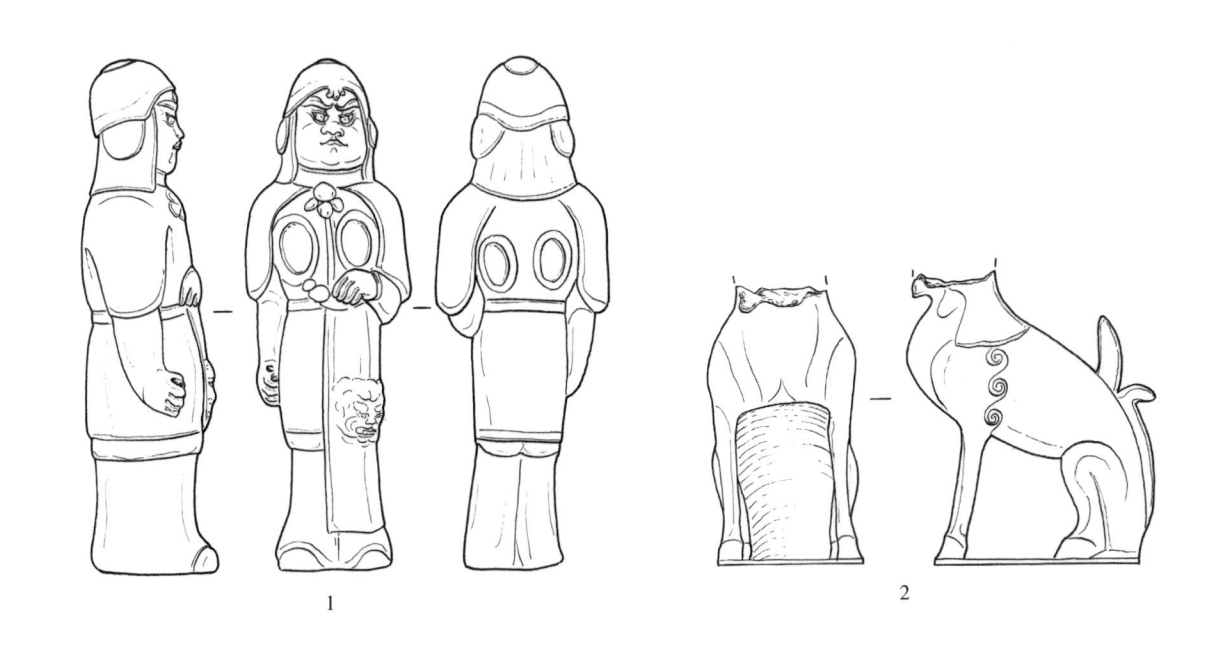

1.M58:5；2.M58:3

图二　和公墓出土镇墓俑

凑，神态端庄。头戴翻耳扇圆顶风帽，耳扇翻起系于帽顶旁，帽裙披于脑后，脑后帽上有细密凹点，应为表现皮质外露。身穿翻领半袖襦，内穿窄袖圆领衣，腰束革带，下穿及地袴，脚穿圆头鞋。左手斜持一盾，紧贴身体侧前方，盾四边及中脊起棱，上端有云头形饰；右臂曲于身侧，右手微残，空握贴于胸前，作持物状。面部施橘红色彩，以褐彩勾绘眉、眼，风帽施淡红彩，帽裙边缘残存红彩，脱落较重，翻领襦施红褐色彩，内衬窄袖圆领衣、大口袴及盾牌施白彩，盾牌边缘存有少量红彩（图三，1；图版二）。

Ca-Ⅲ型武士俑　4件

标本M58:12，泥质红陶俑，高24.9厘米。呈站姿，长圆形脸，弯眉细眼，直鼻小口，五官紧凑，容貌端庄。头戴三棱风帽，帽裙披于脑后，上穿圆领偏襟窄袖襦，外罩半袖圆领披风，双袖披于身后，腰束带，下着及地袴，脚穿圆头鞋。左臂曲于身侧，左手握带；右臂曲贴于腹前，右手空握，作持物状。彩绘保存状况不佳，通体残存白色底彩，眼存少量黑彩，披风存少量红彩（图三，2；图版三）。

（二）女官俑

Bb型女官俑　1件

标本M58:11，泥质红陶俑，残高21.2厘米。呈站姿，头部和右足缺失，身体纤瘦挺拔。

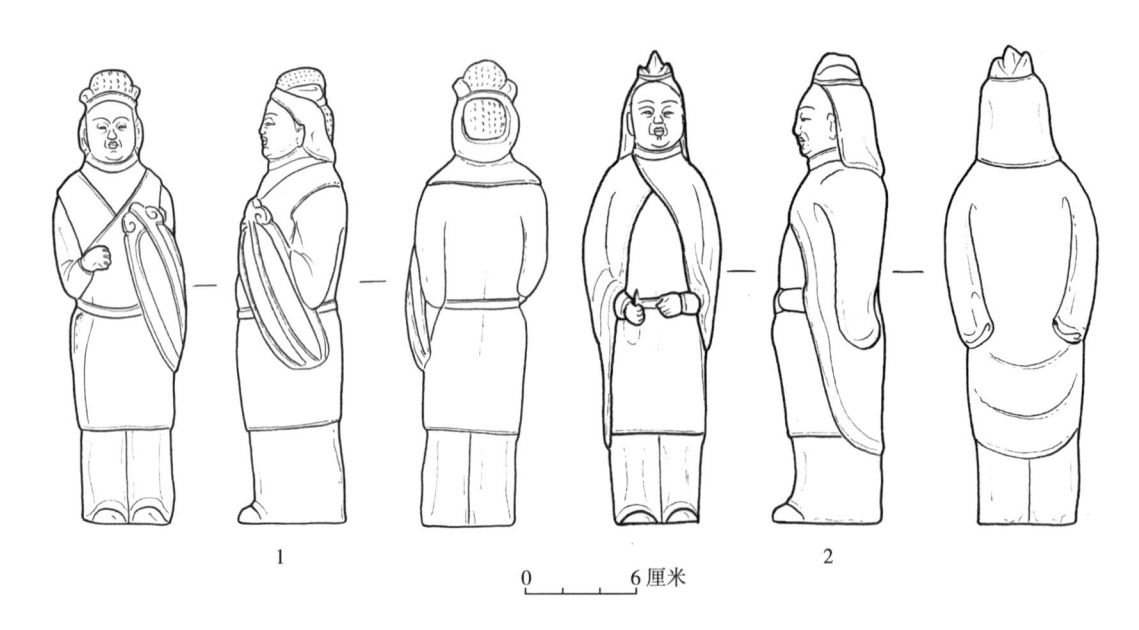

1.M58:1；2.M58:12
图三 和公墓出土仪仗武士俑

外穿右衽广袖衣，内着圆领衣，腰束宽带，下穿曳地多褶长裙，裙下摆从身体右侧绕至腹前。左手提握长裙一角，露出下穿及地袴，脚穿圆头鞋；右手藏于袖内，垂于身侧，袖端有孔，作持物状。右半部彩绘脱落较严重，衣裙皆施淡红色彩，内衣施白彩，腰带施红彩（图四，1）。此俑头部缺失，身体、服饰和晋阳北齐中晚期陶俑中常见的Bb型文吏俑和Bb型女官俑一致，此二型俑皆戴笼冠，而M58:11头部缺失，无法根据面容做具体判断。

（三）陶牛车

标本M58:2，泥质红陶，车长28.8厘米，高30.7厘米。双轮卷棚顶车，卷棚顶上绘五道横向平行宽线表现车顶龙骨构架，车舆前壁以黑彩绘斜向竖格象征条窗，底座前部左右两侧各有一孔，以置车辕，后壁偏右开门，车轮为纺锤形轴头。存有零星白彩（图五）。

三、家居俑

（一）女侍俑

Ba型女侍俑　1件

M58:23，泥质灰陶俑，残高9.2厘米。呈跪姿，头部缺失，外穿右衽窄袖衫，内穿圆领衣，下穿百褶长裙，腰束阔带。右腿曲蹲，左腿跪地，左手自然下垂，放于左膝上，右手藏于袖内，扶于右膝上。彩绘保存较差，仅存少量白色底彩，上衣施红彩（图四，2）。

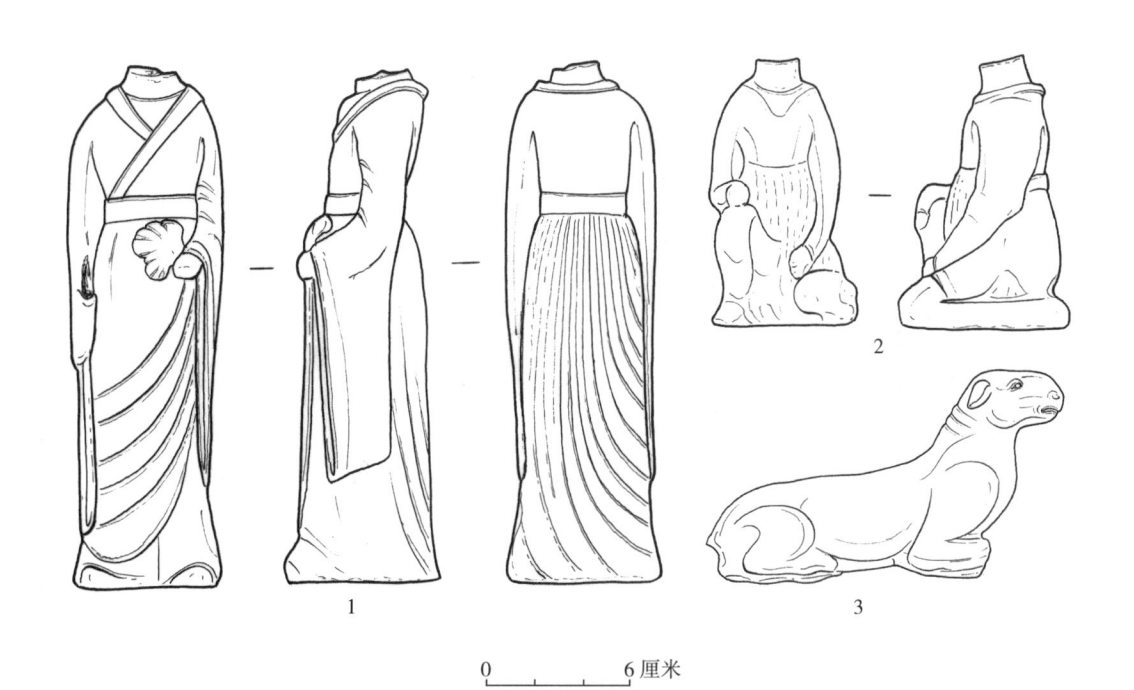

1.M58∶11；2.M58∶23；3.M58∶6

图四　和公墓出土女官俑、女侍俑及陶羊

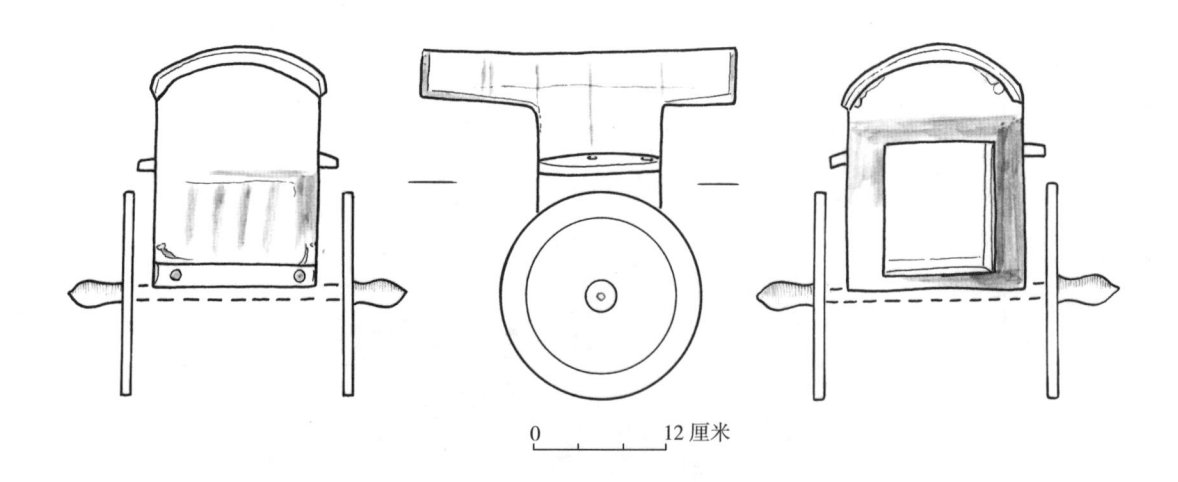

图五　和公墓出土陶车 M58∶2

（二）家禽家畜陶塑

A型陶羊　1件

M58∶6，长15.5厘米，高8.7厘米。羊呈跪卧姿，无角，小耳下垂，脖颈前伸高挺，颈后有三道褶皱。通体施白彩为地，面部用黑彩简单描画胡须、毛发（图四，3）。

和公墓志

和公墓志为灰色砂岩质，志盖盝顶，素面，长44.2厘米、宽44.7厘米，上有阴刻篆书"和公墓志"，内填朱砂。志石长44.6厘米、宽44.4厘米，隶书志文为朱砂书写，共10行，行8~10字，计94字（图六）。

【志盖】和」公墓志

【志文】公姓和，其源金山人」也。高祖竜，道武皇帝开辟」天下，广用众英，风逸于四」邻，欤奋于□。父，孝文皇帝」亲授三郎鉴，甚爱弓马，兼」□史籍，鏊兜戎策，一月三」捷。神武皇帝秉执天」下，募采剑骑，绶亲信都督。」武成皇帝复授直荡。」武平四年十一月十日冢。

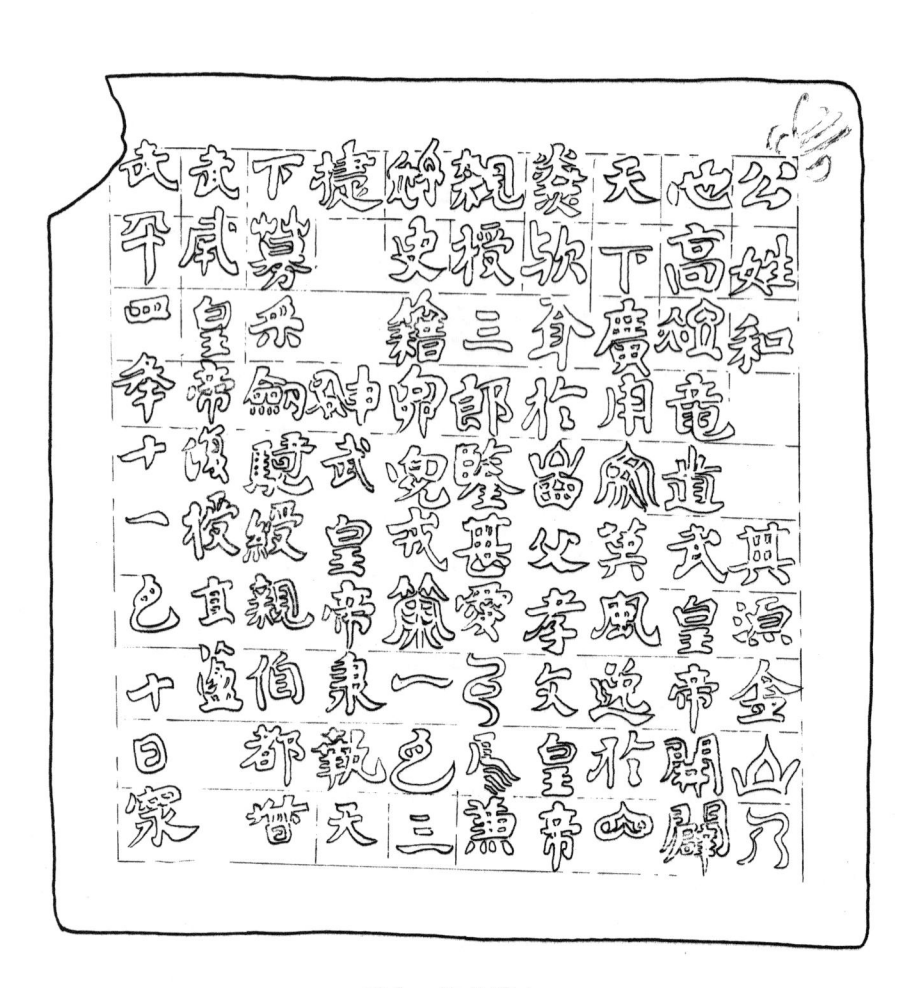

图六　和公墓志

太原南郊北齐壁画墓

北齐晚期

太原南郊北齐壁画墓位于太原西山至汾河的缓坡地带西部的金胜村，东南距晋阳古城遗址约3千米。1987年8月，太原第一热电厂在扩建过程中发现该壁画墓，太原市文物管理委员会对墓葬进行了清理，山西省考古研究所参与壁画临摹和后期整理工作，简报发表于《文物》1990年第12期。

太原南郊北齐壁画墓方向为190°，由墓道、甬道、墓室组成。墓道位于墓室南端，清理之前已被破坏，据残存部分观察，墓道为斜坡状，宽约1.9米，长度及坡度已不详。甬道长1.7米、宽0.88米、高1.26米，甬道口以两层砖封闭，两壁先砌两组"三顺一丁"，然后错缝平砌，至高0.8米处起券，甬道壁施一层白灰泥皮，无彩绘。墓室平面呈弧边方形，长、宽均为2.68米，墓壁以三组"三顺一丁"起砌，往上改为错缝平砌，从高1.2米处起内收为穹隆顶，墓室现存高度约3.2米。墓室四角各砌一方形角柱，宽0.17米、高1.28米，柱顶以砖砌、抹灰加彩绘的手法，作成仿木斗拱结构，墓室地面以横砖对缝铺砌。

墓室四壁以草拌泥为地仗，上施白灰层，并在白灰层上绘制壁画，墓室南壁壁画已毁，西壁仅存上层局部，东壁、北壁虽有残缺，仍可窥其大概。壁画共分三层，上层为星辰天象，已脱落殆尽；中层为乘龙骑虎的仙人穿梭于莲花云气间；北壁下层绘墓主人并坐图，三名贵族女性坐于幄帐中，帐两旁各有两名侍者及一棵树；东壁下层南侧绘备车出行图，一侍者牵拉牛车，车后两名侍者捧衣物、持伞盖，北侧绘三名站立的青年男子。

墓室北半部是砖砌的尸床。尸床东西通抵墓壁，南北宽1.18米、高0.5米，尸床之上未见葬具，仅有一具已成粉末状的朽骨，头向东（图一）。

墓葬未遭盗扰，几乎所有的随葬品都置于尸床前的地面上，包括釉陶、陶器、陶俑和铜钱等，共计64件，含各类陶俑49件、黄绿釉龙柄凤首壶1件、陶器10件，陶器含长颈瓶2件、陶壶2件、陶罐1件、陶碗5件（有直口、侈口二型，有的内壁沉淀有黑色、红色彩料，应为绘制壁画时盛放颜料的器皿），另有铜钱2枚。

该墓出土的鸡首壶、笼冠俑、武士俑和陶马在造型甚至尺寸上与天统三年韩裔墓几乎完全相同，壁画绘制技法与风格则与武平元年的娄睿墓、武平二年的徐显秀墓相近，因而推测此墓年代当在北齐晚期天统至武平年间。

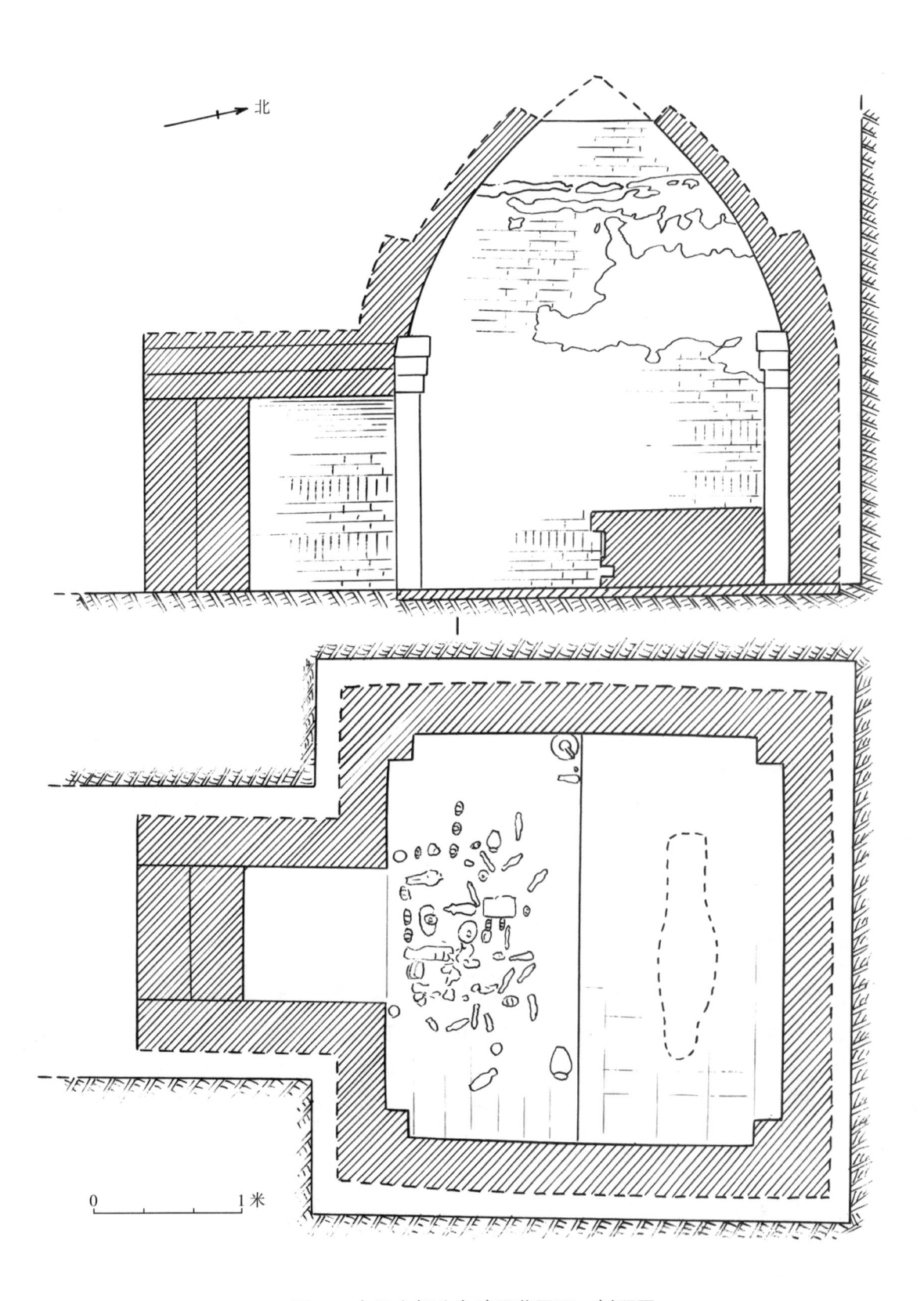

图一 太原南郊北齐壁画墓平面、剖面图

太原南郊北齐壁画墓出土陶俑

太原南郊北齐壁画墓出土各类陶俑49件，有镇墓俑、仪仗俑、家居俑三类，镇墓俑含镇墓武士及镇墓兽，仪仗俑含武士俑、文吏俑、侍从俑、女官俑、伎乐俑、马俑、陶牛车，家居俑为家禽家畜俑，详述于下：

一、镇墓俑

（一）镇墓武士俑

Ab-Ⅱ型镇墓武士俑　1件

标本56，泥质红陶俑，高52.4厘米。呈站姿，脸型圆阔，浓眉圆眼，高鼻厚唇，嘴角下撇，容貌狰狞。头戴圆顶兜鍪，兜鍪两侧有半圆形护耳，前有尖角状护额，顿项及肩。上穿明光铠，肩有披膊，腰束鞢䟏带，下着及地大口缚袴，脚穿圆头靴。左手按兽面纹长盾，四指叉开，贴于盾面，拇指跷起，贴于盾侧；右臂微曲下垂，贴于身侧，作持物状。彩绘保存较好，武士面敷白彩，以黑彩勾绘眉、目，兜鍪施金彩，铠甲施淡红彩，袴、靴皆施白彩（图二，1）。

Ba-Ⅱ型镇墓武士俑　1件

标本59，泥质红陶俑，高59厘米。呈站姿，脸型方阔，粗眉圆眼，宽鼻阔口，厚唇丰颊，容貌威武。头戴尖顶兜鍪，兜鍪两侧有半圆形护耳，前有尖角状护额，顿项及肩。身穿明光铠，肩有披膊，腰束鞢䟏带，下穿及地大口缚袴。左手抬起，轻抚左胸前护心镜；右臂微曲下垂，贴于身侧，作持物状。彩绘保存较好，面部施白彩，以深红彩勾绘眉、目，铠甲及袴皆施淡红彩，胸护施白彩，兜鍪、披膊施黑彩（图二，2）。

（二）镇墓兽

Aa型镇墓兽　1件

标本35，泥质红陶俑，高35.5厘米。呈蹲踞状，人面兽身，头戴尖顶兜帽，帽裙披肩，面颊圆阔，弯眉上耸，大眼圆睁，直鼻高挺，小口紧闭，大耳阔轮，卷曲状络腮胡，面相威武。

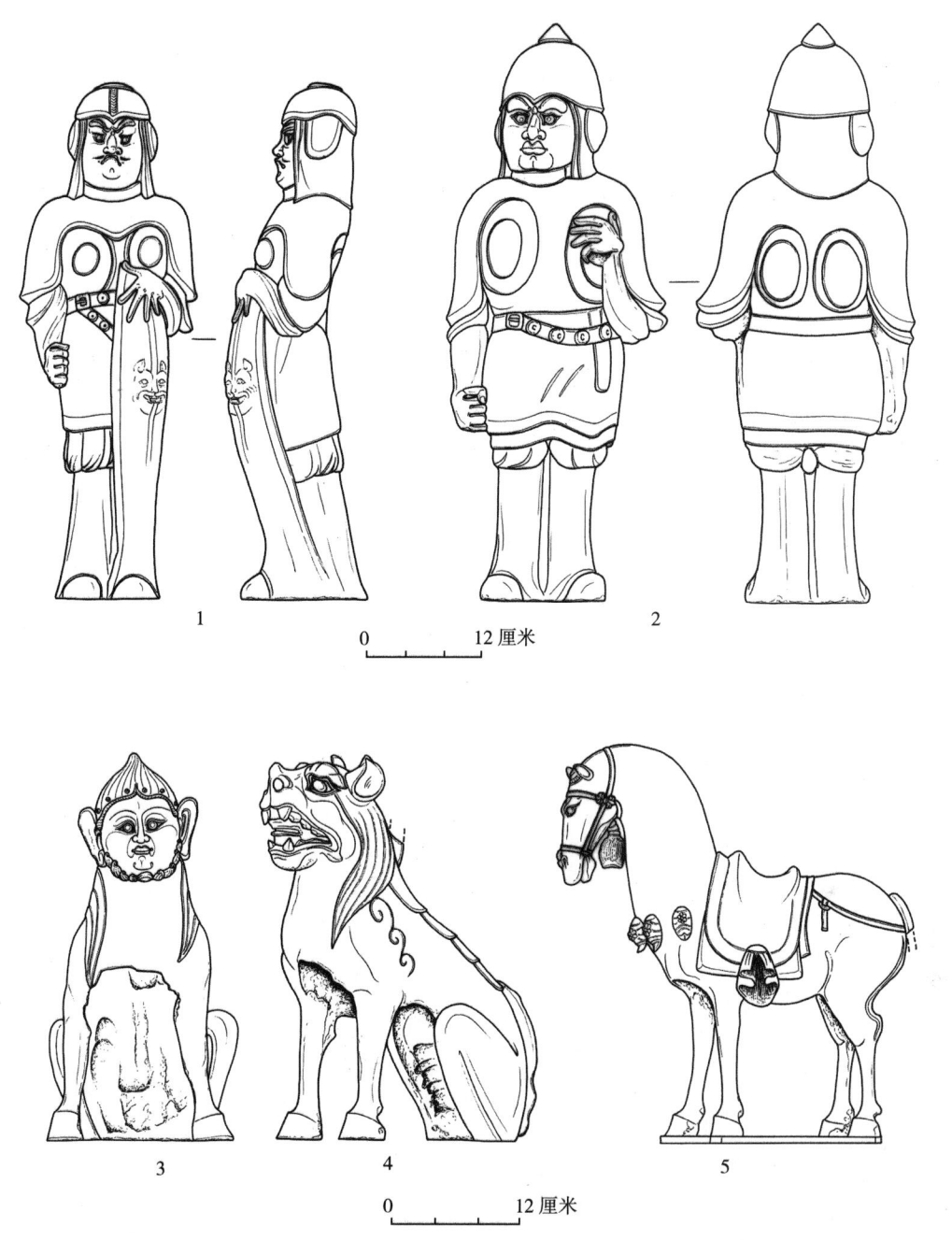

1. 标本 56；2. 标本 59；3. 标本 35；4. 标本 55；5. 标本 57
图二　太原南郊北齐壁画墓出土镇墓俑、仪仗马俑

胸口微凸，肩部有卷曲状翅羽；背生鳞甲，似有一鬣鬃，已断失；尾上扬，右摆贴于背后，细腿，蹄状足。彩绘保存较好，面部施白彩，以黑彩勾绘眉、眼，通体施红彩，兜鍪施黑紫色彩，披肩施白彩（图二，3）。

Ba 型镇墓兽　1 件

标本55，泥质红陶俑，高33.6厘米。呈蹲踞状，猛兽头颅，两耳直立，浓眉高耸，双目圆睁，阔鼻高耸，血口大张，犬齿尖利，样貌狰狞。胸口微隆，肩部有卷曲状翅羽，背生鳞甲，鬣鬃已断失，尾上扬，右摆贴于背后，细腿，蹄状足。彩绘保存较好，面部施白彩，以黑彩勾绘眉、眼，身体施深红色彩，肩部及翅羽施白彩（图二，4）。

二、仪仗俑

（一）武士俑

Bb-Ⅱ型武士俑　6件

标本9，泥质红陶俑，高25.8厘米。呈站姿，长圆形脸，宽额丰颊，弯眉大眼，直鼻小口，容貌端庄。头戴圆顶翻沿风帽，耳扇及帽裙翻起，贴于帽四周，未见扎束，仅有帽顶用细带扎起，似为较硬厚的皮质帽。外穿翻领半袖襦，肩似有披膊，内穿圆领窄袖襦，腰束带，下着及地袴，脚穿圆头鞋。左手于腹前斜持镶边凸棱带云头饰盾，右臂垂于身侧，袖端有孔，作持物状。通体施白彩为地，头部、面部存白色底彩，翻领襦施橘红色彩，披膊施白彩，翻领及手持的盾牌皆施深红色彩（图三，1）。

Cb-Ⅱ型武士俑　4件

标本10，泥质红陶俑，高26.6厘米。呈站姿，脸型圆阔，弯眉大眼，直鼻小口，容貌威武。头戴圆顶兜鍪，兜鍪两侧有半圆形护耳，顿项及肩。身穿鱼鳞铠，外罩半袖披风，内着窄袖襦，腰间束带，下着及地袴，脚穿圆头鞋。双臂微曲于腹前，两手藏于袖内，长袖垂于胯前。腰前左侧有孔，似为刀剑鞘前端；腰后右侧披风突起，应配有箭囊。通体施白彩为地，兜鍪存有部分金彩，面部存白色底彩，披风施橘红色彩，白袴黑鞋（图三，2）。

（二）文吏俑

Ab-Ⅰ型文吏俑　1件

标本29，泥质红陶俑，残高21厘米。呈站姿，头部缺失。外穿右衽广袖褶衣，内穿圆领襦，腰束革带，下穿及地大口缚袴，脚穿圆头鞋。左臂微曲，左手握带尾；右臂下垂，贴于身侧，手掩于袖内，袖端有孔，作持物状。褶衣施红彩，袴及鞋皆施白彩（图三，3）。

（三）侍从俑

Ab-Ⅲ型侍从俑　21件

标本36，泥质红陶俑，高27.6厘米。呈站姿，长圆形脸，宽额丰颊，弯眉大眼，直鼻小口，容貌端庄。头戴三棱风帽，帽裙披于脑后，上穿圆领直襟窄袖襦，腰束鞢韄带，下穿及地

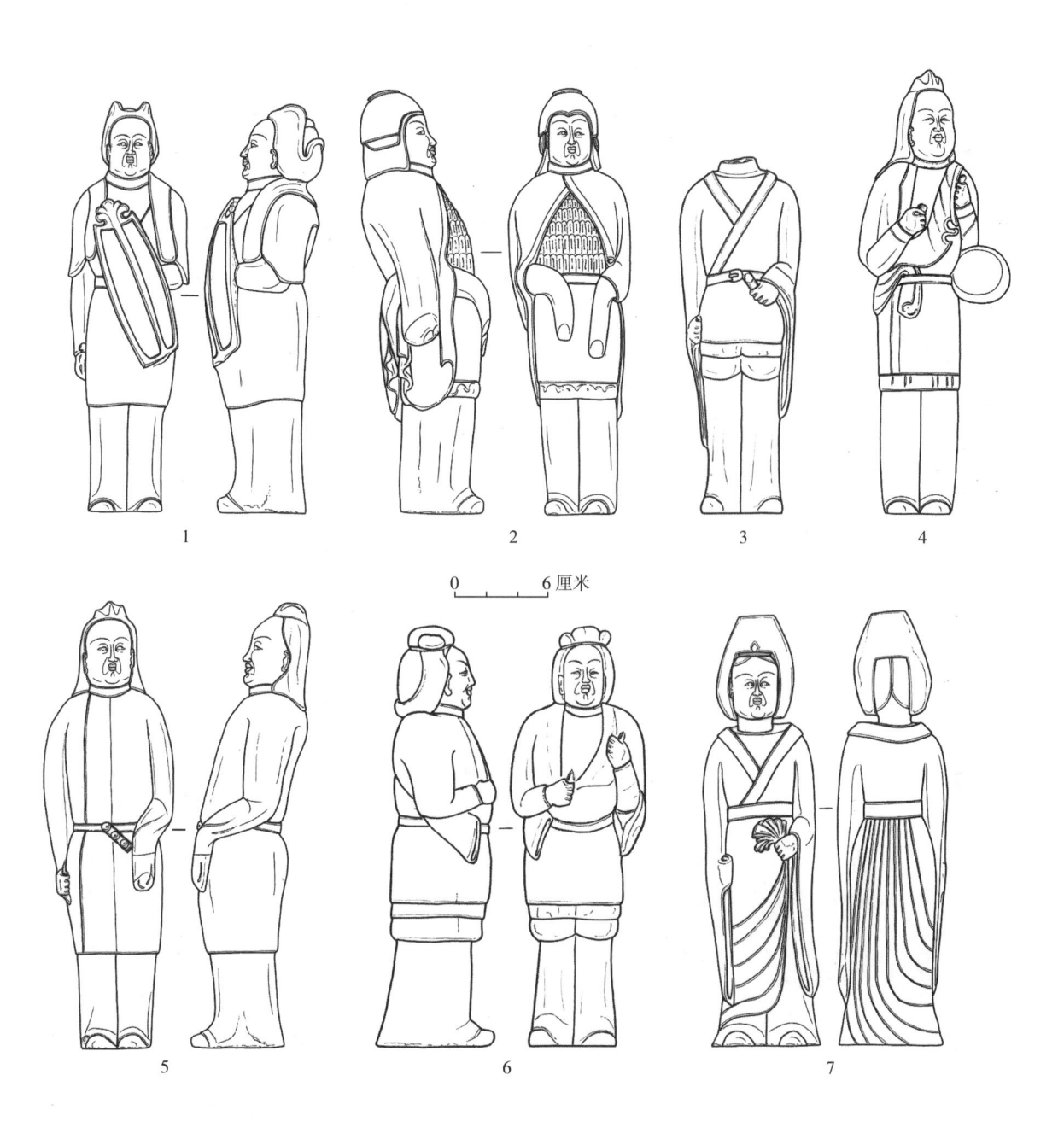

1. 标本 9； 2. 标本 10； 3. 标本 29； 4. 标本 4； 5. 标本 36； 6. 标本 39； 7. 标本 34
图三 太原南郊北齐壁画墓出土仪仗俑

袴，脚穿圆头鞋。左臂微曲，垂于胯侧，左手掩于长袖内，袖口下垂；右臂垂于身侧，袖端有孔，作持物状。风帽施黑彩，圆领窄袖襦施橘红色彩，袴施白彩，鞋施黑彩（图三，5）。

Ba-Ⅲ型侍从俑　1件

标本39，泥质红陶俑，高24.8厘米。呈站姿，头戴翻耳扇圆顶风帽，耳扇翻起系于帽顶旁，帽裙披于脑后。外穿半袖襦，袒右臂，露出内穿的圆领窄袖襦，腰束带，外衣右袖于腰侧系于带内，下着及地袴，脚穿圆头鞋。双臂曲起，左手上举，贴于肩前，右手贴于腹前，皆作握拳执物状。外穿的半袖襦施红彩，内穿的圆领衣及袴、鞋皆施白彩（图三，6）。

（四）伎乐俑

Aa-Ⅰ型伎乐俑　2件

标本4，泥质红陶俑，高27.8厘米。呈站姿，长圆形脸，弯眉小眼，直鼻小口，容貌端庄。头戴三棱风帽，帽裙披于脑后，颔下系带。外穿窄袖襦，袒右臂，露出内穿的圆领窄袖襦，腰束带，外衣右袖于腰侧系于带内，下着及地袴，脚穿圆头鞋。腰带左侧挂腰鼓，双臂曲起，两手空握，举于胸前，作持鼓槌状。外穿的窄袖襦施红彩，内穿的圆领衣及袴皆施褐色彩，鞋施黑彩（图三，4）。

（五）女官俑

Bb型女官俑　1件

标本34，泥质红陶俑，高26.8厘米。呈站姿，圆脸宽额，额前分发，弯眉圆眼，翘鼻小口。头戴笼冠，外穿右衽广袖褶衣，内穿圆领衣，腰束宽带，下穿曳地长裙。左手提握长裙一角，露出下穿及地大口袴、脚穿圆头鞋；右手藏于袖内，下垂贴于腹侧，袖端有孔，作持物状。笼冠施黑褐色彩，衣裙皆施红彩（图三，7）。

（六）执物骑俑

Ba型执物骑俑　1件

标本31，泥质红陶俑，高30.6厘米。骑士端坐马背，面微左倾，长圆形脸，广额丰颊，弯眉圆眼，高鼻小口。头戴翻耳扇圆顶风帽，两侧耳扇用一细带勒束于帽顶旁，身穿圆领窄袖襦，腰束带，下穿窄腿袴，脚穿尖头鞋。两臂曲起，左手贴于肩下，右手贴于腹前，作持旗状。马立姿昂首，头微前伸，立耳短鬃，尾端残失。前有辔头，后有鞦带，鞍鞯、障泥齐备，未见马镫。骑士所穿的圆领襦及袴皆施黄彩，马通体施红彩（图四，1）。

（七）仪仗动物陶塑

Aa-Ⅱ型陶马　1件

标本57，泥质红陶，高36厘米。马呈站姿，颈高昂，颌微收，立耳短鬃，长尾下垂。头戴辔头，以金花形节约扣合；颌下悬缨。前有攀胸，饰有微上翘的叶形饰；后有鞦带，鞍鞯齐全，下有箕形障泥，上有鞍袱（图四，2）。

A型陶牛车　1套

标本20、标本17/18，泥质红陶，牛高18厘米，车长27厘米、高28.8厘米，陶牛身躯雄壮，

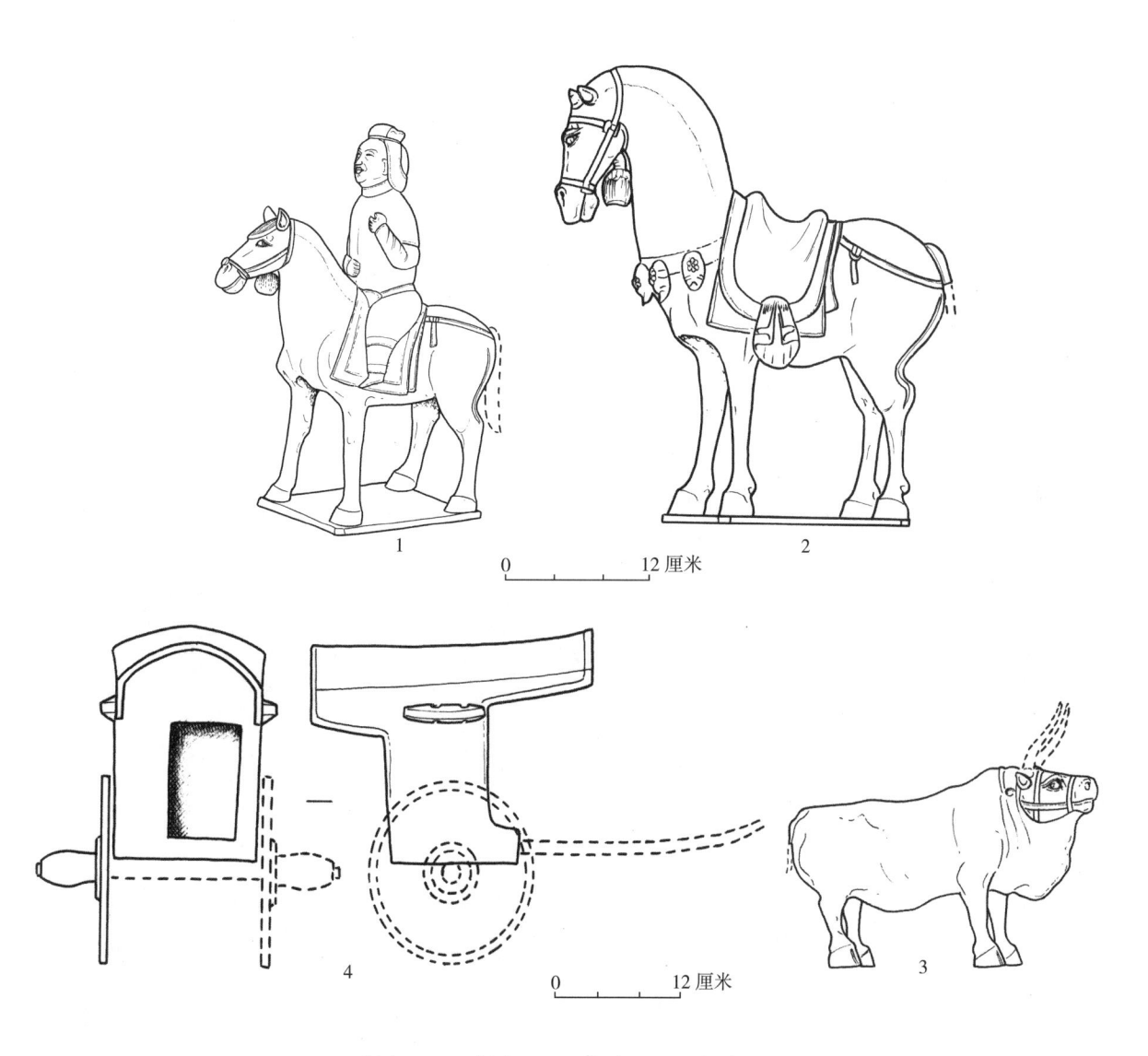

1. 标本31；2. 标本57；3. 标本20；4. 标本17/18

图四　太原南郊北齐壁画墓出土骑马俑、仪仗动物俑

肌肉发达，昂首扬鼻，两角及尾残失，四蹄微外撇，作负重向前状。头戴笼头，圆形节约；颈肩有车轭孔，用于承接车辕。牛后置一辆双轮卷棚顶车，车舆前壁以绘出的红色竖格象征条窗，底座前部左右两侧各有一孔，以置车辕；后壁偏右开门；仅存一个车轮，纺锤形轴头。车篷左右边框各有两个穿孔，或用于插羽葆旗帜（图四，3、4）。

三、家居俑

陶鸡　1件

标本32，泥质红陶，长7.7厘米、高5.8厘米。雄鸡呈卧姿，高冠长颈，敛翅，长尾下垂（图五，1）。

陶猪　3件

标本33，泥质红陶，长15.5厘米、宽7厘米、高2.8厘米。母猪呈侧卧姿，身形肥硕，四肢伸展且粗短，腹部滚圆，腹前有三只小猪卧拱吃奶（图五，2）。

B型陶羊　1件

标本38，泥质红陶，长13.5厘米、高8.8厘米。母羊呈跪卧姿，无角，小耳下垂，长颈高扬，直视前方。身体左侧跪卧一只羔羊，头微扬，依于母羊后腿上（图五，3）。

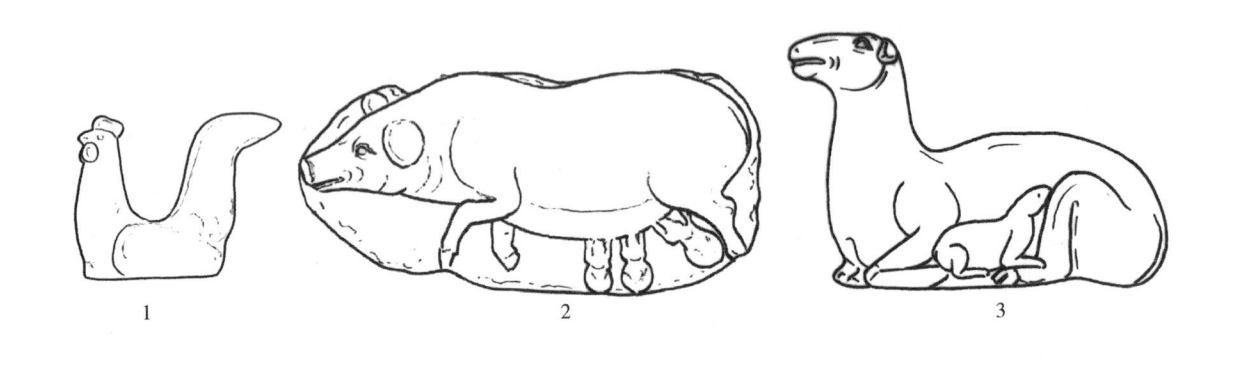

1.标本32；2.标本33；3.标本38

图五　太原南郊北齐壁画墓出土家禽家畜陶塑

图 版

图版一　贺拔昌墓出土镇墓武士俑　T99HQH9

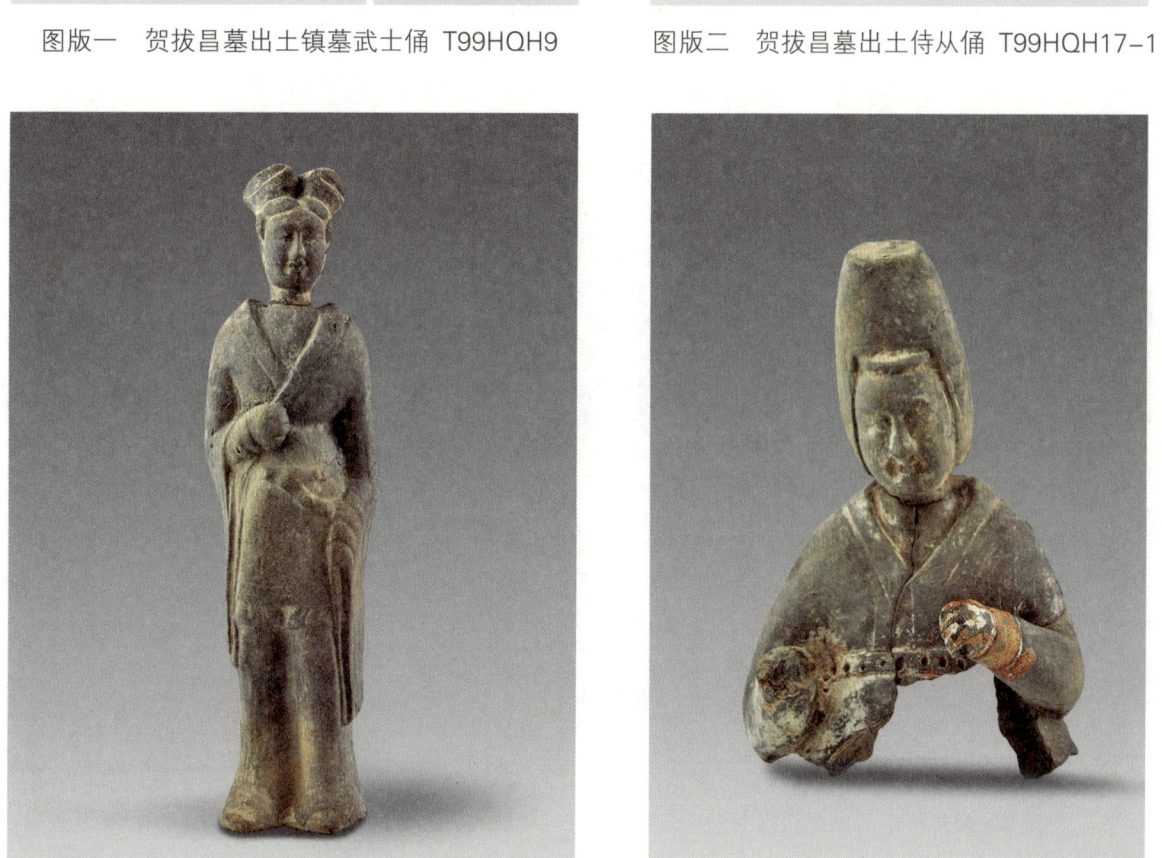

图版二　贺拔昌墓出土侍从俑　T99HQH17-1

图版三　贺拔昌墓出土女官俑　T99HQH18

图版四　贺拔昌墓出土文吏俑　T99HQH20

图版五　贺拔昌墓出土执物骑俑 T99HQH3-3

图版六　贺拔昌墓出土驮马俑 T99HQH8

图版七　贺拔昌墓出土驮马俑 T99HQH9

图版八　贺拔昌墓出土骆驼俑 T99HQH7

侯莫陈阿仁伏墓

图版一　侯莫陈阿仁伏墓出土镇墓武士俑 TM62∶1

图版二　侯莫陈阿仁伏墓出土陶牛车 TM62∶37

乔花墓

图版一　乔花墓出土镇墓武士俑 BK01808

图版二　乔花墓出土镇墓兽 BK01810

图版三　乔花墓出土
仪仗武士俑 BK01797

图版四　乔花墓出土
仪仗武士俑 BK01793

图版五　乔花墓出土
侍从俑 BK01791

乔花墓

图版六　乔花墓出土
文吏俑 BK01789

图版七　乔花墓出土
侍从俑 BK01799

图版八　乔花墓出土
伎乐俑 BK01777

图版九　乔花墓出土
女侍俑 BK01769

图版一〇　乔花墓出土
女侍俑 BK01774

图版一一　乔花墓出土
女侍俑 BK01796

图版一　窦兴洛墓出土镇墓武士俑　TM85∶5

贺娄悦墓

图版一　贺娄悦墓出土镇墓兽　标本3

图版二　贺娄悦墓出土扈从武士俑　标本29

图版三　贺娄悦墓出土文吏俑　标本21

图版四　贺娄悦墓出土伎乐俑　标本 19

图版五　贺娄悦墓出土侍从俑　标本 20

图版六　贺娄悦墓出土陶牛　标本 5

图版七　贺娄悦墓出土陶骆驼　标本 8

库狄迴洛墓

图版一 库狄迴洛墓出土镇墓武士俑 标本 32

图版二 库狄迴洛墓出土仪仗武士俑 标本 90

图版三 库狄迴洛墓出土侍从俑 标本 85

图版四 库狄迴洛墓出土伎乐俑 标本 89

图版五 库狄迴洛墓出土伎乐俑 标本 115

刘贵墓

图版一 刘贵墓出土镇墓武士俑 LGM1：1

图版二 刘贵墓出土镇墓兽 LGM1：19

图版三 刘贵墓出土镇墓兽 LGM1：20

刘贵墓

图版四　刘贵墓出土侍从俑 LGM1∶4

图版五　刘贵墓出土侍从俑 LGM1∶7

图版六　刘贵墓出土武士俑 LGM1∶12

图版一　狄湛墓出土背盾武士俑 T2000WD2-1

图版二　狄湛墓出土持盾武士俑 T2000WD3-1

图版三　狄湛墓出土扈从武士俑 T2000WD6-1

狄湛墓

图版四　狄湛墓出土扈从武士俑 T2000WD5-1

图版五　狄湛墓出土侍从俑 T2000WD6-1

图版六　狄湛墓出土侍从俑 T2000WD1-1

赵信墓

图版一 赵信墓出土镇墓武士俑 M20:73

图版二 赵信墓出土镇墓兽 M20:75

图版三 赵信墓出土背盾武士俑（正面）M20:57

图版四 赵信墓出土背盾武士俑（背面）M20:57

赵信墓

图版五　赵信墓出土伎乐俑 M20：104

图版六　赵信墓出土侍从俑 M20：48

图版七　赵信墓出土侍从俑 M20：60

图版八　赵信墓出土女侍俑 M20：30

张海翼墓

图版一　张海翼墓出土持盾武士俑　标本 15

图版二　张海翼墓出土扈从武士俑　标本 19

图版三　张海翼墓出土文吏俑　标本 13

图版四　张海翼墓出土侍从俑　标本 36

图版五　张海翼墓出土侍从俑　标本 24

图版六　张海翼墓出土侍从俑　标本 43

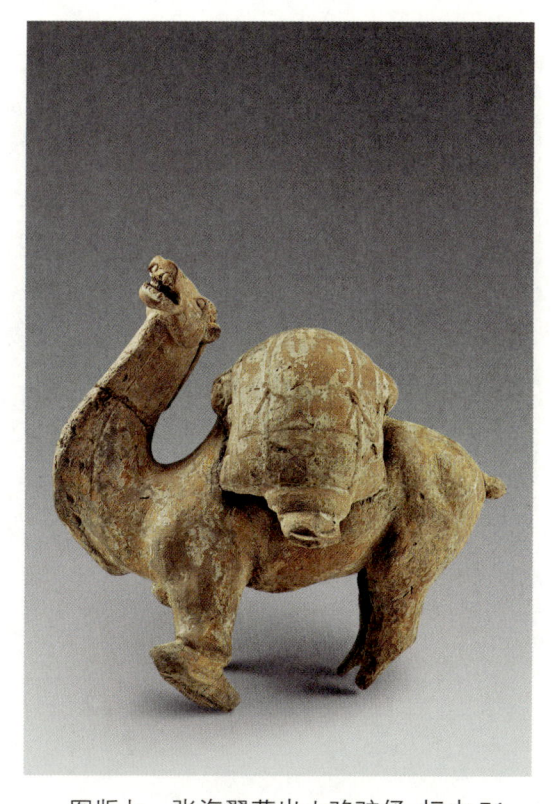

图版七　张海翼墓出土骆驼俑　标本 51

图版八　张海翼墓出土女侍俑　标本 6

韩裔墓

图版一　韩裔墓出土持盾武士俑

图版二　韩裔墓出土扈从武士俑

图版三　韩裔墓出土文吏俑

图版四　韩裔墓出土武士骑俑

图版五　韩裔墓出土镇墓兽

库狄业墓

图版一 库狄业墓
出土镇墓兽 标本 T84QS8

图版二 库狄业墓
出土仪仗武士俑 标本 T84QS39-6

图版三 库狄业墓
出土仪仗武士俑 标本 T84QS46-1

库狄业墓

图版四 库狄业墓
出土侍从俑 标本 T84QS35-1

图版五 库狄业墓
出土仪仗武士俑 标本 T84QS37-5

图版六 库狄业墓
出土侍从俑 标本 T84QS41-6

韩祖念墓

图版一　韩祖念墓出土镇墓武士俑 Hzn-1

图版二　韩祖念墓出土镇墓兽 Hzn-198

图版三　韩祖念墓出土持盾武士俑 Hzn-49

韩祖念墓

图版四　韩祖念墓出土持盾武士俑 Hzn-23

图版五　韩祖念墓出土扈从武士俑 Hzn-148

图版六　韩祖念墓出土扈从武士俑 Hzn-68

图版七　韩祖念墓出土文吏俑 Hzn-144

韩祖念墓

图版八　韩祖念墓出土文吏俑 Hzn-145

图版九　韩祖念墓出土侍从俑 Hzn-85

图版一〇　韩祖念墓出土侍从俑 Hzn-117

图版一一　韩祖念墓出土侍从俑 Hzn-135

图版一二　韩祖念墓出土女侍俑　Hzn-166

图版一三　韩祖念墓出土女侍俑　Hzn-169

图版一四　韩祖念墓出土女侍俑　Hzn-171

图版一五　韩祖念墓出土武士骑俑　Hzn-158

图版一六　韩祖念墓出土文吏骑俑 Hzn-155

图版一七　韩祖念墓出土伎乐骑俑 Hzn-152

图版一八　韩祖念墓出土伎乐骑俑 Hzn-159

韩祖念墓

图版一九　韩祖念墓出土执物骑俑 Hzn-162

图版二〇　韩祖念墓出土执物骑俑 Hzn-160　　图版二一　韩祖念墓出土执物骑俑 Hzn-161

韩祖念墓

图版二二　韩祖念墓出土陶仪仗马　Hzn-244

图版二三　韩祖念墓出土陶鸡　Hzn-187

图版二四　韩祖念墓出土陶狗　Hzn-189

图版二五　韩祖念墓出土陶猪　Hzn-196

图版二六　韩祖念墓出土陶羊　Hzn-185

娄睿墓

图版一　娄睿墓出土镇墓武士俑　标本529

图版二　娄睿墓出土人面镇墓兽　标本628

图版三　娄睿墓出土兽面镇墓兽　标本627

图版四　娄睿墓出土文吏俑　标本269

娄睿墓

图版五　娄睿墓出土武士骑俑　标本607

图版六　娄睿墓出土伎乐骑俑　标本578

图版七　娄睿墓出土伎乐骑俑　标本599

图版八　娄睿墓出土伎乐骑俑　标本601

娄睿墓

图版九　娄睿墓出土武士骑俑　标本 558

图版一〇　娄睿墓出土文吏骑俑　标本 604

图版一一　娄睿墓出土女侍俑　标本 521

图版一二　娄睿墓出土仪仗马俑　标本 617

图版一三　娄睿墓出土驮马俑 标本 610

图版一四　娄睿墓出土陶牛 标本 626

图版一五　娄睿墓出土陶骆驼 标本 625

图版一　徐显秀墓出土镇墓武士俑　标本245

图版二　徐显秀墓出土镇墓武士俑　标本275

徐显秀墓

图版三　徐显秀墓出土镇墓兽　标本72

图版四　徐显秀墓出土持盾武士俑　标本4

图版五　徐显秀墓出土持盾武士俑　标本358

图版六　徐显秀墓出土持盾武士俑　标本66

图版七　徐显秀墓出土持盾武士俑　标本347

徐显秀墓

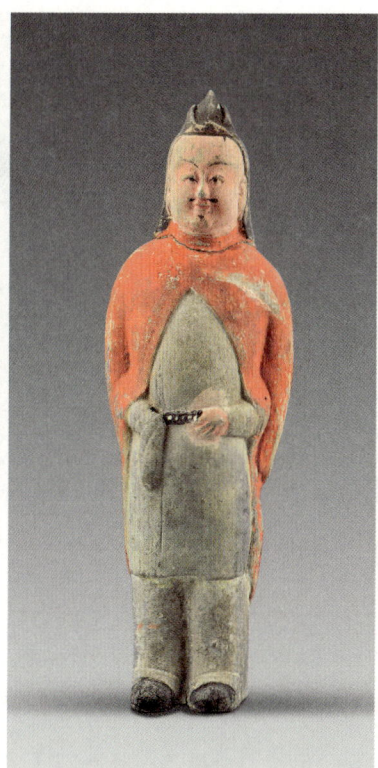

图版八　徐显秀墓出土扈从武士俑　标本 76

图版九　徐显秀墓出土扈从武士俑　标本 22

图版一〇　徐显秀墓出土扈从武士俑　标本 353

图版一一　徐显秀墓出土扈从武士俑　标本 418

徐显秀墓

图版一二　徐显秀墓出土文吏俑　标本 7

图版一三　徐显秀墓出土文吏俑　标本 222

图版一四　徐显秀墓出土文吏俑　标本 34

图版一五　徐显秀墓出土侍从俑　标本 93

图版一六　徐显秀墓出土侍从俑　标本238

图版一七　徐显秀墓出土侍从俑　标本339

图版一八　徐显秀墓出土持剑武士俑　标本103

图版一九　徐显秀墓出土女侍俑　标本27

图版二〇　徐显秀墓出土女侍俑　标本 200

图版二一　徐显秀墓出土伎乐骑俑　标本 38

图版二二　徐显秀墓出土伎乐骑俑　标本 145

图版二三　徐显秀墓出土伎乐骑俑　标本 359

图版一　和公墓出土镇墓武士俑　M58：5

图版二　和公墓出土持盾武士俑　M58：1

图版三　和公墓出土仪仗武士俑　M58：12

后 记

《太原北齐陶俑墓》自 2013 年 3 月开始整理编写，经过多次补充、修改，直至今日终于完成初稿。山西省考古研究所（现为山西省考古研究院）、太原市文物考古研究所（现为太原市文物保护研究院）经过多年的田野考古发掘，获得了一批北齐陶俑墓葬资料，并发表了诸多发掘报告。为了方便读者阅读、研究，山西省考古研究院与太原市文物保护研究院合作，将这些资料整理出来并汇集成册，并拟定《太原北齐陶俑墓葬》作为研究课题，上报省文物局，得到省文物局及省考古院领导的支持，获得了省文物局文物保护专项经费，很大程度上解决了我们整理工作中的经费问题。

从项目计划到研究性文字的编写，我们尽力做到以史为据、以史叙事，使其具有一定的史料性、学术性、可读性、鉴赏性。在编写过程中，有许多资料需要补充，太原市文物保护研究院周福年、常一民、裴静蓉、彭娟英、周健、陈庆轩等各位老师，以及太原市博物馆原馆长聂东红等向我们伸出了援助之手，有了他们的鼎力支持，许多相关资料得到补充。山西省考古研究院张光辉、耿鹏、穆文军等先生慷慨提供了部分墓葬的信息资料照片与图稿。山西博物院厉春先生为我们拍摄了照片。在此深表感谢！

我们特别感谢山西省考古研究院张庆捷先生、北京大学考古文博学院韦正教授、山西博物院渠传福先生，他们在百忙之中为我们审阅初稿，并提出了诸多宝贵意见。

同时，感谢山西省考古研究所（现为山西省考古研究院）张庆捷、宋建忠、谢尧亭、王万辉、王晓毅等历届领导的支持。特别是在王晓毅院长的大力关怀和指导下，本书编写经过多次修改与补充，方得顺利完成。

由于学识所限，本书中的错误与不当之处在所难免，希望得到学界同仁批评指正。

执笔：周翔（山西大同大学）、高丁丁（山西省考古研究院）、常一民（太原市文物保护研究院）、畅红霞（山西省考古研究院）。

2022 年 6 月